DBT
(Terapia Comportamental Dialética)
Para leigos

A terapia comportamental dialética (DBT) é um tipo de terapia cognitivo-comportamental que trabalha a mudança de padrões de pensamento negativo e de comportamentos mal-adaptativos para pensamentos e comportamentos mais saudáveis. A DBT trabalha várias maneiras de lidar com alguns dos problemas psicológicos mais desafiadores da vida, o que inclui estratégias para mudança, bem como algumas para ajudá-lo a lidar com situações difíceis que não pode mudar.

O QUE ESPERAR DA DBT

Se você já fez terapia, achará a DBT muito diferente de tudo o que já viu. Se nunca fez, então, a DBT provavelmente será diferente de como você imagina a terapia. Com ela, você aprenderá a:

- Compreender, mudar e até aceitar emoções dolorosas.

- Praticar habilidades saudáveis para controlar emoções fortes e comportamentos perigosos ou impulsivos.

- Tornar seus relacionamentos mais gratificantes e equilibrados.

- Preocupar-se mais consigo mesmo e tornar-se menos crítico.

- Tornar-se mais hábil em fazer mudanças positivas em sua vida sem precisar sempre contar com os outros.

OS COMPONENTES DA DBT

Embora na maioria das terapias haja um paciente e um terapeuta, quando você participa das sessões de DBT, trabalha com um grupo de terapeutas e com um grupo de outros pacientes. Isso ocorre porque seu terapeuta pertence a uma equipe de terapeutas, o grupo de consultoria, e, assim, sempre que ele se sentir travado e inseguro sobre o que fazer, irá até o grupo pedir ajuda. Normalmente, você estará com outras pessoas que têm lutas semelhantes às suas e aprenderá muitas habilidades em um ambiente de grupo, com outros pacientes. Fará parte de sua terapia:

- Frequentar a terapia individual regular uma vez por semana.

- Participar de sessões de grupo regulares, nas quais você aprenderá habilidades DBT com outras pessoas, como se estivesse em uma sala de aula.

- Ligar para seu terapeuta sempre que precisar de orientação em situações difíceis.

Tenha em mente que seu terapeuta não tentará descobrir por conta própria o que fazer, mas contará com a ajuda de outros terapeutas de DBT, quando se reunirem no grupo de consultoria semanal.

HABILIDADES DE REGULAÇÃO EMOCIONAL EM DBT

A DBT funciona melhor para quem tem dificuldade de controlar emoções fortes e, às vezes, dolorosas. Muitas vezes, são essas emoções que levam a comportamentos prejudiciais à saúde. Na DBT, você descobrirá como:

- Usar uma linguagem descritiva para rotular suas emoções. Isso é importante porque, quanto mais clareza você tem sobre o que sente, maior é a probabilidade de ser capaz de lidar com isso.

- Reconhecer que as emoções podem ser muito úteis, que têm um propósito e que podem ser administradas.

- Comportar-se com mais eficácia quando emoções fortes o levarem a comportamentos perigosos.

DBT
(Terapia Comportamental Dialética)

Para **leigos**

DBT
(Terapia Comportamental Dialética)

Para leigos

**Gillian Galen e
Blaise Aguirre**

ALTA BOOKS
GRUPO EDITORIAL
Rio de Janeiro, 2022

DBT Para Leigos ®

Copyright © 2022 da Starlin Alta Editora e Consultoria Eireli.
ISBN: 978-65-5520-738-5

Translated from original DBT For Dummies®. Copyright © 2021 by John Wiley & Sons, Inc. ISBN 978-1-119-73012-5. This translation is published and sold by permission of John Wiley & Sons, Inc., the owner of all rights to publish and sell the same. PORTUGUESE language edition published by Starlin Alta Editora e Consultoria Eireli, Copyright © 2022 by Starlin Alta Editora e Consultoria Eireli.

Impresso no Brasil — 1ª Edição, 2022 — Edição revisada conforme o Acordo Ortográfico da Língua Portuguesa de 2009.

Todos os direitos estão reservados e protegidos por Lei. Nenhuma parte deste livro, sem autorização prévia por escrito da editora, poderá ser reproduzida ou transmitida. A violação dos Direitos Autorais é crime estabelecido na Lei n° 9.610/98 e com punição de acordo com o artigo 184 do Código Penal.

A editora não se responsabiliza pelo conteúdo da obra, formulada exclusivamente pelo(s) autor(es).

Marcas Registradas: Todos os termos mencionados e reconhecidos como Marca Registrada e/ou Comercial são de responsabilidade de seus proprietários. A editora informa não estar associada a nenhum produto e/ou fornecedor apresentado no livro.

Erratas e arquivos de apoio: No site da editora relatamos, com a devida correção, qualquer erro encontrado em nossos livros, bem como disponibilizamos arquivos de apoio se aplicáveis à obra em questão.

Acesse o site www.altabooks.com.br e procure pelo título do livro desejado para ter acesso às erratas, aos arquivos de apoio e/ou a outros conteúdos aplicáveis à obra.

Suporte Técnico: A obra é comercializada na forma em que está, sem direito a suporte técnico ou orientação pessoal/exclusiva ao leitor.

A editora não se responsabiliza pela manutenção, atualização e idioma dos sites referidos pelos autores nesta obra.

Dados Internacionais de Catalogação na Publicação (CIP) de acordo com ISBD

G153d Galen, Gillian
 DBT (Terapia Comportamental Dialética) / Gillian Galen, Blaise Aguirre; traduzido por Carolina Palha. – Rio de Janeiro : Alta Books, 2022.
 384 p. ; 16cm x 23cm. - (Para Leigos)

 Tradução de: DBT
 Inclui índice.
 ISBN: 978-65-5520-738-5

 1. Psicoterapia. 2. Terapia Comportamental Dialética. I. Aguirre, Blaise. II. Palha, Carolina. III. Título. IV. Série.

2022-611
CDD 616.89
CDU 615.851

Elaborado por Odilio Hilario Moreira Junior - CRB-8/9949

Índice para catálogo sistemático:
1. Psicoterapia 616.89
2. Psicoterapia 615.851

Produção Editorial
Editora Alta Books

Diretor Editorial
Anderson Vieira
anderson.vieira@altabooks.com.br

Editor
José Ruggeri
j.ruggeri@altabooks.com.br

Gerência Comercial
Claudio Lima
claudio@altabooks.com.br

Gerência Marketing
Andréa Guatiello
andrea@altabooks.com.br

Coordenação Comercial
Thiago Biaggi

Coordenação de Eventos
Viviane Paiva
comercial@altabooks.com.br

Coordenação ADM/Finc.
Solange Souza

Direitos Autorais
Raquel Porto
rights@altabooks.com.br

Produtor da Obra
Thiê Alves

Produtores Editoriais
Illysabelle Trajano
Maria de Lourdes Borges
Paulo Gomes
Thales Silva

Equipe Comercial
Adriana Baricelli
Ana Carolina Marinho
Daiana Costa
Fillipe Amorim
Heber Garcia
Kaique Luiz
Maira Conceição

Equipe Editorial
Beatriz de Assis
Betânia Santos
Brenda Rodrigues
Caroline David
Gabriela Paiva
Henrique Waldez
Kelry Oliveira
Marcelli Ferreira
Mariana Portugal
Matheus Mello

Marketing Editorial
Jessica Nogueira
Livia Carvalho
Marcelo Santos
Pedro Guimarães
Thiago Brito

Atuaram na edição desta obra:

Tradução
Carolina Palha

Copidesque
Alessandro Thomé

Revisão Técnica
Daniela Sopezki
Doutora em Saúde Coletiva

Revisão Gramatical
Hellen Suzuki
Thaís Pol

Diagramação
Joyce Matos

Editora afiliada à: ASSOCIADO

ALTA BOOKS
GRUPO EDITORIAL

Rua Viúva Cláudio, 291 – Bairro Industrial do Jacaré
CEP: 20.970-031 – Rio de Janeiro (RJ)
Tels.: (21) 3278-8069 / 3278-8419
www.altabooks.com.br — altabooks@altabooks.com.br
Ouvidoria: ouvidoria@altabooks.com.br

Sobre os Autores

Gillian Galen é especialista em terapia comportamental dialética (DBT) para adultos, adolescentes e suas famílias. Ela é diretora do programa de residência em DBT do McLean Hospital 3East, que é exclusivo para mulheres jovens que exibem comportamentos autodestrutivos e traços de transtorno da personalidade borderline (TPB) e condições relacionadas. Apaixonada pelo treinamento de terapeutas em DBT, ela é diretora-assistente de treinamento do continuum 3East e regularmente dá palestras e treina médicos em DBT e em mindfulness. A Dra. Galen é psicóloga da equipe do McLean Hospital desde 2009, quando concluiu seu pós-doutorado, com bolsa, na 3East. Ela tem um interesse particular no uso do mindfulness em psicoterapia e é instrutora de psicologia da Harvard Medical School.

Escreveu dois outros livros com o Dr. Blaise Aguirre: *Mindfulness for Borderline Personality Disorder: Relieve your suffering using the core skill of Dialectical Behavior Therapy* ["Mindfulness para Transtorno da Personalidade Borderline: Alivie o sofrimento com as habilidades básicas da terapia comportamental dialética", em tradução livre] e *Coping with BPD: DBT and CBT skills to soothe the symptoms of Borderline Personality Disorder* ["Lidando com TPB: Habilidades de DBT e de CBT para aliviar os sintomas do transtorno da personalidade borderline", em tradução livre], ambos publicados pela New Harbinger Publications.

Blaise Aguirre é especialista em psicoterapia infantil, adolescente e adulta e, em particular, na aplicação clínica DBT. Treinador de DBT, ele é diretor médico fundador do McLean Hospital 3East, um continuum de programas residenciais e ambulatoriais de DBT para jovens que exibem comportamentos autodestrutivos e traços de transtorno da personalidade borderline (TPB) e condições relacionadas. O Dr. Aguirre é psiquiatra do McLean Hospital desde 2000 e é nacional e internacionalmente reconhecido por seu extenso trabalho e pesquisa no tratamento de transtornos de humor e de personalidade em adolescentes. Ele é professor assistente de psiquiatria da Harvard Medical School e palestra regularmente em todo o mundo sobre DBT e TPB.

É coautor de inúmeros livros, incluindo *Borderline Personality Disorder in Adolescents: A complete guide to understanding and coping when your adolescent has BPD* ["Transtorno da Personalidade Borderline em Adolescentes: Guia completo para compreensão e enfrentamento do TPB do adolescente", em tradução livre] (publicado pela Fair Winds Press); *Mindfulness for Borderline Personality Disorder: Relieve your suffering using the core skill of Dialectical Behavior Therapy*; e *Coping with BPD: DBT and CBT skills to soothe the symptoms of Borderline Personality Disorder*.

Dedicatória

Este livro é dedicado às muitas pessoas que, por meio do uso da DBT, provaram o poder que ela tem de mudar vidas, e à Dra. Marsha Linehan, cuja vida inspirou o desenvolvimento da DBT e que foi mentora de inúmeros terapeutas.

Agradecimentos dos Autores

Queremos agradecer a cinco grupos de pessoas:

Nossas famílias, que nos apoiaram, e a todos aqueles com quem vivemos, que agora reviram os olhos quando prometemos que este é nosso último livro! Amamos vocês por todo o apoio e por nos dar tempo para fazer este importante trabalho.

Nossos mentores e colegas de longa data da 3East — em particular, Michael Hollander, Janna Hobbs, Cynthia Kaplan, Judy Mintz e Alan Fruzzetti —, bem como a nossos incríveis terapeutas, psiquiatras, equipe de enfermagem, conselheiros de unidade, equipe administrativa, administradores de hospital, pessoal de serviços gerais e nossa incrível equipe de consulta ambulatorial. De fato, uma andorinha só não faz verão!

Nossos clientes atuais e passados, que usaram o tratamento para desenvolver o tipo de vida que é significativo para cada um deles e que reforçaram nossa crença no modelo da DBT. Também queremos agradecer àqueles que revisaram algumas de nossas ideias e deram um feedback muito útil.

Nossa equipe da Wiley: nossa editora sênior de aquisições, Tracy Boggier; nossa editora de desenvolvimento, Georgette Beatty, que garantiu que cumpríssemos cada prazo e acreditava em nós quando parecia demais; e nossa editora de texto, Marylouise Wiack, que identificou cada palavra ausente, todas as frases duplicadas e toda opinião mal elaborada!

Janna Hobbs, uma querida amiga e especialista em DBT, por revisar nosso manuscrito e garantir que permanecemos fiéis ao nosso sistema.

Sumário Resumido

Introdução 1

Parte 1: Ao que Interessa 5
CAPÍTULO 1: E Lá Vamos Nós 7
CAPÍTULO 2: Entendendo a Terapia Comportamental Dialética (DBT)........ 15
CAPÍTULO 3: Aceitando Vários Pontos de Vista........................... 29
CAPÍTULO 4: Do Impulso à Espontaneidade 37

Parte 2: Entendendo 53
CAPÍTULO 5: Entendendo Suas Emoções.................................... 55
CAPÍTULO 6: Entendendo Seus Comportamentos............................. 67
CAPÍTULO 7: Entendendo como Você Pensa................................. 77
CAPÍTULO 8: Entendendo Seus Relacionamentos 89

Parte 3: As Habilidades da DBT........................... 99
CAPÍTULO 9: Pensando no Mindfulness 101
CAPÍTULO 10: Regulando Suas Emoções 121
CAPÍTULO 11: Tolerando o Mal-estar..................................... 133
CAPÍTULO 12: Aumentando Sua Eficácia Interpessoal 153
CAPÍTULO 13: Minando o Dualismo 167

Parte 4: Os Elementos da DBT............................ 175
CAPÍTULO 14: Explorando o Básico 177
CAPÍTULO 15: Abraçando a Dialética 189
CAPÍTULO 16: Estruturando o Ambiente................................... 201
CAPÍTULO 17: O Grupo de Consultoria 219
CAPÍTULO 18: Rastreando Sua Experiência 229
CAPÍTULO 19: Criando e Mantendo a Motivação............................ 243

Parte 5: A DBT em Condições Específicas 255
CAPÍTULO 20: Transtornos de Humor e de Personalidade................... 257
CAPÍTULO 21: Aplacando o Trauma 275
CAPÍTULO 22: Lidando com Adições Comportamentais 283
CAPÍTULO 23: Comportamentos Contraproducentes 311

Parte 6: A Parte dos Dez 331

CAPÍTULO 24: Dez Práticas de Mindfulness 333
CAPÍTULO 25: Dez Meios para uma Vida Antidepressiva.................. 339
CAPÍTULO 26: Dez Mitos sobre a DBT 347

Índice 353

Sumário

INTRODUÇÃO 1
    Sobre Este Livro 1
    Penso que... 3
    Ícones Usados Neste Livro 3
    Além Deste Livro 4
    Daqui para Lá, de Lá para Cá 4

PARTE 1: AO QUE INTERESSA 5

CAPÍTULO 1: E Lá Vamos Nós 7
    Os Principais Pilares da DBT 8
    Visão Geral dos Modos e das Funções do Tratamento da DBT .. 8
        Os quatro modos da terapia 9
        As cinco funções do tratamento 9
    Focando a Estrutura Teórica da DBT 10
    Olhando os Estágios de Tratamento 11
    Esmiuçando as Habilidades da DBT 12
    Os Mecanismos da DBT 13
    Tratando Condições Específicas 13

CAPÍTULO 2: Entendendo a Terapia Comportamental Dialética (DBT) ... 15
    Começando com a Teoria Biossocial 16
        Tipos de desregulação 16
        Ambiente invalidante 18
    As Funções e os Objetivos do Tratamento Abrangente 20
        Motivar o paciente e o terapeuta 20
        Ensinar novos mecanismos de enfrentamento ao paciente ... 20
        Incorporar novas habilidades ao cotidiano do paciente ... 21
        Apoiar o terapeuta 21
        Estruturar o ambiente do paciente 22
    Olhando os Modos de Tratamento 22
        Treinamento de habilidades 22
        Terapia individual 23
        Treinamento de habilidades por telefone 23
        O grupo de consultoria para o terapeuta 24
    Incorporando a Dialética 24
        Procurando várias verdades em qualquer situação 26
        Da contradição à síntese 26

CAPÍTULO 3: Aceitando Vários Pontos de Vista 29
   Questionando Sua Primeira Reação 30
      Percebendo que sua primeira reação pode ser exagerada .. 30
      Combinando sua reação com o que está na sua frente ... 31
      Pausando antes de agir 32
   Expandindo Sua Percepção 32
      Considerando o ponto de vista de seu terapeuta 33
      Fazendo um acordo 34
      Agindo com um propósito 35
   Olhando para Si Mesmo com Olhos Amigáveis 35

CAPÍTULO 4: Do Impulso à Espontaneidade 37
   Distinguindo Impulsividade e Espontaneidade 38
   Superando Sua Primeira Reação 39
      Respirando 39
      Encontrando o equilíbrio emocional 40
   O Poder da Abertura 42
      Vendo diferentes perspectivas 42
      Ampliando a gama de emoções 44
      Libertando-se de escolhas rígidas 45
   Tornando Negativos Positivos 47
      Novos padrões de pensamento 48
      Trocando comportamentos autodestrutivos
        por saudáveis 49
      Confiando em suas respostas 50

PARTE 2: ENTENDENDO 53

CAPÍTULO 5: Entendendo Suas Emoções 55
   Sabendo como Você Está Se Sentindo 56
      Distinguindo entre as emoções
        primárias e as secundárias 57
      Prestando atenção ao que você sente 59
   Encarando Reações Desproporcionais 61
      Percebendo se sua reação é exagerada 61
      Do reconhecimento à regulação 62
   Identificando e Lidando com Áreas Problemáticas 63
      Observando o que o estressa 64
      Descobrindo soluções de enfrentamento 65

CAPÍTULO 6: Entendendo Seus Comportamentos 67
   Como as Emoções Se Manifestam 68
   Identificando e Lidando com Gatilhos Emocionais 69
      Limitando o poder 70
      Minimizando o poder 71
   Amarrando Comportamentos Específicos a
     Reações Específicas 73

   Compreendendo respostas físicas
    e sentimentos conscientes. 73
   Estabelecendo novos caminhos. 74

CAPÍTULO 7: Entendendo como Você Pensa 77
 Investigando Sua Conversa Interna 77
  Mindfulness do pensamento atual 79
  Usando a reavaliação cognitiva 80
  Verificando os fatos 81
 Observando Suas Reações 83
  O que você sente sobre seus sentimentos 83
  Avaliando suas suposições 85
  Contabilizando seus autojulgamentos 86

CAPÍTULO 8: Entendendo Seus Relacionamentos 89
 A Dinâmica dos Relacionamentos 89
  A sua bagagem 90
  Aceitando a perspectiva do outro 93
 Melhorando a Comunicação 93
  Verificando sua conversa interna 93
  Abrindo-se para ouvir honestamente 94
  Aceitando uma gama de perspectivas 94
 Permitindo Mais Possibilidades 95
  Dispondo-se a criar novas dinâmicas 95
  Aprimorando as boas práticas
   e abandonando as prejudiciais 96

PARTE 3: AS HABILIDADES DA DBT 99

CAPÍTULO 9: Pensando no Mindfulness 101
 Explorando Sua Própria Mente 102
  Descobrindo a essência do mindfulness 103
  Pesquisando os três estados de mente 103
  Praticando o mindfulness com as habilidades WHAT 104
  Praticando o mindfulness com as habilidades HOW 107
  Ganhando tempo e criando rotina 110
 Entendendo os Tipos de Mindfulness 111
  Mindfulness de concentração 111
  Mindfulness gerativo 112
  Mindfulness receptivo 115
  Mindfulness reflexivo 115
 Os Benefícios do Mindfulness 116
  Aproveitando o foco 116
  Relaxando fácil 117
  Criando um espaço saudável em sua mente 117
  Acalmando suas emoções 118

CAPÍTULO 10: Regulando Suas Emoções 121

Virando a Chave da Regulação Emocional 122
    Reduzindo a vulnerabilidade emocional com ABC SABER.. 122
    Praticando ações opostas 126
    Sendo gentil com você mesmo. 128
Sendo Seu Próprio Suporte Emocional. 129
    Reavaliando seus sentimentos 129
    Adotando práticas saudáveis de autorrelaxamento...... 130

CAPÍTULO 11: Tolerando o Mal-estar 133

Manejando Momentos Difíceis com as Habilidades de Sobrevivência à Crise 134
    Distraindo-se 136
    Acalmando-se 138
Reconhecendo que Tudo Tem Motivo 138
    Vendo um exemplo da vida real. 139
    Mudando sua perspectiva 140
Limitando a Impulsividade. 141
    Obtendo gratificações de curto prazo 141
    Melhorando sua situação 142
    Usando prós e contras. 144
Fazendo Sua Própria Gestão de Crises 145
    Aceitando sua situação 145
    Uma dica rápida 151
    Uma rebelião alternativa 152

CAPÍTULO 12: Aumentando Sua Eficácia Interpessoal 153

Antes de Começar: Estando Ciente dos Obstáculos. 154
Dominando as Habilidades DEAR MAN. 155
    Descreva 156
    Expresse 156
    Seja assertivo 157
    Reforce 157
    Mantenha-se em mindfulness 158
    Aparente confiança. 158
    Negocie 158
Praticando a Arte da Validação 159
    Diferentes métodos de validação 160
    Validando em meio à discordância 162
    Resolução de problemas e validação 162
Comunicação com Habilidades GIVE 163
Mantendo-se Fiel a Si Mesmo com a Habilidade FAST...... 164
Combinando GIVE e FAST 165
Resumindo Tudo 166

CAPÍTULO 13: **Minando o Dualismo** 167
    Encontrando o Equilíbrio 168
        Validação 168
        Behaviorismo 169
        Dialética 171
    Abraçando a Cooperação e o Compromisso 172
        Há mais de um ponto de vista para cada situação 172
        A mudança é a única constante 173
        A mudança é transacional 174

PARTE 4: OS ELEMENTOS DA DBT 175

CAPÍTULO 14: **Explorando o Básico** 177
    Mano a Mano: A Terapia Individual 178
        Encontrando um terapeuta individual 178
        Definindo um objetivo alcançável 180
        Tirando o máximo das sessões individuais 180
    Todos Juntos: Terapia de Grupo 181
        Juntando-se a um grupo 182
        Estratégias de compartilhamento 182
        Ganhando mais com o grupo 183
    Conexão: Treinamento por Telefone 183
        Antes de começar: Os parâmetros 184
        Pedindo ajuda 185
        Pedindo validação 186
        Ajustando o relacionamento 186
        Compartilhando boas notícias 187

CAPÍTULO 15: **Abraçando a Dialética** 189
    No Começo: Tropeçando na Dialética 190
    Pensando Dialeticamente 191
    Vendo os Principais Dilemas Dialéticos Enfrentados no
      Tratamento 192
        Vulnerabilidade emocional versus autoinvalidação 193
        Passividade ativa versus competência aparente 193
        Crise implacável versus luto inibido 194
    Os Dilemas Dialéticos da Paternidade: Minando o Dualismo .. 194
        Desprezar o comportamento problemático
          versus exagerar o comportamento típico 195
        Promover a dependência versus forçar a independência .. 195
        Ser muito rígido versus ser muito frouxo 196
    Compreendendo as Intervenções Dialéticas do Terapeuta .. 197
        Irreverência versus reciprocidade 197
        Intervenção ambiental versus consulta ao paciente 198
        Resolução de problemas versus validação 199

CAPÍTULO 16: Estruturando o Ambiente ... 201
Adicionando Estrutura a Dois Ambientes Diferentes ... 202
Resolvendo de Cinco Maneiras. ... 203
Construindo uma Estrutura. ... 204
    Fazendo compromissos. ... 204
    Mantendo-se fiel ao plano. ... 206
Estruturação de Sessões Individuais ... 208
    Revisando seu cartão-diário ... 208
    Dando atenção à hierarquia de alvos ... 208
    Análise em cadeia do principal alvo. ... 209
    Tecendo a análise de solução. ... 212
    Descendo na hierarquia para discutir as habilidades relacionadas ao cotidiano. ... 213
Usando a Estrutura em Diferentes Contextos. ... 213
    Prisões. ... 213
    Escolas ... 214
    Hospitais. ... 215
    Terapia para pessoas com *deficits* de desenvolvimento ... 216

CAPÍTULO 17: O Grupo de Consultoria ... 219
Unindo-se a um Grupo de Consultoria. ... 220
    Terapia para terapeutas ... 220
    Acordos do grupo de consultoria ... 223
Cumprindo a Agenda ... 225
    Estruturando uma reunião ... 225
    Entendendo as funções no grupo ... 227

CAPÍTULO 18: Rastreando Sua Experiência ... 229
Mantendo um Cartão-diário ... 229
    Registrando suas emoções. ... 230
    Rastreando suas reações ... 232
    Identificando as habilidades que você usa. ... 234
Analisando Seu Comportamento. ... 236
    Análise em cadeia. ... 236
    Análise de solução. ... 239
    Análise de elos perdidos. ... 241

CAPÍTULO 19: Criando e Mantendo a Motivação ... 243
Tendo Motivação para a Terapia ... 244
    Distinguindo motivação e habilidade ... 244
    Movendo-se para a aceitação. ... 245
Motivação Cada Vez Maior ... 247
    Ideias da TCC. ... 247
    A abordagem da DBT. ... 249
Mantendo a Motivação. ... 250
    Olhos no prêmio. ... 251
    Quando a motivação falha ... 252

PARTE 5: A DBT EM CONDIÇÕES ESPECÍFICAS 255

CAPÍTULO 20: Transtornos de Humor e de Personalidade .. 257

Tratando o Transtorno da Personalidade Borderline 257
    Os nove critérios do DSM para o TPB 258
    As cinco áreas da desregulação descritas pela
    Dra. Linehan 261
Manejando Seus Humores 265
    Lidando com a depressão 265
    Lidando com a mania 267
Aliviando a Ansiedade 268
    Os componentes da ansiedade 268
    Manifestações comuns da ansiedade e sua química 270
    Controlando a ansiedade excessiva 271
    Sentir ansiedade como um sinal útil 273

CAPÍTULO 21: Aplacando o Trauma 275

Vendo os Fundamentos da DBT PE 276
    Evitando a evitação 277
    Vendo como a DBT PE funciona 277
    Sabendo quando estiver pronto 279
DBT-TEPT: Um Modelo Alternativo 280
Investigando o Dilema da Dissociação 281

CAPÍTULO 22: Lidando com Adições Comportamentais ... 283

Uma Nota sobre a Dopamina 284
Trabalhando a Dependência 285
    Identificando o uso de substâncias
    e os transtornos induzidos por elas 286
    Habilidades da DBT para tratar transtornos
    por uso de substâncias 288
    Diferenças da DBT padrão 291
    Diferenças da DBT para transtornos
    por uso de substâncias 292
    DBT para TUS sem desregulação emocional 293
Superando Transtornos Alimentares 294
    Transtorno de compulsão alimentar periódica 294
    Outros transtornos alimentares 296
    O modelo de tratamento da DBT
    para transtornos alimentares 297
Ganhando Terreno no Transtorno Dismórfico Corporal 301
    Abordando falhas percebidas 301
    Lidando com problemas particulares 305
Controlando Comportamentos Aditivos 306
    Atividades que podem se tornar adições 306
    Quando usar a DBT para adições
    comportamentais em geral 309

CAPÍTULO 23: Comportamentos Contraproducentes 311
   Lidando com a Autoinvalidação 312
      Saindo do ciclo com a autovalidação. 312
      Afastando-se da vergonha. 313
      Experimentando a exposição 315
      Buscando segurança 317
   Lidando com o Autodesprezo. 320
      Amor-próprio como ação oposta. 321
      Elementos necessários para praticar o amor-próprio 322
   Equilibrando Solitude e Conectividade 323
      Exílio 324
      Solidão 324
      Vazio 326

PARTE 6: A PARTE DOS DEZ 331

CAPÍTULO 24: Dez Práticas de Mindfulness 333
   Observe uma Coceira. 334
   Observe o Desejo de Engolir. 334
   Observe Suas Mãos 334
   Observe Sua Respiração com a Respiração de Escada 335
   Descreva uma Postagem das Redes Sociais. 335
   Descreva uma Emoção Difícil ou Dolorosa. 336
   Descreva os Sons a Seu Redor 336
   Fique sobre uma Perna Só 336
   Escreva com Sua Mão Não Dominante 337
   Dirija um Carro com Total Atenção 337

CAPÍTULO 25: Dez Meios para uma Vida Antidepressiva .. 339
   Praticando Exercícios 340
   Meditando 340
   Comendo Menos Refinados 340
   Cuidado com o Álcool e Outras Drogas 341
   Dormindo o Suficiente 342
   Cultivando a Interação Social e a Conexão. 343
   Adicionando Lazer e Relaxamento à Sua Rotina 343
   Entrando em Contato com o Verde e o Meio Ambiente 344
   Cuidando de Animais de Estimação e Outros Animais. 344
   Arranjando Tempo para a Fé e para as Orações. 345

CAPÍTULO 26: Dez Mitos sobre a DBT 347
   Mito: A DBT Trata Apenas Transtorno da
      Personalidade Borderline 347
   Mito: Terapeutas de DBT Ensinam Habilidades
      de um Manual; Não É Terapia de Fato 348
   Mito: A DBT Demanda Anos até que Você Sinta
      Alguma Melhora 348

- Mito: A DBT É uma Terapia de Prevenção do Suicídio 349
- Mito: Se Nenhuma Outra Terapia Ajudou,
  a DBT Também Não Ajudará. 349
- Mito: Ao Iniciar a DBT, Você Precisa Continuá-la
  para Sempre 349
- Mito: Você Tem que Seguir o Budismo para Fazer a DBT 350
- Mito: A DBT É um Culto 350
- Mito: Há Poucas Evidências de que a DBT Funciona 350
- Mito: A DBT Não Se Interessa pelas "Raízes"
  das Doenças Mentais............................... 351

ÍNDICE 353

Introdução

Em nossa experiência profissional, em nenhum outro momento vimos mais demanda por cuidados de saúde mental compassivos, eficazes e abrangentes do que no estranho ano de 2020. O custo da saúde mental causado pelo impacto isolador da pandemia de Covid-19, as incertezas da economia, a polarização categórica das causas da justiça social e as dúvidas e suspeitas ampliadas por extremos políticos impactaram aqueles sem problemas de saúde mental, mais significativamente aqueles com problemas de saúde mental e até mesmo os profissionais de saúde mental. Afinal, somos seres humanos, cujo cérebro responde ao estresse, a emoções fortes e à falta de conexão.

Todos precisamos cuidar de nós mesmos, e não temos tempo para passar anos contemplando nossa existência. As mudanças que você fizer hoje repercutirão pelo resto de sua vida. Agora é a hora de começar a se comportar de maneira coerente com seus valores e aspirações. Claro, você precisa da ajuda de outras pessoas — nem o mais poderoso dos centroavantes pode vencer sem um time que o apoie —, mas você é o principal responsável pelo seu autocuidado. Você não precisa da bênção de outras pessoas para começar a mudar seus comportamentos, comer alimentos mais saudáveis, exercitar-se com mais regularidade, ir para a cama na hora certa, reduzir a ingestão de álcool e meditar todos os dias. E então, sendo uma pessoa mais saudável, você leva uma versão mais hábil de si mesmo para sua vida e para os relacionamentos com aqueles de quem gosta.

Dizemos aos nossos pacientes, amigos, familiares e colegas que a DBT — a terapia comportamental dialética — não é apenas para nossos pacientes, mas melhora a vida de todos. Quando a praticamos, somos mais capazes de cuidar de nós mesmos e de nossos relacionamentos, somos mais compassivos e fazemos menos suposições. Não dizemos essas coisas simplesmente porque somos os autores deste livro, mas porque vimos os benefícios da DBT em nossa vida pessoal e profissional.

Sobre Este Livro

DBT (Terapia Comportamental Dialética) Para Leigos é um livro para o nosso tempo. O mundo em 2020 — quando o escrevemos — estava cheio dos desafios mais inesperados. Uma pandemia global, uma eleição contenciosa nos EUA e manifestações que destacaram cisões significativas em nossas comunidades. Essas experiências exigem o máximo de nós, mas também podem trazer à tona nossas fraquezas e lutas.

Para aqueles que já lutam contra condições de saúde mental subjacentes, ser capaz de regular as emoções, conectar-se de forma eficaz, tolerar momentos difíceis sem se afundar mais no desespero e prestar atenção ao momento presente, aos outros e a si mesmo torna as habilidades mostradas neste livro oportunas e essenciais. São habilidades que, se aprendidas, usadas e praticadas regularmente, farão com que você supere não apenas este momento, mas todos os momentos futuros, estejam ou não cheios de incertezas.

Quase tudo o que você precisa saber sobre DBT está neste livro, seja você novo na terapia, seja um especialista em busca de novas ideias. Queremos deixar bem claro que este livro não substitui a terapia especializada. Lê-lo o informará e lhe dará algumas boas ideias sobre o que fazer, mas é necessário um terapeuta qualificado em DBT para ajudá-lo se você estiver com grandes problemas.

Ao longo de nossa própria jornada com a DBT, muitos pacientes nos disseram que já haviam experimentado a DBT antes e que, embora usemos muitos termos e práticas semelhantes, o que fizemos foi diferente. Muitos de nossos protocolos serão idênticos aos de outros terapeutas de DBT, no entanto, como a DBT não é apenas baseada em protocolos, mas também orientada por princípios, também há arte nela, e é assim que a abordamos. Muitas das ideias deste livro vêm diretamente de nossa própria prática clínica, e diferentes terapeutas podem aplicá-las de maneiras diferentes.

Como acontece com todos os guias *Para Leigos*, você não terá que ler este livro do início ao fim, como faria com tantos outros. Se a única coisa em que está interessado é em como praticar a regulação emocional, como usar o mindfulness para melhorar seus relacionamentos ou como aplicar a DBT a um transtorno mental específico, a informação está aqui, pode ser facilmente encontrada e está pronta para ser lida e compreendida em minutos.

Uma nota rápida: os boxes (caixas de texto sombreadas) aprofundam-se nos detalhes de um determinado tópico, mas não são cruciais para compreendê-lo. Sinta-se à vontade para lê-los ou ignorá-los. Você também pode ignorar o texto acompanhado do ícone Papo de Especialista. O texto marcado com esse ícone fornece algumas informações interessantes, mas não essenciais, sobre alguns dos procedimentos mais técnicos em DBT.

Uma última coisa: neste livro, alguns endereços da web se dividem em duas linhas de texto. Se estiver lendo este livro impresso e quiser visitar uma dessas páginas da web, basta digitar o endereço exatamente como aparece no texto, ignorando a quebra de linha.

Penso que...

Caro leitor, fizemos algumas suposições sobre você. Não julgamos que seja exatamente leigo, no entanto, está lendo este livro porque deseja ter uma compreensão mais clara e menos cheia de jargões da terapia comportamental dialética. Você pode ter algum conhecimento básico sobre ela e ter ouvido que é útil para tratar certas condições, mas este livro oferecerá uma imagem muito mais esclarecedora dessa terapia fascinante.

Também reconhecemos que nenhum livro substitui a terapia especializada e presumimos que qualquer pessoa que precise de ajuda a procurará, mesmo que use este livro como um guia para uma melhor compreensão. Por fim, presumimos que os leitores que estão sofrendo podem, com isso, ter dificuldades no aprendizado de novas abordagens. Nós os valorizamos tremendamente e os apoiamos em seus esforços para melhorar, apesar dos obstáculos que a vida pode ter colocado diante de vocês.

Ícones Usados Neste Livro

Incluímos alguns ícones úteis, que você notará nas margens do livro. Eles sinalizam certos tipos de informação, então certifique-se de saber qual é qual.

DICA

Incluímos certas orientações — e este ícone garante que você as observe. Elas não são substitutas da prática das habilidades, e sim lembretes para tornar mais fácil se recordar delas.

LEMBRE-SE

Embora queiramos que você se lembre de tudo o que dissermos, percebemos, com frequência, como é fácil esquecer as coisas. Então, vamos repeti-las, porque sabemos que a repetição é uma ótima forma de aprender. Se você tende a esquecer, ao ver este ícone, certifique-se de guardar bem as informações contidas nele.

CUIDADO

Assim como queremos que você se lembre de tudo o que informamos neste livro, e adoraríamos que fizesse tudo o que recomendamos, é possível (ok, altamente provável) que você faça apenas a metade (ok, um quarto). Mas, para ficar longe de armadilhas que podem criar obstáculos significativos à sua cura, preste atenção a todos os avisos que vir associados a este ícone.

PAPO DE ESPECIALISTA

Assim como qualquer especialista, temos pepitas de conhecimento que apenas alguns de nossos pacientes mais persistentes e viciados em DBT saberiam apreciar. Mas sabemos que você pode querer saber mais e se aprofundar em assuntos como vias neurais e substâncias químicas cerebrais. Se isso o empolga, ao invés de servir como sonífero, o convidamos a mergulhar conosco. No entanto, se preferir, pode pular as informações associadas a este ícone. Ele é o único que indica informações que você pode pular, se preferir.

Além Deste Livro

Além do material impresso, que você está lendo agora, este livro vem com uma Folha de Cola gratuita, que contém informações interessantes sobre o que esperar do DBT, seus componentes e as habilidades úteis que você descobrirá, para serem acessadas de qualquer lugar. Para obtê-las, acesse www.altabooks.com.br e busque na barra de pesquisa pelo nome ou ISBN do livro.

Daqui para Lá, de Lá para Cá

Agora... vá em frente! Verifique o Sumário e vá direto aos capítulos que despertarem seu interesse. Isto não é um romance, que você precisa ler do início ao fim. É mais como quando nossos filhos abrem a geladeira e pegam as coisas que querem. No entanto, se você é totalmente novo na DBT, recomendamos começar pelo Capítulo 1.

Mesmo quando você entender mais e mais sobre a DBT, chegando talvez até a ensinar uma ou duas coisas a seu terapeuta, continue voltando a este livro e descubra mais informações, que serão cada vez mais acompanhadas por momentos "ahá", e conte para nós sobre esses momentos [em inglês]. Agradecemos por nos incluir em sua jornada!

1
Ao que Interessa

NESTA PARTE...

Descubra como a terapia comportamental dialética (DBT) foi desenvolvida.

Compreenda os componentes de um tratamento abrangente usando a DBT.

Reconheça os elementos de uma prática de mindfulness contemplativo como uma parte central da DBT e descubra como aceitar vários pontos de vista.

Entrelace o behaviorismo nas práticas de mindfulness para desenvolver uma terapia completa.

> **NESTE CAPÍTULO**
>
> » Olhando os pilares, os modos e as funções da DBT
> » Conhecendo a estrutura teórica
> » Percorrendo os estágios de tratamento
> » Vendo as habilidades básicas
> » Entendendo a mecânica
> » Tratando condições específicas

Capítulo **1**

E Lá Vamos Nós

Entrar no mundo da terapia comportamental dialética (DBT) é entrar em um mundo que se concentra no processo filosófico da dialética, ao mesmo tempo em que atende ao princípio psicológico de behaviorismo e mudança. Imagine entrar em uma terapia que lhe diz que tudo é composto de opostos, que esses opostos são todos verdadeiros, que tudo muda, exceto a própria mudança, e que o processo de sair do sofrimento começa pela aceitação de que todas essas coisas são verdadeiras. Este capítulo lhe apresenta o básico.

Os Principais Pilares da DBT

LEMBRE-SE

A DBT se baseia em três principais pilares filosóficos e científicos. São pressupostos específicos que unificam o tratamento:

» **Todas as coisas estão interligadas.** Tudo e todos estão interligados e são interdependentes. Todos fazemos parte da tapeçaria maior da vida, uma comunidade de seres que nos apoia e sustenta. Também estamos conectados à nossa família, aos nossos amigos e à comunidade. Precisamos dos outros, e os outros precisam de nós.

» **A mudança é constante e inevitável.** Esta não é uma ideia nova. O filósofo pré-socrático Heráclito disse: "A única constante da vida é a mudança." A vida é cheia de sofrimento, mas, como a mudança acontece, sendo ela a única certeza, seu sofrimento também mudará.

» **Os opostos podem ser integrados para formar um quadro mais próximo da verdade.** Esta ideia está no cerne da dialética. Uma síntese dialética combina a tese (uma ideia) e a antítese (seu oposto). Ao chegar à síntese das duas ideias, o processo nunca introduz um novo conceito que não seja encontrado na tese ou na antítese. A rigor, a síntese incorpora um conceito da tese e outro da antítese.

Confira o Capítulo 2 para mais informações sobre os principais pilares da DBT.

Visão Geral dos Modos e das Funções do Tratamento da DBT

A DBT foi desenvolvida pela Dra. Marsha Linehan para o tratamento de pessoas que lutavam contra o comportamento autodestrutivo e suicida e, posteriormente, tornou-se o tratamento padrão-ouro para a condição conhecida como transtorno da personalidade borderline (TPB), que revisamos de modo abrangente no Capítulo 20. O tratamento atrai muitos terapeutas e pacientes, não apenas porque é muito útil, mas porque integra quatro elementos essenciais em um tratamento abrangente, abordando os elementos biológicos, ambientais, espirituais e comportamentais da luta de uma pessoa. Também é único em seu foco em equilibrar a necessidade de uma pessoa mudar e, ao mesmo tempo, ser completamente aceita por quem ela é, no momento presente.

Como você descobrirá no Capítulo 2, a DBT fornece o tratamento por meio de quatro modos, e eles abordam as cinco funções de um tratamento abrangente.

Os quatro modos da terapia

LEMBRE-SE

Há quatro modos de terapia, detalhados no Capítulo 14:

» **Terapia individual:** Um terapeuta treinado trabalha com você para aplicar as habilidades recém-aprendidas aos desafios de sua vida.

» **Grupo de treinamento de habilidades:** Com um grupo de outros pacientes, você aprende novas habilidades comportamentais, completa as tarefas de casa e faz *role-play* de novas maneiras de interagir com as pessoas.

» **Treinamento de habilidades por telefone:** Você pode ligar para seu terapeuta entre as sessões para receber orientações sobre como lidar com situações difíceis à medida que elas surgirem.

» **Grupo de consultoria para o terapeuta:** Seu terapeuta individual se reúne com outros terapeutas que também estão fornecendo tratamento de DBT. Essas reuniões os ajudam a enfrentar questões difíceis e complexas relacionadas à terapia e lhes dão novas ideias sobre o que fazer quando ficam travados. O Capítulo 17 apresenta mais detalhes.

As cinco funções do tratamento

Como visto na seção anterior, a DBT é um programa abrangente. Assim, é uma coleção de tratamentos, em vez de um único método conduzido por um único terapeuta com um único paciente. Qualquer programa, seja qual for sua escolha, deve abordar as cinco funções-chave do tratamento (revisadas na Parte 4):

» **Aumentar sua motivação para mudar:** Mudar comportamentos autodestrutivos e mal-adaptativos é difícil, e é fácil ficar desanimado. Seu terapeuta individual trabalhará com você para garantir que permaneça no caminho certo e reduza quaisquer comportamentos incoerentes com uma vida que valha a pena ser vivida. Na terapia individual e em grupo, seu terapeuta pedirá que você observe seus comportamentos e use o treinamento de habilidades para atingir esse objetivo.

» **Aprimorar suas habilidades:** A DBT pressupõe que as pessoas que têm dificuldades precisam melhorar várias habilidades importantes para a vida — ou simplesmente não as têm —, incluindo as que ajudam a regular as emoções, prestar atenção à experiência do momento presente,

CAPÍTULO 1 **E Lá Vamos Nós** 9

enfrentar situações interpessoais com eficácia e, por fim, conseguir tolerar o mal-estar.

» **Levar o que você aprendeu na terapia para outras áreas de sua vida:** Se as habilidades que você aprendeu nas sessões de terapia em grupo e individuais não forem levadas para seu cotidiano, será difícil dizer que a terapia foi bem-sucedida em lidar com seus problemas.

» **Estruturar seu ambiente para reforçar seus ganhos:** Uma função importante é garantir que você não volte a ter comportamentos inadequados ou problemáticos, ou, se o fizer, que o impacto seja mínimo. Estruturar o tratamento para promover o progresso rumo a seu objetivo é uma forma de fazer isso. Seu terapeuta individual garantirá que todos os elementos de um tratamento eficaz estejam disponíveis para você. Às vezes, ele pode intervir em seu nome, se você ainda não for qualificado o suficiente para fazê-lo, com o entendimento de que tal intervenção é temporária, até que você tenha adquirido as habilidades para manejar as situações.

» **Aumentar a motivação e a competência de seu terapeuta:** Embora ajudar as pessoas que vão à terapia com vários problemas seja gratificante para o paciente e para o terapeuta, os comportamentos que as pessoas apresentam são muito desgastantes para este, portanto, ele precisa de ajuda para lidar com tudo. É aqui que entra a equipe de consultoria da DBT, sobre a qual você leu na seção anterior.

Focando a Estrutura Teórica da DBT

A prática da DBT se baseia em três teorias centrais:

» **Teoria biossocial:** A teoria biossocial, da Dra. Linehan, afirma basicamente que as pessoas que lutam para regular as emoções o fazem por causa de uma interação duradoura entre a composição biológica — que as torna mais sensíveis e mais reativas emocionalmente e mais lentas para retornar à estabilidade emocional —, o que chamou de ambiente invalidante.

Um *ambiente invalidante* é aquele em que as experiências emocionais de uma criança não são reconhecidas como válidas ou não são toleradas por pessoas importantes na vida dela. Quando isso acontece e as experiências emocionais de uma criança não são validadas, levando-a a emoções de alta intensidade, ela aprende que tem que exagerar para ser ouvida. Quando é punida por expressar emoções fortes, a criança pode esconder suas dificuldades e tentar regulá-las usando comportamentos inadequados, como a automutilação. Isso, por sua vez, só amplifica ainda mais as emoções, pois a criança experimenta vergonha e culpa. No Capítulo 2, obtenha mais informações sobre a teoria biossocial.

» **Teoria comportamental:** A teoria comportamental busca explicar o comportamento humano por meio da análise dos antecedentes deste. *Antecedentes* são eventos, situações, circunstâncias, emoções e pensamentos que precederam o comportamento — em outras palavras, os eventos que aconteceram antes de o comportamento ocorrer —, e as *consequências* dele são as ações ou respostas que o seguem. É na compreensão dos elementos que causam a manifestação dos comportamentos — e, então, no entendimento mais aprofundado do que os mantém em andamento — que a teoria comportamental se baseia, a fim de reduzir os comportamentos mal-adaptativos e aumentar as respostas adaptativas.

Um elemento importante para esta teoria é o fato de que os comportamentos mal-adaptativos são mantidos porque uma pessoa não tem as habilidades para um funcionamento mais adaptativo devido a problemas no processamento de emoções e de pensamentos, razão para haver tanta ênfase no ensino de habilidades úteis de regulação emocional. Nós as discutimos no Capítulo 10.

» **A filosofia dialética:** Basicamente, a *teoria dialética* afirma que a realidade é a tapeçaria de forças interconectadas e entrelaçadas, muitas opositivas. É a síntese contínua de forças, ideias e conceitos opostos que define a dialética. O Capítulo 15 traz mais informações sobre o conceito.

Olhando os Estágios de Tratamento

LEMBRE-SE

A DBT consiste em quatro estágios de tratamento mais o pré-tratamento:

» **Pré-tratamento:** Este é o período em que a pessoa está assumindo um compromisso direto, consigo mesma e com o terapeuta, de fazer a DBT. Nesta fase, o paciente também cria uma lista hierárquica de comportamentos problemáticos que afetam a vida que gostaria de viver.

» **Estágio 1:** Neste estágio, o objetivo principal é reduzir os comportamentos mais graves que têm um grande impacto na vida da pessoa. Isso inclui comportamentos de risco à vida, como suicídio e automutilação; comportamentos que interferem na terapia, como chegar atrasado ou não completar as tarefas de casa; e comportamentos que interferem na qualidade de vida, como o uso indevido de substâncias e relacionamentos prejudiciais. Por fim, é preciso reforçar as habilidades comportamentais que são realizadas no formato de grupo de habilidades.

CAPÍTULO 1 **E Lá Vamos Nós** 11

> **Estágio 2:** Neste estágio, a pessoa se concentra em vivenciar emocionalmente e abordar o trauma em sua vida, o que, muitas vezes, leva ao tormento e ao desespero.

> **Estágio 3:** Neste estágio, problemas residuais como tédio, vazio, luto e objetivos de vida são abordados.

> **Estágio 4:** Neste estágio final, a pessoa aprofunda a autoconsciência e a sensação de incompletude, tornando-se mais realizada espiritualmente e reconhecendo que a maior parte da felicidade está dentro de si.

Esmiuçando as Habilidades da DBT

A DBT presume que muitos dos problemas que as pessoas experimentam decorrem de elas não terem ou não saberem usar, de fato, as habilidades para gerenciar situações emocionalmente carregadas. Mais especificamente, a falha em usar um comportamento eficaz quando necessário, muitas vezes, é o resultado de não o conhecer ou de não saber como fazê-lo. Pensando nessa ideia de *deficit* de habilidades, o uso de habilidades de DBT durante o tratamento-padrão — em grupo, na terapia individual e no treinamento delas — objetiva reduzir o comportamento suicida, a automutilação não suicida e a depressão, e melhorar a regulação emocional e os problemas de relacionamento. Na Parte 3, revisamos estas habilidades:

> **Mindfulness:** Em parte derivada do zen e de práticas meditativas, a DBT ensina às pessoas a importância de ser consciente. Envolve refletir sobre duas considerações: "O que faço para praticar o mindfulness?" e "Como faço para praticá-lo?"

> **Eficácia interpessoal:** A DBT ensina maneiras mais eficazes para as pessoas conseguirem aquilo de que precisam e o que desejam, como reduzir conflitos interpessoais, reparar relacionamentos e dizer "não" a pedidos irracionais. O foco é ajudar a pessoa a construir o respeito próprio, a melhorar sua autodeterminação e a reconhecer suas necessidades como válidas.

> **Tolerância ao mal-estar:** Enquanto muitas abordagens à saúde mental se concentram na mudança de situações estressantes, a DBT se concentra em ensinar às pessoas habilidades que lhes permitam tolerar essas situações, que geralmente são repletas de dor e sofrimento emocional. Dentro das competências, há também o reconhecimento da importância de distinguir entre aceitar a realidade como é e aprová-la.

> **Regulação emocional:** O ponto central de muitos dos problemas para os quais a DBT é eficaz é a descoberta de que as pessoas que lutam para controlar as emoções não têm a capacidade de fazê-lo. O foco é fazer

com que as pessoas saibam qual é a emoção que sentem, quais são os fatores de vulnerabilidade a ela, quais são as funções dela e, então, como lidar com ela quando for desproporcional à situação.

Os Mecanismos da DBT

Conforme mencionado neste capítulo, um tratamento de DBT abrangente vai além da terapia individual e inclui treinamento de habilidades em grupo, orientação por telefone e um grupo de consultoria para os terapeutas. As sessões em grupo são realizadas uma vez por semana e duram cerca de duas horas e meia. No grupo, são ensinados os quatro módulos de habilidades mencionados na seção anterior — mindfulness, eficácia interpessoal, tolerância ao mal-estar e regulação emocional. (Eles são revisados na Parte 3 deste livro.)

LEMBRE-SE

Normalmente, leva seis meses para passar por todos os componentes de todos os módulos, e muitas pessoas que fazem um curso de DBT o repetem. Como resultado, leva cerca de um ano no total. Pode demorar mais, se houver transtornos concomitantes, como o transtorno de estresse pós-traumático (TEPT).

Na sessão de grupo de habilidades, a primeira parte é dedicada a revisar a tarefa de casa atribuída na semana anterior, enquanto a segunda parte é usada para aprender, ensinar e praticar novas habilidades. Na terapia individual, as habilidades aprendidas no grupo são revisadas dentro do contexto das necessidades e dos objetivos de tratamento individual da pessoa. Um modo de pensar isso é considerando que os grupos de habilidades incutem as habilidades na pessoa, enquanto a terapia individual a faz assimilá-las no contexto de sua vida.

Tratando Condições Específicas

A maioria dos estudos sobre a eficácia da DBT foi concluída com pessoas que lutam contra o transtorno da personalidade borderline, no entanto, a DBT foi estudada em muitas outras condições (revisadas de forma mais completa na Parte 5). A DBT demonstrou ter um grau de eficácia, por si só ou em combinação com outras terapias comportamentais, para condições como as seguintes:

- » Transtorno de estresse pós-traumático (TEPT).
- » Abuso de substâncias.
- » Compulsão alimentar.

Também tem sido usada para diversas populações:

» Adolescentes (veja o Capítulo 13).
» Populações carcerárias.
» Portadores de transtornos do desenvolvimento.
» Familiares de pessoas com transtorno da personalidade borderline.
» Alunos que se beneficiariam de um currículo de aprendizado socioemocional nas escolas.

> **NESTE CAPÍTULO**
>
> » Examinando a teoria biossocial por trás da DBT
> » Entrando nos objetivos e funções
> » Explorando os modos de tratamento
> » Investigando o processo dialético

Capítulo **2**

Entendendo a Terapia Comportamental Dialética (DBT)

A terapia comportamental dialética (DBT) foi desenvolvida pela Dra. Marsha M. Linehan, psicóloga da Universidade de Washington, para ajudar mulheres adultas com uma condição conhecida como transtorno da personalidade borderline (TPB). O TPB é caracterizado por intensas oscilações emocionais, dificuldades com relacionamentos íntimos e próximos e comportamento autodestrutivo e, às vezes, suicida. Para muitas pessoas com TPB, a possibilidade de morte por suicídio o torna uma das condições de saúde mental mais difíceis de tratar. Na verdade, antes da DBT, o TPB já era considerado uma condição psiquiátrica excepcionalmente difícil de tratar; nem medicamentos nem psicoterapia pareciam fornecer qualquer tipo de alívio imediato.

No entanto, como as pessoas suicidas não "apenas" eram suicidas, mas também tinham muitos outros problemas, fazer uma terapia que lidasse com *tudo* era essencial para um tratamento abrangente, de suporte e bem-sucedido. Além disso, o tratamento precisava ser útil tanto para o paciente quanto para o terapeuta, porque muitos terapeutas ficavam com medo de tratar pacientes suicidas e, portanto, também precisavam de apoio.

A DBT entra em cena. Neste capítulo, você descobrirá os fundamentos dessa terapia, incluindo a teoria biossocial, as funções e os objetivos do tratamento, os modos de tratamento e o processo dialético.

Começando com a Teoria Biossocial

LEMBRE-SE

A Dra. Linehan percebeu que certas condições e transtornos, como o TPB, eram caracterizados principalmente pela *desregulação emocional* — em outras palavras, pela dificuldade em reconhecer e, então, habilmente tolerar ou lidar com o impacto de emoções poderosas e às vezes dolorosas. Ela viu que essas dificuldades surgiam da interação entre a composição biológica e genética de um indivíduo e fatores ambientais específicos (a *teoria biossocial*), e observou que as pessoas com condições como TPB tinham três características proeminentes:

» Elas tendiam a ser muito sensíveis emocionalmente, o que significa que tendiam a reagir muito rápido e com mais intensidade do que a pessoa média a eventos que levavam a experiências emocionais.

» Quando as emoções explodiam, elas tinham dificuldade em controlá-las, e isso, por sua vez, levava a um comportamento ditado por seu estado de humor. Como resultado, quando uma pessoa com TPB estava de bom humor, podia fazer quase qualquer coisa e, quando estava de mau humor, tinha dificuldade em atender às expectativas do momento. Esse tipo de comportamento, baseado no humor, é denominado de *comportamento disfuncional dependente do estado de humor*.

» Quando experimentavam essas emoções intensamente ativadas, demoravam mais do que a pessoa média para voltar à estabilidade emocional.

As seções a seguir detalham a desregulação e os fatores ambientais.

Tipos de desregulação

Com o tempo, as pessoas que eram emocionalmente sensíveis e não tinham as habilidades para lidar com situações e relacionamentos difíceis na vida desenvolveriam dificuldades persistentes para controlar cinco áreas da experiência diária. O termo usado pelos terapeutas para essa incapacidade de regular as emoções é *desregulação*, e as pessoas com condições como o TPB tinham as seguintes cinco áreas de desregulação, uma conceituação originalmente descrita pela Dra. Linehan, em 1993:

» **Desregulação emocional:** *Desregulação emocional* é a incapacidade de reagir com flexibilidade e de manejar os próprios sentimentos, com respostas emocionais altamente reativas. São episódios breves, de poucas horas, mas opressores. Embora uma pessoa com TPB possa ter dificuldade em regular todas as emoções, a irritabilidade e a raiva são especificadas no *Manual Diagnóstico e Estatístico de Transtornos Mentais* (DSM), que é o manual que os especialistas em saúde mental utilizam para classificar os transtornos.

» **Desregulação interpessoal:** A *desregulação interpessoal* caracteriza-se pelo medo, real ou imaginário, de que a pessoa com TPB será abandonada por aqueles que lhe são próximos. Nesse contexto, a pessoa com TPB fica desesperada para evitar que o abandono ocorra e se comporta de formas a impedir que isso aconteça. Essas formas muitas vezes parecerão extremas para a pessoa que recebe o comportamento e às vezes podem ser a razão até para um afastamento por parte desta em relação à pessoa com TPB.

Outra marca disso é que as pessoas com TPB tendem a desenvolver relacionamentos intensos com os outros, e estes são caracterizados por extremos, como, às vezes, idealizar a outra pessoa e, em outras ocasiões, desvalorizá-la. Essas flutuações podem acontecer muito rapidamente e deixar a outra pessoa confusa.

» **Desregulação do Eu.** A *desregulação do Eu* é caracterizada por um senso de identidade instável e pela experiência de se sentir vazio por dentro. Pessoas com TPB podem ter muita dificuldade em se definir em termos de quem são, quais são seus valores e seus objetivos de longo prazo e seu rumo de vida. Às vezes, olham para o comportamento dos outros e tentam copiá-lo, para se encaixar, mas muitas vezes reconhecem que, quando simplesmente se comportam de maneira diferente, nem sempre parecem autênticas. Outro aspecto da desregulação do Eu é a experiência de vazio, que é uma sensação intensa de desconexão, solidão e sensação de incompreensão.

» **Desregulação cognitiva:** A *desregulação cognitiva* é caracterizada por episódios breves de pensamento paranoico, em particular em períodos de estresse. Isso significa que, quando a pessoa com TPB tem altos níveis de estresse, pode começar a imaginar que outras pessoas estão atrás dela, mesmo quando não há evidências de que isso seja verdade. Pessoas com TPB também podem experimentar *dissociação,* que é o sentimento ou pensamento de que elas não são reais ou de que o resto do mundo não é real.

» **Desregulação comportamental:** A *desregulação comportamental* em pessoas com TPB é caracterizada por comportamentos extremos — às vezes impulsivos, e outras, perigosos. Eles são usados como forma de lidar com emoções intensas e insuportáveis e podem incluir comportamentos autolesivos, como cortes e tentativas de suicídio. Outros deles incluem comportamentos alimentares, como compulsão; uso de substâncias, como uma forma de se adaptar ou se automedicar; comportamentos sexuais perigosos, como forma de se sentir conectado; e direção perigosa ou gastos excessivos, como forma de sentir uma onda de emoções positivas.

Ambiente invalidante

O fator ambiental, proposto pela Dra. Linehan, foi o mais significativo no desenvolvimento do TPB em uma pessoa que vivia no que, conforme a seção anterior, ela chamou de *ambiente invalidante*, que tem certas características, como você descobrirá nas seções a seguir.

Intolerância à expressão emocional

O ambiente invalidante é *intolerante* à expressão de experiências emocionais privadas da pessoa e, em particular, de emoções que não são respaldadas por eventos observáveis. Por exemplo, se uma pessoa acredita que não é digna de amor e fica extremamente triste por causa disso, é normal que os outros lhe digam que isso não é verdade e que a afirmação de que ela não é digna de amor não é sustentada pelos fatos. Uma pessoa não se sentir amada não é algo observável, então simplesmente dizer a quem está lutando contra tais pensamentos que o que ele está pensando não é verdade é invalidante, porque tira a legitimidade da experiência emocional.

Em outras palavras, pode ser factualmente incorreto que tal pessoa não é amada, mas a emoção que ela experimenta é real e não é facilmente dissipada apenas porque alguém disse que ela não deveria senti-la.

LEMBRE-SE

A invalidação ocorre quando você diz à outra pessoa que não faz sentido que ela se sinta de determinada maneira. Dizer a alguém para não se sentir como se sente raramente o leva a mudar sua experiência emocional; na verdade, diz a ele que a maneira como se sente é desproporcional a qualquer evento que por ventura tenha provocado a emoção.

Reforço de emoções fortes

Outra característica do ambiente invalidante é que ele pode *reforçar* demonstrações de fortes emoções. Reforço é qualquer consequência de um comportamento que aumente a probabilidade de que ele seja amplificado ou mantido nos níveis atuais.

18   PARTE 1 **Ao que Interessa**

DICA

Outra maneira de pensar em um reforço é como uma recompensa. Portanto, se uma pessoa é ignorada quando está aflita e expressa níveis baixos de emoção, mas é atendida quando expressa níveis altos, e se o que ela deseja é atenção, então faz sentido que as emoções fortes apareçam com mais frequência.

Vergonha

Outra característica do ambiente invalidante é que, quando uma pessoa é informada de que suas demonstrações emocionais são inaceitáveis, injustificadas ou sem motivo, ela começa a sentir *vergonha* por ter se comportado de tal maneira ou mesmo por ter sentido alguma emoção. O problema é que envergonhar alguém não lhe ensina o que fazer quando sente emoções fortes, e, assim, ele não aprende o que fazer da próxima vez que emoções fortes aparecerem. Também evita que aprenda a nomear e a rotular suas emoções com precisão.

Imagine que uma pessoa não conseguisse nomear e rotular vegetais e que lhes fosse dito para ir comprar vegetais, mas, em vez disso, ela voltasse com pão e leite e fosse ridicularizada por não ter comprado vegetais. Envergonhar essa pessoa não lhe ensinaria o que fazer, e a vergonha, em longo prazo, causa danos psicológicos significativos. Com tais situações, o que a pessoa de fato aprende é a oscilar entre fazer grandes esforços para evitar a exibição de grandes emoções por medo de ser punida e ter grandes erupções emocionais sem saber como manejá-las.

Dispensa de problemas e reações

Por fim, o ambiente invalidante diz às pessoas emocionalmente sensíveis que seus problemas são *fáceis de resolver*. "Ah, basta se acalmar. Funciona para mim", um pai pode dizer a um filho adolescente emocionalmente sensível. Embora possa ser fácil para os pais, pode não ser para os filhos. Quando as pessoas são emocionalmente sensíveis e, de acordo com a teoria biossocial, têm um temperamento biologicamente intrincado ou disposição para ser emocionalmente vulneráveis, elas têm um limiar um pouco baixo para responder a fatores ambientais estimulantes do ponto de vista emocional.

É como uma criança que nasceu alérgica a amendoim se sensibilizando aos amendoins do ambiente. Dizer à criança para não ter uma reação aos amendoins é ignorar sua biologia. Do mesmo modo, dizer a uma pessoa com sensibilidade emocional para não ter a reação que está tendo ignora sua neurobiologia.

LEMBRE-SE

Quando outras pessoas ignoram, rejeitam ou punem a reação de uma pessoa emocionalmente sensível ou simplificam demais a facilidade com que ela deveria lidar ou resolver o problema que está vivenciando, com o tempo, essa pessoa fica sem mecanismos adaptativos de enfrentamento. Em vez disso, recorre a formas de enfrentamento rapidamente executáveis e, muitas vezes, autodestrutivas, incluindo automutilação e uso de drogas.

CAPÍTULO 2 **Entendendo a Terapia Comportamental Dialética (DBT)** 19

As Funções e os Objetivos do Tratamento Abrangente

Com base na conceituação de transtornos caracterizados por dificuldades emocionais (veja a seção anterior, "Começando com a Teoria Biossocial"), a DBT se concentra especificamente em ajudar as pessoas a regularem as emoções de maneiras mais adaptativas. Assim, a DBT inclui muitas habilidades comportamentais que visam especificamente ensinar os pacientes a reconhecer, compreender, rotular e regular suas emoções.

É necessário um tratamento abrangente para ajudar as pessoas que são emocionalmente sensíveis. Para qualquer tratamento ser abrangente, ele deve abordar cinco funções essenciais, e com a DBT não é diferente. Um tratamento abrangente deve cumprir os requisitos expostos nas seções a seguir.

Motivar o paciente e o terapeuta

Um tratamento abrangente motiva o paciente a participar dele e a concluí-lo, e várias estratégias são usadas para manter o paciente e o terapeuta na terapia. A motivação vem da compreensão dos objetivos da pessoa e, ao mesmo tempo, da identificação de seus pontos fortes e fracos relevantes. O terapeuta trabalha para garantir que ele próprio tenha clareza sobre quais são os objetivos do paciente, bem como tenha explicado como a DBT pode ajudá-lo a atingir seus objetivos e que, então, ele e o paciente colaborem no processo. A motivação vai além do paciente. Também é do terapeuta, em particular quando o trabalho é frustrante. Revisamos as estratégias motivacionais em profundidade no Capítulo 19.

Ensinar novos mecanismos de enfrentamento ao paciente

Um tratamento abrangente ensina ao paciente novas maneiras de enfrentar os desafios da vida ou aprimora as capacidades que ele já tem. Na DBT, os terapeutas presumem que as pessoas que têm problemas não os têm por escolha, mas que isso decorre de não terem ou de precisarem aprimorar várias habilidades importantes para a vida, incluindo as seguintes:

» A capacidade de regular as emoções.
» A capacidade de prestar uma atenção cuidadosa e precisa à experiência do momento presente.
» A capacidade de tolerar momentos difíceis.
» A capacidade de negociar com eficácia nos relacionamentos.

LEMBRE-SE

A ideia é a de substituir os comportamentos mal-adaptativos ou ineficazes por outros mais saudáveis, eficazes e duradouros para lidar com os momentos difíceis. O ensino deles ocorre em uma sessão semanal de treinamento de habilidades, em grupo, que tem até dez pacientes e dois terapeutas. A sessão dura cerca de noventa minutos e tem um componente didático, em que as habilidades são ensinadas, e a tarefa de casa atribuída é, então, revisada na sessão subsequente. Cobrimos a terapia de habilidades posteriormente neste capítulo.

Incorporar novas habilidades ao cotidiano do paciente

O tratamento abrangente generaliza as novas habilidades e maneiras do paciente de lidar com o cotidiano. Se as habilidades aprendidas na terapia não tivessem tal aplicação, seria difícil dizer que ela foi bem-sucedida. Essa função é realizada de duas maneiras:

» No grupo de treinamento de habilidades, o terapeuta passa as tarefas de casa e revisa as que foram dadas na sessão anterior.

» O paciente pode entrar em contato com o terapeuta entre as sessões para obter ajuda com situações em que não sabe o que fazer ou como aplicar as habilidades. (Leia mais sobre isso posteriormente neste capítulo.)

Apoiar o terapeuta

Para serem eficazes, os terapeutas que administram o tratamento com DBT devem permanecer motivados para trabalhar com os pacientes, em particular com aqueles cujos comportamentos são desafiadores. Muitos terapeutas acham gratificante o trabalho com pacientes que têm TPB e condições relacionadas, mas as emoções intensas dos pacientes e os eventuais comportamentos de risco podem levar ao esgotamento e ao desespero.

Os terapeutas de DBT são obrigados a frequentar um *grupo de consultoria*, em que se encontram semanalmente com outros terapeutas de DBT para que se ajudem, usando as mesmas técnicas que usam com os pacientes. É essencial abordar o esgotamento do terapeuta, e isso se faz por meio de consultoria, resolução de problemas, validação e treinamento contínuo e construção de habilidades, bem como do encorajamento para persistir na aplicação do cuidado compassivo. O grupo típico de consultoria se reúne uma vez por semana, por uma a duas horas. Falamos sobre ele em detalhes posteriormente neste capítulo.

Estruturar o ambiente do paciente

Estruturar o ambiente, quando necessário, de forma a maximizar a chance de sucesso, inclui o reforço do comportamento adaptativo e o não reforço do mal-adaptativo. Tal estruturação também inclui ajudar os pacientes a modificarem seu ambiente. Por exemplo, pacientes que usam drogas podem modificar seu círculo de amigos. Pessoas que usam aplicativos de namoro que levaram a relacionamentos abusivos podem ser treinadas para excluí-los. Pacientes que ficam acordados até tarde da noite podem precisar modificar sua rotina noturna para promover uma melhor higiene do sono.

Os pacientes podem precisar de ajuda para encontrar maneiras de modificar seus ambientes. Normalmente, eles são orientados sobre como fazer as modificações, mas, para pacientes mais jovens ou menos qualificados, o terapeuta precisa assumir um papel mais ativo nessa estruturação. Obtenha informações sobre a estruturação do ambiente no Capítulo 16.

Olhando os Modos de Tratamento

Como as cinco funções essenciais da seção anterior podem ser alcançadas? Há quatro modos de tratamento no modelo-padrão da DBT que garantem que o tratamento seja aplicado de forma abrangente. Não estão incluídos nesses quatro modos outros modos de tratamento, como medicamentos e serviços como o manejo de casos. Estes podem ser adicionados à DBT, no entanto, não são essenciais para o tratamento.

Treinamento de habilidades

LEMBRE-SE

O modo de tratamento mais frequentemente implementado na DBT é o grupo de treinamento de habilidades, e há diversas razões para isso. Em termos pragmáticos, ele é facilmente implementado e estruturado. Atende às necessidades de muitos pacientes porque ensina a mais de um por vez. Tem currículo, apostilas e tarefas de casa definidos; por isso, se parece muito com um ambiente típico de sala de aula. Além disso, muitos ambientes de saúde mental não têm profissionais suficientes treinados em DBT para que cada paciente seja atribuído a um terapeuta individual, e, nesse contexto, um terapeuta trabalhando com um coterapeuta pode, no mínimo, apresentar o tratamento a um número maior de pacientes. É importante observar que há fortes evidências de que o uso do treinamento de habilidades por si só é eficaz para ajudar os pacientes em relação a muitos dos sintomas de saúde mental.

Nesse modo, os pacientes se concentram em aprender novas habilidades em uma atmosfera semelhante à de uma sala de aula. As habilidades são, então, aprimoradas por meio de exercícios práticos, bem como generalizadas a outros aspectos da vida pessoal dos pacientes pela atribuição e revisão da tarefa de casa. Eles aprendem os quatro módulos de habilidades da DBT: mindfulness, regulação emocional, tolerância ao mal-estar e eficácia interpessoal. Os módulos costumam ser ministrados em seis semanas, embora isso varie conforme as necessidades dos pacientes e a rapidez com que os aprendem. As habilidades específicas são analisadas em profundidade na Parte 3.

O padrão é as reuniões de grupo ocorrerem uma vez por semana, durando entre duas e duas horas e meia. A primeira hora é dedicada à revisão da tarefa de casa atribuída na sessão anterior, e a segunda, ao ensino de novas habilidades. A tarefa de casa é, então, atribuída como a última atividade do grupo.

Nota: há certas circunstâncias em que as habilidades são ensinadas em sessões individuais. Por exemplo, uma pessoa pode ter limitações de trabalho, que a impeçam de participar em um determinado momento, ou de linguagem ou distúrbios de aprendizado que a impeçam de acompanhar o ritmo de ensino em um grupo grande.

Terapia individual

O tratamento individual em DBT padrão é conduzido semanal ou quinzenalmente, em sessões de sessenta minutos, e é focado em compreender, explorar e direcionar os comportamentos que um paciente deseja mudar. Isso é feito mantendo o paciente motivado para concluir o tratamento e encorajando-o a aplicar as novas habilidades que aprendeu no grupo. Uma variedade de técnicas, que são abordadas na Parte 4, é usada pelo terapeuta da DBT para aumentar a motivação quando esta começa a diminuir.

Treinamento de habilidades por telefone

As habilidades de DBT são de pouco valor se não forem colocadas em uso no momento em que são necessárias. Quando os tempos são calmos e as emoções são mais bem reguladas, é fácil ver como as habilidades são úteis, e muitos pacientes podem explicar seu funcionamento no cotidiano deles. No entanto, em tempos de turbulência emocional, os comportamentos mais familiares, muitas vezes mal-adaptativos, são os que tendem a aparecer primeiro. Quando o desejo de se machucar ou de usar substâncias aparece, quanto mais intensas são as emoções, maior é a probabilidade de a pessoa não qualificada usar esses velhos modos de lidar com os sentimentos intensos.

A Dra. Linehan percebeu que os problemas mais desafiadores tendiam a não acontecer quando os pacientes estavam em terapia. Eles podem acontecer a qualquer hora, por isso, ela enfatiza a importância do treinamento entre as sessões para ajudar os pacientes a generalizar as habilidades que aprenderam no grupo de treinamento para o cotidiano. A duração de uma ligação de treinamento de habilidades deve ser curta, não mais do que quinze minutos, para oferecer aos pacientes suporte e ideias para lidar com a situação do momento.

Uma das principais preocupações dos novos terapeutas é que passar um tempo fora da sessão, ao telefone, com os pacientes reforce o comportamento de risco à vida. Em outras palavras, eles se preocupam com que, se os pacientes se sentirem amparados durante uma ligação em uma crise suicida, eles expressem mais pensamentos suicidas, para poderem falar com os terapeutas com mais frequência. No entanto, os terapeutas são ensinados a lidar com essa eventualidade (veja o Capítulo 14).

O grupo de consultoria para o terapeuta

Um dos aspectos mais difíceis de trabalhar quando se têm pacientes suicidas é o desânimo e o esgotamento dos terapeutas, o que é comum. Lidar com pessoas suicidas todos os dias faz os terapeutas sentirem muito do desespero que os pacientes sentem. A mudança de comportamento às vezes leva tempo, e muitos terapeutas se preocupam com a segurança de seus pacientes durante episódios de estresse emocional. O grupo de consultoria é a *terapia dos terapeutas*. Ele os apoia em seu trabalho com pacientes que têm transtornos graves, complexos e muitas vezes difíceis de tratar.

Assim como a terapia individual ajuda o paciente a se manter motivado para o tratamento, o grupo de consultoria trabalha para garantir que o terapeuta permaneça motivado, a fim de fornecer o melhor tratamento possível. Esses grupos se reúnem semanalmente, por uma hora a uma hora e meia, e são compostos de terapeutas individuais, terapeutas familiares, líderes de grupo e qualquer outra pessoa que forneça DBT. É um componente tão essencial que um terapeuta não pode dizer que está fornecendo DBT se não estiver em um grupo de consultoria. O Capítulo 17 cobre o tema em detalhes.

Incorporando a Dialética

O princípio fundamental subjacente à prática da DBT é o reconhecimento e a ênfase no *processo dialético*. A filosofia dialética, no cerne da DBT, diz que experiências aparentemente opostas, como pensamentos, emoções ou comportamentos, podem coexistir e fazer sentido. Em outras palavras, duas ideias que parecem opostas são verdadeiras ao mesmo tempo. Isso exige que um terapeuta e um paciente sejam capazes de olhar para uma situação de múltiplas perspectivas e encontrar uma forma de sintetizar as ideias aparentemente opostas.

Dentro dessa estrutura, a realidade consiste em forças opostas, em tensão, como em um jogo de cabo de guerra. No que se refere à terapia, em muitos casos, o impulso para aplicar estratégias de tratamento orientadas para a mudança muitas vezes cria uma resistência às recomendações. O terapeuta puxa em uma direção, e o paciente, em outra. Isso ocorre porque a perspectiva de enfrentar a turbulência emocional e o sofrimento que muitas pessoas com condições como o TPB experimentam durante a terapia é mais dolorosa do que podem suportar. A filosofia dialética também reconhece que as forças opostas são incompletas por si mesmas; não há cabo de guerra com um lado só.

Os clínicos observaram que a possibilidade de mudança surgiu ao se adotar uma postura colaborativa e de aceitação, em vez de uma focada apenas em tentar fazer os pacientes mudarem. Assim, quando o terapeuta equilibra e sintetiza as estratégias de aceitação e de mudança em uma terapia compassiva, o paciente experimenta a liberdade de que precisa para se curar. Em muitos casos, antes da DBT, o paciente experimentou o oposto. Ele notou problemas com seus terapeutas, que insistiam em que ele tinha que mudar, ou teve terapeutas passivos, embora atenciosos, que simplesmente ouviam e não ofereciam ideias úteis. Em alguns casos, os terapeutas individuais oscilavam entre os dois extremos, outro estilo que não o ajudava, mas o fazia também oscilar entre esses extremos.

Isso também se manifesta nas terapias tradicionais, quando o terapeuta acha que sua leitura do paciente e dos comportamentos dele está "certa". Na DBT, o terapeuta deixa de lado a necessidade de estar certo e se abre à ideia de que existem outras possibilidades no momento. Por fim, na DBT, há uma ênfase no afastamento de um estilo de terapia rígido, e, portanto, há muito movimento, velocidade e fluxo dentro de uma sessão de terapia. Isso é alcançado pelo terapeuta usando várias estratégias para aumentar ou diminuir a intensidade, a seriedade, a leveza ou a energia da interação terapêutica, e, em seguida, avaliando o que funciona melhor para um paciente em particular, em vez de presumir que um único estilo funciona igualmente bem para todos.

As seções a seguir se aprofundam no processo dialético. Vá para o Capítulo 15 para obter ainda mais informações sobre ele.

Procurando várias verdades em qualquer situação

A dialética central da DBT se baseia na ideia de que *aceitação* e *mudança* coexistem. Isso é mais bem ilustrado por um exemplo. Imagine que você está preso em um trânsito muito intenso. Você não pode sair do carro, não há saídas por perto, e seu aplicativo diz que está a, pelo menos, uma hora de uma reunião a que deveria ter chegado trinta minutos atrás. O que fazer? Para algumas pessoas, há raiva; para outras, renúncia; e para outras, uma tentativa de resolver o problema de um modo diferente, como participar online da reunião. A realidade daquele momento requer a *aceitação* de que ele é como é.

Então, se houver aceitação do momento, onde a mudança entra nesse quadro? Como engarrafamentos às vezes são insuportáveis, podem levar ao desespero. Outra maneira de considerar isso é dizer: "Não posso fazer com que o tráfego seja outra coisa senão o que é, mas posso mudar minha reação a ele. Posso aprender a relaxar quando estou em situações intoleráveis." Imagine que seu irmão gêmeo idêntico está no carro ao lado. Imagine que você não esteja aceitando a realidade e que esteja lutando contra ela até o fim, sentindo-se injustiçado por aquele trânsito. Qual seria seu estado de espírito? Por outro lado, se seu irmão gêmeo estivesse praticando para ver que a mudança coexiste no momento e que a única coisa que ele pode controlar é seu estado de espírito e sua reação à situação estressante, ele estaria em um estado mental muito mais relaxado. O que a pesquisa mostra é que, quanto mais regulada emocionalmente uma pessoa é, mais capaz é de resolver problemas, e que, quanto mais desregulada é, menos opções lhe ocorrem.

LEMBRE-SE

De uma perspectiva filosófica, temos a *tese* de um lado e a *antítese* de outro. Em seguida, vem o que a Dra. Linehan chamou de *síntese dialética*, que é a integração das duas perspectivas: "Posso estar em uma situação de que não gosto e, ainda assim, aceitá-la e, com isso, posso fazer as mudanças necessárias para ser mais eficaz. Como resultado, os momentos difíceis são oportunidades para eu aprender a ser mais capaz e habilidosa." Por exemplo, uma tese pode ser: "Não suporto ficar preso no trânsito." A antítese disso é: "Eu aguento ficar preso no trânsito." A síntese é encontrar uma forma de suportar o insuportável achando um caminho diferente, mudando a reação ao problema ou aprendendo a aceitá-lo.

Da contradição à síntese

Para as pessoas que começam a DBT, a vida é muito mais complicada do que ficar preso em engarrafamentos. Com frequência, as emoções intensas as levam a se comportar de maneira autodestrutiva, e a automutilação, como se cortar, é um comportamento muito comum em pessoas que têm emoções intensas. Muitas pessoas, ao verem um comportamento autolesivo, diriam: "Cortar-se é um problema sério!" No entanto, as pessoas que se cortam nem sempre veem isso como um problema. Em vez disso, veem a automutilação como uma solução para as emoções intensas. Então, o comportamento é um problema e uma solução? Isso parece ser uma contradição. De uma perspectiva dialética, entretanto, ambas as posições são verdadeiras.

A síntese diz que as pessoas que têm emoções intensas, que levam a um sofrimento psicológico significativo, desejam que ele termine, e a automutilação é uma forma rápida de resolvê-lo. Descobriu-se que as pessoas que se automutilam têm uma maior atividade na amígdala, a parte do cérebro que experimenta emoções, em resposta a imagens emocionais. Essa atividade mais elevada está associada a um sentimento de angústia. Embora, para muitas pessoas, a automutilação aumente a atividade amigdaliana, paradoxalmente, em pessoas para quem a automutilação é reguladora, há uma redução nessa atividade, e isso, por sua vez, leva a uma redução do humor negativo e a um aumento do positivo.

No entanto, a automutilação é apenas uma solução de curto prazo, que não resolve o sofrimento emocional de longo prazo. Quando mudamos o foco da automutilação para as emoções intensas, desenvolvemos uma nova perspectiva sobre a validade dos vários pontos de vista. A contradição se tornou uma nova forma de ver as coisas, por meio da síntese de entender a perspectiva de todas.

Outra aparente contradição é que os terapeutas da DBT presumem que, na ausência de outras informações, a pessoa está fazendo o melhor que pode. A posição contraditória que os terapeutas também têm em mente é que ela pode se sair melhor. Então, como uma pessoa pode estar fazendo o melhor que pode e também ser capaz de fazer melhor? Aqui, a contradição é explicada pela consideração de que, se uma pessoa é incapaz de controlar emoções intensas, seja porque não tem as habilidades para fazê-lo, seja porque está inundada pela magnitude da tempestade emocional, então, isso é o melhor que ela pode fazer. A síntese entre as duas posições é que a pessoa está fazendo o melhor que pode no momento e precisa se esforçar mais e se motivar para mudar.

DICA

Uma analogia seria considerar que uma pessoa acabou de aprender a nadar. Ela entra em uma piscina rasa e nada muito bem. Se for levada para um oceano tempestuoso, com ondas grandes, e jogada nele, terá uma grande dificuldade de administrar a situação. Dado que é iniciante, é o melhor que pode fazer. No entanto, nosso nadador deve aprender a lidar com condições de natação mais difíceis se quiser deixar a piscina rasa, e a maneira de fazer isso é aprendendo as habilidades necessárias para se tornar um nadador melhor.

LEMBRE-SE

Para o paciente emocionalmente sobrecarregado, seu comportamento no momento de emoção intensificada é o melhor que pode ter, mas ele também deve fazer melhor se quiser viver uma vida com menos sofrimento. A maneira de fazer "melhor" é aprender novas maneiras de lidar com a situação quando emoções fortes ameaçam dominar sua mente. Assim, existe a aparente contradição de que uma pessoa está fazendo o melhor que pode e de que pode fazer melhor, e a síntese é que o aprendizado de novas habilidades a torna mais capaz de lidar com situações mais complicadas, sejam emoções intensas, sejam condições de natação. Essa é a natureza da dialética.

> **NESTE CAPÍTULO**
>
> » Fazendo perguntas sobre suas reações iniciais
>
> » Ampliando sua percepção das outras pessoas
>
> » Encontrando compaixão por si mesmo ao olhar para os outros

Capítulo **3**

Aceitando Vários Pontos de Vista

Ver vários pontos de vista nem sempre é fácil e, para alguns, às vezes parece impossível. Na base da DBT está o conceito de *dialética*, a ideia de que dois pontos de vista opostos podem ser verdadeiros ao mesmo tempo (veja detalhes no Capítulo 2) — ou seja, podemos ter vários pontos de vista, ou verdades. Por exemplo, na DBT, não diríamos necessariamente que o oposto da verdade é sempre uma mentira; diríamos que o oposto da verdade pode ser outra verdade. Quando você pensa dessa maneira, começa a abrir sua mente para outros pontos de vista, mesmo quando sua opinião a respeito de alguma coisa é bastante arraigada.

Embora o pensamento das pessoas seja mais ou menos flexível, uma das coisas que mais atrapalha outro ponto de vista são nossas emoções. Sabemos que, quanto mais apegados a elas ficamos, mais estreito se torna nosso pensamento. Quando seu pensamento se estreita, torna-se difícil ver outras perspectivas além daquela pela qual você tem mais paixão ou sobre a qual tem certeza. É como se adotasse uma visão de túnel.

Se você sente emoções de forma forte e intensa, essa luta lhe é familiar. Apegar-se demais à sua própria perspectiva significa que você perde informações importantes, prejudica relacionamentos e é menos eficaz em conseguir o que deseja e em ser ouvido.

Neste capítulo, você descobre como prestar atenção à sua primeira reação e avaliá-la, como ampliar sua consciência para outros pontos de vista e como encontrar compaixão por si mesmo ao iniciar esse processo.

Questionando Sua Primeira Reação

LEMBRE-SE

Nossa primeira reação nem sempre vem de uma fonte sábia; em vez disso, pode ser fortemente impulsionada pelas emoções. Na DBT, dizemos que essas reações vêm da *mente emocional*. Nesse estado de mente, você vê o mundo e reage a ele com base apenas no que sente no momento, com pouca consideração sobre os fatos. Quando as primeiras reações são problemáticas, são altamente motivadas pelos nossos sentimentos e levam a um senso igualmente problemático de certeza de que estamos certos ou de que existe apenas uma opção ou perspectiva possível. Esquecemos que há outras possibilidades, e nosso pensamento se torna rígido. Junto com este capítulo, as habilidades de mindfulness discutidas no Capítulo 9 o ajudarão a se tornar mais consciente das emoções fortes, a dar um passo para trás e propositalmente (em vez de reativamente) avançar com uma consciência e uma curiosidade mais amplas.

Questionar sua primeira reação é uma prática desafiadora e maravilhosa. Ao fazer isso, você se torna mais capaz de agir com a mente aberta e de modo coerente com seus valores. As seções a seguir discutem alguns aspectos importantes de questionar sua primeira reação a uma situação: perceber que ela pode ser exagerada, combiná-la com o que está à sua frente e fazer uma pausa.

LEMBRE-SE

É importante observar que, quando você sente que está absolutamente certo sobre algo, perde informações importantes. Essa é uma dica útil para fazê-lo considerar outros pontos de vista.

Percebendo que sua primeira reação pode ser exagerada

Quando se sente engajado com algo, é fácil reagir fortemente ao se sentir incompreendido ou quando alguém discorda de você. Se você é uma pessoa emocionalmente sensível, pode ter ouvido que tem reações exageradas às coisas. É importante entender que às vezes as reações — aquelas que acontecem rapidamente — são exageradas ou excessivas. Isso é algo que você deve reparar em si mesmo. Esse conhecimento o ajudará a avaliar se sua reação se ajusta à situação ou se foi motivada demais pelas suas emoções. Mais uma vez, quanto mais praticar o mindfulness (veja o Capítulo 9), mais fácil se tornará essa prática.

As pessoas são julgadas pelas outras por terem reações emocionais exageradas ou desproporcionais, e isso pode ser muito doloroso. Dito isso, é importante perceber que às vezes nossas reações são muito grandes e que isso se deve a uma série de fatores, incluindo nossa própria sensibilidade a vulnerabilidades, como estar doente, sentir-se estressado no trabalho ou na escola, ter problemas financeiros, lidar com problemas nas relações, estar com fome ou simplesmente não dormir o suficiente.

O primeiro passo para abrir sua mente a múltiplos pontos de vista é aceitar, com compaixão, que sua reação inicial pode, de fato, ser exagerada, muito grande ou muito rígida e restrita. Isso envolve saber que essa reação é um problema e querer mudá-la. Lembre-se de que você não está abrindo mão de sua posição ou crença, mas, em vez disso, agarrando-se a ela ao mesmo tempo em que se abre a outras informações ou ouve outras perspectivas. Isso é o pensamento dialético.

Combinando sua reação com o que está na sua frente

Quando você está presente no momento, antes de expandir sua consciência, deve regular qualquer emoção forte que esteja surgindo. Emoções como medo, raiva, vergonha, ciúme e inveja são particularmente difíceis de trabalhar. Às vezes, precisará usar outra abordagem, como empregar as habilidades da DBT de tolerância ao mal-estar (veja o Capítulo 11), para diminuir a intensidade do que sente, e então será muito mais fácil abrir sua mente para informações novas ou diferentes.

DICA

Se você é uma pessoa emocionalmente sensível, às vezes é difícil combinar seu nível de emoção com a situação à sua frente. Isso faz muito sentido, porque pessoas emocionalmente sensíveis tendem a sentir as coisas por mais tempo e mais profundamente do que a pessoa média. Aqui estão algumas habilidades para você desenvolver:

» **Pense em alguém que reage às situações de uma forma que você gostaria de reagir.** Pergunte a si mesmo como essa pessoa reagiria nessa situação e compare sua reação com a dela.

» **Use a autovalidação, reconhecendo que suas emoções fazem sentido, e pare de julgar a si mesmo.** Isso o ajudará a diminuir a intensidade de suas emoções e a acessar sua sabedoria interior para avaliar sua reação. O autojulgamento, a autoculpa e a autovalidação fazem a intensidade de suas emoções aumentar e dificultam o

CAPÍTULO 3 **Aceitando Vários Pontos de Vista** 31

pensamento (veja o Capítulo 5 para obter mais informações sobre a autovalidação).

» **Respire profundamente cinco vezes para ajudá-lo a diminuir a intensidade de suas emoções.** Respirar fundo algumas vezes o ajudará a acalmar o corpo e a mente.

» **Esteja ciente dos tópicos e das situações que estimulam sua reatividade.** Essa consciência o ajudará a saber que certas situações o deixam em um risco maior de se tornar reativo, para que você possa planejá-las com antecedência. Algumas pessoas acham útil identificar esses tópicos ou situações como "sinais de alerta" e, em seguida, fazer um plano de habilidades ou um plano de enfrentamento para usar quando surgirem. Se souber identificar essas bandeiras vermelhas, poderá se controlar antes de reagir e, em vez disso, usar suas habilidades.

LEMBRE-SE

Combinar sua reação com o que está à sua frente é uma habilidade, e as habilidades melhoram com a prática. Ao dominá-la, você descobrirá que o que agora parece reativo e quase automático se tornará deliberado e cheio de escolhas.

Pausando antes de agir

Uma das três funções das emoções é motivar a ação. Em alguns casos, é exatamente isso o que precisa acontecer; entretanto, em outros, entrar em ação muito rapidamente causa problemas. Quando o objetivo é abrir sua mente e ser capaz de ver várias perspectivas, muitas vezes você precisa observar seu desejo de argumentar seu ponto de vista, ignorar ou descartar os outros, ou ficar preso em um estado de certeza de que não há outras opções.

Simplesmente observar, o que é mais bem discutido no Capítulo 9, significa ter consciência de que entrar em ação não será necessariamente útil ou eficaz. Às vezes você pode descobrir essa percepção depois de avançar; nesses casos, sua tarefa é observar com compaixão e se lembrar de que, em muitos casos, não é tarde demais para diminuir o ritmo, respirar e se esforçar para abrir a mente.

Expandindo Sua Percepção

Assim que tiver disposição e habilidade para observar sua primeira reação (como descrevemos neste capítulo), você terá a oportunidade de expandir sua percepção e de considerar pontos de vista alternativos. O que é maravilhoso ao desenvolver esse tipo de consciência é que você pode se dar algumas opções sobre o que fazer a seguir. Você pode decidir ficar preso em sua perspectiva, mas é mais provável que sua mente se torne mais aberta e menos arraigada, e você achará mais fácil considerar as diferentes perspectivas possíveis. Expandir sua percepção e sua consciência é muito útil quando estiver preso sentindo que tem apenas uma opção para resolver um problema ou em um conflito sem conseguir entender a outra pessoa, e ela a você. As emoções fortes nos cegam para alternativas que são realmente úteis.

Ser capaz de expandir sua percepção é fundamental para nutrir e manter relacionamentos importantes. Muitos relacionamentos terminam quando uma ou ambas as pessoas não conseguem diminuir o ritmo e ver perspectivas alternativas. Simplesmente ver outra perspectiva não significa necessariamente concordar com ela; ao ver e entender a posição de outra pessoa, você pode validar suas emoções e se tornar mais curioso, e não julgador, sobre a forma como a pessoa chegou ali. Se a interação está se intensificando, isso ajuda a apaziguar os ânimos de todos os envolvidos. Ao usar essa abordagem, você deixará a outra pessoa curiosa sobre sua perspectiva, permitindo uma conversa mais eficaz.

As seções a seguir o orientam nas principais etapas para expandir sua percepção e considerar outros pontos de vista.

LEMBRE-SE

Ver perspectivas múltiplas não significa abrir mão da sua, mas, sim, ser mais compreensivo e aberto. Você pode manter sua perspectiva ou posição, pode adotar a alheia, ou você e o outro podem chegar a uma síntese das informações.

Considerando o ponto de vista de seu terapeuta

Como discutimos neste capítulo, às vezes o mais difícil é *não* entrar em ação para tomar uma decisão, para continuar uma conversa ou debate, para dar a última palavra, para sair de um emprego ou escola, ou mesmo para terminar um relacionamento. Devido à natureza muito direta da comunicação na DBT, os clientes às vezes têm dificuldade em ver a perspectiva de seu terapeuta. Pode ser que o terapeuta esteja mantendo uma firme contingência que fazia parte de um plano de comportamento ou esteja lhe dando um feedback difícil. Quando isso acontece, às vezes é difícil entender o ponto de vista dele.

LEMBRE-SE

Quando está lutando para ver o ponto de vista de seu terapeuta, é útil perguntar a si mesmo se você está confuso ou se está percebendo fortes sentimentos sobre o que ele disse ou fez. Lembre-se de que os desafios interpessoais são mais bem abordados quando ambas as pessoas estão reguladas emocionalmente. Quanto mais fortes forem suas emoções, mais difícil será enxergar outros pontos de vista. Aqui estão algumas maneiras de se manter eficaz e ver os pontos de vista de seu terapeuta:

» Respire fundo algumas vezes e certifique-se de que sua respiração e sua frequência cardíaca estão reguladas.

» Observe que seu terapeuta quer ajudá-lo a alcançar seus objetivos; pergunte-se como a perspectiva dele pode ajudá-lo a atingi-los.

» Pergunte a si mesmo: qual é a sabedoria na posição de meu terapeuta?

» Pergunte a si mesmo: eu quero estar certo ou ser eficaz nessa interação?

Fazendo um acordo

Em relacionamentos íntimos, sentir-se incompreendido ou ficar irritado é muito doloroso. Então, como você avança quando isso acontece com seu terapeuta ou com alguém de quem gosta? Uma das maiores barreiras para chegar a um acordo é não conseguir ver a outra perspectiva ou sentir que, se mudar de posição, está desistindo, cedendo ou deixando a outra pessoa vencer. Aqui estão algumas perguntas úteis para se fazer a fim de ajudá-lo a chegar a um acordo:

» **Você está se afastando da situação?** Ao buscar chegar a um acordo, é útil se afastar da situação. Pense na perspectiva da outra pessoa. Seu terapeuta se importa com você? Ele está tentando ajudá-lo a atingir seus objetivos? Ele pode ter cometido um erro? Há sabedoria no que ele diz? Essa técnica é muito eficaz para usar com outras pessoas importantes em sua vida quando você se sentir incompreendido ou tiver dificuldades em ver o ponto de vista delas.

» **Você está sendo eficaz?** É um lembrete útil se perguntar se você está sendo eficaz. A perspectiva ou o ponto que você está apresentando está ajudando-o a conseguir aquilo de que precisa? Você está apresentando-o de uma forma habilidosa, que seu terapeuta ou outra pessoa consegue entender? Está mantendo sua integridade ao apresentar seu ponto de vista?

» **Você está agindo com a mente sábia?** Como discutimos na seção anterior, "Questionando Sua Primeira Reação", às vezes, quando você não consegue manter várias perspectivas, é porque está agindo com base na emoção. Respire algumas vezes e se conecte com sua mente sábia. Ela é o estado no qual você tem acesso tanto ao que sente a respeito de algo quanto ao que sabe ou entende sobre isso (veja o Capítulo 9).

> **Você está pensando o melhor da outra pessoa?** Embora esteja sentindo fortes emoções, isso o ajudará a evitar julgar negativamente a outra pessoa. O pensamento crítico tende a despertar emoções que, por si, já são intensas.

LEMBRE-SE

As pessoas discordam umas das outras. É normal discordar habilmente, ver a sabedoria nos sentimentos da outra pessoa e aceitar as coisas como são. Isso é "concordar em discordar", o que não é incomum. Você também pode concordar que a outra pessoa está correta. Isso pode acontecer quando vocês dois conseguem ser curiosos e abertos à perspectiva ou às informações um do outro. Uma terceira opção é criar uma nova perspectiva, que, de algum modo, sintetize cada uma de suas perspectivas. O que notará é que, durante todo o processo, você procurará abrir sua mente para ver ideias ou perspectivas que até então ignorava.

Agindo com um propósito

LEMBRE-SE

Depois de chegar a um acordo, é importante seguir em frente. Para alguns, é desafiador abandonar a experiência e as emoções decorrentes dela. Discutiremos isso melhor no Capítulo 10. Apegar-se a essas experiências desafiadoras o mantém no passado e dificulta sua permanência no presente. Perceba esse julgamento alheio e, o mais importante, seus próprios julgamentos ou arrependimentos.

Olhando para Si Mesmo com Olhos Amigáveis

Aceitar vários pontos de vista nem sempre é fácil, e, quando você fica preso sem conseguir fazê-lo, incapaz de expandir sua consciência, tem prejuízos nos seus relacionamentos, no trabalho e nos estudos e tende a fazer coisas que comprometem sua integridade e minam seus valores.

Enquanto você aprende a ser mais hábil e capaz de manter múltiplas perspectivas em mente, é fundamental se lembrar de que todos nós cometemos erros e ficamos presos pensando e agindo com base na emoção. Para desenvolver essa habilidade, busque compaixão por si mesmo e saiba que todos nós ficamos presos na mente emocional. Para muitas pessoas que são emocionalmente sensíveis, esses tipos de desafios alimentam ódio por si mesmo e autojulgamento, e, quando você pratica essa maneira de ser, alimenta sentimentos que impedem suas habilidades de se desenvolverem.

Se for embarcar nessa prática, será inevitável ficar preso e voltar a velhas maneiras de fazer as coisas. Ser gentil consigo mesmo e se perdoar o ajudará a voltar para o caminho da habilidade.

DICA

Para alguns, alcançar a autocompaixão não é uma tarefa fácil. Falaremos mais sobre isso no Capítulo 10. Uma prática rápida, que muitas pessoas acham útil, é pensar em um amigo de quem gostem e se perguntar como o tratariam se ele estivesse em uma situação semelhante. Esse exercício é útil, porque a maioria das pessoas consegue ter compaixão pelos amigos e entes queridos, mas não por si mesmas. Tratar a si mesmo como se fosse um amigo íntimo o ajudará a ser gentil consigo mesmo e a encontrar seu próprio amigo interior.

> **NESTE CAPÍTULO**
>
> » Comparando impulsividade e espontaneidade
> » Superando sua reação inicial
> » Abrindo-se a outras possibilidades
> » Tornando negativos positivos

Capítulo **4**

Do Impulso à Espontaneidade

A impulsividade é uma das principais razões que levam as pessoas a iniciar o tratamento com a DBT. É também uma das características distintivas das condições de desregulação emocional, como o transtorno da personalidade borderline (TPB). Esses aspectos de impulsividade do TPB abrangem algumas das características mais preocupantes do transtorno, incluindo comportamento suicida, automutilação, abuso de drogas ilícitas e álcool, comportamento sexual perigoso, direção errática e dificuldades em controlar a raiva. (Veja o Capítulo 2 para obter mais informações sobre desregulação emocional.)

Na DBT, queremos que você passe da impulsividade à espontaneidade. Neste capítulo, você descobrirá como fazê-lo, superando as reações iniciais, abrindo-se e transformando pensamentos negativos em positivos. Mas primeiro explicamos as diferenças entre ser impulsivo e ser espontâneo.

Distinguindo Impulsividade e Espontaneidade

A impulsividade é um comportamento complicado e considerado tanto um traço de personalidade quanto resultado da química e de conexões de células nervosas do cérebro:

» Do ponto de vista dos traços de personalidade, a impulsividade é uma falta de contenção caracterizada por desrespeito às convenções sociais e uma falta de consideração quanto aos resultados possíveis, em particular em situações potencialmente arriscadas.

» Do ponto de vista da neurobiologia, a impulsividade é vista como uma incapacidade de inibir certas ações.

Um pouco diferente da impulsividade, que é agir sem considerar o impacto do comportamento, é a ideia relacionada à espontaneidade. Embora em cada caso o resultado do comportamento não seja conhecido, a espontaneidade é diferente. Ela é um comportamento que tende a ser alegre, expansivo e dinâmico. Enquanto a impulsividade tende a ter um foco estreito, a espontaneidade tem uma perspectiva mais ampla. Mesmo que o resultado não seja conhecido, a espontaneidade é edificante em sua natureza — por exemplo, ligar para um amigo do nada e encontrá-lo para almoçar, fazer um curso de francês depois de ver o anúncio em uma revista e começar a dançar enquanto empurra o carrinho pelo corredor do mercado quando toca sua música favorita.

LEMBRE-SE

Em ambos os casos, os comportamentos são improvisados. Então o que torna um deles um potencializador da vida, e outro, algo potencialmente destrutivo? Um elemento-chave é o estado de espírito em que você se encontra quando tem o comportamento:

» Se o comportamento vem de emoções fortes, como medo ou ansiedade, e é usado para aliviar o desconforto da emoção, é impulsivo. Quando há medo de perder uma atividade, tédio excessivo ou uma insistência em precisar que algo aconteça ali mesmo, a impulsividade aparece.

» Se, por outro lado, a decisão vem de uma sensação de estabilidade fundamentada ou quando há um reconhecimento de que existe uma oportunidade na situação e estamos no controle de nosso comportamento, essa é a qualidade da espontaneidade.

Superando Sua Primeira Reação

LEMBRE-SE

A impulsividade leva a consequências indesejáveis, e, em retrospecto, é fácil considerar que você poderia ter feito algo diferente do que fez. No momento, você pode ter sentido que não havia outras opções, mas, entre um impulso e uma ação, há sempre um espaço, e é quando você permanece nele que outras opções se desdobram. Entre as opções de psicoterapia usadas para lidar com a impulsividade, o mindfulness é especialmente útil para mudar as ações motivadas por ela, e, portanto, é no módulo de mindfulness do DBT que a impulsividade é mais prontamente tratada (veja o Capítulo 9).

As seções a seguir fornecem dicas para usar efetivamente o espaço entre um impulso e uma ação para fazer escolhas diferentes.

Respirando

Respirar como exercício para conter a impulsividade não é algo hipotético; uma base de pesquisa mostra que isso ajuda. Em um estudo, mais de quinhentos adolescentes de quatorze a dezoito anos que passaram por um programa de quatro semanas em que aprenderam técnicas de respiração baseadas em ioga tiveram um melhor controle dos impulsos do que um grupo de comparação que não passou pelo programa.

Respirar é uma excelente maneira de lidar com a necessidade de fazer algo impulsivamente. O foco na respiração é uma forma de alcançar o espaço entre o impulso e a ação, e quanto mais você praticá-lo, mais verá que esse espaço existe. Além disso, quanto mais praticar, maior o espaço ficará. Embora você respire o tempo todo, é improvável que preste atenção em cada uma de suas respirações. Isso é particularmente verdadeiro quando uma ação impulsiva está prestes a acontecer no contexto de emoções fortes.

DICA

Aqui está uma forma de se concentrar em sua respiração:

1. Inspire lenta e profundamente pelo nariz. A inspiração deve durar de quatro a seis segundos.

2. Expire com os lábios franzidos, como se estivesse enchendo um balão. A expiração deve durar mais do que a inspiração — de cinco a oito segundos.

3. Concentre-se em respirar dessa maneira por cerca de dois minutos. Depois de alguns minutos, preste atenção ao ponto em que a inspiração para e a expiração começa.

DICA

Ao ler este livro, pratique todos os exercícios recomendados, mesmo se não precisar deles, para que, quando *precisar*, eles estejam bem assimilados. É o mesmo que treinar antes de uma prova para que, quando ela começar, você esteja pronto, ou praticar tênis antes da partida para que, quando ela começar, você saiba o que fazer.

LEMBRE-SE

Na próxima vez em que sentir que fará algo impulsivo, pratique essa respiração por cinco minutos. Você ainda pode decidir se comportar conforme seus impulsos ditarem, mas, quando desacelera, a pausa lhe permite considerar as consequências de suas ações.

Encontrando o equilíbrio emocional

Passar por situações estressantes e não ter tempo para relaxar causa estresse mental. A ideia de lidar com o estresse da vida pode parecer impossível, e muitas pessoas optam por ignorar ou evitar lidar com os problemas que surgem. A DBT ensina que evitar lidar com o estresse leva a mais estresse, portanto, em vez de evitar o estresse, encontrar o equilíbrio emocional é uma forma de gerenciar essas situações.

LEMBRE-SE

Mas o que é equilíbrio emocional e como alcançá-lo? No calor de uma situação indesejada, a maioria de nós reage com emoções fortes — raiva, medo, ansiedade, preocupação ou tristeza. O equilíbrio emocional é a prática de equilibrar essas emoções indesejadas usando maneiras eficazes de lidar com elas, de modo a não acabar preso nelas nem perder tempo ruminando sobre como a vida é terrível e injusta. Encontrar esse equilíbrio também é uma forma de aumentar a felicidade, melhorar a motivação para agir de maneira diferente e o ajuda a ter uma boa noite de descanso.

Etapas específicas ajudam a praticar, construir e manter o equilíbrio emocional. *SUN* [SOL], *WAVE* [ONDA] e *NO NOT* [NÃO NÃO] são maneiras de fazer isso, como você descobrirá nas seções a seguir. Pratique também a gratidão e use a ativação comportamental.

Para encontrar o equilíbrio, use as habilidades de regulação emocional (veja o Capítulo 10) com as habilidades de tolerância ao mal-estar (veja o Capítulo 11). Ao usar as habilidades de regulação emocional, você se concentra em lidar com emoções difíceis sem adotar comportamentos cujas consequências tendem a ser adversas. Por outro lado, as habilidades de tolerância ao mal-estar são usadas para a tolerância e para a aceitação momentânea de situações difíceis, sem piorá-las. Usar todas essas ideias regularmente é a maneira da DBT de encontrar o equilíbrio emocional.

DICA

Identificando a emoção: SUN

Muitas pessoas que lutam contra a intensidade e contra a reatividade emocional reconhecem que não sabem exatamente que emoção estão sentindo, portanto, faz sentido que não saibam o que fazer quando se sentem desequilibradas. Uma forma de identificar a emoção é usar a sigla SUN:

> » **Sensações:** Concentre-se no que você sente e nas sensações físicas em seu corpo. Observe se há tensão em alguma parte dele.
>
> » **Urgência:** Você tem vontade de fazer alguma coisa em particular? A maioria das emoções vem com um desejo urgente de ação. Por exemplo, as pessoas que estão com raiva têm o desejo de atacar, enquanto as pessoas que estão tristes sentem vontade de chorar ou de se isolar.
>
> » **Nomear (a emoção):** Quando você junta as sensações corporais e os impulsos de ação, é mais fácil de nomear o que sente.

Surfando nessa WAVE

As emoções são como ondas [wave]: começam a se formar, atingem o pico e depois desabam antes de definhar na praia. A ideia é focar a emoção, percebê-la conforme atinge seu pico e, então, dominá-la até que fique mais controlável, antes de agir de acordo com os impulsos.

NO NOT

Aqui a tarefa é se lembrar de que você não é sua emoção. Então, em vez de dizer "Eu *sou* triste", diga "Eu *sinto* tristeza". Ao fazer isso, você não se equipara à tristeza. Além disso, se você é triste, não pode mudar isso; entretanto, sentir-se triste é algo mutável. A tarefa aqui também não é aumentar ou suprimir a emoção, porque isso torna a situação estressante ainda pior.

Praticando a gratidão

LEMBRE-SE

Outra maneira de encontrar o equilíbrio, além de SUN-WAVE-NO NOT, é praticar a gratidão pelas coisas em sua vida. Sempre há coisas na vida pelas quais podemos ser gratos. Muitas pessoas pensam que isso não é verdade porque elas não têm coisas "grandes". No entanto, muitas vezes, há pequenas coisas pelas quais podemos ter gratidão: um sorriso amável de outra pessoa, um momento de silêncio, o som dos pássaros em um jardim, o fim de um dia de trabalho atarefado. Seguindo essa prática, você se lembra de que a vida não é feita de uma série de efeitos infelizes ou indesejados.

Ativação comportamental, ou "mexa-se!"

O movimento é uma forma de lidar com os baixos emocionais. A ativação comportamental é baseada na observação de que, à medida que uma pessoa se torna deprimida, ela se envolve cada vez mais em comportamentos de isolamento e evitação. O objetivo da ativação comportamental, portanto, é fazer com que pessoas que têm estados de humor indesejáveis, como depressão, participem de atividades que comprovadamente melhoram o humor. Com frequência, são atividades de que a pessoa gostava antes de ficar deprimida. Não precisam ser excessivas. Se antes da depressão uma pessoa gostava de correr, não precisa correr uma meia-maratona. Pode correr ao redor do quarteirão ou dar uma caminhada de trinta minutos. A tarefa é tornar o movimento parte da rotina.

O Poder da Abertura

Abertura — o tópico desta seção — significa se permitir ver outras possibilidades como forma de entender as situações e também ver outras maneiras de resolver problemas difíceis. Em vez de agir por impulso como uma solução única, quando você se abre, a vida se torna menos unidimensional, e você consegue assumir um controle maior dela.

Vendo diferentes perspectivas

A mudança na tomada de perspectiva é uma forma poderosa que a DBT usa para ajudar as pessoas a transformarem a maneira como veem algo. Acontece de várias maneiras:

- » Se uma pessoa sente que errou e que não é digna de amor, o terapeuta pode perguntar o que ela imagina que seu melhor amigo lhe diria.
- » Uma pessoa pode pensar se a maneira como está se tratando é coerente com a sua mente sábia. A *mente sábia* é a síntese dialética da mente racional e da mente emocional — integra essas duas mentes em um único estado, que leva a um curso de ação mais intuitivo e holístico, baseado em valores.
- » Em algumas sessões, os terapeutas podem adotar uma abordagem mais concreta para assumir a perspectiva, trocando de lugar com o paciente, de modo que literalmente tenha um ponto de vista diferente.
- » Outras técnicas vão além de simplesmente imaginar a perspectiva de outra pessoa, imaginando o que o eu mais jovem de uma pessoa diria sobre uma determinada situação ou o que seu eu futuro diria sobre suas ações atuais.

As seções a seguir se aprofundam em diferentes métodos para ver diferentes perspectivas.

Perspectivas projetivas e reflexivas

A tomada de perspectiva é considerada projetiva ou reflexiva:

- » Perspectiva *projetiva* significa projetar um ponto de vista sobre o futuro. Por exemplo, um terapeuta, ou você mesmo, pode fazer a pergunta: "Como você imagina que será no próximo ano, depois de concluir a terapia?" Claro, você não pode realmente saber como será sua aparência, então a única maneira de pensar nisso é projetando seus sentimentos e pensamentos sobre o que imagina que seu futuro eu será.

- » Quando a tomada de perspectiva é *reflexiva,* requer a observação da experiência atual. Assim, o terapeuta pode perguntar: "Se você se visse depois de concluir um curso de DBT, daqui a um ano, e pudesse se lembrar de como é hoje, como você se descreveria?"

LEMBRE-SE

O objetivo da tomada de perspectiva projetiva é ajudar as pessoas a ampliarem sua consciência olhando para fora de si mesmas. Por outro lado, a tomada de perspectiva reflexiva se concentra em fazer com que uma pessoa tenha acesso a percepções sobre uma situação atual. Ambos os estilos de tomada de perspectiva podem ser alcançados dentro da própria pessoa, ou ela pode assumir a perspectiva de outra pessoa para refletir sobre novas formas de pensar. Por exemplo, ela pode perguntar: "O que eu faria se eu fosse meu terapeuta/pai/melhor amigo agora?" Como alternativa, imagine o que você diria se fosse seu melhor amigo ouvindo sua própria autocrítica.

A habilidade THINK

DICA

Outro aspecto da tomada de perspectiva é considerar o ponto de vista de outra pessoa quando você sentir que foi injustiçado por ela. A habilidade da DBT que é ensinada para mover uma pessoa de uma resposta da mente emocional para uma da mente sábia é a THINK [PENSAR]. Ela é usada em situações em que há um desacordo entre duas pessoas. Funciona assim:

- » **Think [Pense]:** Pense na situação pelo ponto de vista da outra pessoa. Como seria interpretada, incluindo suas palavras e ações? Caso se colocasse no lugar da outra pessoa e ouvisse o que você está dizendo, o que imaginaria?

- » **Have empathy [Tenha empatia]:** O que a outra pessoa pode estar sentindo ou pensando? Ela tem medo da sua agressão? Ela está triste, sentindo seu afastamento? Está se sentindo incompreendida?

CAPÍTULO 4 **Do Impulso à Espontaneidade** 43

> **Interpretations [Interpretações]:** Você pode considerar interpretações ou explicações alternativas para o comportamento da pessoa? Faça uma lista de explicações alternativas, incluindo razões positivas ou boas para explicar por que ela respondeu daquela maneira.

> **Notice [Perceba]:** Reflita sobre como a outra pessoa tem tentado melhorar a situação. Observe as tentativas dela de ser útil e como essa pessoa pode estar lutando em sua vida no momento presente.

> **Kindness [Gentileza]:** Ao considerar a perspectiva de outra pessoa, lembre-se de ser gentil com ela como espera que sejam com você.

Ampliando a gama de emoções

Está em nossa natureza como seres humanos sentir emoções. Para as pessoas emocionalmente sensíveis, as emoções são as próprias experiências que as fazem sofrer e, muitas vezes, tudo o que desejam é se livrar delas. Como querem se livrar das emoções, a última coisa que desejam fazer é examiná-las de forma profunda, mas isso é exatamente o que a DBT exige das pessoas.

Se você é emocionalmente sensível, é possível que sinta uma grande variedade de sentimentos diferentes em resposta às situações. Então, por exemplo, se está deprimido, pode se sentir triste, mas essa tristeza virá com a sensação de solidão, incompreensão, desesperança etc. A razão pela qual é difícil identificar exatamente como você se sente é porque as emoções parecem surgir do nada e, então, são combinadas com outros sentimentos, bem como com os pensamentos. Como resultado, a experiência é confusa.

Para lidar com o que está acontecendo e abordar a emoção principal que está sendo vivenciada, a DBT faz com que os pacientes reconheçam as experiências emocionais que ocorrem com mais frequência e separem as emoções primárias das secundárias. Ao fazer isso, é mais provável que você consiga descrever como realmente se sente:

> **Emoções primárias:** Uma *emoção primária* é a primeira emoção vivida, que está diretamente ligada ao evento que a gerou. Ela é tipicamente de curta duração, entretanto, à medida que o tempo passa e nos afastamos do evento que a causou, a emoção primária rapidamente se dissipa e começa a assumir outros elementos, como pensamentos ou outras emoções. As emoções primárias são como uma bola de neve que começa a descer uma montanha íngreme. Sem diminuir o ritmo, ganha força e se torna uma avalanche de emoções secundárias, que podem ser mais avassaladoras e mais difíceis de conter. Raramente para e permanece apenas como uma bola de neve, e é ao acumular mais neve e outras coisas, como pedras, que se torna uma avalanche.

DICA

As emoções primárias são menos complicadas e mais fáceis de entender. Da perspectiva da DBT, existem dez emoções principais, e as revisamos em detalhes no Capítulo 10.

» **Emoções secundárias:** *Emoções secundárias* são reações emocionais às emoções primárias. São reações emocionais aprendidas que desenvolvemos como resultado das experiências da primeira infância e da observação de nossos pais e de suas reações. Há uma explicação maravilhosa para elas no filme *Star Wars: A ameaça fantasma,* quando o Mestre Yoda diz: "O medo leva à raiva, a raiva leva ao ódio, o ódio leva ao sofrimento."

DICA

Uma forma de saber se uma emoção é primária ou secundária é que, se perdurar por muito tempo depois de um evento ter acontecido, provavelmente é secundária. Se a emoção é complexa e difícil de definir ou identificar, quase sempre é secundária.

LEMBRE-SE

Portanto, a nova perspectiva é esta: prestando atenção às emoções, em vez de evitá-las, você não apenas amplia sua gama de experiências, mas também reconhece que, embora possam ser dolorosas, elas não o destruirão. Ao reconhecer esse fato, você desenvolve as habilidades necessárias para controlar emoções intensas.

Libertando-se de escolhas rígidas

Pessoas que têm condições como TPB têm a experiência do pensamento "preto e branco" ou tomam decisões rígidas do tipo "tudo ou nada". Para algumas, esse modo de vida leva a um padrão de pensamentos negativos automáticos recorrentes, que se tornam cada vez mais destrutivos. Portanto, um pensamento como "Não consigo fazer nada direito" pode se tornar "Não valho nada" e depois, "Eu não deveria estar vivo". As seções a seguir o ajudam a se libertar do pensamento rígido.

Movendo-se de um/ou para ambos/e

Na DBT, o segredo é passar de uma posição polarizada para uma posição sintetizada, o que significa que a verdade de cada polo é reconhecida. A síntese vem do que a Dra. Marsha Linehan, que desenvolveu a DBT, descreveu como o reconhecimento da verdade em posições aparentemente opostas, o que denominou de *tese* e *antítese*. Veja com o exemplo anterior:

Tese: "Como cometo muitos erros, não consigo fazer nada certo, não valho nada e, portanto, não deveria estar vivo."

Antítese: "Cometer erros não é nada de mais. Todos cometem erros. Eu não deveria me preocupar com cometer erros."

CAPÍTULO 4 **Do Impulso à Espontaneidade** 45

Isso vale para qualquer tipo de declaração um/ou. A primeira é extrema e cheia de pensamentos do tipo "tudo ou nada", e a segunda invalida a verdade sobre o que uma pessoa pode realmente estar sentindo.

A síntese dialética é a integração de uma tese e de sua antítese de forma que se reconheça que a mudança é a única constante no Universo e que é um processo duradouro. Além disso, reconhece que todas as coisas são feitas de forças opostas, e, em particular no contexto da DBT, a síntese dialética integra as partes mais essenciais e centrais de duas polaridades para formar um novo significado, uma nova compreensão ou uma nova solução em dada situação.

A síntese dialética não é um compromisso. Enquanto o compromisso é tipicamente um acordo que é alcançado por concessões de ambos os lados, em síntese dialética, o acordo é alcançado pela integração da sabedoria da perspectiva do outro lado, um entendimento derivado da curiosidade genuína. O que se segue é a síntese dialética da tese e da antítese precedentes:

> **Síntese dialética:** "É verdade que cometo erros e também que os outros erram. É verdade que, quando tenho essa experiência, penso que não tenho valor e que não deveria estar vivo, e também é verdade que todos os que estão vivos cometeram erros e eles não são inúteis. Então, ao reconhecer que cometo erros e me comprometer a aprender e a melhorar as situações que me levam a cometer erros, torno-me uma pessoa mais hábil, e os erros que cometi não diminuem meu valor e minha dignidade como pessoa."

Escolher, em vez de reagir

CUIDADO

Muitas de nossas respostas aos eventos são reações, e não escolhas. O problema é que essas reações nem sempre são o melhor curso de ação. As consequências delas mantêm as pessoas presas no desespero e até mesmo pioram a situação, incluindo um impacto adverso na qualidade dos relacionamentos.

Muitas vezes, reagimos sem pensar. Essa é provavelmente uma resposta evolutiva. Se uma cobra cruzar nosso caminho, não queremos parar e refletir sobre a natureza da cobra e nos perguntar se ela é venenosa. Em muitas situações, faz sentido apenas reagir. No entanto, se nossas respostas se basearem simplesmente em nossos medos e inseguranças, não nos serão úteis em longo prazo.

Escolher, por outro lado, é levar todos os elementos de uma situação em consideração antes de decidir o melhor curso de ação. Isso inclui a integração de valores, objetivos de longo prazo, emoções, circunstâncias atuais e assim por diante.

Um exemplo mais concreto é sua melhor amiga ir a uma festa e não falar para você. Você de imediato reage ligando para ela com raiva. Agora vocês duas estão chateadas. Você piorou o relacionamento, o que provavelmente é incoerente com seus valores e objetivos para as relações.

Se, em vez disso, você escolher sua reação, notará a raiva. Poderá então usar a habilidade STOP (veja o Capítulo 11), que lhe pede para fazer uma pausa, respirar fundo e refletir sobre a situação. Você sabe tudo o que estava acontecendo com sua amiga? Conhece as intenções dela? Era um objetivo rejeitar ou desconsiderar você? Isso a ajuda a pensar no que aconteceu? A escolha pode ser ligar para ela e dizer que você se sentiu magoada por não ter sido informada ou dizer a ela que se sentiu confusa. Ou você pode até deixar para lá, sabendo que sua melhor amiga pode ter tido um bom motivo para não a ter convidado e que ela se preocupa profundamente com você.

LEMBRE-SE

A prática do mindfulness (veja o Capítulo 9) é o segredo para praticar a escolha, porque envolve perceber nossas reações às coisas que acontecem em nossa vida. A tarefa, então, é fazer uma pausa sem uma reação imediata. O fato de termos uma reação interna não significa que devemos reagir a ela. Podemos perceber o desejo sem agir de acordo com ele. E então, ao percebê-lo, decidir que de fato foi a escolha acertada, ou não, ou que podemos simplesmente perceber o desejo. A escolha às vezes é a de não fazer nada.

Após a pausa, preste atenção ao impulso de reação. Você notará que ele passa. Tudo sempre passa. É a natureza da impermanência da vida. Em algum momento, ele irá embora completamente. Pense em todos os desejos que você já teve. Onde eles estão agora? Todos passaram. Uma vez que o desejo passa, a tarefa é considerar qual seria a resposta sábia e — se estiver lidando com outra pessoa — compassiva. Pergunte-se: "Qual resposta ajudará meu relacionamento?" e "Qual resposta me ajudará a manter meus valores e a alcançar minhas metas de longo prazo?"

DICA

A prática de *escolher*, em vez de *reagir*, leva tempo, porque requer a observação do impulso de reação sem reagir de fato. A melhor maneira de fazer isso é definir uma intenção e praticar com pequenos impulsos, para experimentar, antes de enfrentar impulsos maiores.

Tornando Negativos Positivos

A DBT usa metáforas para ensinar. Um tipo de metáfora é conhecido como *parábola*, uma história curta que ilustra um ponto. Uma que usamos é a história do fazendeiro e seus cavalos, que é mais ou menos assim:

Um velho fazendeiro havia trabalhado em suas plantações por muitos anos. Ele era considerado rico pelos vizinhos, pois tinha dez cavalos. Um dia, durante uma terrível tempestade, seus cavalos fugiram. Ao ouvir a notícia, os vizinhos apareceram para lamentar: "Que azar você teve!", disseram, com simpatia. "Talvez", respondeu o fazendeiro.

Na manhã seguinte, os cavalos, famintos por terem saído à selva, voltaram e trouxeram dez cavalos selvagens. "Que maravilha! Você é um homem rico!", exclamaram os vizinhos. "Talvez", respondeu o fazendeiro.

No dia seguinte, seu filho tentou domar um dos garanhões selvagens. O cavalo resistiu ao menino, e este teve a perna quebrada. Os vizinhos voltaram a oferecer sua condolência. "Seu filho não poderá ajudá-lo no campo. Que azar!", disseram. "Talvez", disse o fazendeiro.

No dia seguinte, alguns oficiais militares foram ao vilarejo para alistar jovens no exército enquanto se preparavam para a guerra. Ao ver que a perna do filho do fazendeiro estava quebrada, passaram por ele. Os vizinhos novamente saíram e parabenizaram o fazendeiro pelas circunstâncias favoráveis. "Talvez", disse o fazendeiro.

LEMBRE-SE

A questão é que nunca sabemos exatamente como as coisas acabarão, e é possível que os aspectos positivos sejam vistos como negativos, e os negativos, como positivos. Para muitas pessoas que lutam contra condições como o TPB, os aspectos positivos costumam ser vistos como negativos, e tornar os negativos positivos parece uma tarefa impossível. As seções a seguir o ajudarão.

Novos padrões de pensamento

Muitas pessoas que procuram o tratamento da DBT lutam contra o pensamento negativo. Algumas têm um crítico interior ou repetem ciclos de pensamentos de preocupação, baixa autoestima e até de ódio de si mesmas. Padrões de pensamento negativos ou inúteis têm um impacto forte e muitas vezes adverso no trabalho, na família e nos relacionamentos em geral.

Há maneiras ineficazes de lidar com pensamentos negativos. Se você luta contra eles, tente se distrair deles ou evitá-los. Algumas pessoas usam drogas e álcool, ou têm outros comportamentos autodestrutivos de curto prazo para tentar evitar que os pensamentos negativos se repitam continuamente, e faz sentido que o façam, dado o quão dolorosos são tais pensamentos.

Os padrões de pensamento negativos são pensamentos repetitivos, inúteis e indesejados. Esses padrões fazem com que a pessoa se sinta pior a respeito de si mesma e de sua situação. Por meio da análise do padrão de pensamento, a DBT ensina as pessoas a reconhecerem e identificarem ele quando ocorre. Esse processo de afastamento dos pensamentos é chamado de *desfusão cognitiva*. É o ato de perceber os pensamentos, em vez de ficar preso a eles como se fossem algo diferente do que são. Quando as pessoas são pegas agindo como se seus pensamentos fossem reais, isso é conhecido como *fusão cognitiva*.

A desfusão cognitiva inclui a prática de deixar os pensamentos irem e virem, em vez de mantê-los. Na desfusão, você aprende a reconhecer que eles são simplesmente pensamentos. Se, em vez disso, você se fundir a eles, a tendência será levá-los a sério como se fossem verdade. Você acredita neles, em particular, quando não há nenhuma ou pouca base factual.

LEMBRE-SE

Quando você *não* se funde com seus pensamentos, pode voltar para a desfusão cognitiva. Você então os mantém leves, e isso torna mais fácil deixá-los ir. Esse é o primeiro passo para abandonar os pensamentos negativos. Simplesmente transformá-los em pensamentos positivos não é o objetivo, se os pensamentos positivos também não tiverem base. O pensamento positivo é reconhecer que você não precisa viver acreditando que seus pensamentos negativos são reais e que pode reconhecê-los simplesmente como pensamentos dos quais você não gosta e, portanto, não precisa perder tempo com eles. No Capítulo 7, examinaremos mais a fundo como lidar com pensamentos difíceis.

Trocando comportamentos autodestrutivos por saudáveis

Comportamentos autodestrutivos são aqueles em que uma pessoa se envolve e que podem causar danos físicos ou emocionais a si mesma. Os tipos de comportamentos autodestrutivos que as pessoas levam para a DBT quando a procuram incluem tentativas de suicídio, automutilação, compulsão alimentar, direção perigosa, jogo, comportamento sexual perigoso, abuso de substâncias e outros.

CUIDADO

Em curto prazo, as pessoas que usam esses comportamentos dizem que lhes conferem alívio da dor do sofrimento emocional. Isso acontece porque, ao fazerem isso, certos produtos químicos são liberados no cérebro. Pesquisas mostram que, quando as pessoas se cortam, o cérebro libera uma substância química que é um tipo de opiáceo. O consumo de álcool causa sedação devido a seus efeitos no cérebro. Dirigir perigosamente é um comportamento de risco que faz com que o cérebro libere dopamina e deixe a pessoa exultante. Todos esses comportamentos perigosos mudam temporariamente a forma como uma pessoa se sente, mas quem os usa descobre que os efeitos são de curta duração e muitas vezes fazem com que a pessoa se sinta pior em longo prazo, já que muitos desses comportamentos vão contra seus valores.

A DBT se concentra na formação de hábitos mais saudáveis, como evitar drogas e álcool, ir para a cama a tempo de ter uma boa noite de sono, fazer exercícios e se concentrar em hábitos alimentares saudáveis. O que as pessoas que praticam esses comportamentos mais saudáveis descobrem com o tempo é que, embora eles não tenham o impacto imediato dos comportamentos autodestrutivos, duram mais e têm um impacto geral positivo no bem-estar geral, na saúde mental e física e nos relacionamentos. No Capítulo 6, nos aprofundaremos na abordagem aos comportamentos.

Confiando em suas respostas

CUIDADO

No final das contas, se você confiar em que os outros lhe dirão se fez uma boa escolha, nunca aprenderá a confiar em si mesmo. E se não o fizer, não aprenderá a fazer escolhas eficazes; ou, se fizer uma escolha, não saberá se foi a certa. A única opção que tem é fazer escolhas com base nas opiniões dos outros ou no que os outros o pressionam a fazer. O problema de até mesmo uma pessoa bem-intencionada lhe dar conselhos é que isso não o ensina a tomar decisões com base em quem você é e naquilo de que precisa. Além disso, o que acontecerá quando essas pessoas não estiverem mais lá? Por causa do impacto da repetição no cérebro, se você passar anos sem confiar em sua capacidade de fazer uma escolha, terminará com uma vida feita de conselhos dos outros. Muitas pessoas que não confiam em si mesmas experimentam infelicidade e depressão crônicas.

Como você aprendeu a *não* confiar em si mesmo? Para muitas pessoas que são emocionalmente sensíveis, terem sido punidas por apresentarem grandes demonstrações de emoção as fez aprender que eram más ou erradas por demonstrar emoções, e então elas buscaram ao redor o que as outras pessoas faziam. Há um grande problema com essa abordagem. Aqui está um exemplo ligeiramente diferente: imagine que uma criança foi punida por ser alérgica à manteiga de amendoim, que seu corpo teve uma grande reação alérgica quando foi exposta a ele. E se, na mesma situação, ninguém mais teve tal alergia, e ela foi cobrada pelos outros por tê-la, faz sentido que ela se sinta mal consigo mesma e tente dar desculpas pela reação que tem.

Da mesma forma, se certas situações desencadearem uma grande resposta emocional em você, essa é a sua natureza. Não há nada de errado em ser sensível. Só que, quando você não sabe como lidar com a sensibilidade, entra em apuros, e isso é piorado pelo fato de outras pessoas terem reagido de forma negativa, crítica ou punitiva à sua resposta. Crianças que não aprendem a confiar em sua experiência se tornam adultos que também não confiam nela.

LEMBRE-SE

O segredo para aprender a confiar em si mesmo está embutido em seu corpo e em seu cérebro. Seu corpo lhe dá sinais físicos e emocionais o tempo todo, no entanto, alguns de nós não aprendemos a prestar atenção neles. Um exemplo um tanto trivial é a sensação de temperatura. Quando tocamos em algo que está quente, uma mensagem é enviada ao nosso sistema nervoso nos dizendo para tirarmos a mão. Confiamos na experiência do nosso corpo. Não precisamos questionar isso. Da mesma forma, quando você está prestes a fazer algo que é incoerente com seus valores e objetivos de longo prazo, seu corpo e seu cérebro enviarão um sinal de advertência. Talvez esse sinal seja um pico de ansiedade, uma sensação na boca do estômago, uma dor de cabeça. O primeiro passo para aprender a confiar em si mesmo é prestar atenção a essas sensações e emoções corporais. Quando você não presta atenção e age reativamente, nunca se dá a chance de realmente conhecer a experiência e, sem fazer isso, nunca aprenderá a confiar em si mesmo e em suas escolhas.

Conforme aprende a diversificar e a prestar atenção à mente e ao corpo e começa a fazer escolhas com base nos sinais que eles lhe enviam, é quase certo que cometerá erros. Mas aqui está a grande notícia: eles são *seus* erros. O terapeuta da DBT trabalha com os pacientes de forma que eles sejam recompensados por tentar, e não punidos por cometerem erros. Não há aprendizado sem cometer erros, e é os cometendo e percebendo o que deu errado que os padrões podem ser corrigidos. Outro círculo vicioso acontece quando o medo de cometer qualquer erro nos impede até mesmo de tentar, e isso, por sua vez, leva a mais erros quando surge uma situação de tomada de decisão. A tarefa é começar a confiar em seus sucessos e erros ao longo do caminho. Confie até mesmo em seus erros, porque você nunca sabe aonde um erro pode levá-lo.

Um dos riscos que as pessoas sensíveis enfrentam ao aprenderem a confiar em si mesmas é que serão julgadas. Como confiar no que você está pensando sobre si mesmo? Você filtra suas decisões por meio de como acha que os outros reagirão? A verdade é que a maioria das pessoas em sua vida provavelmente está tão envolvida em suas próprias vidas, que mal tem tempo para sair por aí julgando você, mesmo que pareça que é isso o que estão fazendo. Se você se preocupar mais com as opiniões das pessoas, descartará suas próprias, que são válidas.

Alterar seu comportamento para agradar os outros é incoerente com a autoconfiança. Embora pareça bom temporariamente, se as outras pessoas não fossem verdadeiras consigo mesmas e alterassem seu comportamento para agradá-lo, como você saberia se elas estavam sendo honestas?

CAPÍTULO 4 **Do Impulso à Espontaneidade**

LEMBRE-SE

Ao estar presente no momento por meio da prática do mindfulness e presente nas emoções, pensamentos e sensações que seu corpo transmite, você se sintoniza com sua sabedoria interior, e não há ferramenta mais poderosa do que essa para alcançar a autoconfiança.

Entendendo

NESTA PARTE...

Perceba que as emoções fortes levam a comportamentos inúteis.

Substitua os comportamentos prejudiciais à saúde por alternativas mais úteis.

Observe como as suposições de julgamento levam à baixa autoestima e use as habilidades de raciocínio para lidar com as situações de maneira mais saudável.

Melhore seu relacionamento com os outros melhorando seu relacionamento com você mesmo.

> **NESTE CAPÍTULO**
>
> » Percebendo e nomeando suas emoções
>
> » Deixando de lado o sofrimento emocional
>
> » Identificando emoções desafiadoras

Capítulo 5
Entendendo Suas Emoções

Ser capaz de identificar e rotular suas emoções é o primeiro passo para compreender e dar sentido à sua experiência. Essa é a primeira peça do quebra-cabeça para integrar a DBT à sua vida. Não é incomum que as pessoas sejam capazes de identificar prontamente o estado geral em que estão, como sentir-se sobrecarregado, estressado, chateado, bem ou mal, entretanto, para entender melhor suas emoções, a descrição de como você se sente deve ser muito mais precisa. Além disso, uma descrição precisa das emoções o ajuda a identificar quais habilidades da DBT serão mais eficazes para atingir seu objetivo de aumentar, diminuir, mudar ou tolerar e aceitar suas emoções.

Muitas pessoas chegam à DBT preocupadas com a intensidade de suas emoções. Os pacientes nos perguntam se podemos simplesmente fazer com que suas emoções desapareçam, porque o impacto da sensibilidade ou reatividade emocional foi tão destrutivo para suas vidas que eles acreditam que viver sem emoções resolveria o problema. Se você sofreu dessa maneira, essa é uma conclusão óbvia. No entanto, viver sem emoções seria extremamente problemático. As emoções têm funções, e, quando são reguladas com eficácia, nos fornecem informações críticas. Em geral, entende-se que as emoções têm três funções: comunicar-se consigo mesmo, comunicar-se com os outros e motivar a ação. Pense em quantas interações, decisões e até mesmo pensamentos são afetados por como você se sente em um único momento.

Neste capítulo, você descobre o valor de aumentar seu vocabulário emocional e como identificar e rotular suas emoções, aumentar e diminuir a intensidade delas e começar a prestar uma atenção específica a emoções específicas que são desafiadoras. Aprender tudo isso o ajudará a sofrer menos. Nossa esperança é a de que, com o tempo e com a prática, você aprenda a amar suas emoções, mesmo aquelas que lhe causam dor.

Sabendo como Você Está Se Sentindo

O primeiro passo para reconhecer como você está se sentindo é prestar atenção. No entanto, para pessoas que lutam contra emoções intensas, o desejo é fazer exatamente o oposto. Em vez de prestar atenção, elas tendem a fazer coisas para evitar suas emoções. A evitação emocional assume várias formas, desde se distrair e nunca mais voltar ao sentimento, dizendo a si mesmo que você não deve ou não pode se sentir assim, até o uso de álcool ou drogas ilícitas, sexo, comportamentos imprudentes, automutilação ou mesmo suicídio.

LEMBRE-SE

Se conseguir prestar atenção ao que está sentindo e iluminar a experiência, por mais desafiadora que seja, na verdade, começará o processo de diminuir a intensidade desse sentimento. É uma grande questão, nós sabemos. Às vezes, suas emoções são muito intensas para serem observadas. Quando esse for o caso, comece usando as habilidades de tolerância ao mal-estar (discutidas no Capítulo 11), para diminuir a intensidade da emoção antes de examinar mais de perto como está se sentindo. É tentador parar após usar uma habilidade de tolerância ao mal-estar, mas, quando o faz, você fornece uma solução de curto prazo para superá-lo, porém não cria nenhuma mudança duradoura em como se sente.

Nas seções a seguir, você verá como prestar atenção e usar o mindfulness o ajudarão a conhecer suas emoções e lhe darão o poder de controlá-las. Reconhecer suas emoções exige prática, mas, assim que estiver familiarizado com o processo, descobrirá que pode integrá-lo facilmente em sua vida de uma forma que o apoiará no uso de todas as outras habilidades de DBT neste livro.

Distinguindo entre as emoções primárias e as secundárias

Uma das perguntas mais frequentes que recebemos quando pedimos às pessoas que comecem a prestar atenção em suas emoções é sobre como fazê-lo. Parece assustador e abstrato, em particular se pedimos que você preste atenção a algo que sente como aversivo. Antes de poder prestar atenção ao que sente, primeiro você precisa saber o que está procurando e como o classificaria. As seções a seguir discutem como identificar as emoções primárias e as secundárias.

Emoções primárias

LEMBRE-SE

Como você deve ter adivinhado pelo nome, as emoções primárias são as que você sente primeiro. Pense nelas como a primeira emoção que seu cérebro produz após um estímulo específico, uma experiência interna ou externa que cria a necessidade de uma emoção. As emoções primárias são programadas e têm expressões faciais associadas vistas em muitas culturas. (Observe que uma das funções das emoções é levá-lo a comunicar-se consigo mesmo e com os outros.) No campo de estudo da regulação emocional, há muito debate sobre o número de emoções primárias; alguns pesquisadores acreditam que há quatro, cinco, oito ou dez. A Dra. Marsha Linehan, criadora e fundadora da DBT, acredita que há dez emoções primárias, e é nessas dez que queremos que você fique de olho:

- **Alegria:** Uma sensação de prazer, felicidade ou contentamento.
- **Amor:** Um intenso sentimento de profundo afeto.
- **Tristeza:** Um sentimento de tristeza ou infelicidade.
- **Raiva:** Um forte sentimento de aborrecimento, desprazer ou hostilidade.
- **Medo:** Um forte sentimento de que algo ou alguém é perigoso ou suscetível a causar dano ou ameaça.
- **Culpa:** Um sentimento de ter agido errado, falhado em uma obrigação ou ultrapassado um valor pessoal.
- **Vergonha:** Um sentimento doloroso de humilhação ou angústia causado pela consciência de um comportamento tolo ou que ultrapassa as normas da sociedade e que o deixa se sentindo excluído ou diferente.
- **Inveja:** Um sentimento de descontentamento devido ao desejo de ter uma posse, atributo ou qualidade que outra pessoa tem.

CAPÍTULO 5 **Entendendo Suas Emoções** 57

» **Ciúmes:** Um sentimento de mal-estar por suspeita ou medo de rivalidade, ou medo de que algo profundamente importante para você lhe seja retirado.

» **Nojo:** Um sentimento de repulsa ou forte desaprovação despertado por algo desagradável ou ofensivo.

DICA

Muitas dessas emoções lhe são familiares. Nós o encorajamos a olhar atentamente para dois conjuntos de emoções que lhe são menos familiares e usados incorretamente na linguagem comum. Observe atentamente as definições de culpa e vergonha, ciúmes e inveja. Compreender melhor a definição dessas emoções o ajudará a saber como rotular sua experiência.

Emoções secundárias

Compreender suas emoções seria um pouco mais fácil se não fosse pelas emoções secundárias. É nelas que muita gente tropeça. Elas são o resultado de pensar sobre a emoção primária. Suas crenças, julgamentos e atitudes em relação às emoções o levam às emoções secundárias — por exemplo, ficar triste e depois pensar que tristeza é fraqueza e, portanto, ficar com raiva. A tristeza é a emoção primária, que faz sentido no contexto do que foi vivenciado, e a raiva é a emoção secundária resultante de suas crenças e julgamentos sobre a tristeza.

LEMBRE-SE

Uma emoção primária dura em média noventa segundos, se não aplicarmos uma cadeia de pensamento que a transforme em secundária. O problema com as emoções secundárias é que elas podem durar muito tempo — horas, dias, semanas, meses. Você pode ficar preso nas emoções secundárias, e elas tendem a se perpetuar com facilidade. Sentir-se infeliz é um ótimo exemplo de como ficar preso a uma mistura de emoções secundárias. Uma coisa complicada sobre as emoções secundárias é que uma emoção primária pode ser também secundária. Se suas crenças, julgamentos e atitudes em relação à tristeza o levam a sentir mais tristeza, então a tristeza também é secundária. A autoinvalidação e a invalidação de outras pessoas são uma forma fácil de pousar em uma experiência emocional secundária. Portanto, se experimentar uma emoção que dura mais de noventa segundos (antes que algo mais a solicite), você está fazendo com que a tristeza perdure mais do que o necessário. Na verdade, é uma ótima pista! É por isso que é tão importante aprender a prestar atenção e a ser capaz de identificar, rotular, compreender e validar suas emoções.

Prestando atenção ao que você sente

Prestar atenção ao que você está sentindo requer abertura e disposição para iluminar sua experiência emocional. Sabemos que, ao olhar diretamente para uma emoção, a intensidade dela começa a diminuir. Se tiver dúvidas, nós o encorajamos a tentar isso mais cedo ou mais tarde. Identificar uma emoção e validá-la — reconhecendo como faz sentido e é legítima — é uma experiência poderosa de cura.

Então, por onde se começa? Na DBT, temos uma habilidade chamada de mindfulness da emoção atual e a dividimos em etapas usando SUN WAVE NO NOT. Usar essa habilidade o ajudará a identificar a emoção primária e a rotulá-la. Siga as etapas desta seção para fazer isso.

DICA

Ao começar a usar essa habilidade, é útil anotar suas respostas em um pedaço de papel. Sem pressa; será um processo mais lento no início, mas depois de praticar você será capaz de simplesmente pausar e identificar suas emoções na maior parte do tempo, mesmo sem usar todas as etapas a seguir.

SUN

LEMBRE-SE

A sigla SUN significa *Sensações*, *Urgência* e *Nomear* (a emoção):

» **Sensações:** Todas as emoções têm sensações associadas. Seu corpo lhe dá pistas importantes sobre como e o que você está sentindo. Examine-o rapidamente, começando pela cabeça e descendo até os dedos dos pés. Você sente um aperto na mandíbula? Calor nas bochechas? Dor na cabeça? Lágrimas nos olhos? Aperto no peito? Frio na barriga ou uma sensação de estômago embrulhado? Aperto das mãos?

» **Urgência:** Todas as emoções têm impulsos de ação associados. Isso faz sentido, pois uma das funções delas é motivar a ação. Quando sente medo, pode ter o desejo de correr, lutar ou congelar. Quando está triste, pode sentir vontade de se enrolar, chorar ou se isolar. Quando sente vergonha, pode querer se esconder. Quando está com raiva, pode ter o desejo de gritar, bater ou jogar algo; outras pessoas podem chorar com raiva. Não temos os mesmos impulsos de ação, mas eles tendem a ser semelhantes.

» **Nomear (a emoção):** Após identificar suas sensações corporais e seus impulsos, você tem informações suficientes para nomear a emoção. Sabemos que, uma vez que o fizer, ela começa a diminuir de intensidade. Isso ocorre porque lhe dá espaço entre sua própria experiência e o que está sentindo. Isso também o ajuda a encontrar as emoções primárias, que podem estar ocultas sob uma emoção secundária. (Discutimos as emoções primárias e as secundárias no início deste capítulo.)

CAPÍTULO 5 **Entendendo Suas Emoções** 59

WAVE

Depois de nomear a emoção, sua tarefa é passar por ela como faria com uma ONDA [wave]. Quando uma emoção primária segue seu curso, você a experimenta como uma onda, primeiro com menor intensidade, crescendo até o pico ou a crista da onda, e em seguida desacelerando, diminuindo em intensidade até se estabilizar ou as ondas estabelecerem-se na costa. Surfe na onda com o mindfulness para "observar e descrever habilidades", que abordamos com mais detalhes no Capítulo 9. O que você fará é observar e descrever suas sensações e seus impulsos, que identificou na parte SUN dessa prática (veja a seção anterior). Observe e descreva sem julgamento os fatos de sua experiência. Por exemplo, você pode notar seus pensamentos se movendo rapidamente, uma sensação de frio na barriga, seu rosto ficando vermelho e lágrimas escorrendo pelo rosto.

Você perceberá que esse é um processo um tanto enfadonho, pois não há julgamentos ou editoriais sobre sua experiência que afetem o passado ou o futuro. Isso é o que ajuda suas emoções a seguirem seu curso. Repita esse processo até que a intensidade delas se torne mais manejável.

NO NOT

A fase final consiste em NO NOT:

> » **NO [não]:** *Não* suprima suas emoções. *Não* as reforce. Isso significa que você não diz a si mesmo que não pode sentir algo e não faz coisas que aumentam a intensidade de uma emoção indesejada, como julgá-la e invalidá-la. Pense nesta fase como as coisas a serem evitadas quando estiver passando pela WAVE, da seção anterior.
>
> » **NOT [não]:** Ao passar pela WAVE, lembre-se de que você *não* é suas emoções e que elas *não* durarão para sempre. Parece um detalhe semântico, mas, ao falar sobre sua experiência, é importante evitar dizer: "*Sou* depressivo." Em vez disso, diga: "Eu me *sinto* deprimido." Quando você indica isso como um estado de sentimento, sinaliza ao cérebro que é algo que muda. Por definição, as emoções mudam e flutuam. A primeira afirmação comunica: "Sou uma pessoa deprimida; isso é inerente a mim e, portanto, é menos provável que mude." Parece besteira, mas faz uma grande diferença ao trabalhar para experimentar as emoções e permitir que passem por você. Às vezes, quando elas são muito intensas, você pode sentir que nunca terão fim. É importante notar que as emoções primárias duram em média noventa segundos, o que está longe de ser para sempre, por mais que pareça.

LEMBRE-SE

Encarando Reações Desproporcionais

Se você é uma pessoa emocionalmente sensível, por definição, sente as coisas por mais tempo e de forma mais profunda do que a pessoa média e tem um retorno muito mais lento à linha de base. Essa é simplesmente a sua biologia. Pense nisso como o motor de um carro. O motor de um Porsche e o de um Prius são muito diferentes em sua capacidade de acelerar rápido. Isso significa que não é incomum que pessoas emocionalmente sensíveis reajam com mais intensidade e se apeguem às emoções por mais tempo. O problema é que isso aumenta o sofrimento e impacta negativamente os relacionamentos.

As pessoas com quem trabalhamos costumam dizer que lhes disseram que são "intensas" ou que sempre reagem de forma exagerada. Esse tipo de feedback é muito doloroso. Se você luta contra isso, a boa notícia é que, como um carro com motor rápido, você pode aprender a dirigir, e também pode aprender a reconhecer quando sua reação é muito intensa e a regulá-la. As seções a seguir o ajudam a fazê-lo.

Percebendo se sua reação é exagerada

Se você é uma pessoa emocionalmente sensível, precisa aceitar, sem julgamento, que muitas de suas reações são exageradas. Aceitar isso sobre algumas delas o ajudará a reconhecer quando acontecer, e esse é o primeiro passo. Na DBT, embora não amemos o termo, falamos sobre dois tipos de emoções, justificadas e injustificadas. Parece subjetivo e, de muitas maneiras, é. Você determinará se suas emoções são justificadas ou injustificadas usando algumas diretrizes da DBT. Mais uma vez, não se trata de julgá-las, mas de ajudá-lo a enfrentar quando suas emoções o levarem ao desespero e ao sofrimento e, então, descobrir quais habilidades usar.

LEMBRE-SE

Para abordar a questão, faça-se estas três perguntas:

» Minha emoção se encaixa na situação, e faz sentido que ela esteja aparecendo agora?

» A intensidade com que estou sentindo-a faz sentido?

» A duração do que estou sentindo faz sentido?

DICA

Às vezes, é difícil responder a essas perguntas quando você está cheio de emoções fortes. Aqui está um truque útil: costumamos pedir aos nossos pacientes que pensem em pessoas que conhecem e que sentem que experimentam e regulam bem suas emoções e seriam uma métrica razoável para comparação. Podem ser de seu grupo de amigos, pessoas com quem trabalha ou até mesmo parentes próximos ou não tanto. Compare suas respostas às três perguntas anteriores com as deles. Escolha pessoas que você acha que experimentam e regulam as emoções de um modo que você possa usar como modelo. Isso não significa uma comparação que o faça se sentir mal em relação às suas emoções, mas um meio de comparação para guiar sua escolha de habilidades. No Capítulo 10, fornecemos algumas habilidades específicas de regulação emocional para usar depois de identificar se suas emoções são justificadas ou injustificadas.

Do reconhecimento à regulação

Enquanto alguns acham que reconhecer as emoções é a parte mais difícil, outros descobrem que o que fazer com elas ou ter a disposição para usar uma habilidade é a parte mais desafiadora. Discutimos habilidades de regulação emocional mais específicas no Capítulo 10. Depois de reconhecer suas emoções, pergunte-se o que deseja ou precisa fazer com elas.

Validando suas emoções

Uma das coisas mais críticas e às vezes mais difíceis de fazer é validar suas emoções. Para muitas pessoas que procuram a DBT, essa é uma das habilidades mais difíceis, porque, por muitos anos, elas e, muitas vezes, seus entes queridos têm invalidado suas emoções. O segredo para a validação é lembrar a si mesmo (e aos outros, se estiver validando-os) o que faz sentido em como você se sente. O NO do SUN WAVE NO NOT (abordado neste capítulo) ajuda a evitar a autoinvalidação, que já pode ter se tornado automática.

CUIDADO

A validação, por definição, ajuda a diminuir a intensidade das emoções, lembrando-o de que suas emoções fazem sentido. A invalidação, ou dizer a si mesmo que você não deveria se sentir de certa forma, que é estúpido ou fraco por sentir assim ou mesmo que deveria apenas superar são algumas das maneiras mais eficazes de intensificar os próprios sentimentos, que já estão dolorosos, e de levar ao sofrimento. A invalidação é o ingrediente principal de uma emoção secundária pegajosa. (Discutimos emoções primárias e secundárias no início do capítulo.)

Fazendo algumas perguntas úteis

LEMBRE-SE

Após reconhecer e rotular suas emoções, faça algumas perguntas a si mesmo, que o ajudam a pensar sobre quais habilidades serão mais eficazes. Recomendamos que pratique isso até se tornar um hábito. Considere fazer a si mesmo estas perguntas:

1. Como validar minha emoção atual?

2. Quero tolerar e aceitar essa emoção para surfar nela como em uma onda?
3. Quero aumentar ou diminuir a intensidade dessa emoção?
4. Quero continuar infeliz?
5. Quero fazer algo para piorar as coisas?

Na Parte 3 deste livro, revisamos muitas habilidades para ajudá-lo a tolerar, bem como aumentar e diminuir, a intensidade de suas emoções.

DICA

Com frequência, as pessoas ficam confusas com as perguntas de número 4 e 5 da lista anterior:

» Às vezes, ficar infeliz por um período de tempo é uma validação. Tudo bem fazer isso. Dito isso, nós o incluímos como o número 4 porque queremos que seja uma escolha feita com intenção, e não um estado no qual você se encontra preso, sem perceber como chegou lá. Pense assim: tudo bem curtir a fossa — todos nós só precisamos disso às vezes —, mas você precisa saber que vai ao fundo do poço, para que, depois de um tempo razoável, saiba sair dele.

» O número 5 existe por razões semelhantes; ele o ajudará a evitar cair na armadilha de piorar as coisas. Lembre-se de que quase sempre você pode piorar sua situação e suas emoções. Nossa esperança é a de que você aprenda isso como uma opção para que vivencie menos essa emoção. Não é incomum que isso aconteça em uma fração de segundo e com pouca consciência. A ideia é diminuir o ritmo. Parece um exemplo óbvio, mas, quando você está com raiva e esmurra uma parede, pode se sentir bem no momento em que ganha uma grande descarga de adrenalina, mas então só tem um buraco na parede que precisa explicar e corrigir. Você agravou o problema e, se for como muitas pessoas, acumulou um intenso sentimento de vergonha.

Se mantiver essas questões em mente, desenvolverá a consciência para diminuir a reatividade e aumentar seu senso de escolha para seguir um caminho habilidoso em direção à regulação.

Identificando e Lidando com Áreas Problemáticas

Todos nós temos áreas problemáticas. Na DBT, temos uma série de premissas de treinamento de habilidades, e duas das mais importantes são as que informam que todos estamos fazendo o melhor que podemos e que precisamos fazer ainda melhor, nos esforçar mais e estar mais motivados para mudar. Áreas problemáticas, ou áreas de vulnerabilidade emocional, são uma realidade. Pode ser útil não se perder em julgamentos sobre áreas problemáticas, mas, em vez disso, abraçá-las como pepitas de sabedoria sobre si mesmo, desenvolvendo consciência e habilidades para administrá-las.

Observando o que o estressa

Observar o que lhe causa estresse o ajuda a prever situações desafiadoras. Quando você pode antecipar situações ou interações difíceis, tem tempo para planejá-las com antecedência, de modo que não fique continuamente se estressando nas mesmas situações. Conhecer suas áreas comuns de estresse também o ajudará a validar sua experiência, o que, como discutimos neste capítulo, o ajudará a evitar que as emoções dolorosas aumentem de intensidade.

LEMBRE-SE

Uma ampla gama de coisas estressa as pessoas, e cada um de nós tem áreas que achamos mais difíceis de administrar, com base em nossa sensibilidade e em nossas experiências. Ao começar a pensar nisso, algumas parecerão bastante óbvias e fáceis de identificar, enquanto outras demandarão mais tempo para serem descobertas. Considere as seguintes perguntas:

» Há algo que você faz que lhe causa estresse repetidamente (postar nas redes sociais, estar com certas pessoas, ir a certos lugares)?

» Existem certos relacionamentos ou interações que lhe causam estresse repetidamente?

» Existem certos feriados ou reuniões que lhe causam estresse repetidamente?

» Existem certos lugares que frequenta (trabalho, escola, restaurantes, casas de pessoas) que repetidamente lhe causam estresse?

» Existem situações que repetidamente lhe causam estresse (ouvir a palavra *não*, receber um elogio, receber feedback no trabalho ou de um amigo, dizer não a alguém)?

» Existem certas emoções que são mais difíceis de controlar e que frequentemente lhe causam estresse?

Pensar nessas experiências o ajudará a restringir áreas específicas nas quais concentrar suas habilidades, de modo que não continue se pegando em situações dolorosas semelhantes repetidas vezes.

Descobrindo soluções de enfrentamento

LEMBRE-SE

Na Parte 3 deste livro, apresentamos as habilidades de DBT que, com a prática, você usará como soluções de enfrentamento. Lembre-se de que, às vezes, as soluções são simplesmente tolerar e aceitar a realidade à sua frente, enquanto outras habilidades o ajudarão a resolver problemas, aumentar ou diminuir a intensidade de suas emoções ou ser mais eficaz em seus relacionamentos ou interações com outras pessoas. Ser capaz de compreender e identificar suas emoções é o primeiro e mais importante passo para lidar com a situação. Com frequência, as pessoas pulam essa etapa e, quando isso acontece, raramente escolhem a habilidade mais eficaz para atingir seu objetivo.

> **NESTE CAPÍTULO**
>
> » Conectando o que você sente com a forma como age
>
> » Reconhecendo e lidando com gatilhos
>
> » Vinculando comportamentos específicos a reações específicas

Capítulo **6**

Entendendo Seus Comportamentos

Muitos de nós, no campo da saúde mental, achamos o comportamento humano fascinante. Observar padrões e tentar prever o que uma pessoa fará é bom para estabelecer o que é útil e o que não é e quais intervenções usar para mudar o comportamento. E, no entanto, em muitos casos, ele é previsível, porque é padronizado por meio da repetição. Pegue um comportamento como caminhar. Por causa da repetição, é previsível que uma pessoa ande ao ir do ponto A ao B. Mas caminhar é um comportamento relativamente simples. Os comportamentos que emanam de emoções fortes são muito complexos e muito mais difíceis de prever.

Pessoas que são emocionalmente sensíveis experimentam a vida com mais intensidade do que aquelas que não o são. Com mais sensibilidade, vem um maior grau de variabilidade comportamental.

Não há nada de problemático em ser mais sensível emocionalmente. Muitos artistas, terapeutas, atores, músicos e outros reconhecem que isso é útil para seu ofício. No entanto, pessoas que têm emoções fortes correm o risco de se comportar de maneiras que dependem do estado de humor. O comportamento disfuncional dependente do estado de humor é muitas vezes o que leva as pessoas a solicitarem a DBT, por dois motivos principais: o primeiro é que a pessoa não tem as habilidades para manejar com eficácia situações carregadas de emoção, e o segundo é o comportamento que acontece quando uma pessoa age de acordo com sentimentos ou impulsos, sem parar para considerar que as consequências podem levar a problemas. Os comportamentos dependentes do humor parecem automáticos e acontecem rapidamente, como se a pessoa não tivesse escolha. Parecem vir do nada e estar fora do controle de um indivíduo e, por causa disso, parecem difíceis de mudar, devido às poderosas emoções subjacentes, aos impulsos e, muitas vezes, pensamentos negativos que os conduzem.

Neste capítulo, revisamos as conexões entre sentimentos e ações, reconhecemos os gatilhos que desencadeiam comportamentos e examinamos como vincular comportamentos específicos a reações específicas como forma de começar a mudar comportamentos inúteis.

Como as Emoções Se Manifestam

Quando você se envolve em um comportamento dependente do humor, age de acordo com os impulsos causados pelo seu estado emocional subjacente. Um exemplo disso é quando você está de baixo-astral e não tem vontade de sair da cama nem de ver ninguém. Ficar na cama e não ver seus amigos seria um comportamento dependente do humor. Estar com raiva e criticar um colega de trabalho por uma transgressão trivial é um comportamento dependente do humor.

Pessoas propensas a esses comportamentos, quando o clima passa, sentem-se culpadas ou envergonhadas. No momento, entretanto, a pessoa que age de acordo com as emoções, sem pensar, se sente justificada e certa em relação às atitudes tomadas. A alternativa de parar e refletir sobre o que fazer, ou mesmo tolerar o desconforto da emoção, pode ser insuportável. O comportamento disfuncional dependente do estado de humor confere alívio instantâneo e é ótimo em curto prazo, mas causa danos maiores em longo prazo.

LEMBRE-SE

Para todo indivíduo, toda emoção tem um impulso de ação, e é uma parte essencial da DBT que a pessoa conheça seu comportamento típico quando está sentindo emoções fortes. Se você tem esse tipo de problema, estar atento é o segredo para desenvolver a consciência de como seu estado emocional no momento presente leva a esses comportamentos. O mindfulness também ajuda a dar uma resposta mais deliberada. Isso significa que, quando surge uma emoção forte, você deve fazer uma pausa e se perguntar o seguinte:

68 PARTE 2 **Entendendo**

- "O que estou prestes a fazer é coerente com meus objetivos e valores de longo prazo?"
- "Será que esse comportamento realmente me dará o que quero?"
- "Qual é a probabilidade de meu comportamento gerar arrependimento, culpa e vergonha?"

Identificando e Lidando com Gatilhos Emocionais

O cérebro de todos cria associações poderosas entre as coisas que machucam e as pessoas associadas a isso. Por exemplo, uma vez que você foi atacado em um beco escuro, até mesmo andar por um beco pode causar uma reação física. Curiosamente, é mais fácil reconhecer e perdoar nosso próprio comportamento, porque entendemos a conexão entre nossa resposta e o que quer que a desencadeie. No entanto, também é verdade que outras pessoas têm razões para as reações que têm. Só porque não entendemos a razão de elas fazerem o que fazem não significa que não tenham os próprios gatilhos.

Em particular quando alguém passou por trauma, abuso e invalidação, tem emoções não examinadas e não processadas, que são desencadeadas por qualquer coisa que leve à lembrança dos eventos. A pessoa que sofreu o gatilho tem uma compreensão justa da realidade, mas sua resposta emocional não reflete a situação. Ela desconfia das intenções das pessoas à sua volta ou fica ansiosa com os amigos ou muito zangada por uma negligência trivial.

LEMBRE-SE

A questão é que, embora você possa entender as próprias reações aos gatilhos, é importante perceber que a razão pela qual uma pessoa está agindo de tal maneira também pode ser resultado de um gatilho.

O motivo mais importante para identificar os gatilhos é limitar a interrupção deles em sua vida ou minimizar o poder que têm no controle de suas ações. As seções a seguir fornecem mais informações sobre a identificação de gatilhos.

LEMBRE-SE

Limitando o poder

Para limitar o poder dos gatilhos emocionais, é preciso saber o que são. Use o seguinte processo para reconhecê-los:

» **O que é gatilho ambiental?** O que aconteceu que levou às emoções que agora conduzem a seu desejo de responder de dada maneira? Por exemplo, seu parceiro disse que jantaria em casa, e você fica zangada quando sua mãe liga e diz que acha que o viu bebendo com os amigos em um bar.

» **O que é estado de humor interno?** Rotule a emoção. No exemplo, você percebe sentir ciúme e raiva porque seu parceiro a desprezou. E também se sente confusa e chateada com sua mãe por ela não ter certeza se era ele.

» **Qual é seu objetivo de curto prazo no momento presente?** Neste exemplo, você precisa ter certeza de que está em um estado mais calmo no momento em que seu parceiro chegar em casa, para que não o acuse de ter feito algo que talvez ele nem tenha feito de fato.

» **Qual é seu objetivo de longo prazo?** Você quer poder confiar em seu parceiro e ter conversas calmas com ele — diretas e cheias de curiosidade.

» **Que ações são coerentes com seu objetivo de longo prazo?** Suas ações lhe permitirão alcançar seu objetivo? Ficar chateada a ajudará a atingi-lo, ou você deveria se controlar para ficar mais calma e reconhecer que tem apenas um pequeno fragmento de informação, sobre a qual você e sua mãe nem sequer chegaram a conclusões úteis?

» **Se agir de acordo com seu desejo, isso a ajudará a atingir seu objetivo ou interferirá no alcance dele?** Se começar a gritar com seu parceiro assim que ele passar pela porta, acusando-o de ser indiferente e mentiroso, isso a ajudará a ter um relacionamento de mais confiança com ele? Por outro lado, se ele a negligenciou, ficar com raiva sem ter curiosidade sobre o que aconteceu será coerente com o valor que você se dá?

» **Se agir de acordo com sua vontade, mais tarde se arrependerá de ter agido assim?** O que experiências anteriores lhe ensinaram? Você já gritou com ex-parceiros? Em caso afirmativo, como essas relações terminaram?

Embora essas perguntas pareçam óbvias para uma pessoa que não se envolve em comportamentos dependentes do humor, elas refletem o caminho consciente para limitar o poder de um gatilho de afetar a qualidade de vida e dos relacionamentos.

Minimizando o poder

Existem várias maneiras de reduzir o impacto dos gatilhos emocionais, como você descobrirá nas seções a seguir.

Reduzindo o tamanho da resposta

A primeira maneira de reduzir o impacto de um gatilho emocional é reduzir a magnitude da resposta emocional. Há várias maneiras de fazer isso:

CUIDADO

» **Dar uma *pausa*:** A maneira mais simples de minimizar o impacto de emoções fortes é deixar o tempo passar antes de tomar uma decisão. Isso faz sentido, porque, no âmbito neurológico, a menos que a pessoa continue ruminando sobre a situação, as emoções duram pouco. As manifestações fisiológicas de qualquer emoção são passageiras e desaparecem logo. No entanto, como emoções fortes obrigam as pessoas a agir, deixar o tempo passar é algo mais fácil de falar do que de fazer.

» **Usar a *supressão*:** Este seria o tipo de reação em que, por exemplo, uma pessoa é solicitada a controlar a raiva. Infelizmente, a pesquisa mostra que a supressão é contraproducente. Mais serve para levar à intensificação do estado emocional que se busca suprimir.

Ressignificando o gatilho

Uma abordagem mais útil é a prática da *ressignificação*. Ela significa reformular o significado do evento desencadeador que leva à resposta emocional. É a maneira mais forte de enfraquecer o poder dela. Um exemplo de ressignificação é reconhecer que falhar em um único teste não é o fim do mundo ("É só um teste. Posso estudar mais para o próximo e obter ajuda de meu professor") ou perceber: "O fato de que perdi meu emprego significa que posso perseguir alguns outros sonhos de longo prazo."

Essa abordagem é coerente com a prática de *mudar sua relação com o problema* na resolução de problemas da DBT. Em contraste com a supressão, a reavaliação não apenas reduz os sentimentos negativos como uma resposta aos eventos desencadeadores, mas também reduz as respostas biológicas do corpo e do cérebro. As pessoas que usam a ressignificação têm experiências emocionais mais positivas e mostram menos episódios de emoções indesejadas.

Usando o conceito de ação oposta

Outra abordagem útil é a prática de induzir um estado emocional contrário. A ideia por trás disso é neutralizar um comportamento mal-adaptativo causado por uma emoção intensa induzindo outra emoção, que desencadeia impulsos ou tendências de ação opostas ou diferentes. Por exemplo, digamos que sua melhor amiga tenha prometido ligar para você ontem à noite e não ligou. Você está com raiva e tudo que quer fazer é ficar com raiva dela e dizer a ela que amiga terrível ela é. Se, em vez disso, você pudesse evocar o amor que tem por ela e todas as maneiras maravilhosas como esteve a seu lado no passado, estaria opondo o ódio com amor. Essa prática é coerente com a habilidade de regulação emocional da *ação oposta* da DBT.

LEMBRE-SE

Outra maneira de pensar nisso é que, se uma emoção tem uma ação que se segue, isso significa que a emoção causou a ação. Você pode mudar a emoção mudando a ação. Aqui está a beleza da ação oposta: não apenas as emoções causam ações, mas as ações causam emoções, e, portanto, você pode mudar a emoção mudando a ação.

A ação oposta funciona melhor quando suas emoções *não* se adéquam aos fatos de uma situação. Se tem medo de que uma cascavel entre em sua sala em São Paulo, então, o medo se adéqua aos fatos, e é justificado se a cobra estiver lá. Se a cobra não estiver lá, o medo não se adéqua aos fatos e é injustificado. Se a emoção não se adéqua aos fatos, isso significa que sua intensidade e duração não são eficazes para ajudá-lo a atingir seus objetivos de longo prazo.

Se usar a ação oposta, é importante mergulhar totalmente na habilidade. Envolva-se em comportamentos opostos ou diferentes daqueles que sente vontade de fazer e, em seguida, use palavras de emoções opostas, pensamentos, expressões faciais, tom de voz e postura corporal. Considere estes exemplos:

» **Medo:** Se sentir medo, aborde a situação ou o gatilho que lhe causa ansiedade. Tente enfrentar seu medo. Envolva-se em comportamentos que aumentem sua sensação de controle sobre ele. Você pode se expor repetidamente ao medo injustificado para se dessensibilizar. Por exemplo, se tem medo de falar com seu chefe, pratique repetidamente como abordá-lo com confiança.

» **Raiva:** Se está com raiva de alguém e tem vontade de atacá-lo, primeiro evite-o, em vez de atacá-lo, e então pratique empatia por ele e pelo comportamento que o levou a fazer o que fez. Busque o *cerne da verdade* em suas ações. Algo as causou. Fique curioso sobre o motivo.

» **Tristeza:** Se estiver se sentindo para baixo ou deprimido, em vez de evitar, isolar-se ou ficar na cama, aproxime-se, envolva-se e saia da cama. Você não se isola e, em vez disso, se envolve em atividades que o conectam e o mantêm ativo e ocupado.

» **Vergonha:** Se sentir vergonha por algo que fez, e ela for justificada, peça desculpas. Se a vergonha não se adéqua aos fatos e é injustificada, então, você precisa se envolver totalmente na situação que a induziu, participando de interações sociais, e até mesmo compartilhar as ideias e comportamentos que o levaram à experiência da vergonha.

» **Culpa:** Semelhante à vergonha, se sua culpa se adéqua aos fatos, você precisa se desculpar pela transgressão. Se for injustificada, então *não* se desculpe. Em vez disso, mude sua postura corporal caminhando ereto, com os ombros para trás e mantendo um bom contato visual enquanto fala com uma voz confiante, firme e clara.

Amarrando Comportamentos Específicos a Reações Específicas

Todos têm comportamentos padrões e automáticos. Esses comportamentos levam a reações específicas, muitas vezes, automáticas, e a maneira como lidamos com elas faz a diferença entre resultados eficazes e ineficazes. A DBT foca a atenção cuidadosa a esses padrões de comportamento com o objetivo de considerar, se necessário, comportamentos alternativos, a fim de criar uma reação alternativa.

Compreendendo respostas físicas e sentimentos conscientes

As emoções são fenômenos neurológicos que ocorrem em resposta a um evento desencadeador. O gatilho pode ser uma interação com outra pessoa, uma visão, um som, um cheiro, um pensamento ou qualquer coisa. Assim que a emoção ocorre, ela nos leva a agir. Cada emoção é ativada e integrada como parte de nossa biologia evolutiva. Assim, quando experimentamos uma emoção, agimos. Aqui estão alguns exemplos:

» A **sede** diz que precisamos nos hidratar e, portanto, nos estimula a encontrar água para beber.

» A **fome** diz que nosso corpo está com falta de combustível e para que encontremos comida para comer.

» O **medo** diz que há uma ameaça no ambiente e para buscarmos segurança.

» A **temperatura extrema** diz que estamos prestes a superaquecer ou congelar e para buscarmos sombra ou roupas quentes.

» A **fadiga** diz que nosso corpo precisa descansar, abrandar e dormir um pouco.

LEMBRE-SE

As emoções são mediadas por vários circuitos cerebrais. Os estados emocionais têm dois componentes distintos:

» **Um padrão de respostas físicas características:** Os estados físicos emocionais são as respostas de nossos hormônios, músculos, coração, bexiga, estômago e assim por diante.

» **Um sentimento consciente:** Sentimentos conscientes são os pensamentos que temos associados à situação.

Quando estamos com medo, não apenas sentimos medo, mas também passamos por mudanças corporais inconscientes, como aumento da frequência cardíaca e da respiração, boca seca, tensão muscular e palmas das mãos suadas. A parte consciente da experiência são os pensamentos que temos sobre a situação.

Na DBT, os terapeutas trabalham com o paciente para conectar as reações e os pensamentos específicos que ele tem às emoções que experimenta. Ao mapear isso, eles ajudam o paciente a reconhecer mais facilmente as emoções, com o objetivo de automatizar as respostas típicas e o ideal de desenvolver um repertório maior de reações comportamentais. No Capítulo 10, revisamos o impacto das emoções e o que fazer com elas.

Estabelecendo novos caminhos

Há um velho ditado que diz: "Não se ensinam novos truques a um cachorro velho." Se isso fosse verdade, não haveria necessidade de terapia e tratamento específico com DBT. A DBT se resume a ensinar novas habilidades (truques) para substituir antigos comportamentos quando são inadequados.

Então, como é a mudança de comportamento no cérebro? As vias neurais são os feixes de nervos que conectam uma parte do sistema nervoso a outra. Eles são como o cabo que conecta o telefone ao carregador, ou a TV ao decodificador. Esses feixes de nervos se conectam uns aos outros por dendritos. Pense em um dendrito como o plugue que vai na parede ou no seu telefone. Uma grande diferença entre plugues e dendritos é que o número de dendritos aumenta a cada vez que um comportamento é realizado. Outra maneira de pensar sobre a repetição é considerar os sulcos que carros fazem em uma estrada de terra. Quanto mais carros circulam na estrada, mais profundos se tornam os sulcos.

Os feixes de nervos se comunicam uns com os outros por meio de um processo conhecido como *disparo neuronal*. Quando as células cerebrais se comunicam com frequência, a conexão entre elas se fortalece. Outro processo que acontece é a *mielinização*. A mielina é a cobertura dos neurônios. Pense nisso como um revestimento de plástico ao redor de um cabo de cobre. Com o tempo, quanto mais um comportamento se repete, mais mielina envolve as células nervosas.

Ao longo de milhares de ocorrências de repetição de comportamentos, a mielinização e a formação de dendritos tornam a comunicação entre as células nervosas mais rápida e sem esforço. Com repetição suficiente, esses comportamentos se tornam automáticos. O comportamento de caminhar é um exemplo disso. Quando uma criança aprende a andar, geralmente cai e é desajeitada. Depois de milhares de repetições, caminhar se torna automático.

LEMBRE-SE

No entanto, só porque criamos as vias neurais que levam a certos comportamentos, não significa que estejamos presos a eles para sempre. Se quisermos mudar nossos comportamentos automáticos, devemos participar de novas atividades. Ao nos envolvermos em novos comportamentos, treinamos nosso cérebro e nossas células cerebrais para criar novas vias neurais. Assim como nossos antigos comportamentos, os novos caminhos se tornam mais fortes quanto mais repetimos os novos comportamentos. Em algum momento, estes se tornam o novo normal.

Voltando ao comportamento da criança andando, inicialmente ela engatinha, e engatinhar é o comportamento automático causado pela repetição, que fortalece as células cerebrais. Quando a criança começa a andar, os novos caminhos de "caminhada" tornam-se mais fortes do que os de "engatinhar", e andar se torna o novo normal. Isso pode ser feito com todos os comportamentos, embora seja mais difícil se ele já dura muito tempo.

LEMBRE-SE

É fácil desistir, porque às vezes parece que nada está mudando. Pesquisas mostram que leva de três a seis meses para um novo comportamento se tornar mais automático, embora varie muito de pessoa para pessoa. Se estiver na DBT, seu terapeuta o fará persistir até que seu novo comportamento se torne mais habitual. Isso incluirá seu terapeuta DBT lhe fornecer ideias para superar obstáculos que podem interferir no engajamento nos novos comportamentos. Investigamos mais profundamente essas ideias quando revisamos as habilidades, na Parte 3 deste livro.

CAPÍTULO 6 **Entendendo Seus Comportamentos** 75

> **NESTE CAPÍTULO**
> » Observando como você fala consigo mesmo
> » Compreendendo suas reações a seus pensamentos

Capítulo 7
Entendendo como Você Pensa

A DBT é uma síntese de dois outros tratamentos: a terapia cognitivo-comportamental (TCC) e a terapia baseada em mindfulness. Este capítulo se concentra mais nas contribuições que vêm da TCC, que objetiva alterar seus comportamentos e como se sente mudando pensamentos e crenças. É um tratamento que se concentra no pensamento e na cognição. Neste capítulo, nós o ajudamos a examinar atentamente seus pensamentos — não apenas o que pensa, mas, em particular, como fala consigo mesmo e como isso afeta suas reações e seus comportamentos. Muita coisa se passa na sua cabeça!

Investigando Sua Conversa Interna

Embora pareça estranho, todos falam consigo mesmos. No mundo da psicologia, isso é chamado de *conversa interna*. A conversa interna é o seu diálogo interno; é feita de pensamentos, crenças, suposições, perguntas e ideias. A conversa interna ajuda seu cérebro a dar sentido às suas experiências do dia a dia. Sua conversa interna pode ser positiva ou negativa, encorajadora ou punitiva, útil ou prejudicial. Ela acontece muitas vezes, e, em dadas ocasiões, você presta mais atenção a ela do que em outras.

O aspecto fascinante da conversa interna é o quanto ela influencia seu comportamento. A maioria das pessoas acredita que há dois tipos principais de conversa interna: positiva ("Eu consigo") e negativa ("Eu não consigo"). Alguns acreditam em um terceiro tipo, a possibilidade ("E se..."). A maneira como você fala consigo mesmo impacta fortemente o seu comportamento. O desafio da conversa interna é que você a pratica constantemente, de modo que pode ser muito hábil em conversas internas inadequadas ou problemáticas. Se for esse o caso, nós o ensinaremos a praticar uma maneira mais eficaz de falar consigo mesmo. Não se deixe enganar; não se trata de viver uma vida de arco-íris e borboletas em sua mente. Trata-se de prestar atenção a como fala consigo mesmo e de se certificar de que a forma como o faz o ajuda a alcançar seus objetivos e o que é importante para você, e não atrapalha.

Como você deseja usar sua conversa interna? Quando usada de modo eficaz, ela aumenta a motivação, acalma a ansiedade, é afirmativa e até mesmo aumenta a autoconfiança. Há muitas pesquisas para ajudar os atletas a usarem a conversa interna para melhorar seu desempenho. Quando se atém a uma conversa interna negativa, você pode ficar dominado pela negatividade e acredita que não é bom o suficiente, não merece, nunca terá sucesso ou será um fracasso. Se estiver preso em profundidade suficiente, poderá ser pego em um ciclo de ataques contínuos a si mesmo. A depressão leva a conversas internas muito negativas e problemáticas, que se tornam uma lente sombria através da qual a pessoa vê o mundo. Muitas pessoas que procuram a DBT se encontram presas nesse ciclo doloroso de conversa interna negativa.

CUIDADO

A conversa interna negativa pode ficar complicada. Você pode acreditar que está sendo honesto, que a merece, que ela o protegerá de decepções ou que o motivará a fazer melhor. Essas crenças são interessantes, no entanto, nenhuma delas é verdadeira. Para alguns, ser duro consigo mesmo ou se punir até motiva no momento, mas é uma estratégia ruim em longo prazo, com consequências negativas.

LEMBRE-SE

Comece a prestar atenção a sua conversa interna e veja se ela o tem atrapalhado. Considere as seguintes questões como sinais de alerta de que seu pensamento está atrapalhando-o:

» Sua conversa interna atrapalha a definição ou a realização de seus objetivos?

» Você diz a si mesmo que é estúpido, um perdedor, um fracasso ou inútil ou usa outros julgamentos quando pensa em si mesmo?

» Antes de tentar algo ou enquanto está fazendo algo, você já decidiu que não terá sucesso?

» Você tira conclusões definitivas ou tem pensamentos "preto e branco"?

» Você tem absoluta certeza sobre o que as outras pessoas estão pensando, em particular sobre você?

Se respondeu "sim" a qualquer uma dessas perguntas, sua conversa interna o atrapalha. A boa notícia é que, apesar da forma como se sente, você não precisa acreditar em tudo o que pensa. Em essência, todos nós temos muitas "notícias falsas" em nossa cabeça a maior parte do tempo. Pare um momento e pense nisso. A ideia de que você não precisa acreditar em tudo o que pensa é muito libertadora. Para fazer isso, é preciso aprender as habilidades para prestar atenção a seu pensamento e, então, trabalhá-los. Três habilidades cognitivas da DBT o ajudarão nesse sentido: praticar o mindfulness do pensamento atual, usar a reavaliação cognitiva e verificar os fatos.

LEMBRE-SE

Pensar e mudar a maneira como pensa causa um impacto profundo na forma como se sente. As emoções confundem seu pensamento e dificultam a visão objetiva das situações e interpretações mais precisas. Estar ciente de que seu pensamento é baseado na emoção e usar o mindfulness para dar um passo para trás e trabalhar seus pensamentos o ajudarão a diminuir seu desespero. Quando está muito envolvido com as emoções — quando emoções muito fortes estão ditando não apenas o que se sente, mas como você pensa e age no momento —, trabalhar o pensamento parece impossível. Nesses casos, use o mindfulness (veja o Capítulo 9) ou as habilidades de tolerância ao mal-estar (veja o Capítulo 11) para diminuir a intensidade do que sente, de modo que seja mais capaz de trabalhar o seu pensamento.

Mindfulness do pensamento atual

Prestar atenção a seus pensamentos é o primeiro passo. Para isso, use a habilidade de observar e descrever, que discutimos no Capítulo 9. O desafio dessa habilidade é permanecer atento e não se deixar levar pelos próprios pensamentos que estão no caminho. Pratique ser o observador, o que é mais desafiador quando os pensamentos que está tendo o levam a sentir emoções fortes. É como se observasse seus pensamentos com a mente aberta e com curiosidade, lembrando-se de que eles são simplesmente pensamentos, não verdades.

LEMBRE-SE

Siga estas quatro etapas ao praticar o mindfulness do pensamento atual:

1. **Observe seus pensamentos.**

    Observe seus pensamentos como uma onda ou como nuvens se movendo no céu. Simplesmente observe-os, sem se envolver ou adicionar algo a eles. Rotule-os como pensamentos, dizendo a si mesmo: "Percebi o

CAPÍTULO 7 **Entendendo como Você Pensa** 79

pensamento..." Não julgue nem os analise. Reconheça os pensamentos presentes. Não os suprima, apenas os observe.

2. **Adote uma mente curiosa.**

   Seja curioso e aberto. Considere de onde os pensamentos vêm, sem se prender muito a eles. Lembre-se de que são apenas pensamentos.

3. **Lembre-se: você não é seus pensamentos.**

   Lembre-se de que seus pensamentos não o definem nem precisam resultar em comportamentos. Observe que o pensamento "preto e branco" e o catastrófico resultam da mente emocional e que, quando você está mais regulado e não está sofrendo ou com muita raiva, pensa de maneira diferente.

4. **Não bloqueie nem suprima pensamentos.**

   Você descobrirá no Capítulo 10 que suprimir as emoções é o melhor modo de intensificá-las, e o mesmo se aplica aos pensamentos. Dizer a si mesmo que você não pode pensar algo só faz os pensamentos virem mais fortes e mais rápidos. Envolva-se com eles de maneira consciente e deliberada. Quando forem intensos, volte a sua atenção para as sensações ou emoções e se pergunte o que eles podem estar ajudando a evitar. Isso o ajudará a se conectar com as emoções primárias, que muitas vezes conduzem esses pensamentos problemáticos. Experimente avaliá-los ou até mesmo dizer: "Uau, não é interessante que eu esteja pensando isso?!"

   Brinque com os pensamentos se eles se tornarem muito pegajosos e repetitivos, cante-os, fale-os repetidamente o mais rápido ou mais devagar que puder, diga-os com uma voz engraçada ou imagine-os ditos por uma celebridade.

LEMBRE-SE

O mindfulness do pensamento atual é uma prática consciente deliberada. Dizemos isso porque, à primeira vista, ele parece inválido. Ser capaz de observar seus pensamentos e de levá-los menos a sério o libertará deles e o ajudará a escolher com mais consciência em que acreditar. Quando conseguir fazer isso, você se sentirá mais no controle de suas atitudes e comportamentos.

Usando a reavaliação cognitiva

A reavaliação cognitiva é uma habilidade da TCC de regulação emocional para reavaliar pensamentos impulsionados pelas emoções. Ela o ajuda a interpretar de maneira diferente as situações emocionalmente carregadas, reenquadrando seus pensamentos. A reavaliação melhora a regulação emocional e aumenta o bem-estar psicológico. O significado que você dá a algo faz diferença tanto para o modo como se sente quanto para como se comporta. Por exemplo, você pode dizer "A primavera está chegando", e uma pessoa responder "Estou ansioso para que as folhas mudem", enquanto outra diz "Ah, o Dia das Bruxas e o Dia das Crianças são feriados maravilhosos", e uma terceira: "As férias de julho acabaram." O que observamos? As duas primeiras avaliações levam a sentimentos de felicidade e empolgação, enquanto a terceira cria uma sensação de pavor e talvez de ansiedade.

Veja que o mindfulness do pensamento atual (veja a seção anterior) o ajudará na reavaliação. Pense nisso como abrir sua mente para possibilidades que lhe causarão menos sofrimento. Sua reavaliação cognitiva levará a uma mudança em sua resposta emocional. Por exemplo, você chegou à entrevista final de um processo seletivo, não conseguiu a vaga, então percebe o pensamento: "Sou um fracasso." Como reavaliá-lo? É um pensamento correto? A reavaliação lhe dará mais precisão em uma situação emocional. Outra maneira de vê-la é que você ficou entre os dois finalistas e se destacou dentre muitos outros, o que é uma grande conquista.

LEMBRE-SE

A única coisa a se ter em mente com a reavaliação cognitiva é que é uma habilidade difícil de aplicar quando se está muito desregulado. Às vezes, a maneira mais eficaz de usá-la é primeiro usar uma habilidade de tolerância ao mal-estar (veja o Capítulo 11) para diminuir a intensidade das emoções e, em seguida, passar para a reavaliação quando você não estiver tão envolvido com as emoções. Quanto mais praticá-la, mais capaz será de usá-la quando estiver na mente emocional.

Verificando os fatos

Verificar os fatos leva sua habilidade de reavaliação cognitiva um passo adiante. Como explicamos ao longo do livro, a forma como pensa sobre si mesmo e sobre o que acontece a seu redor influencia o que sente. São as interpretações que você faz. Às vezes, suas interpretações, mais do que o próprio evento, criam o sofrimento. O que torna tudo ainda mais complicado é que o modo como se sente afeta o modo como pensa. E ambos afetam seu comportamento. Examinar seus pensamentos e observá-los cuidadosamente e quais interpretações está fazendo lhe dará a oportunidade de decidir se essa é uma forma eficaz de pensar e se o leva a se sentir como gostaria de se sentir. Embora seja uma habilidade cognitiva, você perceberá como as habilidades de mindfulness para observar e descrever (veja o Capítulo 9) lhe serão muito úteis.

LEMBRE-SE

Há seis perguntas a se fazer ao usar a habilidade de verificar os fatos:

1. **Qual emoção quero mudar?** Certifique-se de usar a habilidade SUN WAVE NO NOT (veja o Capítulo 5) para identificar a emoção primária.

   Exemplo: *Estou me sentindo triste e envergonhado porque todos me odeiam.*

2. **Qual foi o evento que a provocou?** Descreva sem julgamentos o que aconteceu. Cuidado com o pensamento voltado para a emoção, como julgamentos, pensamento "preto e branco" e certeza absoluta. Escreva apenas fatos.

   Exemplo: *Não fui convidado para a festa do sábado à noite, só descobri porque vi as fotos postadas nas redes sociais.*

3. **Quais são meus pensamentos, minhas interpretações e suposições sobre o evento?** Preste muita atenção a suas interpretações e suposições. Pratique ter uma mente aberta e olhar para a situação de pelo menos duas outras perspectivas. Pergunte-se: "Minhas interpretações e suposições se adéquam aos fatos?" Aqui estão alguns exemplos:

   Estou sempre sendo deixado de fora. *É a primeira vez que isso acontece com esses amigos. Apenas dois dos meus amigos estavam nas fotos da festa, e quando penso nisso, são amigos mais recentes, que também são amigos de outro grupo. Dois amigos não são o mesmo que todos.*

   Meus amigos não se importam comigo. *Meus amigos mais próximos não estavam em nenhuma das fotos. Eles não me deram nenhuma razão para eu pensar que me excluíram. Eu disse a eles que não poderia sair neste fim de semana.*

4. **Presumi uma ameaça?** Identifique a ameaça da qual tem medo. Considere a probabilidade de que o que você tem medo aconteça. Abra sua mente para outras possibilidades. Pergunte-se: "Há outros resultados possíveis?"

   Exemplo: ***Tenho medo de perder mais amigos. Tenho medo de ficar sozinho de novo.*** *Acho que meu medo é porque perdi amigos no passado e tenho medo de ficar sozinho. Por causa do meu medo, faço esse tipo de interpretação. Tenho dificuldade com isso, mas meus amigos não me deixaram de fora nem o que sentem por mim mudou.*

5. **Qual é a catástrofe?** O resultado é catastrófico? Nesse caso, use suas habilidades e vá em frente. Pense no que faria se o pior cenário se tornasse real. Faça um plano para manejar com eficácia.

   Exemplo: ***Ser deixado de fora e perder amigos parece catastrófico.*** *Já lidei com isso antes e, embora seja doloroso, eu poderia lidar com isso de novo. Tenho meus amigos de infância, que sempre estiveram comigo.*

6. **Sua emoção é justificada (a intensidade se adéqua aos fatos)?** Pergunte à sua mente sábia — aquele lugar de sabedoria interior no qual você pensa sobre os fatos da situação e o que sabe enquanto também presta atenção e leva em consideração o que sente — se a intensidade e a duração de seus sentimentos correspondem aos fatos. Se não o fizerem, considere usar a ação oposta (veja o Capítulo 10).

Exemplo: ***Acho que minha emoção é injustificada.*** Sei que estou sentindo isso mais intensamente e pulando para o pior cenário possível. Estou pensando e me sentindo assim porque perdi amigos no passado e tudo começou assim. Quando coisas semelhantes a eventos dolorosos do meu passado acontecem, logo entro na mente emocional.

Observando Suas Reações

É uma habilidade e prática interessante ser capaz de dar um passo para atrás e observar não apenas seu pensamento, mas também suas reações induzidas por ele. Se puder rir um pouco de algumas das reações que seu cérebro produz, você criará uma pausa para se sentar e decidir como proceder.

Muitos de nós temos reações extremas em nossa cabeça, mas, se você puder fazer uma pausa, dar um passo para trás e olhar para elas como saídas de sua mente emocional, terá menos probabilidade de reagir de forma ineficaz ou problemática. Muitas pessoas que procuram a DBT lutam contra o pensamento suicida. Sabemos que, quanto mais você repete formas de pensar, mais proeminentes elas se tornam. É tudo uma questão de repetição. Trabalhamos com pacientes que aprendem essas habilidades e dizem que observaram que, sempre que se deparam com um problema, grande ou pequeno, observam pensamentos suicidas. Uma paciente contou que estava em uma longa fila em um supermercado e que se atrasaria para sua consulta, e ela percebeu o pensamento: "Quero me matar." Ela foi capaz de observar e praticar apenas dizer: "Uau, é fascinante que eu esteja preocupada com o atraso e o suicídio tenha vindo à minha mente!" Antes de aprender essas habilidades, ela seria envolvida profundamente em seus pensamentos suicidas ou se julgaria e se culparia por ser tão estúpida por pensar dessa maneira. Agora ela tem uma reação muito mais equilibrada.

LEMBRE-SE

As reações em sua cabeça são apenas isso: não fazem de você uma pessoa boa ou má, porque são apenas pensamentos, que você pode aprender a observar. Muitas de suas reações problemáticas vêm de julgamentos ou suposições de longa data sobre você e sobre os outros. Nas seções a seguir, você examinará de perto sua relação com seus sentimentos, suas suposições e seus autojulgamentos. Lembre-se de que o modo como pensa sobre essas coisas afeta como se sente e age.

O que você sente sobre seus sentimentos

Muitas pessoas que procuram a DBT são emocionalmente sensíveis, sentindo as coisas por mais tempo e mais profundamente do que a pessoa média, e demorando muito mais para retornar ao estado de base. Por causa disso, elas lutam para regular as emoções, o que é exaustivo. Não é incomum ouvirmos: "As emoções estão arruinando minha vida." Como já dissemos, muitas vezes nos perguntam se podemos nos livrar das emoções das pessoas. Obviamente, dizemos "não", mas o que podemos fazer é ajudá-las a regulá-las e a pensar sobre elas de forma diferente. No Capítulo 10, revisamos o módulo de regulação emocional, no qual você aprende que julgar e tentar suprimir suas emoções apenas as aumenta. Infelizmente, você acaba aumentando seu sofrimento inadvertidamente.

LEMBRE-SE

Se você é uma pessoa emocionalmente sensível, precisa aceitar e abraçar esse seu aspecto. Dizemos isso porque é algo que não mudará. O que pode mudar é a regulação desses sentimentos, mas, antes que possa fazer isso, você precisa mudar a maneira como pensa sobre sua sensibilidade. Observe que isso terá um impacto sobre como se sente em relação a seus sentimentos. É muito mais comum a maneira como você pensa sobre suas emoções causar sofrimento do que as próprias emoções. Considere os benefícios de ser uma pessoa emocionalmente sensível. Como isso o torna um amigo ou parceiro melhor ou, ainda, melhor no trabalho? Reserve um tempo para abrir sua mente para todos os benefícios que a sensibilidade confere à sua vida.

Então, o que você pode fazer a respeito dos julgamentos que aparecem no dia a dia? O primeiro passo é se familiarizar com o modo como se sente em relação à sensibilidade emocional e às emoções. Isso provavelmente aparecerá na forma de julgamentos negativos. Aqui estão alguns exemplos:

» *Eu sou tão estúpido por estar chateado!*
» *Estou querendo atenção.*
» *É tão ridículo eu me importar com isso!*
» *Qual é o problema, afinal?*
» *Eu já deveria ter superado isso.*
» *Eu sou infantil.*
» *Eu odeio ser assim.*
» *Eu sou fraco.*
» *Eu sou tão dramático!*

LEMBRE-SE

Não julgue seus julgamentos, basta avaliá-los pelo que são. Eles são apenas pensamentos que você tem sobre suas emoções e que provavelmente aparecem em sua conversa interna à medida que você entende o que e quão profundamente está sentindo a respeito de alguma coisa. Agora que está ciente dessas armadilhas de pensamento, o bom é que todo mundo parece ter um punhado deles, que aparecem repetidamente.

PARTE 2 **Entendendo**

Agora você precisa ficar atento para quando eles aparecerem. Ao percebê-los, volte ao básico e se conecte com o que sente. Manejar como se sente no momento é mais fácil quando você não aumenta a intensidade dos sentimentos com o pensamento. Agora pratique permanecer com os sentimentos e usar suas habilidades para aumentar e diminuir a intensidade deles. Em seguida, transforme seus pensamentos em gratidão e abra sua mente para a ideia de que você pode se conectar com suas emoções, que elas o informarão e que você pode observá-las sem passar imediatamente para uma ação cognitiva ou física.

Avaliando suas suposições

Sabe como é, ter um pré-conceito é preconceito. A definição do dicionário de *suposição* é a de algo aceito como verdade e dado como certo sem qualquer prova. Vê o problema? Suposições decorrem de informações incompletas e de quando não se pode ou não se quer fazer as perguntas necessárias para obter as informações que faltam. Preenchem a lacuna. O problema vem de como são preenchidas, pois isso vem das suas próprias interpretações do que viu ou ouviu, ou mesmo de experiências do seu passado. Você faz isso para preencher as lacunas e dar sentido a algo que aconteceu.

O perigo é que é fácil conectar pontos que não existem. Suas emoções o tornam vulnerável a fazer suposições. Infelizmente, muitas vezes são os eventos dolorosos do passado que alimentam as interpretações que o levam a assumir os motivos e as intenções das outras pessoas, ou como reagirão, ou mesmo como uma situação terminará. Quanto mais fortes são suas emoções, mais certas se tornam suas suposições. Pode ser difícil recuar e até mesmo identificá-las como suposições. É mais provável que suas suposições estejam enraizadas em mágoas passadas, e, quando age no presente com base em sentimentos do passado, você cria muito mais problemas para si mesmo.

As seções a seguir fornecem mais detalhes sobre os problemas com as suposições e modos de percebê-las.

Identificando os problemas com as suposições

CUIDADO

Considere estes problemas das suposições:

» São o caminho de menor resistência, não refletem a verdade nem o desafiam a buscar a realidade que está diante de você.

» Elas o mantêm preso em seu caminho doloroso, bloqueando oportunidades de ver que o passado nem sempre se repete.

» Prejudicam os relacionamentos atuais. As pessoas não gostam de ter sempre o pior presumido sobre elas.

CAPÍTULO 7 **Entendendo como Você Pensa** 85

- » Elas o mantêm sempre presumindo o pior, o que leva a sentimentos de ansiedade, tristeza, raiva e vergonha.
- » Causam mais dor.
- » Estão sempre erradas. Embora, às vezes, parte de sua suposição seja válida, a totalidade dela está sempre errada.

Percebendo suas suposições

Quais são suas suposições? Fique atento a estas, especialmente problemáticas:

- » *Eles estão melhor sem mim.*
- » *Ninguém nunca me amará.*
- » *Todos os relacionamentos terminam mesmo.*
- » *As coisas são mais fáceis para os outros.*
- » *Você fez isso porque não se importa comigo.*
- » *Sempre me dou mal.*
- » *Ninguém é confiável.*
- » *Se errar, você é um fracasso.*
- » *Os outros estão sempre felizes.*

Talvez você se identifique com algumas dessas suposições, mas ainda há muitas mais. Use a habilidade de mindfulness do pensamento atual para identificar essas suposições e a de verificar os fatos para trabalhar as que encontrar. (Cobrimos ambas as habilidades anteriormente neste capítulo.)

LEMBRE-SE

Não julgue as suposições, apenas as observe e fique aberto para fazer perguntas. Essas suposições vêm de suas experiências dolorosas, por isso é importante validar que faz sentido preencher as lacunas dessa forma, entretanto, não é útil nem eficaz mantê-las como verdade.

Contabilizando seus autojulgamentos

No Capítulo 9, explicamos que os julgamentos são atalhos ou simplificações exageradas para um conceito mais complexo. Um julgamento pega uma experiência e a condensa em uma palavra: *bom, mau, bonito, feio, estúpido, burro, fraco, forte, legal, perdedor,* e assim por diante. Da mesma forma, os autojulgamentos resumem a própria experiência ou quem você é em uma palavra. Se autojulgamentos negativos permeiam sua conversa interna, eles criam sofrimento. Curiosamente, eles também o afastam da emoção primária e o enviam por uma espiral dolorosa de conversa interna, suposições e, por fim, infelicidade.

Inclinar-se, prestar atenção e explicar seus autojulgamentos negativos é o primeiro passo. Prestar atenção a eles não é diferente de prestar atenção às suas suposições (veja a seção anterior). O interessante sobre os autojulgamentos é que eles se repetem com frequência e que a repetição é útil para que sejam percebidos.

CUIDADO

Cuidado! É difícil escapar de julgamentos negativos, em particular se for comum usá-los. Você pode acreditar neles e apegar-se a eles, por sentir que fazem parte de você. Parece que, se deixá-los ir, você ficará perdido. Se acredita que é estúpido ou um perdedor, pode se sentir perdido sem essa maneira rápida de dar sentido a uma experiência quando cometer um erro ou decepcionar alguém. A boa notícia é que, se estiver aberto para trabalhar esses julgamentos, diminuirá seu sofrimento e aprenderá mais sobre sua experiência e formas de não repetir o que o faz se sentir mal consigo mesmo.

DICA

Mais uma vez, autojulgamentos negativos são atalhos, deixando de lado informações. Portanto, como acontece com suas suposições, comece a procurar o que seus julgamentos negativos estão deixando de fora. Use a habilidade de mindfulness do pensamento atual (abordada anteriormente neste capítulo) para percebê-los. Às vezes, no hospital, damos aos pacientes pequenos críquetes que são usados em eventos para contar o número de pessoas presentes e pedimos que cliquem sempre que perceberem um autojulgamento negativo ao longo de um dia. Essa é uma ótima e, às vezes, surpreendente maneira de chamar a atenção para seus julgamentos.

Após perceber seus julgamentos, comece a usar a habilidade de verificar os fatos (descrita anteriormente neste capítulo) para obter mais informações. Por exemplo, é porque é burro ou fica muito ansioso e não consegue lembrar a resposta, já que a ansiedade atrapalha o raciocínio? Observe como expandimos o julgamento para refletir os fatos da situação. Outro benefício dessa abordagem é que, ao expandi-lo, os problemas da situação são solucionados com mais eficácia, para que ela não aconteça de novo. Por exemplo, é bom saber que a ansiedade atrapalhou; talvez você possa enfrentar a situação e pensar em habilidades para usar da próxima vez, de modo que, quando se sentir pressionado a responder a uma pergunta, controle sua ansiedade, responda à pergunta e se sinta muito melhor consigo mesmo.

LEMBRE-SE

Sabemos que desembaralhar seus julgamentos negativos não é fácil, no entanto, o desafio vale a pena.

> **NESTE CAPÍTULO**
> » Compreendendo a dinâmica dos relacionamentos
> » Aumentando a qualidade da comunicação
> » Fortalecendo os relacionamentos

Capítulo 8
Entendendo Seus Relacionamentos

O presidente Theodore Roosevelt certa vez disse: "O mais importante ingrediente na fórmula do sucesso é saber como lidar com as pessoas." Com frequência, as pessoas têm problemas nos relacionamentos, não porque estejam em conflito, mas porque não entendem o ponto de vista da outra pessoa ou não têm as habilidades para lidar com as diferenças e dificuldades à medida que surgem. Neste capítulo, revisamos como compreender a dinâmica dos relacionamentos, melhorar a comunicação e fortalecê-los.

A Dinâmica dos Relacionamentos

A palavra *dinâmica*, no contexto dos relacionamentos, pertence ao previsível padrão de interação ou comunicação entre duas pessoas quaisquer, ou entre uma pessoa e um grupo de pessoas. Nesse contexto, o desenvolvimento, as experiências de vida, as interações interpessoais, a cultura e muitos outros fatores de uma pessoa influenciam o modo como ela se relaciona com as outras. No Capítulo 12, revisamos as habilidades específicas da DBT que são usadas para um funcionamento interpessoal mais eficaz e, nesta seção, examinamos os dois lados da dinâmica dos relacionamentos: o seu e o da outra pessoa.

A sua bagagem

No nível mais básico, uma *relação* é a interação que uma pessoa tem com outra. Existem todos os tipos de relacionamento, incluindo romântico, familiar, de trabalho, escolar, amizade, de colega de equipe e outros. Cada pessoa, em qualquer interação, leva suas qualidades para o relacionamento, e, então, há a maneira como essas qualidades interagem. Muitas pessoas que procuram a DBT o fazem por causa de dificuldades nos relacionamentos e, muitas vezes, porque a dinâmica lhes faz mal.

CUIDADO

Um padrão familiar é aquele em que uma pessoa emocionalmente sensível deseja um relacionamento emocionalmente intenso com outra. Isso normalmente começa bem, com o brilho das novas relações, mas, depois de um tempo, o nível de intensidade diminui. A pessoa emocionalmente intensa começa a sentir como se a outra pessoa estivesse se retraindo, e então há um ciclo de interações negativas repetidas, em que suposições incorretas são feitas e é imaginado o pior da outra pessoa. Se estiver preso em um ciclo negativo ou em interações destrutivas, seu relacionamento sofrerá, e esse padrão levará a uma desconexão física e emocional.

Pessoas que solicitam o tratamento da DBT muitas vezes reconhecem essa dinâmica particular, e o aspecto mais tóxico é quando há idealização e desvalorização repetida da outra pessoa:

» **O que é idealização?** *Idealização* é o processo psicológico de atribuir qualidades excessivamente positivas a outra pessoa. Algumas pessoas reconhecem que se sentem mais seguras e menos ansiosas quando veem alguém como perfeito, somente com qualidades positivas. Durante os estados de idealização, a pessoa que idealiza sente uma intensa proximidade com a que está idealizando, e essa pessoa não pode fazer nada de errado. É importante notar que esse estado de idealização pode mudar rapidamente, às vezes de forma imprevisível, e, de repente, há uma raiva intensa contra a pessoa idealizada, geralmente seguida de desvalorização.

» **O que é desvalorização?** *Desvalorização* é o oposto de idealização. É o processo de atribuir a si mesmo ou a outra pessoa a perspectiva de ser completamente falho, inútil, sem valor e apenas com características negativas, com pouca esperança de redenção.

Essas características são as dinâmicas mais extremas que as pessoas reconhecem no tratamento e são as mais destrutivas para os relacionamentos. No entanto, outras também são problemáticas, incluindo as seguintes:

» **Controle excessivo:** Este comportamento envolve insistir para que você tome todas as decisões, incluindo o que o outro pode fazer, quem pode ver, o que pode vestir e talvez até o que pode comer.

» **Hostilidade:** A hostilidade ocorre quando você atrita com outra pessoa de tal forma que ela muda o comportamento para evitar o conflito. Isso está relacionado ao controle excessivo.

» **Mentiras:** Mentir é uma interação entre duas partes: o enganador e aquele que é alvo do engano. O enganador comunica intencionalmente informações falsas, e o alvo acredita na mentira ou apenas a acata. Existem várias formas de mentir:

- A mentira social ocorre quando o mentiroso tenta proteger outra pessoa.

- A mentira que exalta a si mesmo pretende evitar consequências como a desaprovação.

- A mentira egoísta é usada para autoproteção, muitas vezes à custa de outra pessoa, a fim de ocultar uma má conduta.

» **Dependência excessiva:** Este comportamento ocorre quando a pessoa emocionalmente sensível sente que não pode viver sem a outra pessoa e pode até ameaçar se matar se a outra terminar o relacionamento.

» **Intimidação e ameaças:** Estes comportamentos são uma tentativa de controlar elementos da vida do outro por meio de ameaças que o assustam.

As seções a seguir se aprofundam nas dinâmicas possíveis de um relacionamento. Reconhecer suas emoções iniciais e aceitar totalmente a outra pessoa é fundamental.

Reconhecendo suas emoções iniciais

Os elementos mais poderosos para iniciar e sustentar relacionamentos são as emoções. Elas nos fazem querer passar mais tempo com as pessoas que amamos. Despertam paixão e o sentimento seguro de pertencimento. Geram orgulho pelas realizações de entes queridos e a segurança de se sentir compreendido.

O outro lado das emoções é que as negativas dificultam os relacionamentos. Elas podem fazer você atacar e dizer coisas que gostaria de não ter dito; podem abatê-lo e levá-lo ao isolamento; podem deixá-lo fora de controle.

Muitas pessoas com emoções intensas não sabem ao certo qual emoção estão sentindo. Uma das tarefas da DBT é levá-las a conhecer e reconhecer as emoções para então controlá-las, como forma de preservar os relacionamentos. Por isso, é importante considerar o papel que as emoções desempenham neles. (Discutimos mais as emoções no Capítulo 5.)

LEMBRE-SE

Uma *emoção primária* é a primeira que você sente em resposta a um evento ou situação. Em muitas situações, entretanto, sua emoção primária é encoberta pelas reações secundárias à resposta emocional inicial. Isso inclui a emoção secundária.

Aqui está um exemplo: Rebecca estava ansiosa para passar a noite com o namorado, então se sentiu magoada quando ele disse que visitaria os amigos. A tristeza era sua emoção primária. Sua emoção secundária varia:

» **Se ela sentiu *culpa*** por achar que não deveria precisar de ninguém e que deveria ter aprendido a ficar sozinha, em vez de depender de outra pessoa, a culpa seria uma emoção secundária.

» **Se ela sentiu *vergonha*** por ser patética, porque agora não sabia o que fazer, a vergonha seria uma emoção secundária.

» **Se ela sentiu *raiva*** porque o namorado priorizou o relacionamento com os amigos em detrimento dela, a raiva também seria uma emoção secundária.

LEMBRE-SE

Na DBT, a tarefa é se concentrar em sua emoção inicial ou primária. Isso é fundamental para evitar armadilhas nos relacionamentos.

Adaptando-se ao que é

Para se adaptar ao que é, você tem que aceitar o que é, e, nos relacionamentos, isso significa amar alguém pelo que ele é. Isso inclui amá-lo não apenas por suas qualidades maravilhosas, mas também por suas falhas, deficiências, imperfeições físicas e emocionais e assim por diante. É um amor sem julgamento e cheio de compaixão. Ao aceitar alguém desse modo, você começa a se sentir melhor consigo mesmo.

LEMBRE-SE

Se é difícil imaginar amar alguém dessa maneira, pense nisso do seu ponto de vista e imagine que uma pessoa com quem você se importa o ama desse modo. Que sensação maravilhosa! Isso não significa que, ao se adaptar ao que é, ao aceitar o que é, você se resigne ao comportamento difícil da outra pessoa. Em vez disso, significa que você o aborda com bondade e compaixão, em vez de abordar com emoções intensas. Ao fazer isso, em um contexto de calma, qualquer um de nós terá maior probabilidade de ouvir os aspectos de nossa personalidade que são difíceis para alguém.

Aceitando a perspectiva do outro

Em psicologia, a prática de buscar compreender a perspectiva ou os estados mentais dos outros é um conceito conhecido como *teoria da mente*.

Como essa compreensão de perspectiva funciona em um relacionamento? Essa capacidade depende de nossa capacidade de pensar e de como usamos a função executiva. O *funcionamento executivo do cérebro* é o uso de habilidades mentais que incluem pensamento flexível, autocontrole e alternância entre conjuntos mentais. Quando você olha as coisas da perspectiva de outra pessoa, está mudando de seu próprio estado de espírito para compreender o dela. Quando considera o ponto de vista de outra pessoa, usa outras partes do cérebro.

LEMBRE-SE

Um benefício significativo de reconhecer a perspectiva de outra pessoa é que você começa a ver as razões pelas quais ela fez o que fez e que aquilo faz sentido. Quando começa a ver que a perspectiva alheia faz sentido do ponto de vista da pessoa, seu vínculo e sua conexão com ela aumentam, e sua posição de julgamento e culpa se reduz.

Melhorando a Comunicação

De todas as qualidades que os casais consideram importantes, a comunicação é considerada a principal. Muitas vezes, as pessoas não são muito eficazes em ser claras sobre o que precisam ou sobre como expressar o impacto que o comportamento do outro tem sobre elas. As seções a seguir o orientam no processo básico para aprimorar a comunicação em um relacionamento.

Verificando sua conversa interna

Na DBT, a habilidade de mindfulness faz com que as pessoas se tornem mais reflexivas. À medida que se tornam cada vez mais reflexivas, começam a perceber o quanto sua percepção inicial pode ser colorida por vários elementos. Elas começam a ver como suas expectativas em relação aos outros são baseadas em coisas como experiências passadas, expectativas sociais e familiares e em seus próprios desejos. Nossa conversa interna nos guia a conclusões baseadas em nossas próprias necessidades e expectativas.

LEMBRE-SE

O primeiro passo para de fato ouvir os outros é identificar quaisquer distorções e preconceitos que estejam filtrando nosso próprio processo de pensamento e de perspectiva. Temos que praticar a escuta de nós mesmos antes de podermos realmente ouvir e compreender os outros. Essa escuta interna é particularmente difícil no calor de emoções intensas. No entanto, diminuindo a velocidade, é possível reconhecer os momentos em que essa conversa interna interfere na escuta precisa. Veja o Capítulo 9 para mais informações sobre mindfulness.

Abrindo-se para ouvir honestamente

Depois de entender que sua percepção de uma situação interpessoal pode não ser precisa, você se depara com uma escolha significativa. Você explora ativamente sua percepção perguntando à outra pessoa o que ela quis dizer? Tenta se explicar melhor? Ou fica curioso e continua a ouvir a outra pessoa, permitindo que ela compartilhe sua perspectiva, sem interrupção?

Ao reconhecer sua conversa interna e suspender seus sentimentos, você permite uma comunicação mais profunda e completa com a outra pessoa. Isso significa que, quando, por exemplo, está chateado com o que outra pessoa disse, tem a escolha entre expressar sua reação, fazer mais perguntas para entendê-la melhor ou decidir que a opção eficaz é deixar as coisas seguirem. Algumas pessoas que procuram a DBT acham difícil suspender suas suposições, em particular quando se sentem mal compreendidas ou mal interpretadas, mas os indivíduos em terapia de casal e familiar descobrem que, ao suspendê-las, eles as minimizam, e o prosseguimento da conversa permite que cada pessoa compartilhe e esclareça seu ponto de vista de uma forma que possa ser validado.

Aceitando uma gama de perspectivas

Há uma fábula antiga que diz o seguinte: um grupo de cegos que nunca havia encontrado um elefante se depara com um e decide conceituar a criatura tocando-a. Cada cego toca uma parte diferente do corpo do elefante — o tronco, a pele, a cauda, a presa, a pata e a orelha — e depois compartilha a experiência com os outros. Em uma versão da fábula, os cegos acreditam que os outros estão tentando ser desonestos e brigam. Em outra, os homens ainda não têm uma visão completa do elefante. Quando não aceitamos que existem outras perspectivas, dois problemas significativos surgem. O primeiro é achar que os outros estão mentindo, e o segundo é que, sem integrar todos os pontos de vista, acabamos com uma visão incompleta de um acontecimento.

LEMBRE-SE

Na DBT, a tarefa da exploração dialética é olhar para uma situação das várias perspectivas de todos os envolvidos, com o objetivo de obter uma perspectiva mais completa sobre a situação. De uma única perspectiva, somos como os cegos tentando descrever o elefante. Ao colocar tudo junto, não apenas vemos toda a situação, mas também vemos como outra pessoa chegou àquele entendimento. Assim, por ser verdade que outras pessoas envolvidas na situação tinham motivos e perspectivas que explicam suas reações e comportamentos, mesmo quando não entendemos completamente os motivos, fica claro que elas tiveram seus próprios gatilhos. O

Capítulo 13 examina mais detalhadamente o processo dialético de examinar múltiplas perspectivas.

Permitindo Mais Possibilidades

O objetivo da dialética na DBT é ampliar as perspectivas para que novas ideias floresçam. Também envolve a ideia de que, de maneiras perturbadoras de interação, algo útil pode surgir. Pense no sódio e no cloro. O sódio é um metal muito volátil, que explode em quase todas as condições. O cloro, por outro lado, é um gás venenoso e letal. No entanto, quando combinados, eles produzem cloreto de sódio, mais conhecido como sal de cozinha. Permitir mais perspectivas é um imperativo fundamental da DBT. As seções a seguir fornecem mais informações sobre como construir uma nova dinâmica de relacionamento.

Dispondo-se a criar novas dinâmicas

Assim como os átomos de sódio e de cloro se combinam para formar uma molécula maravilhosa, a disposição de compartilhar e aceitar perspectivas diferentes é o caminho para criar uma nova dinâmica em um relacionamento. Sem a vontade de criar uma nova dinâmica de comunicação e de escuta, as coisas podem voltar à dinâmica anterior, ineficaz e emocionalmente dolorosa, de interação.

Considere este exemplo: Henry, um adolescente de dezessete anos, queria desesperadamente reconquistar a confiança dos pais. Eles haviam tirado seus privilégios de sair de casa por causa de meses em que ele não cumpriu o toque de recolher. No entanto, em um sábado à noite, ele foi a uma festa, sabendo que uma garota de quem gostava estaria lá. Ele ficou chateado por encontrar seu "melhor amigo", Jack — ele fez aspas no ar —, flertando com a garota. Henry estava muito perto de recuperar a liberdade e prometeu aos pais que estaria em casa às 23h naquela noite. Por outro lado, ele queria ficar de olho em Jack, para ter certeza de que nada aconteceria entre ele e a garota.

Ele perdeu o horário de retorno combinado e, ao chegar em casa, teve uma grande briga com os pais. Em vez de voltar ao velho estilo de interação — em que seus pais se tornariam punitivos e prolongariam o toque de recolher, fazendo com que ele ficasse amargo, briguento e se isolasse no quarto e fugisse à noite —, eles decidiram manter as coisas em espera até a próxima sessão familiar de DBT. Na terapia familiar, Henry e os pais fizeram um relato da noite. Eles reconheceram o quanto ele havia cumprido o toque de recolher. Ele compartilhou a luta que foi falar com as meninas e suas preocupações sobre Jack. Ele e os pais têm trabalhado para desenvolver confiança mútua e comunicação, e foi nesse contexto que eles se ouviram. Ele estava disposto a acreditar que seus pais eram honestos sobre querer que ele se tornasse mais independente e pudesse sair novamente, e eles reconheceram que o filho havia compartilhado um conflito interpessoal difícil e, então, entenderam por que não cumprira o toque de recolher naquele contexto. Juntos, elaboraram um plano razoável que os manteve no caminho certo.

Aprimorando as boas práticas e abandonando as prejudiciais

Quando você está em conflito com outra pessoa ou em um estado frequente de discordância, pode ser particularmente perturbador pensar que os valores de uma pessoa querida estão em oposição aos seus. Abandonar as velhas formas destrutivas de interagir é o segredo para um relacionamento mais harmonioso. Desenvolver e, em seguida, aprimorar melhores práticas de comunicação interpessoal exigem tempo e repetição, e é possível quando você está empenhado em trabalhar nisso.

Em geral, os valores da outra pessoa não são tão diferentes dos seus, mas a resposta dela significa que ela não teve as mesmas informações que você ou que experimentou emoções intensas. Aqui está uma prática útil. Inicialmente, o terapeuta de DBT pode fazer isso na sessão, para extrair a perspectiva de todos:

1. O terapeuta de DBT faz com que cada pessoa exponha claramente sua perspectiva ou descrição de uma situação. Eles devem fazer isso sem serem interrompidos pelas outras pessoas. Cada um deve ter tempo suficiente para compartilhar sua narrativa.

2. Uma vez que isso tenha acontecido, o terapeuta pergunta quais são os objetivos de cada pessoa na sala.

3. Com esses objetivos em mente, o terapeuta e os outros participantes da terapia fazem perguntas esclarecedoras, se não entenderam o que a outra pessoa quis dizer ou se houver alguma confusão. Esse momento não deve ser um interrogatório com perguntas rápidas.

4. Uma vez que a situação esteja clara e a perspectiva de todos tenha sido compartilhada, o terapeuta pede aos participantes que façam um brainstorming de possíveis soluções.

5. A discussão deve girar em torno da viabilidade de cada solução e considerar como essas soluções podem ser implementadas. Uma hierarquia das soluções viáveis deve, então, ser estabelecida.

6. A primeira solução deve ser implementada, com um acordo para revisar seu sucesso em uma sessão futura.

7. Se a prática for bem-sucedida, deve se tornar o modelo para a resolução de problemas futuros. Se não funcionar, todos os participantes pensam em como solucionar o que deu errado ou consideram a próxima solução da lista.

LEMBRE-SE

Ao se comprometer com novas maneiras de interagir e abandonar as velhas formas inadequadas, ineficazes e prejudiciais, você ajuda a melhorar os relacionamentos significativos em sua vida.

3 As Habilidades da DBT

NESTA PARTE...

Fortaleça sua capacidade de prestar atenção com o mindfulness.

Regule suas emoções, rotulando-as e validando-as com precisão, enquanto reconhece e reduz os fatores de vulnerabilidade que as intensificam.

Tolere situações difíceis, preservando a dignidade própria e não as piore.

Melhore, aprimore e fortaleça os relacionamentos com as pessoas importantes de sua vida.

Descubra como minar o dualismo — uma habilidade especial da DBT para adolescentes e suas famílias.

> **NESTE CAPÍTULO**
>
> » Começando com o básico do mindfulness
>
> » Verificando tipos de mindfulness
>
> » Olhando os benefícios

Capítulo **9**

Pensando no Mindfulness

A DBT tem, na sua essência, a prática do mindfulness. Muitas pessoas ficam confusas com o mindfulness e raramente pensam a respeito dele no contexto da terapia. Em vez disso, muitas vezes consideram que o mindfulness e a meditação são praticados por pessoas religiosas, enclausuradas em um mosteiro ou sentadas em uma caverna em uma montanha alta. Da perspectiva da DBT, o mindfulness é considerado uma habilidade que pode ser adquirida e praticada. A Dra. Marsha Linehan, psicóloga que desenvolveu a DBT, incorporou o mindfulness à terapia comportamental porque reconheceu que era a maneira mais eficaz e duradoura de aliviar o sofrimento que muitas pessoas emocionalmente sensíveis experimentam.

Se praticá-lo, será diferente de tudo o que já fez na terapia, e, como acontece com tudo o que é novo, a falta de familiaridade dificulta um pouco a prática no início. É importante manter a mente aberta. Muitas pessoas que lutam contra emoções intensas descobriram que o mindfulness é a saída para o sofrimento causado não apenas pelas emoções, mas também por seus pensamentos, comportamentos e relacionamentos. Este capítulo se aprofunda no mindfulness, e no Capítulo 24 lhe damos mais ideias de como praticá-lo.

Explorando Sua Própria Mente

LEMBRE-SE

Antes de, nas seções a seguir, falarmos sobre a exploração da mente, é importante considerar o que queremos dizer com mente. De uma perspectiva psicológica, a mente é a maneira como o cérebro percebe e experimenta os eventos, e isso inclui emoções, pensamentos, sensações, impulsos, motivos e memórias. Inclui tudo na consciência imediata de uma pessoa e também o que não está nela. O único fator a lembrar é que cérebros diferentes fazem coisas diferentes com as informações.

Por exemplo, olhe para uma mesa. O que você vê? "Vejo uma mesa", você diz. No entanto, a mesa que você acha que está lá não é exatamente a mesma que está realmente lá. É apenas uma perspectiva. Eis o que acontece.

1. As informações sobre a mesa entram no seu cérebro por meio do sistema visual.

2. Seu cérebro cria um modelo daquilo que você chama de mesa. Todos os cérebros fazem isso, aliás. Se você fosse uma mosca com olhos compostos, veria muitas mesas. Cada sistema visual tem a própria maneira de codificar as informações.

3. O córtex pré-frontal, a parte do cérebro que lida com o pensamento e com as informações de rotulagem, recebe o modelo da mesa que o cérebro criou.

4. Você fala sobre a mesa. Isso parece muito simples. Imagine que você fosse um indígena das profundezas da selva amazônica e nunca tivesse visto uma mesa antes. Certamente, receberia as informações de seu sistema visual, mas o resto do cérebro não saberia o que fazer com elas.

A verdade é que o cérebro faz isso com tudo, inclusive com a própria experiência. E, em quase todos os casos, o modelo rápido e sujo do cérebro de sua própria experiência é uma simplificação, e não uma representação perfeita da experiência. Por exemplo, digamos que tenha o pensamento, sem quaisquer fatos, de que alguém não gosta de você. Se for como muitas pessoas que procuram a DBT, você afirma que o pensamento é verdadeiro. Acha isso porque ele ressoa com coisas que seu cérebro criou, e o que ele criou o fez chegar à conclusão de que a pessoa não gosta de você. Ninguém o convence do contrário. Você tem certeza de que isso é verdade. Mas, a menos que a pessoa diga "Não gosto de você", o que quer que seu cérebro esteja captando não é perfeitamente preciso, mesmo que pareça. A informação não é precisa. Qualquer consciência que você pensa que tem é diferente da consciência que realmente tem, e é com a prática do mindfulness que você consegue ter uma imagem mais precisa do funcionamento de sua mente.

Descobrindo a essência do mindfulness

Em sua essência, desenvolver a habilidade do mindfulness é a prática propositada de ver a realidade do momento presente e de tudo que há nele sem a julgar. Na verdade, isso é muito mais difícil do que parece, e, se você ficar muito preso à definição, perceberá que o momento presente contém uma grande quantidade de informações, incluindo tudo o que está acontecendo dentro de você e a seu redor, bem como tudo o que está acontecendo no país, no planeta e no Universo.

A tarefa essencial do mindfulness da DBT é começar a prestar atenção a tudo o que você faz de forma automática e, em particular, ao que torna a vida difícil. Só porque você tem um pensamento, não significa que o conteúdo dele é verdadeiro. Só porque tem um desejo, não significa que é obrigado a agir de acordo com ele. Só porque tem uma emoção, não significa que ela durará para sempre. Quando você percebe tudo isso, percebe também que tem a liberdade de escolher o que fazer. Ao não agir de acordo com os pensamentos, impulsos e emoções que levam a resultados dolorosos, você sofre menos.

Em geral, não passamos nosso tempo fazendo esse tipo de exploração da mente. A maioria de nós, mesmo que tentemos ver nossa mente trabalhando, é facilmente distraída por outros pensamentos ou eventos no ambiente, e nossa atenção passa a vagar. A prática do mindfulness doma essa interferência.

Pesquisando os três estados de mente

A Dra. Linehan percebeu que as pessoas que buscavam a DBT estavam lutando contra o impacto de estados altamente emocionais, que muitas vezes as colocavam em apuros. Por outro lado, havia pessoas que não lutavam contra a regulação emocional. Elas não pareciam ser afetadas por emoções fortes e muitas vezes agiam com base na lógica e na razão.

A Dra. Linehan observou a tendência humana natural a operar a partir de um ponto de vista de lógica e razão, de um lado, e de emoções fortes, do outro. O problema é que, quando você vê qualquer situação através das lentes da lógica ou das lentes das emoções fortes, perde muitas nuances e informações. É frio e robótico ver eventos e relacionamentos como nada além de fatos, lógica e pensamento racional. Por outro lado, a vida parece caótica e desorganizada se vista apenas pela perspectiva das emoções. Querendo ajudar seus pacientes, ela simplificou o conceito de estados de mente, dizendo que as pessoas estavam agindo a partir de sua *mente emocional* ou de sua *mente racional*.

LEMBRE-SE

No entanto, o terceiro estado de mente era o fundamental. Ela o chamou de *mente sábia* e percebeu que todos nós temos uma mente sábia, saibamos disso ou não. Quando você age com sua mente sábia, adota uma abordagem mais deliberada e contemplativa para a tomada de decisões; isto é, você usa todas as experiências da mente — emoções, pensamento racional, intuição, objetivos — para direcioná-lo a um curso de ação. Você não precisa estar ciente de que tem uma mente sábia para tê-la. No entanto, uma vez que estiver ciente, será capaz de experimentá-la. Mais uma vez, a consciência não é o segredo para usar a mente sábia. Isso é válido para muitas coisas. Por exemplo, só porque você não percebe agora que tem estômago ou rim não significa que seu estômago e rim não existam e não estejam funcionando. Então a mente sábia está lá, e, ao praticar o mindfulness, você a reconhece e usa seu poder não apenas para reduzir o sofrimento, mas também para melhorar muitos aspectos de sua vida.

Praticando o mindfulness com as habilidades WHAT

Para muitas pessoas, a ideia de praticar o mindfulness parece inviável, mesmo que o queiram fazer. Imagine um monge ou freira meditando em uma igreja ou templo. Você pode se perguntar: "O que eles estão fazendo?" A Dra. Linehan percebeu que, para que o mindfulness fosse útil para seus pacientes, precisava ser acessível de uma forma que não exigisse que a pessoa fosse religiosa. Ou, se fosse, a prática não poderia ser incompatível com sua fé. Para isso, ela simplificou a prática, dividindo-a em habilidades que se concentraram em *WHAT* [O QUÊ] alguém tem que fazer e *HOW* [COMO] deve praticá-lo. Ela então chamou essas habilidades de WHAT e HOW. No Capítulo 24, apresentamos algumas práticas concretas.

Há três habilidades WHAT: *observar*, *descrever* e *participar*. (Você descobrirá as habilidades HOW mais adiante neste capítulo.)

Observe

A prática de observar é perceber. Perceber coisas no ambiente, sensações no corpo e pensamentos e emoções na mente. Observe seu ambiente e o que está a seu redor. Quais pensamentos, sentimentos e sensações você está experimentando? Apenas observe, sem ter nenhuma reação. Não cole um rótulo ou julgamento às suas observações. O objetivo é observar sem palavras. Isso é difícil de fazer, mas você está tentando simplesmente experimentar sem rotular. Observe suas emoções e seus pensamentos. Não empurre nada para longe; em vez disso, mantenha-se aberto a esses fenômenos conforme eles surgirem. Use seus cinco sentidos para melhorar suas habilidades de observação.

DICA

Para praticar a habilidade de observação, faça o seguinte: reserve cinco minutos longe das distrações do dia a dia. Sente-se com as pernas cruzadas no chão, em uma almofada ou em uma cadeira. Desligue o telefone ou coloque-o no modo avião e defina o cronômetro para cinco minutos. Respire fundo e diga "Minha intenção...", então expire e diga "... é praticar a observação". Assim que estiver sentado, inicie o cronômetro. Em seguida, siga estas etapas:

- » Observe o ambiente no seu espaço, a temperatura da sala e quaisquer sons que existam. Observe as sensações corporais. Observe os pensamentos e as emoções. Fique sentado sem reagir a nada disso.
- » Evite reagir a emoções e pensamentos. Caso surjam, simplesmente observe a experiência sem fazer nada além de observar.
- » Observe as emoções e os pensamentos aparecendo e, em seguida, observe-os indo embora. Todos os pensamentos surgem e todos os pensamentos partem. Isso porque são fenômenos de uma mente ativa. Nenhum pensamento ou emoção durou para sempre, e nenhum durará, não importa o quanto você acredite que durará.
- » Não evite perceber, por mais incômodas ou dolorosas que sejam, as sensações e não se apegue a nenhum pensamento ou emoção, por mais agradável ou prazeroso que seja.

Descreva

A prática de descrever é a prática de rotular pensamentos, sentimentos, sensações e fenômenos observados. Há uma vantagem nisso: facilita a comunicação. Por exemplo, imagine ter que dizer: "Para o jantar, coloque esses pratos em um móvel, feito de madeira, cuja parte superior é plana e fica sobre uma ou mais pernas." Claro, uma opção melhor seria usar a palavra *mesa*. No entanto, imagine que havia cinco pessoas de diferentes nacionalidades olhando para a mesa. Quando questionados sobre o que estão olhando, o falante de inglês diz "table"; o de espanhol, "mesa"; o de zulu, "ithebula"; o nepalês, "tālikā"; e o samoano, "laulau".

O ponto é que, embora todos possam observar algo muito semelhante, no segundo em que cada pessoa começa a nomear o que observa, pode se tornar confuso ou até antagônico, porque outros podem não compartilhar a experiência observada em termos das palavras usadas para descrevê-la. A descrição é importante porque as palavras não transmitem completamente o que uma pessoa está experimentando, mas são as únicas ferramentas que temos.

Ao descrever uma experiência, é útil dizê-lo em voz alta. Por exemplo, se estiver se sentindo ansioso, diga: "Estou percebendo que estou ansioso.

Estou sentindo que ninguém me convidará para a festa. Estou percebendo que meu coração está acelerado." Mais uma vez, tome cuidado para não anexar rótulos ou julgamentos àquilo que descrever.

DICA

Para praticar a habilidade de descrição, faça o seguinte: reserve cinco minutos longe das distrações do dia a dia. Sente-se com as pernas cruzadas no chão, em uma almofada ou em uma cadeira. Desligue o telefone ou coloque-o no modo avião e defina o cronômetro para cinco minutos. Respire fundo e diga: "Minha intenção...", então expire e diga "... é praticar a descrição". Assim que estiver sentado, inicie o cronômetro. Em seguida, siga estas etapas:

» Observe o espaço do seu ambiente. Identifique a cadeira em que está sentado como uma cadeira e os sons que ouve, como radiador, pássaro ou o ruído exterior de um carro. Identifique as sensações corporais, como coceira, dor ou pressão. Se tem um pensamento, rotule-o como um pensamento. Se tem um desejo, rotule-o como um desejo. Se notar uma emoção, rotule-a.

» Evite reagir a emoções e a pensamentos. Em vez disso, coloque palavras em sua experiência e diga a si mesmo: "Percebo que sinto a emoção da ansiedade" ou "Percebo o pensamento de que as pessoas não me querem por perto" ou "Percebo o desejo de fugir".

» Observe se você está usando uma linguagem de julgamento. Por exemplo, se tiver o pensamento "Sou estúpido e todos me odeiam", descreva a experiência desta forma: "Estou pensando que sou estúpido e que todos me odeiam." Ao rotular os pensamentos como pensamentos, você remove a *verdade* deles.

Participe

Esta é a prática de se lançar totalmente à ação que realizar, deixando de lado julgamentos, expectativas ou quaisquer pensamentos negativos ou autocríticos. Em outras palavras, ao comer, apenas coma. Ao ler, apenas leia. Ao cuidar do jardim, apenas o faça. O ponto é que, ao se entregar totalmente à atividade da qual está participando, você ficará totalmente presente. Outro elemento para participar plenamente é abandonar a autoconsciência. Isso é difícil, mas, com a prática, você se tornará melhor em se desapegar. Se você se distrai com outras coisas, não pode participar totalmente da atividade em que está. Considere o efeito de um amigo falando com você enquanto está distraído no smartphone.

DICA

Para praticar a habilidade de participação, faça o seguinte: estabeleça a intenção de participar totalmente de alguma atividade — por exemplo, lavar a louça. Desligue seu telefone e a TV e defina o cronômetro para cinco minutos. Respire fundo e diga "Minha intenção...", então expire e diga

"... é praticar a participação". Assim que estiver em frente à pia, inicie o cronômetro. Em seguida, siga estas etapas:

» Empilhe os pratos que precisam ser lavados e lave cada um com água e sabão. Em seguida, enxágue cada prato com água limpa.

» Evite reagir à necessidade de verificar seu telefone, principalmente se receber alguma notificação. Observe se surge o tédio e se há desejo de ligar a TV.

» Preste muita atenção à água, ao sabão e à louça. Seja meticuloso ao lavar, enxaguar e secar, como se fossem as únicas coisas que precisa fazer.

Praticando o mindfulness com as habilidades HOW

As habilidades HOW descrevem o modo como as habilidades WHAT são usadas. Há três habilidades HOW: *sem julgar*, *com consciência* e *com foco na efetividade*.

Sem julgar

Esta é a prática de abandonar os julgamentos, e então, se você se pega julgando, não se julga por julgar.

Por que abandonar os julgamentos? A maioria de nós julga automática e habitualmente. Por causa disso, raramente sabemos que estamos julgando. Quando julgamos, não percebemos que o julgamento aumenta nossa dor emocional e prejudica nossos relacionamentos. Por exemplo: imagine que seu filho chega tarde em casa e não ligou para avisar. Você pode julgá-lo como egoísta: "Aqui estou, acordado e esperando que ele volte para casa, e ele não tem a decência de me ligar e me dizer o que está acontecendo." Perceba como esse julgamento de que seu filho está sendo egoísta o faz se sentir pior e prejudica seu relacionamento com ele.

Decidir praticar não julgar não significa que você não pode reconhecer seus sentimentos, pensamentos e preferências sobre uma situação. Você pode reformular sua reação da seguinte maneira e fazê-lo se apegando aos fatos: "Estou chateado porque meu filho não voltou para casa e porque ele não ligou. Isso me preocupa e entendo como uma atitude egoísta. Minha preferência é que ele ligue se for se atrasar, mas percebo que não sei quais são as circunstâncias de fato."

Percebe como a remoção de julgamentos lhe permite marcar a experiência como sua e lhe deixa mais no controle da situação? Além disso, por ser menos crítico, você sofre menos. Ao remover a carga emocional, fica mais fácil pensar em um plano e decidir como lidar com a situação. Ao focar o que levou à situação, você pode considerar várias soluções, o que é muito mais eficaz do que julgar.

LEMBRE-SE

Abrir mão de julgamentos significa não considerar situações e interações em termos de bom e mau, justo e injusto ou certo e errado. Perceber o uso desses termos é o primeiro passo.

Em seguida, atenha-se aos fatos da situação. (Leia mais sobre como verificar os fatos no Capítulo 7.) Apegar-se aos fatos é apegar-se a quem, o quê, onde e quando. Ao adicionar julgamentos a esses elementos, como "Meu filho egoísta saiu com seus maus amigos em uma péssima hora para fazer nada de bom" e, em seguida, agir como se eles fossem fatos, você ignora a verdade da situação e sofre.

LEMBRE-SE

É importante notar que o objetivo não é substituir julgamentos negativos por positivos, mesmo que os positivos não causem tanto sofrimento quanto os negativos. É não usar julgamentos de forma alguma, porque julgamentos positivos podem rapidamente se tornar negativos. Por exemplo, digamos que você julgue seu melhor amigo como a pessoa mais maravilhosa do planeta, e, então, ele faça algo que o perturbe — algo que acontece em todos os relacionamentos. Os julgamentos positivos podem mudar rapidamente.

Quando se trata de julgar a si mesmo, deixe de pensar que você deveria ser diferente do que é. O autojulgamento costuma ser o mais doloroso e o tipo do qual a maioria das pessoas tem mais dificuldade para se livrar. Não se julgue estúpido, preguiçoso ou insignificante. Ao praticar não julgar, você para de se criticar e, em vez disso, começa a se aceitar exatamente como está neste momento. Isso não significa que você tenha que deixar de querer mudar certos aspectos de seu comportamento, mas pode reconhecer esses elementos como inúteis, ineficazes ou incoerentes com seus objetivos de longo prazo e tomar a decisão de lidar com eles.

LEMBRE-SE

Reduzir julgamentos requer prática, por isso é importante ser gentil consigo mesmo ao trabalhar para perceber seus julgamentos e substituí-los por afirmações sem julgamentos, baseadas em fatos.

Com consciência

Agir com consciência compreende dois elementos:

» O primeiro é estar totalmente presente no momento, sem se deter ao passado ou pensar no futuro.

» O segundo é fazer uma tarefa de cada vez, em vez de dividir sua atenção entre várias — como ter uma conversa ao telefone enquanto verifica seu e-mail.

Todos acreditam que são capazes de realizar várias tarefas ao mesmo tempo, mas a pesquisa mostra que poucos de nós realmente conseguem. Fazer uma tarefa de cada vez é a solução para a crença delirante de que podemos realizar várias ao mesmo tempo. Imagine tentar fazer quatro tarefas concomitantemente. Para fazer malabarismos com quatro tarefas ao mesmo tempo, é preciso dividir sua atenção em quatro, e o cérebro não foi feito para fazer isso de forma eficaz. Ou imagine que há um leão vindo em sua direção da esquerda e outro da direita. Só é possível concentrar toda a sua atenção em um ou em outro. No segundo em que começar a se mover para a frente e para trás entre os dois, haverá lacunas em sua atenção.

DICA

Faça uma tarefa diária e concentre toda sua atenção nela. Por exemplo: ao lavar as mãos, observe a temperatura da água, a sensação e o cheiro do sabonete e a sensação de esfregar as mãos. Observe ao enxaguar as mãos e, em seguida, a sensação da toalha ao secá-las. Depois, observe a sensação de estar com as mãos limpas.

Com foco na efetividade

LEMBRE-SE

Esta é a habilidade de fazer o que a situação precisa. Significa fazer o que funciona, em vez de desejar que a realidade fosse diferente do que é. É o ato de se perguntar: "Nesta situação, eu preferiria estar certo ao argumentar minha perspectiva ou ser eficaz e fazer o que a situação exige?" Na DBT, ser eficaz significa desviar o foco de conceitos como o que é justo e injusto, quem está certo e quem está errado, e, em vez disso, focar o que funciona.

O primeiro passo para praticar a habilidade com efetividade é descobrir o que você quer. Para agir de tal modo, é preciso saber o que deseja de uma situação. Articule sua meta e, depois de conhecê-la, você conseguirá considerar os meios mais eficazes para alcançá-la.

Por exemplo: imagine que está em um estacionamento com muitas vagas e há uma bem perto da loja em que pretende fazer compras. Você se dirige para o espaço quando alguém acelera e entra nele. Você percebe julgá-lo como egoísta, e a situação, como injusta, por alguém ocupar o espaço que você queria. Pode ficar tentado a se jogar na buzina em resposta ou bloquear o carro para que ele não possa sair, e gritar com a pessoa quando ela sair do carro.

Esse exemplo parece extremo, mas entrar em uma briga seria eficaz e economizaria tempo na busca por seu objetivo? Você prefere estar certo ao dizer que merece o espaço de estacionamento em vez de ser eficaz e pegar um espaço um pouco mais longe e fazer suas compras? Ser eficaz nesse exemplo seria não agravar a situação. Em vez disso, respire profunda e atentamente. Você estará cuidando de si mesmo e cumprindo suas tarefas sem punir outra pessoa, cujas circunstâncias você nem sequer conhece.

CAPÍTULO 9 **Pensando no Mindfulness** 109

Ganhando tempo e criando rotina

O ideal é praticar as habilidades WHAT e HOW todos os dias. Ganhar tempo, definir um espaço e criar uma rotina é a forma perfeita de começar.

Abrindo espaço

Existem duas considerações ao abrir espaço. Faz sentido ter que abrir um espaço físico, mas também é preciso criar um espaço mental. Quando você está estressado, muitas vezes parece que a pressão surge de todos os lugares. Até seu corpo fica contraído e dificulta a respiração. Ter um espaço que lhe traga calma é um primeiro passo importante.

Para um local físico, um aspecto importante é definir sua intenção para a área. Diferentes práticas requerem diferentes atributos. Por exemplo, se for fazer uma meditação andando, é preciso um espaço externo, no qual possa andar. Se for fazer uma meditação sentado, talvez uma sala pequena e silenciosa seja melhor.

Depois de decidir qual será sua prática, decida o espaço. Para sentar-se com plena consciência, é preciso um espaço silencioso, no qual você não será incomodado. Se for praticar a meditação sentado, certifique-se de ter uma almofada ou cadeira razoavelmente confortável para se sentar. Se for fazer a meditação andando, encontre um espaço no qual possa caminhar devagar por pelo menos trinta segundos antes de ter que se virar e caminhar de volta.

LEMBRE-SE

O espaço mental inicial é mais bem alcançado em silêncio. Um espaço silencioso na meditação tem o benefício de reduzir o número de entradas sensoriais que o bombardeiam. No entanto, silêncio não é apenas estar em um espaço silencioso. É também não falar. Passamos muito de nosso tempo acordados conversando com outras pessoas, portanto, comprometer-se com alguns minutos de silêncio intencional nos dá uma pausa na obrigação de ter que preenchê-lo com palavras.

Criando uma rotina

Há muitos benefícios em definir e manter uma rotina de mindfulness. Para pessoas com empregos muito estressantes, começar a manhã com uma rotina é uma forma de criar uma mentalidade positiva para o resto do dia. Para as pessoas que lutam contra a depressão e a ansiedade, uma rotina matinal de mindfulness é uma forma de estabelecer hábitos mais saudáveis.

Outras pessoas preferem uma rotina noturna. Uma rotina *não* é sair depois de um dia duro de trabalho e se concentrar apenas em seus aplicativos de redes sociais ou relaxar enquanto assiste a um novo programa de TV até cair no sono. O mindfulness demanda cuidar da mente e, muitas vezes, seguir uma rotina que o prepara para uma boa noite de sono.

LEMBRE-SE

Não existe uma forma universal de definir a rotina; isso é específico para o indivíduo. O importante é definir uma. Além disso, sua rotina não precisa ser a mesma todos os dias. Imagine que você se comprometeu a fazer exercícios todos os dias. O tipo de exercício é menos importante do que faz. Então, da mesma forma que você pode correr um dia, caminhar no outro, nadar ou fazer flexões, o objetivo é se exercitar. Depois de definir sua rotina de mindfulness, você pode decidir que praticará a compaixão amorosa em um dia, a meditação focada no outro e a consciência aberta depois.

Entendendo os Tipos de Mindfulness

A prática do mindfulness não tem outro objetivo senão a consciência sem julgamentos do momento presente, e disso vêm todos seus benefícios. Assim como diferentes tipos de exercícios são bons para o corpo, diferentes tipos de mindfulness aumentam a consciência da mente, e cada tipo de mindfulness tem a própria forma. Em termos gerais, há quatro tipos principais de prática do mindfulness:

» Mindfulness de concentração.
» Mindfulness generativo.
» Mindfulness receptivo.
» Mindfulness reflexivo.

Mindfulness de concentração

O objetivo dessa prática é focar sua atenção, e uma maneira típica de fazê--lo é considerando algum objeto e, em seguida, focando toda sua atenção nele. O foco pode ser externo, como a chama de uma vela ou um ponto na parede, ou interno, como a respiração. Muitos meditadores optam por se concentrar na respiração. Concentrar sua atenção assim é como segurar uma lente de aumento e focalizá-la em um objeto específico para perceber todos seus aspectos.

Focar a respiração é a prática de concentração que a maioria dos meditadores usa e a que a maioria dos iniciantes no mindfulness compreende bem. Isso ocorre porque a respiração é portátil e está sempre com você. É hipnotizante olhar para a chama de uma vela, mas imagine tentar fazer isso em um avião durante um voo. O pessoal da companhia aérea não ficaria muito feliz! A respiração também é uma boa prática, pois respirar é algo compartilhado com todas as entidades vivas.

Agora, embora focar a respiração seja a prática mais acessível, com ritmo natural, qualquer um dos cinco sentidos pode ser usado. Na DBT, pedimos a nossos pacientes que ouçam o som de uma tigela cantante, que se concentrem no gosto de uma uva-passa ou de um pedaço de chocolate, que sintam uma certa textura e assim por diante. A tarefa nessa prática é, lenta e suavemente, levar o foco de atenção para o objeto escolhido e, quando se distrair, gentilmente levar a atenção de volta para ele, observando, sem julgamentos, que você se distraiu.

DICA

Aqui está uma versão comum da prática da respiração de concentração:

» Acompanhe sua respiração enquanto inspira e expira naturalmente. Quando sua atenção estiver na respiração, comece uma contagem após cada expiração. Após a primeira respiração, conte silenciosamente "um"; após a segunda, "dois"; e assim por diante, até chegar a dez. Em seguida, observe que alcançou dez, volte e recomece do um.

» Uma vez que conseguir focar sua atenção a ponto de chegar ao dez e, em seguida, repetir tudo sem se distrair — ou, se acontecer, conseguir facilmente retornar à sua respiração —, uma próxima variação é fazer em ordem decrescente. Ou seja, comece no dez e conte até o um.

» Depois de dominar isso, sua próxima versão da prática será simplesmente prestar atenção à experiência do ar entrando e saindo de seu corpo.

» Em seguida, focalize sua atenção na ponta do nariz e perceba o ar entrando quando você inspira e, em seguida, nos lábios, quando expira.

Mindfulness gerativo

O objetivo do mindfulness gerativo é gerar intencionalmente emoções e pensamentos positivos. Esse tipo de prática fortalece a qualidade da *intenção*. A prática mais conhecida do mindfulness gerativo é a da geração de *bondade amorosa*, também conhecida como *metta*. É um método de desenvolver compaixão pelos outros e por você mesmo. A maneira de praticá-lo é desenvolvendo uma atitude de bondade amorosa, usando imagens de pessoas em sua vida. O que é complicado com essa prática é que, embora você possa achar que os outros merecem amor e gentileza, também pode achar que você mesmo não merece. Duas citações maravilhosas abraçam o espírito dessa prática:

> "A escuridão não pode expulsar a escuridão; só a luz pode fazer isso. O ódio não pode expulsar o ódio; só o amor pode fazer isso" — Dr. Martin Luther King Jr.

> "Neste mundo, o ódio nunca dissipou o ódio. Só o amor dissipa o ódio. Esta é a lei, antiga e inesgotável" — Buda.

Eis uma versão da bondade amorosa como prática generativa. Se achar difícil fazer isso sozinho, no início, é mais eficaz concentrá-la em outra pessoa. Eis um aspecto importante da metta: não tem condições e não depende de você pensar que você ou outra pessoa "merece" ou não. No final, é necessário ser capaz de estendê-la além de si mesmo e daqueles mais próximos e incluir todos os seres, mesmo aqueles com quem tem problemas e aqueles que não conhece. A benevolência é uma prática de amor incondicional e inclusivo, um amor com sabedoria. Não espere nada dos outros depois de praticá-la. Ela é a prática de um amor puro. Comece com você mesmo e depois passe para os outros com a ajuda das seções a seguir. (Como mencionado, se for difícil, comece com outra pessoa antes de chegar a você mesmo.)

LEMBRE-SE

A prática é uma forma de suavizar sua mente e seu coração em relação a você e aos outros. É livre do desejo de dominar o outro e não tem nenhum tipo de sentimentalismo. Não depende de como a outra pessoa se sente a respeito de você.

Para você mesmo

Eis a prática: quando souber que terá, digamos, dez minutos livres ininterruptos, sente-se em um lugar confortável. Desacelere sua respiração. Fixe sua atenção nela. Se ajudar, coloque as duas mãos sobre o coração.

DICA

Continuando a inspirar e a expirar, use algumas destas frases tradicionais (crie as suas também). Pense ou diga cada uma delas lentamente algumas vezes antes de prosseguir:

> "Que eu esteja livre do perigo."
> "Que eu esteja seguro."
> "Que eu me livre do sofrimento mental."
> "Que eu seja feliz."
> "Que eu me sinta à vontade."
> "Que eu seja saudável e forte."
> "Que eu encontre a paz."

Para alguém próximo

Em seguida, passe a alguém de quem se sente próximo. Um mentor, um familiar, um benfeitor ou um amigo. Pode ser seu avô, um professor ou qualquer pessoa por quem não seja necessário nenhum esforço sentir respeito e bondade.

Diga as mesmas frases da seção anterior, mas, em vez de *EU*, use o nome dessa pessoa.

Para uma pessoa neutra

Em seguida, passe a uma pessoa mais neutra, alguém de quem não gosta ou não gosta muito — talvez um colega de trabalho, um vizinho ou um conhecido. Mantenha-o em mente enquanto pratica e substitua o *eu* pelo nome dessa pessoa.

Ao repetir as frases anteriores, observe ternura genuína para com essa pessoa, querendo realmente que ela experimente cada um dos sentimentos ou condições.

Para alguém com quem você tem problemas e para todos os seres

Há uma etapa final nessa prática, e é aqui que reside a dificuldade: passe para alguém com quem você tem problemas ou complicações.

DICA

Repita as frases anteriores e substitua o *eu* pelo nome dessa pessoa. Se for difícil demais, volte para alguém de quem goste, para que consiga sentir a bondade que tem por ela, e, em seguida, direcione-a à pessoa mais difícil.

Após praticar por um tempo — digamos, algumas semanas —, estenda a todos os seres. Inclua seus animais de estimação e todos os outros. Seu objetivo final é substituir a raiva e os sentimentos indelicados por sentimentos amorosos.

As seguintes questões tendem a surgir, em particular ao praticar mentalmente com uma pessoa com a qual você não se sente bem:

» "Como posso ser gentil com alguém que me machucou?"
» "Se eu perdoá-lo, ele escapará impune do que fez comigo."
» "Se eu praticar a bondade para com ele, ele ganha, e eu perco."
» "Quero ficar com raiva da pessoa como um lembrete do que ela fez comigo."
» "Ele precisa sofrer tanto quanto eu sofri."

114   PARTE 3 **As Habilidades da DBT**

LEMBRE-SE

Essa é uma prática de mindfulness, e seu objetivo é proporcionar tranquilidade à mente. Se você tem bons pensamentos sobre uma pessoa a quilômetros de distância, ela não tem ideia disso. Se tem pensamentos críticos sobre outra, ela também não sabe. Você não está praticando para elas; está fazendo isso por si mesmo. A atitude de sua mente é a chave. É a atitude que está presente que conta, e, se for raivosa e de ódio, você se sentirá com raiva e ódio, mesmo que a outra pessoa esteja completamente inconsciente disso.

É interessante notar que, em algumas circunstâncias, ao praticar a compaixão, você começará a se perguntar por que as pessoas que o machucaram agiram daquela maneira. E também notará que passará a considerar que a pessoa que o magoou deve ter tido uma vida muito difícil para se comportar daquele modo.

Mindfulness receptivo

O mindfulness receptivo se encaixa no espaço entre a meditação de concentração e a generativa. A ideia é prestar atenção e ser receptivo a qualquer experiência que surgir durante a prática. Há uma atitude de consciência aberta, sem escolha e sem julgamentos, como o foco do tipo receptivo da prática do mindfulness. Na tradição zen japonesa, ela é conhecida como *zazen*, ou "apenas se sentar".

A tarefa aqui é encontrar um espaço para se sentar com calma. Em seguida, você começa a perceber todas as experiências do momento, incluindo os eventos fora do corpo, como sons e imagens, e aqueles dentro da mente e do corpo, como pensamentos, emoções e sensações. Todos os sentidos estão em jogo, e a observação é feita sem julgamento, ou, se o julgamento surgir, observe isso. Seja gentil consigo mesmo durante essa prática, não se julgando. Em vez disso, apenas observe os fenômenos conforme eles surgem, sem tentar mudá-los.

DICA

Esse tipo de prática deve ser feito com os olhos abertos. Isso é importante porque passamos a maior parte de nossa vida com os olhos abertos, e, da perspectiva da DBT, uma das funções do tratamento é praticar as habilidades da maneira como você vive sua vida, que, esperamos, é majoritariamente assim.

Mindfulness reflexivo

O mindfulness reflexivo é a prática de voltar repetidamente a atenção para algum tema ou tópico. A tarefa é ter esse assunto em mente, talvez algum assunto que o esteja preocupando, e então estar aberto aos pensamentos, emoções e sensações que surgem da reflexão sobre ele. Essa prática pode ser difícil de introduzir muito cedo no treinamento do mindfulness, porque

CAPÍTULO 9 **Pensando no Mindfulness** 115

você pode gastar muito tempo refletindo sobre como sua vida tem sido difícil. Praticantes mais experientes desse tipo de mindfulness reconhecem que todas as reflexões e eventos são impermanentes, e, portanto, mesmo os momentos difíceis chegarão ao fim. Essa prática é uma faca de dois gumes. Por um lado, a impermanência é desejável, porque tudo o que está doendo não durará para sempre, mas, por outro lado, você pode concluir que, se a vida é impermanente, então "Por que me preocupar?"

LEMBRE-SE

Essa prática deve ser reservada para profissionais mais experientes no contexto da DBT.

Os Benefícios do Mindfulness

Melhorar sua habilidade de praticar o mindfulness aumenta muitas qualidades que contribuem para uma vida de satisfação e contentamento. Viver de forma mais consciente lhe permite saborear plenamente os prazeres da vida à medida que ocorrerem. Isso o ajuda a se envolver totalmente em atividades e relacionamentos e melhora sua capacidade de lidar com as adversidades.

Aproveitando o foco

Um benefício da prática do mindfulness é a capacidade de focalizar a mente. Essa capacidade de estabilizar e direcionar o foco da mente é particularmente importante nos momentos em que você se sente distraído ou oprimido.

DICA

Uma prática específica do mindfulness que o ajudará é o treino da atenção concentrada.

Veja como fazê-la:

1. Sente-se em uma cadeira em uma postura confortável. Para esta prática, você pode fechar os olhos. Observe seu corpo no assento da cadeira, os pés no chão e os braços apoiados no colo. Basta manter o foco na posição sentada. Observe que, quanto mais você praticar a focalização, melhor sua mente se tornará nela.

2. Mude seu foco de atenção. Com os olhos ainda fechados, após alguns minutos, mude seu foco de atenção para os sons do ambiente. Alguns podem persistir, como um ar-condicionado, e outros podem ser breves, como um carro que passa. Mantenha o foco nos sons.

3. Se você for como a maioria das pessoas, sua mente vagará. O cérebro evoluiu para prestar atenção a mais do que apenas uma coisa, por isso não é surpreendente que a mente divague. No entanto, como você está praticando o aumento de sua capacidade de foco, deve perceber que sua mente vagou para outra coisa e levá-la de volta para se concentrar em sua postura sentada, nos sons ou na respiração.

Relaxando fácil

O mindfulness o ajuda a relaxar de várias maneiras, no entanto, é importante observar que mindfulness e relaxamento são duas coisas diferentes. Há casos em que o mindfulness não é relaxante, como ao refletir sobre um momento doloroso. No entanto, muitas pessoas experimentam relaxamento com sua prática regular.

DICA

Uma prática da meditação do mindfulness é o *escaneamento corporal*. É uma prática do mindfulness em que você concentra sua atenção em várias partes do corpo. Um modo de fazer isso é começar pelos pés e depois subir. Conforme se concentrar em diferentes partes do corpo, observe as sensações em cada uma delas, sem as rotular como "boas" ou "ruins". Eis uma abordagem passo a passo:

1. Deite-se de costas, com as pernas descruzadas e os braços relaxados ao longo do corpo. Comece diminuindo a velocidade da respiração e depois concentre-se nela por alguns minutos até começar a se sentir relaxado.

2. Concentre-se nos dedos dos pés. Observe todas as sensações que tem em seu pé. Mantenha a atenção no pé enquanto respira lentamente.

3. Mova o foco para a sola do pé e, de novo, observe quaisquer sensações enquanto respira lentamente. Suba aos poucos e repita o foco nas sensações daquela parte do corpo, mantendo uma respiração lenta.

4. Depois de escanear todo o seu corpo, concentre-se exclusivamente na respiração, continue deitado no chão e relaxe em silêncio por um tempo.

LEMBRE-SE

Se, por algum motivo, como dores no corpo, essa prática não gerar relaxamento, não force. Talvez essa não seja a prática ideal para você.

Criando um espaço saudável em sua mente

Dividimos nosso corpo em muitas partes diferentes, e, de certa forma, isso faz muito sentido. Se você tem um problema de coração, não irá a um dermatologista. Por outro lado, o corpo está completamente interligado. Não podemos viver sem um coração ou sem nossa pele, e cuidar de um componente significa cuidar de todo o corpo. Uma mente saudável e um corpo saudável estão interligados.

A outra questão é esta: embora a tecnologia tenha feito maravilhas, também nos faz usar menos de nossa mente e de nosso corpo. Ter um carro significa que você não precisa andar a cavalo ou caminhar para o trabalho. Ter um aplicativo significa que você não precisa obter um mapa físico para descobrir aonde está indo.

DICA

A participação consciente e intencional no que se segue é o segredo para ter uma mente e um corpo saudáveis:

» **Exercícios diários.** Estabeleça a intenção consciente de se exercitar por pelo menos trinta minutos, cinco dias por semana.

» **Faça algo diferente.** Defina a intenção de fazer algo diferente a cada dia. Escove os dentes com a mão não dominante, vista algo incomum, siga um caminho diferente para casa.

» **Faça algo criativo.** Defina a intenção de ser criativo. Pegue sua câmera e faça algumas fotos. Compre alguns materiais de desenho e desafie-se a desenhar. Faça uma refeição que nunca experimentou, com temperos incomuns.

» **Mantenha-se conectado.** Estabeleça a intenção consciente de permanecer conectado com as pessoas importantes de sua vida, em particular com aquelas com quem não entrou em contato recentemente. Ligue para alguém de quem goste.

» **Conecte-se à sua fé.** Se você tem uma prática de fé, mas tem apenas cumprido os requisitos dos cultos, tenha a intenção de se conectar com as verdades fundamentais dela.

Acalmando suas emoções

Todo mundo tem emoções. Algumas pessoas têm emoções mais fortes do que outras, e isso é apenas uma parte da diversidade, da mesma forma que algumas pessoas são mais altas do que outras, mais atléticas ou mais criativas. Emoções fortes não são um problema, a menos que você não as consiga manejar muito bem, e muitas pessoas que procuram a DBT o fazem porque têm dificuldade em controlar suas emoções. Quando uma pessoa não consegue controlar sua reatividade emocional, as coisas saem do controle e levam a comportamentos destrutivos.

DICA

Aqui está uma prática para acalmar suas emoções:

1. Sente-se confortavelmente em uma almofada ou cadeira. Como deve ter percebido, muitas práticas do mindfulness são realizadas com o praticante sentado! Agora concentre sua mente em algo contra o qual está lutando. Tente não começar com a situação mais difícil que está enfrentando. Depois de dominar a calma de suas emoções com questões menos agitadas, você passará para as mais difíceis. Concentre-se em seu desejo de afastar pensamentos difíceis ou qualquer desejo de tornar dada situação mais fácil (drogas, smartphone, um pedaço de chocolate). Não recorra a nada disso.

2. Volte-se para a situação difícil e enfrente-a. Inspire profundamente pelo nariz, contando cinco segundos (assim como se sentar, pensar na respiração é comum no mindfulness), e expire ainda mais lentamente, com os lábios franzidos. Faça isso algumas vezes.

3. Concentre-se na compaixão por si mesmo e crie em sua mente um manto de compaixão e força que o cerque. Imagine uma pessoa que se preocupa profundamente com você em pé ou sentada a seu lado.

4. Enfrente a situação difícil de frente. Nesse momento, não é preciso ter medo. Se você sente medo, deixe essa emoção surgir e desaparecer. Observe e rotule a situação que está gerando a emoção forte. Por exemplo: "Estou percebendo medo de que alguém não goste de mim." Isso pode demorar um pouco, mas a emoção sumirá. Seja gentil consigo mesmo e valide que isso é difícil para você. Concentre-se em enfrentar a emoção enquanto respira lentamente e tenha uma atitude de compaixão para consigo mesmo.

5. Se perceber que está buscando a evitação ou algum objeto externo que o faça se sentir seguro, afaste-se dela ou dele e volte-se para o pensamento que causa as emoções fortes. Quanto mais você treina a mente para observar e nomear qualquer que seja a situação emocional difícil, mais treinará os centros emocionais do cérebro para lidar com elas. Como benefício adicional, você enviará uma mensagem ao resto do corpo de que ele pode começar a relaxar.

> **NESTE CAPÍTULO**
>
> » Reduzindo as vulnerabilidades emocionais
> » Diminuindo o sofrimento emocional
> » Aumentando a gentileza e cuidando de você mesmo

Capítulo **10**

Regulando Suas Emoções

No Capítulo 5 estão os detalhes básicos das emoções: como nomeá-las, quais são primárias e quais são secundárias, se são justificadas ou injustificadas, e a função geral delas. A compreensão de tudo isso cria os blocos de construção para o que ensinamos neste capítulo. Continue lendo para descobrir mais habilidades para controlar suas emoções.

LEMBRE-SE

Na DBT, a regulação emocional consiste em aprender as habilidades necessárias para aumentar ou diminuir intencionalmente a intensidade de suas emoções.

Virando a Chave da Regulação Emocional

No Capítulo 5, você descobre que as emoções têm três funções: comunicar informações a você mesmo, comunicar e influenciar os outros e motivar a ação. Suas emoções são muito poderosas!

Na DBT há algumas maneiras de fazer a regulação emocional, como você descobrirá nas seções a seguir. Existem habilidades que você aprenderá a usar no momento, e depois há aquelas muito importantes, para reduzir suas vulnerabilidades emocionais à medida que situações emocionalmente difíceis surgirem no seu caminho, para que tenha uma base emocional o mais estável possível.

Reduzindo a vulnerabilidade emocional com ABC SABER

Existem muitas coisas em sua vida que você não pode controlar. Uma das maravilhas das habilidades ABC SABER é que, embora você não possa controlar todas essas coisas, tem controle sobre sua habilidade de encontrar o equilíbrio. Pense nessa habilidade como a criação dos blocos de construção de sua base emocional, a base sólida que o mantém estável quando furacões e tormentas emocionais assolam do lado de fora. Para ser eficaz, essa habilidade deve ser uma prática constante em sua vida. Sabemos que isso não é fácil, mas o impacto dela em sua capacidade de controlar suas emoções é enorme.

Essa habilidade tem duas partes: a primeira, ABC, inclui comportamentos psicológicos para realizar ao longo do tempo que reduzirão suas vulnerabilidades emocionais, enquanto SABER se concentra em habilidades cuja base é fisiológica, maneiras para você cuidar de seu corpo. Examinaremos com atenção o segundo grupo de habilidades nas seções a seguir.

DICA

As habilidades ABC consistem em *acumular* emoções positivas, *construir* [build] maestria e *antecipação* [coping ahead] de situações emocionais. As habilidades SABER consistem em tratar doenças *físicas*, *alimentação* equilibrada, evitar substâncias que *alteram* o humor (a menos que tenham sido prescritas), *sono* equilibrado e *fazer exercícios*.

LEMBRE-SE

Aplicar as habilidades ABC SABER não é fácil, mas elas lhe dão a oportunidade de construir uma base emocional forte para ajudá-lo a se apoiar, para que fique o mais estável possível quando a vida lhe apresentar desafios. Conforme ler as seções a seguir, notará um dos desafios das habilidades

ABC SABER, que é o fato de que, quando uma ou duas de suas habilidades SABER se enfraquecem, as outras rapidamente desmoronam em seguida. Por exemplo, quando você não dorme bem, não tem energia para malhar ou cozinhar uma refeição saudável, então pede uma pizza e bebe uma taça de vinho porque está cansado e estressado. A boa notícia sobre as habilidades SABER é que, assim que elas caem e você sente o impacto negativo, consegue encontrar o equilíbrio e sentir o impacto positivo com a mesma rapidez. Uma ou duas noites de sono tranquilo o levam de volta à academia e a acumular pontos positivos. Portanto, embora seja fácil que essas habilidades se desequilibrem e o deixem vulnerável, também é fácil reencontrar rapidamente o equilíbrio e a estabilidade, desde que esteja consciente e prestando atenção.

Acumulando emoções positivas

LEMBRE-SE

A Dra. Marsha Linehan, que criou a DBT, sempre disse que você precisa viver uma vida antidepressiva. Você precisa procurar o que lhe dá alegria e incorporar isso à sua vida. Não espere que boas experiências lhe aconteçam, busque-as. Quando você está sofrendo, prestar atenção ou fazer coisas que lhe dão alegria é desafiador. Essas coisas podem ser pequenas, mas ter experiências positivas a cada dia construirá uma resiliência emocional. Pense em valores, experiências e coisas que são importantes para você. Estabeleça uma meta e trabalhe para alcançá-los passo a passo.

Construindo maestria

Ter um sentimento de realização faz uma grande diferença em como você se sente. Todos os dias, faça algo desafiador, para ter uma sensação de realização. Certifique-se de que a tarefa escolhida não seja apenas um desafio, mas algo alcançável. Ela pode estar relacionada ao trabalho ou à escola, uma nova habilidade para aprender, um projeto em casa ou até mesmo algo que represente um desafio que você tem evitado. Não se preocupe se for uma tarefa pequena; se for um desafio que pode enfrentar, então você foi hábil.

Antecipando situações emocionais

Ao antecipar e se preparar para situações difíceis, você fica menos vulnerável a reações emocionais fortes e problemáticas. Para dominar essa habilidade, siga estas etapas:

1. Descreva os fatos da situação. Faça isso com atenção e sem julgamentos, atendo-se a eles. Quando tiver certeza da natureza do problema, vá para a próxima etapa.

2. Decida quais habilidades usará para resolver o problema. Você provavelmente precisará usar uma cadeia de habilidades, pois é improvável que uma única seja suficiente. É importante pensar em fazer um plano que envolva pelo menos três habilidades diferentes. Para diminuir a intensidade de suas emoções, comece com uma habilidade de tolerância ao mal-estar (veja o Capítulo 11) e, em seguida, dependendo de seu objetivo, tente uma habilidade mais focada na aceitação, se for uma situação que não possa mudar, ou uma que o aproxime de seu objetivo de mudá-la. Escreva seu plano de habilidades, se for útil.

3. Imagine a situação com o máximo de detalhes possível. Em seguida, imagine executar seu plano de habilidades eficazes e usá-las continuamente. Ao imaginar isso, considere situações desafiadoras ou novos problemas, que possam surgir à medida que praticar suas habilidades.

4. Pense no pior cenário possível; é comum que já seja uma preocupação constante sua e que vários "e se" circulem pela sua cabeça. Agora ensaie seu plano para lidar com ele. Esteja aberto, porque isso é desafiador. Se precisar modificar seu plano para adaptá-lo a esse pior cenário, faça isso.

LEMBRE-SE

A habilidade de lidar com a situação é muito útil se você fica ruminando sobre um problema e não entra em ação. Esse comportamento é emocionalmente esgotante. Quando perceber isso, comece um plano de enfrentamento, mergulhando profundamente na própria ansiedade que tem evitado (comumente, por ficar preso nas hipóteses) e nos detalhes do pior cenário; agora faça um plano. Na maioria das vezes, o pior cenário não acontece, então ter um plano lhe permite parar de gerar vários resultados terríveis sem ter uma solução. Também é verdade que, uma vez que tenha um plano para o pior cenário, partes desse plano muitas vezes ajudam com os resultados menos catastróficos da situação, e, se o pior ocorrer, então, você já terá um plano para lidar com isso.

Prevenir e tratar doenças físicas

Não se sentir bem fisicamente afeta o seu humor. Você pode notar mais tristeza ou irritabilidade e um aumento do desejo por comportamentos-alvo, ou pode apenas perceber que se sente mais sensível ou reativo. Quando possível, trate sua doença física. Quando sentir uma dor de cabeça, tome alguma coisa; quando não se sentir bem, fique em casa, descanse ou vá para a cama cedo. Vá ao médico, se precisar. Seja proativo e pense nisso como uma forma de cuidar também de seu humor. Esteja ciente de que a doença física leva à vulnerabilidade emocional. É importante manter isso em mente, para se autovalidar e fazer o que puder para obter um suporte extra.

DICA

Vários pacientes do 3East (onde trabalhamos) decidiram aprimorar essa parte da habilidade SABER identificando atividades adicionais que consideramos muito úteis. Eles gostam da ideia de tomar um banho. Eles ressaltam que, quando seu humor está baixo, é difícil fazer o que é entendido como atividades cotidianas, e que, quando você toma banho, a maneira como se sente muda e a vulnerabilidade adicional se reduz. Embora a contragosto, também limitaram o uso de telas.

Alimentação equilibrada

A ligação entre alimentação e humor é quase imediata. Quando os bebês estão com fome, ficam chateados, e isso continua até a idade adulta. Para muitos, a palavra *faminto* define essa experiência. Quando estamos com fome, ficamos mais irritáveis e reativos. Os pais veem isso em crianças pequenas o tempo todo quando retiram o acesso a lanches em todo canto. Não se trata apenas de comer ou não comer; para muitos, é importante estar atento à frequência das refeições, aos tipos de alimentos e à quantidade que comem. Preste atenção ao impacto que sua alimentação tem no seu humor.

Evite substâncias que alteram o humor

LEMBRE-SE

Como o nome indica, as substâncias que alteram o humor afetam seu humor. Estamos falando de drogas ilícitas, álcool, nicotina, cafeína e até açúcar. Quer os use de maneira legal e responsável, quer não, o resultado final é que eles o deixam mais vulnerável emocionalmente. Se essas substâncias afetam seu humor de forma negativa, pense em reduzir a presença delas em sua vida.

Sono equilibrado

O sono tem um dos impactos mais poderosos sobre o humor. Adultos saudáveis precisam de sete a nove horas de sono por noite, e os adolescentes precisam de oito a dez. É incrível como você experimenta o mundo de maneira diferente em um dia em que dormiu, em comparação com um em que não dormiu. Quando você não dorme, é difícil funcionar, mas muitas pessoas que procuram a DBT lutam profundamente para conseguir dormir. Faça o possível para equilibrar seu sono, considere planos de higiene do sono, converse com seus médicos para ver se medicamentos ou protocolos para pesadelos o ajudam e, acima de tudo, saiba que, quando você não dorme, fica mais vulnerável. Seja gentil consigo mesmo; problemas com o sono demoram para serem resolvidos.

Exercícios

Há um grande número de pesquisas sobre exercícios e humor. Estudo após estudo descobrem os benefícios dos exercícios sobre o humor, mas, quando seu humor está baixo, os exercícios parecem impossíveis. Entre em uma rotina e trabalhe para tornar seus exercícios independentes de seu humor, para que consiga seguir sua rotina de exercícios independentemente de como se sente em determinado dia. Encontre um tipo (ou tipos) de exercício de que goste. Por exemplo, você pode gostar de caminhar, correr, praticar esportes em equipe, dançar ou ir à academia. Existem muitos tipos de exercícios. Comece com vinte minutos por dia e preste atenção em como isso o faz se sentir. Pense no que atrapalha o exercício e veja se pode superar essas barreiras.

Praticando ações opostas

Embora ABC SABER seja uma habilidade que gostaríamos que você conhecesse e praticasse o tempo todo para colaborar com a diminuição da vulnerabilidade emocional em longo prazo, a ação oposta é uma poderosa habilidade de regulação emocional para usar no momento em que precisa mudar a forma como se sente. Use-a quando agir de acordo com a emoção que está sentindo não for eficaz.

Às vezes, suas emoções não se ajustam aos fatos da situação (injustificadas), e agir de acordo com seus desejos é ineficaz. Todas as emoções têm impulsos de ação — isto é, fazem você querer fazer ou evitar fazer algo. Como discutimos no Capítulo 5, as emoções são justificadas ou injustificadas:

> » As **emoções justificadas** se adéquam aos fatos da situação, assim como a duração e a intensidade de sua resposta a ela.
>
> » As **emoções injustificadas** não se adéquam aos fatos — ou, mais comumente na DBT, a intensidade e a duração da resposta emocional não se adéquam aos fatos e tornam a emoção injustificada.

Por exemplo, você pode se sentir muito ansioso ao ir para o trabalho porque teme obter um feedback difícil de seu chefe. Você está com tanto medo que sente que não consegue sair da cama e decide não ir trabalhar. Faz sentido estar com medo e ansioso ao ir para o trabalho, entretanto, o nível de medo não se justifica, pois ficar na cama e faltar ao trabalho só piorará sua situação, em particular se o feedback for sobre seu desempenho profissional. Além disso, você não tem certeza de quando receberá o feedback ou de que tipo será. Como pode ver, ficar ansioso e seguir o impulso de evitar o trabalho será ineficaz. Essa habilidade pede que tome a atitude 110% oposta ao desejo de ficar na cama. Quando isso acontece, você é treinado para a habilidade de ação oposta.

LEMBRE-SE

As etapas a seguir o guiarão ao longo da prática da ação oposta:

1. **Identifique e dê um nome à sua emoção.**

   Faça isso usando a habilidade SUN WAVE NO NOT, descrita no Capítulo 5. Para seguir o exemplo anterior:

   Medo de que meu chefe me demita. Vergonha porque não aguento nada e sou fraco.

2. **Verifique os fatos e determine se a emoção é justificada ou injustificada.**

   Minhas emoções fazem sentido, pois, para mim, é difícil obter feedback e já fui demitido duas vezes. No entanto, a intensidade de minhas emoções é muito alta, e estou na cama desde que meu despertador tocou, há quatro horas.

3. **Pergunte a si mesmo: qual é o meu impulso de ação? O que quero fazer como resultado da emoção que sinto agora?**

   Quero ficar na cama e nunca mais falar com meu chefe.

4. **Conecte-se com sua mente sábia — tanto o modo como se sente sobre essa situação quanto os fatos dela — e pergunte-se se agir de acordo com esses impulsos é eficaz. Isso o aproxima ou o afasta de seu objetivo?**

   Agir como esses impulsos ditam não é eficaz. Gosto do meu trabalho, e meu chefe sempre me apoiou. Além disso, no futuro, ele pode ser uma boa referência para outro emprego ou curso.

5. **Se sua emoção é injustificada e agir de acordo com seus desejos atuais é ineficaz, identifique algumas maneiras opostas de agir em relação aos seus desejos atuais.**

   Posso me levantar, tomar banho, me vestir e ir trabalhar; posso enviar uma mensagem ao meu chefe informando que gostaria de entrar em contato com ele; ou posso ir trabalhar e falar diretamente com ele.

6. Aja de forma 110% oposta.

Jogue-se nessa nova ação. Quanto mais você se jogar e agir de forma contrária, mais poderoso será o impacto em como se sente.

Vou me levantar, tomar banho, me arrumar um pouco para o trabalho, praticar ser assertivo e confiante quando vir meu chefe e perguntar se podemos conversar em algum momento nos próximos dois dias.

7. Continue o processo de ação oposta até que seus impulsos e suas emoções diminuam.

Vou continuar a agir com confiança e ser assertivo no trabalho até falar com ele.

LEMBRE-SE

A ação oposta é uma habilidade que exige muita disposição, geralmente em um momento em que você se sente preso. Essa é uma habilidade desafiadora e com resultados poderosos. Um dos aspectos úteis da ação oposta é que ela leva a mudanças de longo prazo na forma como se sente, em comparação com as habilidades de tolerância ao mal-estar, abordadas no Capítulo 11, que são de curto prazo. O uso eficaz da ação oposta leva a um poderoso senso de maestria, fazendo dela uma habilidade muito autorreforçadora, o que significa que o ajudará na próxima vez que se sentir preso a ser motivado a fazer a difícil tarefa de agir de forma oposta.

Sendo gentil com você mesmo

Para muitas pessoas que procuram a DBT, não é preciso muito esforço para que sejam indelicadas com elas mesmas. Pensamentos críticos e de ódio a si mesmas são praticados sem consciência por anos, como resultado de muitas coisas dolorosas que aconteceram com elas ao longo do caminho. No entanto, esses pensamentos alimentam desafios já existentes à regulação emocional. Aprender a ser gentil consigo mesmo o ajudará a fazer essa regulação de modo mais eficaz.

DICA

Aqui estão três maneiras para começar a praticar o aumento da bondade consigo mesmo de um modo que apoie sua capacidade de regular as emoções:

» **Tire um tempo para você:** Se você é uma pessoa emocionalmente sensível, é facilmente superestimulado pelo mundo ao seu redor. Pode ser a dor e o sofrimento, o estresse, as exigências dos outros ou mesmo a alegria e a empolgação. Às vezes é necessário fazer uma pausa. Isso não é isolamento ou retraimento, mas um tempo reservado para si mesmo. Talvez seja fazer algo que você ama com o objetivo de acumular pontos positivos, ou talvez seja apenas se dar um tempo para relaxar.

» **Declarações de apoio:** Muitas vezes as pessoas não ficam muito entusiasmadas quando sugerimos que pratiquem as declarações de apoio. No entanto, isso ocorre porque as pessoas as confundem com uma conversa interna do tipo: "Muito bem, você é ótimo." As declarações de apoio são exclusivas para cada um de nós. Você precisa descobrir o que funciona para você. Pense no que diria a si mesmo se estivesse no quilômetro treze de uma corrida de dezesseis e precisasse se motivar. Esse tipo de conversa interna encorajadora o ajuda a regular e a manter o curso. O autojulgamento e a crítica negativos, mais comumente praticados, fazem o oposto. Ajude a si mesmo a se manter regulado. Pense em três coisas que poderia dizer a si mesmo para ajudá-lo a persistir quando as coisas ficarem difíceis.

» **Fazendo do autocuidado uma prática cotidiana:** Tornar algo uma prática significa torná-lo rotina. Tente fazer pelo menos uma atividade de autocuidado todos os dias. Pense em maneiras de cuidar de si mesmo. Por exemplo, encontre um horário para fazer uma pausa; se estiver se sentindo sobrecarregado, faça uma lista de verificação para ajudá-lo a se organizar; faça uma breve caminhada para interromper um dia sentado em frente a um computador; tome uma boa xícara de café; ou faça sua refeição favorita. Reserve um tempo de seu dia para priorizar seu bem-estar e, ao mesmo tempo, fazer o que precisa ser feito.

Sendo Seu Próprio Suporte Emocional

Encontrar o equilíbrio entre ser seu próprio suporte emocional e confiar nos outros é difícil. Requer encontrar um equilíbrio dialético e se afastar do pensamento "tudo ou nada" de apenas ser capaz de confiar totalmente em si mesmo ou nos outros. A regulação emocional saudável requer ambos. Algumas pessoas conseguem encontrar facilmente o equilíbrio, enquanto outras se arraigam nos extremos ou oscilam. Quanto mais você praticar suas habilidades de DBT, mais confiante se sentirá em sua capacidade de encontrar equilíbrio e coerência em sua vida. Nas seções a seguir, veremos algumas maneiras para praticar ser seu próprio suporte emocional.

Reavaliando seus sentimentos

LEMBRE-SE

Ao longo deste livro, discutimos como seus pensamentos e suas emoções o desviam do caminho. Use suas habilidades de mindfulness (veja o Capítulo 9) para dar um passo para trás e observar seus pensamentos e sentimentos. Familiarize-se com os erros que comete ou com as reações problemáticas que tem, observe-os, encontre compaixão e controle suas reações.

CAPÍTULO 10 **Regulando Suas Emoções** 129

Seja gentil consigo mesmo para se tornar menos reativo e abalável pelas suas emoções. Lembre-se de que você não precisa acreditar em tudo o que pensa nem agir de acordo com todos os seus desejos. Desenvolva as habilidades de que precisa para estar no comando e faça as escolhas que o movem efetivamente em direção a objetivos e relacionamentos importantes para você. Tenha compaixão quando você se desviar do curso e não perca tempo e energia emocional batendo em si mesmo.

Adotando práticas saudáveis de autorrelaxamento

Conseguir relaxar é um modo de tratar a si mesmo ao buscar tolerar ou regular suas emoções. Autorrelaxar é algo que você faz por conta própria e para si mesmo. Quando bebês, usamos comportamentos autorrelaxantes repetitivos, como chupar o dedo, acariciar ou segurar cobertores, ou nos agarrar a bichinhos de pelúcia que nos ajudam a nos acalmar ou a nos sentir melhor quando estamos chateados.

CUIDADO

Autorrelaxar pode não ter sido fácil para você quando criança ou pode ser uma habilidade que não pratica há muitos anos. Você também pode ter substituído as formas saudáveis de se autorrelaxar por formas não saudáveis, como beber, assistir excessivamente à TV, jogar videogame, fazer compras, roer as unhas, tremer as pernas, comer demais ou de menos ou trabalhar demais, para citar alguns.

Embora muitos adolescentes e adultos não chupem mais o dedo nem tenham bichos de pelúcia, eles descobriram outras maneiras de se acalmar, e ser capaz de se acalmar é uma parte importante da regulação emocional. Pense em como você se acalma. O que faz para se acalmar quando está chateado? É eficaz em curto e em longo prazo?

DICA

É fácil se lembrar de maneiras de se acalmar se você pensar em usar os cinco sentidos. Aqui estão algumas ideias:

- » **Toque:** Tome um banho quente; vista roupas macias e confortáveis; receba uma massagem.
- » **Gosto:** Beba um chá relaxante; tome um chocolate quente; coma uma tigela de sopa quente.
- » **Cheiro:** Use aromaterapia, óleos essenciais ou uma vela perfumada.
- » **Visão:** Veja fotos de seus lugares favoritos; assista a um episódio (apenas um!) de seu programa favorito; vá lá fora e olhe para as nuvens ou estrelas.
- » **Som:** Ouça sua música favorita; ouça algum som com ruído branco ou sons da natureza; vá lá fora e ouça os sons da natureza.

LEMBRE-SE

Essa é apenas uma pequena lista para lhe dar algumas ideias. Avalie o que você já faz para se acalmar que é eficaz e habilidoso. Se está trabalhando para desenvolver uma prática autorrelaxante ou deseja mais algumas ideias, escolha algumas dessa lista ou encontre outras que queira experimentar. Certifique-se de praticar pelo menos uma habilidade de autorrelaxamento por dia. Isso ajuda a acalmá-lo, e sabemos que, quando você estiver mais calmo, poderá pensar com mais clareza e será capaz de regular com mais habilidade suas emoções.

> **NESTE CAPÍTULO**
>
> » **Usando habilidades de sobrevivência em meio à crise**
> » **Vendo que tudo tem uma causa**
> » **Parando o comportamento impulsivo**
> » **Aceitando sua situação**

Capítulo **11**

Tolerando o Mal-estar

A capacidade de manejar o mal-estar com eficácia é uma marca registrada da saúde mental. Há momentos em que uma pessoa está em uma situação e não pode fazer nada em relação a ela. Na DBT, as habilidades de tolerância ao mal-estar são ensinadas para esses momentos. A *tolerância ao mal-estar* é a capacidade de uma pessoa de manejá-lo. Para pessoas emocionalmente sensíveis, o sofrimento emocional costuma ser o mais difícil de controlar. O foco do conjunto de habilidades de tolerância ao mal-estar é passar por momentos estressantes sem ficar preso na miséria ou piorar a situação. Se sua capacidade de tolerar momentos difíceis ou emoções intensas for fraca, você notará que tem tendência a ficar sobrecarregado e, às vezes, recorrer a formas mal-adaptativas, inadequadas ou mesmo destrutivas de lidar com a situação.

A capacidade de todos para lidar com o mal-estar, é claro, depende de qual é a situação estressante. Todos nós experimentamos mal-estar e estresse. Algumas situações causam um pequeno agravamento, outras são os principais estressores da vida. Quer as situações estressantes sejam pequenas ou grandes, ser capaz de passar por elas é o segredo para manter a estabilidade em sua vida. As habilidades de tolerância ao mal-estar fazem uma diferença positiva em sua capacidade de lidar com emoções difíceis e costumam ser as que as pessoas consideram mais úteis no início da DBT.

Neste capítulo, você encontrará maneiras de sobreviver e lidar com momentos difíceis sem ficar preso a um ciclo de sofrimento. Você também verá como, ao compreender que tudo é causado pelos eventos que o precederam, em vez de ficar preso na sensação de que as coisas são injustas ou não deveriam ter acontecido, pode trabalhar para reduzir o impacto de tais eventos, caso ocorram no futuro.

Manejando Momentos Difíceis com as Habilidades de Sobrevivência à Crise

Todos passam por situações difíceis. Algumas são mais chatas do que outras: ficar preso em um engarrafamento, já vinte minutos atrasado para uma reunião importante; perder um voo para casa para uma pausa muito necessária; perceber que acabou o café em uma manhã em que ele faria milagres. Há momentos, porém, em que o mal-estar é muito maior: a perda de um emprego, de um relacionamento ou de um ente querido. Para pessoas com condições como o transtorno da personalidade borderline (TPB), o mal-estar é mais insuportável do que os outros podem imaginar. Esperar o telefonema de um namorado, em particular no contexto de se sentir abandonado, leva algumas pessoas a sentir que vão morrer. Essa é a natureza das emoções intensas. Elas distorcem o tempo e fazem parecer que um momento de mal-estar foi infinito.

Curiosamente, terapeutas de DBT e pacientes com TPB não foram os únicos a reconhecer isso. Albert Einstein, certa vez, disse: "Coloque a mão na chama de um fogão por um minuto, e parece que foi uma hora. Sente-se junto daquela pessoa especial por uma hora, e parecerá que foi só um minuto. Isso é relatividade." A questão é que emoções fortes influenciam a percepção do tempo, e os momentos difíceis parecem uma eternidade. Isso é confuso para outras pessoas, que acham que a pessoa com TPB não dá grande importância a nada.

Outro aspecto curioso da experiência do mal-estar é que parece emanar do âmago do corpo, embora não haja uma parte específica do corpo para apontar. Sob tal mal-estar, se as pessoas com TPB não aprenderam habilidades de enfrentamento mais saudáveis e adaptativas para tolerar o que sentem, recorrem a comportamentos mal-adaptativos, embora imediatamente eficazes, como automutilação, uso de substâncias, comportamentos sexuais perigosos, compulsão alimentar e outros comportamentos impulsivos que parecem oferecer uma solução imediata. Em longo prazo, essas soluções tornam os problemas e as dores psicológicas ainda piores.

LEMBRE-SE

A fundadora da DBT, Dra. Marsha Linehan, e sua equipe desenvolveram vários modos de lidar com esses momentos. O primeiro grupo de habilidades do módulo de tolerância ao mal-estar são as *habilidades de sobrevivência à crise*. Use-as quando:

» Sentir uma dor emocional intensa que pareça não ter fim.

» Quiser que essas emoções acabem e pensar em adotar um comportamento que tornará as coisas mais difíceis em longo prazo.

» A situação for opressora, mas ainda assim houver demandas e obrigações a cumprir.

» Estiver motivado para resolver uma situação de imediato, mas tiver que esperar, talvez até o dia seguinte.

LEMBRE-SE

As habilidades de sobrevivência à crise são muito úteis, mas é importante não as usar para problemas diários nem para resolver todos os entraves que surgirem. Elas não são habilidades de resolução de problemas, são maneiras de passar por momentos difíceis. Um pouco de mal-estar é muito útil, desde que seja manejável. Assim, as habilidades de sobrevivência à crise devem ser reservadas apenas para o manejo de situações de crise. Se deseja mudar uma emoção, recorra às habilidades de regulação emocional, revisadas no Capítulo 10.

LEMBRE-SE

Para muitas pessoas que vivem em turbulência emocional, parece que toda sua vida está em crise. Então, o que realmente constitui uma crise?

» Uma crise é tipicamente um evento definido, que tem estresse ou talvez até trauma, e contém muitas emoções fortes, indesejáveis e dolorosas. Embora pareça que nunca acabará, uma crise tem um começo e um fim. A Dra. Linehan uma vez brincou: "Se é algo que dura para sempre e você pensa que é uma crise, é a sua vida, não uma crise."

» Uma crise precisa ser resolvida imediatamente ou você sente que precisa escapar dela de imediato.

» Uma crise não parece ter uma solução pronta. Claro, se você estivesse em uma situação difícil e pudesse resolvê-la no momento, você o faria.

Por definição, as habilidades de sobrevivência à crise são aquelas necessárias para superá-la. Mas como se superam situações tão estressantes, que a única solução parece ser correr e se esconder ou mesmo considerar algo mais destrutivo? A Dra. Linehan descreveu dois conjuntos de habilidades, o primeiro, para se distrair, e o segundo, para se acalmar.

Distraindo-se

Mais uma vez, se você está em uma situação difícil, mas que pode ser resolvida, deve resolvê-la. Distrair-se não é a habilidade para esse momento. No entanto, a solução também não deve piorar a situação. Distrair é o ato de tirar sua mente do problema que está enfrentando. É mudar seu foco de atenção.

Como você pode ver ao longo deste livro, a DBT usa muitos acrônimos, e, para esse conjunto de habilidades, a Dra. Linehan desenvolveu o ACCEPTS [aceitar]:

» **Atividades:** A ideia aqui é se lançar às atividades. Não faça algo que você possa fazer sem pensar. Se fizer isso, sua mente irá para o problema, e isso anula o propósito. Faça uma atividade que desvie sua mente do problema para a atividade. Por exemplo, é difícil ler e manter sua mente concentrada em um problema. Se não funcionar, exercite-se ou toque um instrumento.

» **Contribuições:** Contribuir é o ato de se distrair concentrando sua mente em outra pessoa ou em uma causa. Há dois benefícios nisso: o primeiro é se distrair do problema, e o segundo é fazer algo bom para outra pessoa e se sentir melhor consigo mesmo. Talvez um voluntariado para uma organização sem fins lucrativos ou fazer algo para alguém que esteja passando por dificuldades. Não precisa ser grande. O ponto aqui é que você não está trocando de emprego, apenas usando essa técnica como forma de se distrair.

» **Comparações:** Esta habilidade pode ser aplicada de duas maneiras:

- **Comparar-se a alguém em uma situação pior do que a sua:** Algumas pessoas não gostam desta prática porque sentem que não merecem uma vida melhor quando pessoas com menos do que elas não estão reclamando. Lembre-se de que elas podem não ter passado pela situação que você passou e podem não estar sofrendo.

- **Comparar-se a uma época em que você era menos habilidoso do que agora:** É uma prática de distração. Dizer "Poderia ser pior" relativiza seu problema.

» **Emoções (use opostas):** Aqui, a habilidade é se distrair de uma emoção fazendo algo que crie uma emoção diferente. Por exemplo, se está se sentindo triste, toque uma música alegre. Quando estiver triste, não coloque uma música triste, a menos que queira continuar assim. Descubra o que funciona para você, porque o tipo de música que o faz feliz não é necessariamente o tipo de música que faz outra pessoa feliz. Outras ideias são pular, dançar ou assistir a um filme ou a um videoclipe emocionante.

» **Afastamentos:** Afastar-se é uma habilidade para se distrair quando simplesmente não conseguir lidar com o que estiver acontecendo. Primeiro, faça uma lista com os principais problemas de sua vida. Então, pergunte-se sobre cada um: "Posso fazer alguma coisa sobre isso agora?" ou "É hora de resolver isso?" Se a resposta for sim, trabalhe no problema. Se for não, ignore-o e vá para o próximo.

Uma coisa que acontece com as pessoas em DBT é que, depois de um dia de luta, elas ficam acordadas até tarde ruminando os problemas do dia. Bem, no meio da noite não há nada que se possa fazer. A melhor coisa é se afastar, ter uma boa noite de sono e depois deixar a mente, mais descansada, lidar com a situação em um momento em que será mais provável resolvê-la. Ao passar pelos itens da lista, decida se pode lidar com eles no momento ou se pode deixar para depois. Trata-se de reconhecer que não é o momento de fazer tal coisa e que tentar lidar com o problema seria ineficaz.

» **Pensamentos:** Esta é a prática de se distrair de uma crise concentrando sua mente em algum pensamento, como o de contar até dez, nomear países de A a Z ou nomear objetos de determinada cor em sua sala. Mantenha sua mente ocupada. Um pensamento que funciona muito bem para algumas pessoas é pensar "mente" ao inspirar e "sábia" ao expirar.

» **Sensações:** Use as sensações para se distrair. É uma das melhores habilidades para usar ao passar por uma dor emocional extrema ou quando estiver dominado pela necessidade de fazer algo que não é de seu interesse em longo prazo. Por exemplo, tome um banho quente ou frio. Segure um pedaço de gelo até que derreta. Chupe uma bala de hortelã de sabor intenso. Sinta um cheiro forte. Precisa ser intenso. Faça o que fizer, não faça nada que o prejudique. Se for segurar gelo, por exemplo, não o faça até o ponto de congelar sua pele.

Acalmando-se

LEMBRE-SE

As habilidades de sobrevivência à crise consistem em se acalmar concentrando-se nos cinco sentidos. Ao fazer isso, o foco de sua mente muda da situação estressante para algo totalmente diferente. Dá a você uma pequena pausa e lhe permite se reconectar com o mundo ao redor. Use seu sentido de:

> » **Visão:** Estimule esse sentido olhando para algo — por exemplo, observe as pessoas em um shopping, focalize as chamas da lareira ou vá a um parque e observe a natureza.
>
> » **Audição:** Sente-se em uma sala e apenas ouça os sons de sua casa. Ou saia e ouça o vento soprando nas árvores, os sons do tráfego ou o som das pessoas murmurando ao fundo.
>
> » **Olfato:** Acenda uma vela perfumada e cheire-a. Descasque uma laranja e sinta o perfume cítrico. Pegue seu sabonete ou loção favorita e aprecie o perfume enquanto lava as mãos e aplica a loção.
>
> » **Paladar:** Lentamente, deixe seu chocolate favorito derreter em sua boca ou desfrute de sua xícara de chá favorita. Concentre-se apenas no sabor.
>
> » **Tato:** Esfregue suas mãos sobre seu material favorito, ou acaricie seu cachorro ou gato. Enrole-se em seu lenço favorito ou use seu pijama mais confortável.

Reconhecendo que Tudo Tem Motivo

Muitas pessoas que sofrem sentem como se algo ruim estivesse sendo feito a elas, e muitas vezes acham que está sendo feito com más intenções. Outra maneira que elas têm de pensar sobre as situações difíceis é que as coisas *simplesmente acontecem*, e talvez porque mereçam, afinal, acham que tudo acontece *somente com elas*. Coisas ruins acontecem. Mas as coisas não "simplesmente acontecem"; tudo tem motivo.

Muitas vezes, pensamos: "Qual é a causa-raiz dos meus problemas (ou daqueles de meus entes queridos)?" A DBT é muito diferente de muitas outras terapias porque não gastamos muito tempo investigando causas. Uma parte importante de aprender a aceitar a realidade, como você descobrirá nas seções a seguir, é reconhecer que todo evento e toda circunstância têm uma causa. Quando vir que tudo tem uma causa, parará de dizer: "Por que isso aconteceu comigo?" Em vez disso, como reconhecerá que os eventos têm causas, fará sentido, você goste ou não, que as coisas aconteçam da maneira que acontecem.

LEMBRE-SE

Quando você diz que as coisas são injustas e que não deveriam ser do jeito que são, fica em negação. Claro que as coisas são como deveriam ser. Como não o seriam? Como tudo tem motivo, as coisas são como são graças a ele. Gostar disso ou não é irrelevante. Se você não gosta do resultado, não gosta. Se gosta, gosta. Ele não mudará.

Vendo um exemplo da vida real

Imagine que seu patrão exija que cada pessoa de sua equipe trabalhe em um dos feriados nacionais. Na semana anterior a cada um deles, se as pessoas não conseguirem decidir entre elas, haverá um sorteio, sendo que a pessoa que tiver que trabalhar em um feriado não precisará no seguinte. Ainda faltam o Dia da Independência, o Natal e o Ano-novo, e vocês são três. Você disse às pessoas que não se importava com o feriado, e as outras duas queriam folgar no Dia da Independência. Então seu melhor amigo de infância, que você não vê há anos, avisa que estará na cidade na época. Você fala com seu patrão, mas ele diz que já está decidido. Então pergunta aos outros dois funcionários, e eles dizem o mesmo.

Então você recorre ao sorteio, já que seria o protocolo em caso de desentendimento. Os outros dois concordam com relutância, e seu patrão anota os três feriados em pedaços de papel, dobra-os e coloca em uma caixa. Agora você tem duas chances em três de não ter que trabalhar no Dia da Independência. Está animado, porque agora está em suas mãos. Cada funcionário tira um pedaço de papel da caixa e o abre. Você abre o seu. Dia da Independência. Você estava satisfeito antes do sorteio, talvez um pouco ansioso. Seus colegas estavam chateados antes do sorteio, sentindo que haviam sido enganados. Agora você está chateado: "Não é justo! Meu amigo está vindo depois de anos!"

Você se esqueceu de que tudo tem motivo. Se sua empresa não tivesse regras de que alguém precisa trabalhar em cada feriado, se tivesse sido designado para outro feriado no início do ano, seus dois colegas ficariam felizes em trabalhar no Dia da Independência; se você não soubesse de repente que seu amigo estava a caminho, se tirasse um pedaço de papel diferente da caixa, então as coisas seriam diferentes. Não foi isso o que aconteceu. Sua situação foi causada pelos eventos que a precederam. Seus colegas estão felizes, e você está chateado. Faz sentido que esteja chateado, mas, goste ou não, esse foi o resultado, e foi causado por tudo o que aconteceu.

CAPÍTULO 11 **Tolerando o Mal-estar** 139

Mudando sua perspectiva

Se você não gosta de dizer que tudo é como deveria ser, diga: "Tudo tem motivo. Mesmo aquilo de que não gosto." Imagine que está na praia, e a água está agitada. Você está sentado com seu filho e vê um pai com dois filhos pequenos com dificuldade em impedi-los de correr para a água. Ele está arrumando as coisas e se preparando para ir embora, e, em um momento de distração, um de seus filhos foge em direção ao mar, pula nas ondas, é puxado e quase se afoga.

Você diz: "Isso nunca deveria ter acontecido." Na DBT, dizemos que deveria ter acontecido. O tempo havia agitado as ondas, o pai tinha dificuldade em controlar os filhos, tentava arrumar as coisas e estava distraído, a criança não sabia nadar e ficou intrigada com a água, e você estava com seu filho, sem poder deixá-lo para ajudá-los. Faz sentido que as coisas tenham acontecido como aconteceram. Todos os eventos anteriores levaram a esse evento. Se as condições fossem diferentes — se você não estivesse com seu filho, se o pai tivesse acabado de trazer um filho, se a água não estivesse agitada, se ele não tivesse se distraído —, então as coisas não teriam acontecido assim. Mas não podemos desejar que as condições desapareçam. Eles são o que são.

Só costumamos considerar isso quando as coisas não acontecem do nosso jeito. Uma água calma e filhos obedientes ao pai, e nada aconteceria. Estamos dispostos a aceitar que nada de ruim aconteceria. As condições para a criança quase se afogar estavam presentes e fizeram com que ela quase se afogasse. Faz sentido que a criança não tenha passado por isso quando a situação estava mais calma, mas quando as condições estavam mais difíceis. Para que as coisas não tivessem acontecido como aconteceram, seria necessário, de alguma forma, voltar no tempo e mudar os motivos. E o problema é o seguinte: todos os motivos têm seus próprios motivos.

Aceitar a realidade como é também significa aceitar que tudo tem motivo. Isso não significa que você aprova que a criança quase tenha se afogado ou que acha que foi bom. Se fosse o pai da criança, faria algo diferente da próxima vez que fosse à praia com tempo ruim. Talvez levasse outra pessoa, talvez nem fosse, talvez levasse apenas um filho por vez. No entanto, seja o que for que escolha fazer da próxima vez, você não pode mudar o que realmente aconteceu.

LEMBRE-SE

Pense em uma situação de sua vida. Em vez de dizer "Não deveria ter acontecido", você consegue pensar nos motivos? No que causou o evento? Depois de perceber isso, você percebe que dizer "Não deveria ter acontecido" não faz sentido. Você pode dizer "Não gostei que o evento tenha acontecido", mas não que não deveria ter acontecido. Imagine que alguém

140   PARTE 3 **As Habilidades da DBT**

deixa cair um ovo e ele se espatifa em um chão duro, fazendo uma bagunça. Se você disser que isso não deveria ter acontecido, significa que está em um planeta em que a gravidade não puxa as coisas para baixo, os ovos têm cascas muito mais grossas ou o chão não é nem um pouco duro. Você não gostar de algo que aconteceu não muda as leis da ciência. Mudar seu pensamento de "Isso não deveria ter acontecido" para "Pergunto-me o que causou isso" lhe dará a oportunidade de começar a abordar os motivos se uma situação semelhante surgir novamente.

Limitando a Impulsividade

Quando você está sob um intenso mal-estar, fica propenso a voltar a antigos comportamentos, e o impulso de fazer algo destrutivo é forte. Sem restringir o comportamento impulsivo, você volta aos padrões repetitivos. As seções a seguir descrevem métodos para conter o comportamento impulsivo.

Obtendo gratificações de curto prazo

Comportamentos como automutilação, uso de drogas ilícitas e álcool, encontros sexuais perigosos e intensos e dirigir em alta velocidade proporcionam gratificação instantânea. Entretanto, é tudo o que fazem. Eles não resolvem o problema com o qual você está lidando, e muitas vezes são comportamentos que fazem você se sentir pior por ter se engajado neles.

Você sente que nunca será amado. Então conhece uma pessoa em um aplicativo de relacionamentos. Ela diz que você é atraente e que gostaria de namorá-lo. Você fala que não fará sexo no primeiro encontro e sai com a pessoa. Você gosta dela. Ela insiste em que quer fazer sexo, e você fica feliz por ela querer estar com você. Ela promete que está interessada em mais encontros, mas que quer fazer sexo naquela noite. Você assumiu o compromisso consigo mesmo de que não fará sexo no primeiro encontro, mas está desesperado. Quebra seu compromisso e dorme com a pessoa. Talvez ela não seja muito atenciosa durante o sexo, mas você gosta da sensação de atenção. No entanto, uma vez que o sexo acaba, ela pergunta se você se importa em ir embora. Você se sente péssimo consigo mesmo e sente muita vergonha por ter violado seus valores e seus compromissos. O ideal era ter parado no momento em que a pessoa falou que queria fazer sexo naquela noite.

LEMBRE-SE

Em situações como essa, use a habilidade STOP. Tal como acontece com muitas habilidades da DBT, STOP é um acrônimo (em inglês):

» **Pare.** Não reaja a qualquer impulso que sentir. Mantenha o controle de seu corpo. Não clique em Enviar, se pretendia enviar uma mensagem de texto ou e-mail negativo; não se machuque. Permaneça perfeitamente imóvel.

» **Dê um passo para trás.** Retire-se da situação. Afaste-se de seu dispositivo. Afaste-se da pessoa com quem deseja gritar. Respire lenta e profundamente. Não aja de forma impulsiva ou com base em emoções fortes.

» **Observe.** Reserve um momento para observar seus pensamentos, intenções, anseios, emoções, sensações, arredores e o ambiente. Qual é a sua experiência atual? Articule-a lentamente para si mesmo.

» **Prossiga em mindfulness.** Depois dos três primeiros passos, pense sobre seus objetivos na situação atual. Faça o que fizer, aja com consciência. Isso não significa que você não fará o que seus desejos lhe dizem para fazer; significa apenas que, seja o que for que vá fazer, examinou sua resposta e usou sua mente sábia para prosseguir. Pergunte a si mesmo se a ação tornará sua situação melhor ou pior e, em seguida, aja no interesse de seus objetivos de longo prazo. Às vezes, a melhor maneira de proceder é não agir.

Melhorando sua situação

Se não consegue resolver sua situação no momento e se lembra de que o ideal é resolvê-la se puder, e, se estiver em uma crise, considere melhorar a situação. Ao melhorar o momento, você trabalha para tornar a situação melhor, pelo menos em sua mente. A Dra. Linehan usa siglas para ensinar, e aqui, novamente, a habilidade IMPROVE [melhorar] é uma delas:

» **Imagística:** Esta é a prática de mudar uma situação em sua mente. Imagine uma situação diferente daquela em que está. Se ficou preso em um avião que não decolou devido ao mau tempo, imagine a bela praia em que estará quando o avião finalmente decolar e chegar ao destino. Outro modo de usar essa habilidade é imaginar outra experiência em sua situação atual.

Idealmente, e isso é verdade para todas as habilidades da DBT, pratique essas habilidades quando não precisar delas, de modo que, quando precisar, elas estejam assimiladas. Isso vale para a maioria das habilidades da vida. A hora de praticar natação é quando a água está calma e você tem um professor. Pular em um oceano revolto não é a melhor primeira vez.

» **Significado:** Esta é a prática de dar sentido à situação em que você se encontra. Pode ser particularmente difícil ter que enfrentar uma infinidade de problemas e depois querer desistir, sentindo que a vida não vale a pena ser vivida. Ao dar sentido ao que está passando, você encontra um propósito para seu sofrimento. Se você é uma pessoa de fé, pode pedir a seu líder espiritual para ajudá-lo com isso. Talvez você encontre uma pessoa em um grupo com quem se importe, e então seu sofrimento terá sido útil, porque, sem ele, não a teria conhecido. A ideia aqui é pensar em alguma razão positiva para as coisas serem como são.

» **Oração:** Nem todos são religiosos ou pessoas de fé, mas, se você for, a oração é útil em uma crise. Existe um famoso aforismo de guerra que diz: "Não há ateus em trincheiras." A ideia é a de que, em tempos de crise, as pessoas têm um aumento da fé. Se você tiver fé, a oração é uma forma maravilhosa de ajudá-lo a atravessar a crise.

» **Relaxamento:** Com frequência, quando estamos em crise, ficamos tensos, e nossos músculos se contraem. Você não relaxa nessas circunstâncias. Seria bom se conseguisse "simplesmente relaxar" quando alguém lhe dissesse para fazer isso, e, na verdade, você pode. O primeiro passo é tensionar os músculos. Parece controverso, mas, ao tensionar excessivamente, o relaxamento dos músculos ficará mais óbvio. Tensione e solte, tensione e solte. Isso funciona até em público. Se tensionar os músculos das pernas, por exemplo, e depois deixá-los relaxar, quem notará?

» **Uma coisa no momento:** Isso é muito semelhante à prática do mindfulness (veja o Capítulo 9). É a prática para tolerar o mal-estar que se concentra em uma coisa que você está fazendo agora, no momento presente. Fazer uma coisa no momento é útil, pois, ao focá-la, você ganha tempo para se acomodar em uma situação angustiante. Não se trata, entretanto, de uma evasão, porque em algum momento é preciso voltar e enfrentar o que o preocupa. Outra maneira de praticar isso é considerar que, muitas vezes, nosso sofrimento se intensifica quando passamos muito tempo nos concentrando em memórias de eventos passados. Ao permanecer no momento presente, reconhecemos que esses eventos passados não estão acontecendo agora — são simplesmente memórias que estão sendo lembradas. Se permanecermos focados no presente, isso tirará nossa mente do passado, e nosso sofrimento diminuirá.

» **Férias:** Poder tirar férias sempre que precisasse seria o ideal, mas raramente é o caso. A prática aqui consiste em tirar pequenas férias das preocupações. Dar uma caminhada de trinta minutos em um parque ou fechar a porta do escritório, deitar no chão e fechar os

CAPÍTULO 11 **Tolerando o Mal-estar** 143

CUIDADO

olhos. Ou mimar-se com um pouco de pipoca e assistir a um filme na TV. Às vezes, basta parar o que quer que esteja fazendo e tirar cinco minutos para relaxar.

Se for tirar miniférias, não faça nada que o prejudique. Por exemplo, se precisa terminar algo no trabalho em determinado momento, certifique-se de fazer isso; tire férias depois. Tirar férias antes e não concluir seu trabalho, e depois ser demitido, não ajuda seus objetivos de longo prazo.

» **Encorajamento:** A prática envolve encorajar a si mesmo dizendo coisas como: "Eu consigo. Eu superarei isso. Estou mais habilidoso agora. Eu não sou um fracasso." É algo difícil no meio de uma crise, portanto, a prática exige que, ao fazer isso, você o diga com toda a fé do mundo. Em outras palavras, faça com gosto. Dizer algo como "Talvez eu consiga superar este momento" não adianta. Quando estiver fazendo algo difícil, continue a se encorajar. Quando estiver escalando o topo de uma montanha, não reclame de como é difícil; encoraje-se. "Você consegue. Você pode chegar ao topo!" Claro, você tem que ser realista. Se vir um maratonista de elite correndo ao seu lado, seria tolo e desanimador dizer: "Vamos, você consegue, corra mais rápido que ele."

LEMBRE-SE

Usar essa prática é muito útil, e pesquisas mostram que as pessoas que se encorajam aumentam sua capacidade de realizar a ação na qual estão se concentrando.

Usando prós e contras

A habilidade de usar prós e contras é a prática de avaliar as vantagens e desvantagens de dado curso de ação ou de fazer certas coisas em uma situação. As especificidades dessa abordagem são que você considera a *vantagem* de se envolver em algum comportamento e, em seguida, a *desvantagem* dele. Então você considera a *vantagem* de *não* se engajar nele e também a *desvantagem*.

LEMBRE-SE

Essa prática consiste em três etapas:

1. **Articular o comportamento ou o curso de ação considerado.**

    Basta escrevê-lo.

2. **Listar os prós e os contras.**

    Há quatro partes aqui: os prós de colocar em prática o comportamento; os de *não* o colocar; os contras de colocá-lo em prática; e, por fim, os de *não* o colocar.

3. **Decidir o que é importante para você.**

    Circule os itens da lista que são coerentes com seus objetivos de longo prazo. Isso lhe dirá qual é o melhor curso de ação.

Fazendo Sua Própria Gestão de Crises

Algumas pessoas parecem ser destruídas por situações muito difíceis, enquanto outras não só não são destruídas por esses momentos, como parecem tolerá-los e até ficar mais fortes. Na DBT, as pessoas costumam ligar para seus terapeutas e pedir ajuda. Os terapeutas sugerem várias habilidades de sobrevivência à crise (abordadas anteriormente neste capítulo). Mesmo assim, como é que alguns sofrem tanto e outros, não? Mesmo se for fácil se sentir derrotado pelos desafios da vida, depois de dominar as habilidades ensinadas por seus professores e treinadas por seu terapeuta, você fará sua própria gestão de crises.

Digamos que você se candidate a um emprego e sua candidatura seja rejeitada. Uma opção é não se candidatar a outro. Outra é continuar tentando. O motivo para as pessoas desistirem diz menos sobre o que aconteceu e mais sobre o que pensam de si mesmas. Em vez de pensarem "Não consegui o emprego, isso é decepcionante", o pensamento delas segue a linha "Sou uma pessoa inútil, que ninguém quer contratar. É inútil me candidatar a outro emprego. Todos sabem que sou um fracasso".

Para lidar com uma situação difícil, primeiro aceite-a como é. As seções a seguir o orientam no processo de aceitação e apresentam algumas dicas úteis.

Aceitando sua situação

Uma abordagem é dizer que você não conseguiu o emprego para o qual estava se candidatando, o que é fatalmente correto. Outra abordagem muito diferente é concluir que você é um perdedor que ninguém quer contratar. Esses são simplesmente pensamentos, conclusões e suposições destrutivos. Mas como aceitar a realidade, em particular se for difícil? A Dra. Linehan disse que a aceitação da realidade tem três componentes: aceitação radical, mudança de opinião e disposição.

Aceitação radical

LEMBRE-SE

Aqui está a coisa mais importante a saber sobre a aceitação radical: ela é a aceitação *deste* momento. Você não está aceitando radicalmente o ontem ou o amanhã. Tudo o que precisa fazer é aceitar este momento. Isso é fácil de dizer, mas você verá que é difícil de fazer.

Então, o que é a aceitação deste momento? Pense em algo que você nem imagina aceitar, algo realmente sério: uma condição médica importante, um trauma terrível, a perda de uma pessoa querida. Como lidar com qualquer uma dessas situações? Uma forma de resolver isso é pensar em suas opções: certamente, uma opção é permanecer infeliz e passar horas intermináveis pensando na sua situação dolorosa. Outra é aceitar que isso é a sua realidade. O problema é que não aceitar a situação nunca a mudará.

Digamos que você tenha sido gravemente machucado quando criança. Recusar-se a aceitar que a mágoa aconteceu não fará com que ela suma. A situação aconteceu. Foi dolorosa, isso é certo, mas você tem que se perguntar como continuar pensando nisso o ajuda. Isso não significa que você deve ficar feliz com o que aconteceu ou negar que tenha acontecido nem que deve ficar infeliz com algo que não faz parte do momento presente. A aceitação radical é a aceitação completa e total de uma situação; significa aceitar a situação com seu corpo, sua mente e sua alma. Significa não negar, rejeitar nem lutar contra a realidade da situação.

É fácil *dizer* que você tem que aceitar algo radicalmente. É muito, muito mais difícil de fazer. Considere um problema relativamente trivial. Você está preso no trânsito e está com raiva porque se atrasará para uma reunião. Você começa a gritar com as pessoas no tráfego e percebe que sua pressão arterial está subindo. (A propósito, é interessante que dizemos coisas como "Estou preso no trânsito", mas raramente dizemos "Eu sou o trânsito". A verdade é que você está tão atolado quanto qualquer outro carro no engarrafamento!) Então se lembra de que ficar com raiva não mudará o trânsito e decide praticar a aceitação radical. Você respira algumas vezes e apenas aceita. O que tende a acontecer depois de alguns momentos é que você começa a ficar com raiva de novo, e o ciclo recomeça. A aceitação radical é a aceitação deste momento particular. É o único momento que se pode aceitar! Você não pode aceitar o amanhã. Ele não chegou.

DICA

As pessoas que praticam a aceitação radical encontram uma sensação de calma. Não é que gostem do que aconteceu com elas, é que elas sabem que o que aconteceu aconteceu, e que, em vez de ficar ruminando sobre isso, elas podem se concentrar em qualquer outra coisa. Se você está sofrendo por causa de alguma situação passada — um emprego para o qual se esforçou muito para conseguir —, tente este exercício:

> » Sentado, feche os olhos e volte a memória para o momento em que ouviu que não havia conseguido o emprego. Mantenha-o em mente.
>
> » Imagine-se ouvindo que não conseguiu o emprego e aceitando isso. Você já teve algum momento assim? Provavelmente, não!
>
> » Imagine-se ouvindo que conseguiu o emprego. Você se sentiria feliz e em paz.

O negócio é o seguinte: você pode experimentar esse tipo de concentração e paz, tenha ou não conseguido o emprego. Não se trata do trabalho. Trata-se da aceitação. Se fizer isso com o trabalho, desistirá de todas as outras coisas que possam ter acontecido. Imaginamos que seremos felizes se conseguirmos o que queremos, mas, na verdade, não sabemos, porque não vivenciamos o que não aconteceu. (Veja no próximo box, "Recuperando-se após o fracasso", um exemplo de alguém que aceitou o fracasso e obteve sucesso.)

Uma das emoções que você pode sentir ao aceitar é a tristeza. No entanto, muitas pessoas que percebem a tristeza, decorrente da aceitação, parecem ter uma carga tirada dos ombros. Essa é a liberdade que vem com a aceitação radical.

E quanto à dor física? Você consegue aceitá-la. A dor é como qualquer outra experiência, embora a maioria de nós compreensivelmente não goste dela. Imagine duas pessoas sentadas uma ao lado da outra. Uma está com dor de cabeça e se recusa a aceitá-la, enquanto a outra também está com dor de cabeça e aceita que neste momento está com dor de cabeça. Quem você acha que se sente mais tranquilo? Quem prefere ser? Sentir que é injusto ter dor de cabeça, que não a deveria ter, que é você que sempre tem dor de cabeça, simplesmente amplifica seu sofrimento. Agora imagine que a dor de cabeça acaba para ambos. Cada um tinha a dor, mas um acrescentou muitos outros elementos que o levaram ao sofrimento. A Dra. Linehan escreveu que o sofrimento e a agonia são o resultado da dor e da não aceitação. A aceitação radical remove a não aceitação, e então tudo o que resta é a dor comum.

Mudando sua mente

Seria maravilhoso se você pudesse usar a aceitação radical o tempo todo, mas é uma habilidade difícil de praticar, porque muitas vezes parece que você está sendo obrigado a fazer algo para sempre. A aceitação radical não é algo que se faz apenas uma vez. É algo que se tem que fazer indefinidamente. Se você está parado no trânsito, não é como se dizer "Aceito que estou parado no trânsito" uma vez tornasse tudo ótimo. Mesmo que perceba a paz que vem com a aceitação, logo notará o agravamento de estar no trânsito que surge quando você para de aceitar.

RECUPERANDO-SE APÓS O FRACASSO

Há uma narrativa sobre a vida do presidente Abraham Lincoln que destaca muitos de seus fracassos. É mais ou menos assim:

- 1831: Perdeu o emprego: um fracasso.
- 1832: Foi derrotado na corrida para a Legislatura do Estado de Illinois: um fracasso.
- 1833: Faliu nos negócios: um fracasso.
- 1834: Foi eleito para a Legislatura do Estado de Illinois: um sucesso.
- 1835: Sua amada, Ann Rutledge, morreu.
- 1838: Foi derrotado na corrida para presidente da Câmara de Illinois: um fracasso.
- 1843: Foi derrotado em sua candidatura ao Congresso dos Estados Unidos: um fracasso.
- 1846: Foi eleito para o Congresso dos Estados Unidos: um sucesso.
- 1848: Perdeu a renomeação: um fracasso.
- 1849: Foi rejeitado para um cargo de oficial terrestre: um fracasso.
- 1854: Foi derrotado em sua corrida para o Senado dos Estados Unidos: um fracasso.
- 1856: Foi derrotado na disputa pela indicação para vice-presidente: um fracasso.
- 1858: Foi novamente derrotado em sua corrida para o Senado dos Estados Unidos: um fracasso.
- 1860: Foi eleito presidente: um sucesso.

Agora, é claro, essa lista se concentra principalmente nos fracassos, e certamente ele teve muitos sucessos, mas o ponto da narrativa é que ele se levantava a cada vez que fracassava. E se tivesse tido sucesso em alguns de seus fracassos? Talvez, se ele tivesse ficado feliz com a situação em que se encontrava, a presidência nunca teria acontecido.

Os reveses em sua vida não definem você. São momentos de uma jornada.

Então, como voltar a aceitar? É aí que entra a habilidade de mudar a mente. É a prática de voltar a mente para a aceitação. É como querer subir ao topo de uma montanha e chegar a um entroncamento na trilha, com um caminho continuando até o topo e o outro descendo a montanha. É escolher voltar para o caminho de subir a montanha cada vez que houver opção.

Subir a montanha é exaustivo, enquanto descer é fácil. Mas, se você não voltar sua mente para a aceitação, não alcançará seu objetivo, e, muitas vezes, com a recusa em aceitar a realidade da situação vem o comportamento antigo e, com isso, o sofrimento. Mas aceitar remove o sofrimento, e então você se reduz à dor comum. A dor comum é mais fácil de suportar do que a mesma dor com a negação. Então você começa a aceitar e volta à negação. O que fazer? Volte a mente à aceitação de novo, de novo e de novo.

LEMBRE-SE

Mas como mudar a mente?

1. **Observe que você não está aceitando a situação.**

   A dica de que você não está aceitando é que está com raiva, faz julgamentos, diz que as coisas não deveriam ser do jeito que são ou está se envolvendo muito com a autopiedade repetitiva e ineficaz.

2. **Comprometa-se consigo mesmo a aceitar.**

   Esse compromisso não é o mesmo que aceitação radical; é apenas assumir o compromisso de que você fará com que sua mente volte a se comprometer. Observe que você não está se comprometendo e diga: "Estou me comprometendo a voltar a me comprometer." Agora repita. Faça quantas vezes forem necessárias, cada vez que estiver em negação.

Vamos voltar à situação em que você está preso no trânsito. Você se atrasará para uma reunião importante, mas o tráfego mal está se movendo. Você começa a perceber que está tendo muitos pensamentos de negação: "Isso é terrível", "O que há de errado com essas pessoas?", "Isso vai durar para sempre", "Serei demitido".

Você percebe todos esses pensamentos e se lembra de praticar a mudança da mente. Você pode substituir alguns dos pensamentos que está tendo? Por exemplo, pode dizer a si mesmo: "Esta situação é difícil, mas, no grande esquema de tudo, não é uma catástrofe." Também pode dizer: "Não gosto da situação em que estou. É frustrante." Você também pode dizer: "Sei que tudo tem uma causa. Há um motivo para o tráfego estar lento. Os outros motoristas não estão fazendo isso intencionalmente para me frustrar." Você percebe que está se sentindo mais calmo, mas logo percebe que está se sentindo estressado novamente. Então apenas repete a prática indefinidamente.

A ideia principal é a de que você está tentando passar da negação para a aceitação radical, e o primeiro passo é mudar a mente. Mas e se você não quiser mudá-la? É aí que entra o terceiro componente da aceitação da realidade, que é a prática da disposição. Continue lendo.

Disposição

LEMBRE-SE

Então, o que é disposição? *Disposição* é a prática de não lutar intencionalmente, permitindo que as coisas sejam como são e concordando em participar do mundo e de tudo o que acontece. A disposição, em essência, é uma atitude.

Imagine subir uma montanha com duas outras pessoas no seu grupo. Ambas são relativamente destreinadas. A primeira reclama o tempo todo. A segunda aceitou a dificuldade. A primeira fica muito chateada, diz que gostaria que fosse menos íngreme, que desistirá e que não está feliz. A atitude dessa pessoa muda a inclinação da montanha? Não. A montanha, como a vida, terá suas partes mais fáceis e as mais difíceis. Você pode ficar chateado o quanto quiser, mas cada passo continuará vindo.

Então, quais são suas opções, se continuar escalando? Você poderia descer a montanha por conta própria. Ou simplesmente ficar lá e não fazer nada além de reclamar. Ou dar um passo à frente. A disposição é esse passo.

Agora, imagine que, em vez de ter dificuldade para escalar a montanha, você fosse um companheiro de caminhada. Imagine que caminhar fosse algo em que você fosse bastante bom e que, em vez de você, fosse seu companheiro dizendo: "Não gosto desta montanha. É muito íngreme. Não vou fazer isso." O que você pensaria? Gostaria de fazer outra caminhada com essa pessoa? Provavelmente não. Quem chegará ao topo é quem dá os passos necessários, sejam quais forem as condições. Isso é boa vontade. Fazer o oposto — isto é, recusar-se a fazer o que é necessário — é obstinação. Participar totalmente do que for necessário com as condições em questão é disposição.

LEMBRE-SE

Uma coisa com que algumas pessoas se preocupam é que, se estiverem dispostas a aceitar, estarão de acordo, ou cedendo, ou a outra pessoa vencerá. Não é nada disso. Aceitação é uma habilidade que diz: "Estou disposto a aceitar que as coisas são como são e participarei da vida de qualquer maneira."

Obstinação é o oposto de disposição. É esquecer que você faz parte de tudo na vida. É uma recusa em participar da vida. A obstinação é a terrível criança de dois anos tendo um acesso de raiva e dizendo "não" a tudo o que lhe é oferecido, não importa qual seja a situação. A obstinação não é apenas algo que pessoas emocionalmente sensíveis fazem. Todos nós já experimentamos e agimos com obstinação. Em qualquer momento em que nos recusamos a aceitar a realidade de uma situação, fomos obstinados. A maneira de direcionar a obstinação quando ela aparece é perceber que ela existe e, em seguida, rotulá-la como obstinação. Aceite que isso apareceu e volte sua mente para a disposição.

Muitas pessoas descobrem que, embora queiram mudar de ideia, têm dificuldade em fazê-lo. Um truque é usar uma postura corporal de disposição. Por exemplo, em vez de cerrar os punhos, sente-se e abra as mãos e, em seguida, coloque-as no colo com as palmas para cima. Assim você diz à sua mente que está disposto, mesmo quando ela não estiver.

Se isso não funcionar, a próxima ideia é perguntar a si mesmo: "Qual é a ameaça? O que estou temendo? Por que não estou disposto a fazer o que tenho que fazer?" Normalmente, a obstinação que não cede está relacionada a uma ameaça e a uma percepção de que estar disposto é perigoso e que talvez percamos algo. Se houver, de fato, uma ameaça, então sua postura é compreensível, e, nessa situação, a tarefa é lidar com a ameaça. A disposição é a ação oposta à obstinação; nesse estado, você age de modo oposto àquele como reagiria ao medo da ameaça.

Uma dica rápida

Uma das reclamações que algumas pessoas têm ao tentar lidar com o sofrimento é que muitas das habilidades da DBT não funcionam tão rapidamente quanto alguns dos comportamentos autodestrutivos — e elas estão absolutamente corretas. Infelizmente, a razão para alguns dos comportamentos mais autodestrutivos persistirem é eles funcionarem com muita rapidez.

A habilidade TIP [dica] é a maneira da DBT de usar a resposta fisiológica do corpo e, ao mudar rapidamente sua química, mudar os pensamentos por meio da mudança do foco da atenção. Quando um novo paciente, que pode estar em crises frequentes, entra no tratamento da DBT e está com uma dor emocional extrema, a habilidade TIP é uma das melhores para reduzir a intensidade rápido. Veja como funciona:

» **Temperatura:** Encha uma tigela grande com água fria. Adicione cubos de gelo à água para torná-la ainda mais fria. Respire fundo, coloque o rosto na tigela e o mantenha ali por trinta segundos. Se precisar, repita mais duas ou três vezes. Isso diminuirá rapidamente a intensidade de suas emoções.

» **Exercícios intensos:** Faça algum exercício que o deixe sem fôlego. Corra em torno de uma pista até não aguentar mais; faça uma prancha até não poder mais sustentá-la; levante pesos até a falha muscular. Faça tudo isso o mais rápido que puder.

» **Respiração ritmada:** Diminua sua respiração. Inspire lentamente pelo nariz, contando quatro ou cinco segundos e depois expire ainda mais lentamente, com os lábios franzidos, contando até sete ou oito. Se quiser, ao inspirar, pense "Inspiro para ficar calmo", e ao expirar diga "Expiro para ficar calmo". Faça esse tipo de respiração por cerca de dois minutos.

> **Relaxamento muscular progressivo:** A maneira mais eficaz de fazer isso é respirar compassadamente e, ao inspirar, tensionar todos os músculos do corpo. Observe o que sente. Em seguida, prenda a respiração por alguns segundos e, ao expirar, libere toda a tensão dos músculos; observe as sensações. Se desejar, escolha diferentes conjuntos de músculos por vez — por exemplo, emparelhe a respiração com a tensão dos braços, das pernas ou do abdômen.

Uma rebelião alternativa

A habilidade da rebelião alternativa foi desenvolvida quando a Dra. Linehan percebeu que um dos grandes apelos de certos comportamentos é que fazer coisas arriscadas gera excitação. Uso de drogas, encontros sexuais potencialmente perigosos e dirigir muito rápido costumam levar as pessoas a experimentar uma emoção que, embora temporária, é suficiente para fazê-las se sentir vivas. Embora, para muitas pessoas, a razão e a função de tais comportamentos não sejam essa excitação, ela o é para outras, e ser um rebelde que desafia regras e estereótipos pode ser viciante.

Para essas pessoas, a habilidade da rebelião alternativa é o foco intencional em encontrar uma forma alternativa de se rebelar, mas que envolva menos risco do que o comportamento original. Por exemplo, fazer uma tatuagem, colorir o cabelo de maneira diferente, usar roupas casuais para uma entrevista importante, fazer um piercing, ilustrar mensagens de amor grafadas em tinta impermanente. A forma exata que a rebelião alternativa assume depende do comportamento que a pessoa está tentando substituir. A ideia básica é a de que, se algum comportamento é a manifestação da necessidade de ser um rebelde e de impor isso à sociedade, existem maneiras menos autodestrutivas de fazê-lo. Por exemplo, digamos que precise usar gravata para trabalhar. Você odeia usar gravata, e seu chefe está ameaçando demiti-lo por se recusar a usá-la. Você pode decidir usar uma gravata ultrajante para trabalhar ou uma com uma mensagem política. Dessa forma, mantém as políticas e, ainda assim, se rebela dentro de sua natureza.

> **NESTE CAPÍTULO**
>
> » Ficando ciente dos obstáculos
> » Pedindo o que você quer
> » Conhecendo o básico da validação
> » Cultivando seus relacionamentos
> » Priorizando seu respeito próprio

Capítulo **12**

Aumentando Sua Eficácia Interpessoal

O último dos quatro módulos da DBT padrão é o de eficácia interpessoal. Não é incomum que pessoas que lutam para controlar as emoções também tenham algumas dificuldades nos relacionamentos. Para alguns, é difícil desenvolver relacionamentos, e para outros, é um desafio manter relacionamentos importantes. No módulo de eficácia interpessoal, você aprende três habilidades da DBT que o ajudarão em seus relacionamentos: a habilidade DEAR MAN para ajudá-lo a pedir o que você quer; a habilidade GIVE para ajudá-lo a cuidar de seus relacionamentos; e a habilidade FAST para ajudá-lo a dizer não de uma forma que mantenha seu autorrespeito e que respeite a outra pessoa. (Veja os Capítulos 9, 10 e 11 para obter mais informações sobre os três primeiros módulos da DBT padrão.)

Antes de Começar: Estando Ciente dos Obstáculos

LEMBRE-SE

Mesmo que você não lute contra as emoções, relacionamentos são difíceis. Muitas coisas podem atrapalhar sua eficácia a qualquer momento. Como os relacionamentos são complicados e você leva suas próprias vulnerabilidades a cada interação, assim como a outra pessoa, é útil ter em mente os tipos de obstáculos que podem aparecer. A Dra. Marsha Linehan, criadora da DBT, apresentou uma lista de elementos que atrapalham a eficácia interpessoal. Observe que eles atrapalham todas as pessoas. Mantê-los em mente o ajudará quando você olhar para trás e se perguntar o que deu errado ou, por outro lado, o que deu certo!

» **Você não tem as habilidades.** Lembre-se de que a DBT é um modelo para tratar o *deficit* de habilidades. Muitas pessoas que a procuram não têm habilidades em áreas muito específicas. Com frequência, a dificuldade em controlar as emoções leva a dificuldades em relacionamentos, para os quais é necessário ter tipos específicos de habilidades. A DBT as ensina.

» **Você não sabe o que quer.** É difícil ser eficaz sem saber o que quer. Isso faz parecer que você recusa tudo o que é sugerido — não porque as soluções não sejam razoáveis, mas porque você não tem certeza de seu objetivo ou do resultado desejado. Essa situação é comum quando se age com base na mente emocional, quando a resolução de problemas é difícil devido a ser impulsionada fortemente pela forma como se sente no momento (veja detalhes no Capítulo 3). Esse tipo de interação faz com que a outra pessoa se sinta ineficaz e frustrada, e você, invalidado e não ajudado.

» **As emoções atrapalham.** As emoções são um dos maiores e mais comuns culpados da ineficácia interpessoal. Todos já pensamos: "Não acredito que disse/fiz isso." Você fez porque foi impulsionado pelas emoções e não parou para pensar. São momentos em que prejudica seus relacionamentos e depois precisa se recompor, assumir a responsabilidade e pedir desculpas. Além disso, muitas vezes ouvimos de nossos pacientes que aqueles com quem convivem dizem que eles são "exagerados". Esse é o preço das emoções intensas e desreguladas nos relacionamentos.

» **Você esquece ou sacrifica seus objetivos de longo prazo pelos de curto prazo.** Quando se é dominado por fortes emoções, é fácil perder de vista os objetivos de longo prazo e priorizar o desejo do momento. Quando você está passando por um momento difícil, pode cancelar planos com seus amigos ou simplesmente não aparecer, porque se sente melhor em casa ou porque sair é insuportável. No entanto, com o tempo, você pode se sentir excluído, e seus amigos podem achar que não é confiável e parar de convidá-lo. Você priorizou sua meta de curto prazo de evitar uma situação que provoca ansiedade em relação à de longo prazo de manter relacionamentos importantes.

» **Outras pessoas atrapalham.** Há ocasiões em que você pode começar a ser eficaz e depois encontrar pessoas mais poderosas do que você — um chefe, um professor, um técnico, um supervisor, um policial ou outra pessoa. Há momentos em que começa a ser eficaz, mas, quando percebe que o poder deles atrapalha seus planos, você se torna ineficaz.

» **Pensamentos e crenças atrapalham.** Seus pensamentos têm um impacto significativo em seu comportamento, e alguns atrapalham seus relacionamentos. Por exemplo, pensamentos sobre merecer ou não as coisas, acreditar que sabe como as pessoas se sentem e insistir que você está certo ou pensamentos de autoaversão — quando você está convencido e talvez até convença os outros de que é uma pessoa terrível — entram no caminho de seus relacionamentos. Com o tempo, os comportamentos decorrentes desses tipos de pensamentos dificultam mantê-los.

LEMBRE-SE

Pense nessa lista e em como ela se aplica a você. Estar ciente dessas barreiras é o primeiro passo para agir de maneira diferente, o que o ajudará a criar e a manter os relacionamentos significativos que deseja. Certifique-se de usar essa lista como uma ferramenta e um alerta, não como motivo para se culpar!

Dominando as Habilidades DEAR MAN

As habilidades DEAR MAN são usadas para efetivamente pedir o que você quer, o que chamamos de *eficácia objetiva*. São elas: descrever, expressar, ser assertivo, reforçar, manter-se em mindfulness, aparentar confiança e negociar.

Pense em quantas coisas você pede, grandes e pequenas, em seus relacionamentos. Se perceber que tem evitado pedir, essa habilidade também é para você. Você precisa saber como se sentir confiante para pedir aquilo de que precisa. Agora, descobrirá que algumas coisas são fáceis de pedir, enquanto outras são muito mais difíceis. Isso tem a ver não apenas com o que você pede, mas a quem. Com frequência, ouvimos de entes queridos que *o que* a pessoa está pedindo é razoável; contudo, *como* o pede é problemático e dificulta que o pedido seja atendido. A mente emocional transforma o pedido em algo exigente ou ameaçador ou, por outro lado, indireto, com a expectativa de que as outras pessoas leiam sua mente. Se pensar nas barreiras que acabamos de analisar na seção anterior, quase todas atrapalham um pedido eficaz. As seções a seguir o ajudam a ver as habilidades DEAR MAN em ação.

DICA

Observe que esse acrônimo é bastante longo. Há uma razão para isso. Ao aprender e praticar essas habilidades pela primeira vez, use o acrônimo como um roteiro ou guia. Pedimos que anote o acrônimo DEAR MAN antes de usá-lo para pedir algo. O ato de escrever primeiro o ajudará não apenas a organizar seu pedido, mas também a atrasá-lo. Desacelerar o ajudará a esclarecer exatamente o que está pedindo e como deseja fazê-lo. A pausa do DEAR MAN é uma barreira maravilhosa para pedidos baseados na emoção, bem como um modo de mantê-lo focado no que deseja. Conforme praticar DEAR MAN e se tornar mais habilidoso, não precisará usar o script. Idealmente, como a maioria das coisas, com a prática, isso também se tornará uma memória muscular para pedir algo.

LEMBRE-SE

À primeira vista, DEAR MAN parece um pouco opressor. Dê um passo de cada vez. Observe que, às vezes, até o DEAR MAN mais eficaz resultará em um não. Só porque você adota uma abordagem DEAR MAN não significa uma garantia de obter o que pede. Entretanto, mesmo que ouça um não a seu pedido, saiba que o fez de maneira eficaz, que se manteve regulado, não prejudicou seu relacionamento com a pessoa e saiu com o respeito próprio intacto.

Descreva

Você começa a aplicar as habilidades DEAR MAN descrevendo os fatos da situação. É uma forma diferente de começar, pois muitas pessoas começam com o que sentem. O DEAR MAN se inicia com os fatos compartilhados da situação. Pense em alguns fatos sobre os quais você e a outra pessoa concordam. Isso provou ser uma forma eficaz de aproximar a pessoa e diminuir a chance de ela ficar na defensiva ou de discutir a situação. Você não precisa de muitos fatos, apenas de alguns dos mais relevantes.

Por exemplo, descreva a sua situação assim:

> **D**escreva: *Andy fará aniversário daqui a quatro semanas, e ele convidou a mim e a quatro outros amigos para esquiar durante um longo fim de semana para comemorar. Não vejo Andy há seis meses. Como você sabe, nós nos conhecemos desde os cinco anos.*

Expresse

Depois de descrever os fatos da situação, expresse como se sente. Lembre-se de se ater ao que sente e fique atento para não supor sentimentos alheios. Mais uma vez, não se perca em seus sentimentos sobre a situação. Seja claro e conciso, como no exemplo a seguir:

> **E**xpresse: Estou muito ansioso para ver Andy e estar com meus amigos. Ficarei muito triste se não puder comemorar com ele, pois ele me apoiou muito no ano passado e sempre dá uma grande importância ao meu aniversário.

Seja assertivo

DICA

Esse é o ponto em que você faz o pedido. Para um DEAR MAN eficaz, seja claro no seu pedido. O jeito mais eficaz é com uma pergunta do tipo "sim ou não". Assim, a outra pessoa sabe o que você está pedindo e, de certa forma, é forçada a responder. Pedidos menos diretos e confusos levam a respostas confusas e pouco claras. Lembre-se de que sua meta é obter uma resposta clara, e a melhor maneira de fazer isso é com uma pergunta clara e direta, como a seguinte:

> Seja **A**ssertivo: Tenho seu aval para me ausentar no final de semana prolongado?

Reforce

O reforço é uma das partes mais importantes do DEAR MAN e definitivamente algo que retarda o processo e aumenta a eficácia de seu pedido. Em termos simples, o reforço concentra-se no que fará a outra pessoa dizer sim a seu pedido. Significa que você precisa pensar em seu objetivo, mas também na outra pessoa e no que é importante para ela. Por que ela deveria lhe dizer sim?

Reforço é algo que faz um comportamento continuar (veja mais detalhes no Capítulo 13). Um reforço pode ser algo adicionado ou removido, para conferir alívio. Para as crianças, os reforços costumam ser itens tangíveis, no entanto, à medida que envelhecemos, os reforços ficam mais complexos e abstratos, e incluem confiança, liberdade, amizade e independência.

CUIDADO

Um erro comum e óbvio é dizer algo como: "Se disser sim, isso me deixará muito feliz." Embora isso possa ser importante para a outra pessoa, é um reforço fraco, porque diz mais sobre você do que sobre ela.

Considere o seguinte exemplo de reforço:

> **R**eforce: Sei que minha ausência é ruim para você e que essa seria uma excelente oportunidade para continuarmos a construir a confiança em nosso relacionamento, que é muito importante para nós dois.

Mantenha-se em mindfulness

Esta etapa é o que chamamos carinhosamente de pontos de estilo do DEAR MAN. Quando você pede algo a alguém, é fácil se desviar. Você pode se distrair, ou a outra pessoa pode, intencionalmente ou não, desviar-se de seu pedido e evitá-lo. Ao fazer o DEAR MAN, é importante manter-se em mindfulness (obtenha detalhes no Capítulo 9) e focado. No começo, seu script o ajudará a fazer isso.

DICA

Não se distraia com outro assunto ou falando sobre o passado ou o futuro. Se perceber que está saindo do curso e se desviando do pedido, volte a ele. Na DBT, chamamos isso de *usar o disco arranhado*. Não é irritante, apenas repita o seu pedido. Tudo bem se você se distrair, mas use suas habilidades de mindfulness para perceber que se distraiu e para voltar ao que interessa.

Eis um exemplo de manter-se em mindfulness durante seu pedido a seu parceiro:

> **M**antenha-se em mindfulness: *Sei que, no passado, e em outros relacionamentos, isso foi muito difícil para você, e, ao mesmo tempo, estou falando sobre esse final de semana do aniversário e estou focado no nosso relacionamento e nos nossos objetivos.*

Aparente confiança

DICA

A forma de fazer o DEAR MAN faz uma grande diferença. Se pedir algo diretamente é uma nova habilidade para você ou se estiver ansioso, concentre-se em aparentar confiança. Fazer isso, mesmo que não se sinta exatamente assim, ajuda muito. Ao treinar para pedir de maneira confiante, considere sua postura, sente-se ereto, com os ombros para trás, faça contato visual, fale alto, não sussurre e use um tom de voz confiante. Tudo isso fortalecerá o DEAR MAN.

Negocie

A última parte do DEAR MAN é negociar. É comum ouvirmos que um ente querido não tolera ouvir um "não" e que, quando o faz, fica muito desregulado e muitas vezes sai da conversa de maneira problemática. A negociação lhe permite enfrentar um não antes de ouvi-lo. Imagine como seria ouvir um não a seu pedido e, em seguida, pensar nas habilidades que usará para se manter regulado, bem como uma forma de negociar apresentando uma contraproposta. Muitas vezes, ouvimos um não, mas existem outras opções se continuarmos a conversa e pensarmos nelas.

DICA

Para cada DEAR MAN, tenha pelo menos uma negociação. O melhor é não precisar usá-la, mas em alguns casos você precisará, e ela o ajudará a permanecer no jogo e a não sair de uma forma que prejudique seu autor-respeito ou o relacionamento.

Aqui está um exemplo da etapa de negociação:

> **N**egocie: Sei que você ainda não apoia a viagem, pois três noites parecem muito. Já que temos um mês até lá, vamos fazer uma experiência de eu sair uma noite com um amigo para praticarmos e ficarmos mais confortáveis?

Praticando a Arte da Validação

Superficialmente, a validação não parece muito difícil e parece uma boa prática para fazer com as pessoas de quem você gosta. Encontrar a sabedoria ou o que faz sentido na forma como outra pessoa se sente, e falar isso para ela, é ótimo. Para alguns, a arte da validação é mais fácil de praticar; para outros, é muito mais difícil. Isso tem a ver com seu próprio nível de sensibilidade e com quanta validação recebeu quando criança. Isso também tem a ver com seu estado de espírito: quando suas emoções são fortes ou quando age com base na mente emocional, é muito difícil validar outra pessoa. Um dos motivos é que, quando você tem sentimentos fortes sobre algo, tende a se concentrar mais em seus pensamentos e sentimentos do que nos de outra pessoa. Embora a validação seja importante para todos nós, é crucial para pessoas emocionalmente sensíveis.

CUIDADO

Como o Capítulo 2 mostra, a maioria das pessoas que procuram a DBT experimentou muitos ambientes invalidantes. Em suma, têm pais, irmãos, professores, treinadores, chefes e colegas experientes que não reconheceram sua sensibilidade emocional; em vez disso, fizeram o oposto. É importante lembrar que a maioria das invalidações é bem-intencionada e todos nós somos invalidados. Por exemplo, em um esforço para ajudar alguém a se sentir melhor, você pode lhe dizer para "esquecer" ou lembrá-lo de que "não é nada" ou que "não deve dar tanta importância". Essas frases, embora destinadas a ajudar, são muito invalidantes. Se você é uma pessoa emocionalmente sensível, não tem as habilidades para "deixar para lá" e, em vez disso, ouve a mensagem de que algo está errado com o que você sente e que ninguém entende sua dor ou aborrecimento. A invalidação crônica é uma das experiências que levam aos sintomas que fazem as pessoas buscarem a DBT e a regulação dos seus *deficits*.

CAPÍTULO 12 **Aumentando Sua Eficácia Interpessoal**   159

A validação de outras pessoas ajuda a curar as feridas da invalidação do passado e também ensina o que faz sentido sobre como você se sente quando é desafiador compreender suas emoções. A validação é crítica para manter relacionamentos, e talvez você tenha buscado a DBT porque seus relacionamentos são um desafio. Também enfatizamos a habilidade de validação para entes queridos de pessoas com transtorno da personalidade borderline (TPB), porque ser validado por pessoas que você ama ensina a autovalidação, que de muitas maneiras é nosso objetivo final. Ser capaz de se autovalidar o ajuda a navegar com mais habilidade pela invalidação do mundo ao redor.

Nas seções a seguir há informações sobre diferentes métodos de validação, validar quando discorda de alguém e o efeito dessa prática na resolução de problemas.

LEMBRE-SE

Se a validação é uma novidade para você e não está acostumado a fazê-la, será preciso praticá-la. Como todas nossas habilidades, a única maneira de melhorar na validação é praticar e estar ciente de que errará. Às vezes, parece mecânico ou "enlatado"; você pode até ser acusado de bancar o terapeuta ou de falar de um jeito estranho. Tudo bem, com o tempo, você encontrará sua voz ao praticar esse conceito com as pessoas de sua vida. E também pode descobrir que é hábil em validação quando está regulado, mas que, quando está mais emotivo ou com certas pessoas em sua vida, é mais difícil usar essa habilidade. Se for esse o caso, pratique com essas pessoas!

Diferentes métodos de validação

Uma das perguntas mais comuns que recebemos é: "Então, o que eu digo?" Como queremos que você descubra o seu jeito particular, não podemos lhe dar um script. Em vez disso, compartilhamos algumas maneiras diferentes de validar e, em seguida, aplicamos esses conceitos ao uso da habilidade GIVE, que analisamos posteriormente neste capítulo.

LEMBRE-SE

A validação não é dizer a alguém como ele se sente, mas buscar compreender sua experiência. Somos todos especialistas em como nos sentimos. Se validarmos alguém e essa pessoa disser que estamos errados ou não a entendemos, mesmo que pensemos que entendemos, devemos reconhecer que deixamos algo passar e tentamos novamente. Algumas dicas úteis o ajudarão a saber se sua validação acertou ou se errou o alvo:

> » Quando as pessoas se sentem validadas, um indicador é que a intensidade emocional e a velocidade da interação diminuem. Um segundo indicador é que elas começam a compartilhar mais sobre como estão se sentindo ou o que está acontecendo que as faz sentir de determinada maneira.

» Quando sua validação erra o alvo, a pessoa normalmente o informa de uma destas duas maneiras: ela lhe diz que você não entende ou se fecha e se afasta. Prestar atenção em como a pessoa reage é muito útil.

LEMBRE-SE

A Dra. Linehan oferece seis maneiras de validar. Elas não são hierárquicas, são apenas atitudes diferentes para praticar a validação:

» **Preste atenção.** Dar a alguém toda a atenção (desligar o telefone e a TV, e assim por diante), fazer contato visual, balançar a cabeça enquanto ele fala e fazer perguntas esclarecedoras (não interrogar) são formas de validar. Ao fazer isso, você mostra à pessoa que está interessado na experiência dela.

» **Reflita de volta.** Ao refletir de volta, você mostra à pessoa que está acompanhando o que ela está dizendo e que quer ter certeza de que entendeu bem. Para alguns, isso requer um pouco de prática, porque você não deve dizer "Você está com raiva" se alguém estiver gritando, pois isso é muito óbvio. Em vez de validar, soa paternalista. Assim, dizer "Você parece muito triste" funciona muito bem. O objetivo é mostrar à pessoa que você está ouvindo-a e, em seguida, refletir a emoção que acha que ela está sentindo.

» **Leia mentes.** Este tipo de validação é o que chamamos de "alto risco, alta recompensa". Quando dá certo, é ótimo, mas, quando não dá, você precisa ter um pedido de desculpas preparado. Ler mentes é dizer o que a outra pessoa sente sem que ela lhe diga. Para isso, preste atenção às pistas não verbais. Por exemplo, quando sua colega de quarto entra olhando para baixo, joga a bolsa no chão e não diz nada, você pode falar: "Dia difícil?" É maravilhoso ver que alguém percebe como você se sente sem ter que lhe dizer. Agora, se errar, reconheça e faça algumas perguntas para entender melhor o que está acontecendo.

» **Entenda.** Entender é ver como os sentimentos ou a posição da outra pessoa faz sentido, dada sua própria história ou quem ela é. Esse é um tipo de validação muito útil para ajudar a dar sentido a uma experiência para você ou para outra pessoa. Por exemplo: "Faz sentido que você esteja ansioso quanto a namorar, porque teve experiências muito ruins no passado."

CUIDADO

Uma observação importante sobre esse tipo de validação e a palavra *entendimento* é que, em geral, sugerimos usar a frase "Eu entendo" com moderação. A menos que você seja uma pessoa emocionalmente sensível e tenha exatamente a mesma experiência, não consegue entender de fato a experiência de outra pessoa. Preste atenção ao usar essa frase, pois ela funciona bem para alguns, mas é problemática para outros. Quando é algo problemático, sua validação bem-intencionada se perde completamente.

CAPÍTULO 12 **Aumentando Sua Eficácia Interpessoal** 161

> **Confirme o válido.** Este também é um tipo de validação muito útil quando a outra pessoa tem dificuldade em entender suas emoções. Ao reconhecer o que é válido, você diz a ela que a experiência é típica e compartilhada por outros e que se sentiria da mesma forma se acontecesse com você. Exemplo: "Faz sentido que esteja ansioso antes da sua primeira entrevista de emprego. Essas entrevistas são estressantes, em particular a primeira." Embora isso não signifique que todos se sintam assim, comunica à pessoa que suas emoções são comuns e compartilhadas por outras pessoas.

> **Mostre igualdade/autenticidade radical.** Este exemplo final de validação depende muito menos do uso de palavras. Seja você mesmo e reconheça a experiência do outro com muita autenticidade. Isso parece reconhecer a tristeza de alguém e entregar-lhe uma caixa de lenços de papel, chorar com ele quando está triste ou juntar-se a ele em sua empolgação. Esteja ciente de que, de modo algum, você está sequestrando a experiência alheia, mas usando a sua para reconhecer que as emoções dele fazem sentido.

Validando em meio à discordância

Uma das práticas mais difíceis de validação é quando você discorda do que está sendo dito. O segredo para se manter hábil em momentos como esse é lembrar que a validação diz respeito a sentimentos, e não a fatos. Sua tarefa é perceber e regular suas próprias emoções e, então, pensar mais nos sentimentos da outra pessoa e menos naquilo de que discorda. Pensar dessa maneira facilita. Ou seja, você pode discordar veementemente da posição da pessoa e também reconhecer que, como indivíduo, ela pode se sentir de tal maneira a respeito disso.

Por exemplo, você pode dizer: "Vejo que, como você sentiu que o excluí, se sentiu magoado e com raiva." Se olhar de perto, verá o pensamento dialético em ação. Mantenha sua posição de que não sente que o excluiu e a perspectiva dele do sentimento de exclusão. Ser capaz de validar alguém quando discorda é uma ferramenta poderosa de relacionamento! É fácil se polarizar em discordâncias, e a validação é uma das ferramentas que o ajudará a tolerá-las sem o prejudicar.

Resolução de problemas e validação

Resolução de problemas e validação são uma combinação interessante quando se trata de sensibilidade emocional. Para muitas pessoas, a resolução de problemas é uma validação: você reconhece meu problema e o resolve. No entanto, para pessoas emocionalmente sensíveis, não funciona assim. A resolução de problemas antes da validação é uma das maiores armadilhas para os entes queridos das pessoas que procuram a DBT. Para eles, a validação precisa vir antes da resolução. Disseram-nos muitas vezes que, quando as pessoas lhes oferecem a resolução de problemas de imediato, é como se estivessem dizendo que o problema é fácil de resolver, deixando sua dor completamente incompreendida. Obviamente, essa não é a intenção, mas é o efeito.

DICA

Se você é um solucionador de problemas habilidoso, verá que é um desafio reprogramar seu cérebro para oferecer validação primeiro. Na verdade, muitas vezes pedimos às pessoas que deem um passo adiante e pedimos aos entes queridos que validem, e então perguntamos se a pessoa gostaria de algumas de suas ideias, pensamentos, opiniões ou soluções. Muitas vezes, a pessoa sensível pode resolver o problema por conta própria, uma vez que esteja regulada novamente, e receber a validação ajuda nesse processo.

Comunicação com Habilidades GIVE

LEMBRE-SE

Outra ferramenta de eficácia interpessoal é a habilidade GIVE para relacionamentos. A principal habilidade nesse acrônimo é a validação, que abordamos na seção anterior. Usar a habilidade GIVE — ser gentil, ser interessado, validar e adotar um estilo tranquilo — permite que a outra pessoa saiba que seus sentimentos são importantes e que, dado quem ela é, eles fazem sentido. Pense na habilidade GIVE como a que o ajuda a cuidar de seus relacionamentos:

» **Ser gentil:** Esta habilidade requer delicadeza, o que faz parecer mais fácil do que costuma ser. Faça o seu melhor para evitar ataques e ameaças. Seja gentil, atencioso e curioso sobre a forma como a outra pessoa se sente. Fique longe de ser crítico ou "preto e branco". Faça um bom contato visual e mantenha uma postura corporal relaxada.

» **Ser interessado:** Mostre interesse pela outra pessoa e pelo que está acontecendo com ela. Faça perguntas abertas. Abra sua mente para aprender sobre ela e sobre o que é importante para ela. Ouça o ponto de vista dela e se prepare para ver o valor do que ela diz, mesmo se discordar. Não a interrompa; desempenhe o papel de ouvinte.

» **Validar:** Lembre-se de que você pode validar com palavras e ações. Reconheça como a pessoa está se sentindo e verifique se você está certo. Observe a situação da perspectiva dela. Abordamos a validação com mais detalhes no início deste capítulo.

» **Adotar um estilo tranquilo:** Sorria, seja leve e evite levar intensidade à troca. Se o humor faz sentido e não invalida, use um pouco de humor leve. Seja dialético; veja vários lados ou perspectivas da interação.

DICA

Pense na habilidade GIVE como adicionar um estilo ou dicas à sua prática de validação. Você descobrirá que às vezes se limitará à validação, enquanto em outras combinará sua habilidade GIVE com outras habilidades de eficácia interpessoal. O DEAR MAN é muito mais eficaz se você adicionar um pouco de GIVE, em particular se tiver que negociar ou pedir a alguém algo que sabe que será muito difícil de ser atendido.

Mantendo-se Fiel a Si Mesmo com a Habilidade FAST

A habilidade final de eficácia interpessoal é o FAST: seja justo [be fair], sem desculpar-se [no apologies], sustente os valores e seja transparente. Esta é a habilidade que o ajuda a manter o respeito próprio. Gostamos de pensar que ela o ajuda a se afastar de qualquer interação com um senso de orgulho e integridade na maneira como se comportou e sentindo que defendeu seus valores sobre como tratar outra pessoa e como dar sua opinião ou posição efetivamente. Esta é a habilidade de dizer não com eficácia e de estabelecer um limite pessoal.

CUIDADO

Algumas pessoas lutam com o respeito próprio mais do que outras. Algumas lutam para se afirmar e para afirmar suas necessidades, enquanto outras cedem a ameaças e são excessivamente agressivas ao se afirmar. Você pode perceber que sua eficácia com as habilidades FAST depende do humor ou do relacionamento. Em alguns relacionamentos, quando você é regulado, você é eficaz. Entretanto, quando está desregulado ou em relacionamentos específicos, tem muito mais dificuldade em estabelecer limites, dizer não ou se defender. A habilidade FAST o ajudará a dominar o respeito próprio.

LEMBRE-SE

Aqui estão os componentes da habilidade FAST:

» **Ser justo:** Comece sendo justo. Dê um passo para trás e observe a situação, sua posição e a da outra pessoa. Mova-se para a mente sábia — o lugar equilibrado no qual se consideram os sentimentos e os fatos da situação (veja o Capítulo 3) — para ser justo consigo mesmo e com a outra pessoa. Veja toda a situação e múltiplas perspectivas sobre ela.

» **Sem desculpar-se:** Lembre-se de que você pede desculpas quando faz algo que vai contra seus valores e que foi prejudicial à outra pessoa. Depois de fazer isso, você se desculpa uma vez e se compromete a fazer algo diferente da próxima. Pedir desculpas excessivas degrada seu autorrespeito. Não se desculpe por pedir algo, por dizer não a alguém ou por estar vivo. Não fique com vergonha nem aja como se tivesse feito algo de errado; em vez disso, afirme-se. Peça desculpas apenas quando for necessário!

» **Sustentar os valores:** Não negocie o que é importante para você. Preste atenção a seus valores e a sua moral e mantenha-se fiel a eles. Às vezes, isso significa precisar diminuir o ritmo antes da interação e identificar o que é importante para você.

» **Ser transparente:** Não se esconda atrás de generalizações ou de outras pessoas. Fique longe de frases como "Todo mundo faz isso" e "Deve ser assim". Seu limite é seu, portanto, certifique-se de levar o crédito por ele. Não invente desculpas, não exagere nem subestime seu ponto de vista.

Combinando GIVE e FAST

Descobrimos que a maneira mais eficaz de usar a habilidade FAST é combiná-la com GIVE. A maioria das pessoas concordaria que você acata melhor limites quando parece que a outra pessoa parou para considerar seus sentimentos. A habilidade GIVE (ser gentil, ser interessado, validar, adotar um estilo tranquilo) é o ponto perfeito para começar.

Aqui estão alguns exemplos do que gostamos de chamar de combo GIVE FAST. Use a habilidade GIVE, depois a palavra "e" ou "ao mesmo tempo", e então, FAST (ser justo, sem desculpar-se, sustentar os valores, ser transparente):

> *Vejo que você está realmente preocupado em perder a festa do final de semana com seus amigos e que voltou para casa duas horas depois do toque de recolher, então nosso acordo é que você fique aqui no próximo final de semana.*

> *Percebo que você está com muita raiva, vou encerrar a ligação se continuar gritando comigo e me xingando.*

> *Sei que você quer sair com seus amigos esta noite e que fez planos para passar a noite comigo.*

LEMBRE-SE

Você notará nos exemplos que começa com a habilidade GIVE e com a validação e então vai para a FAST. Você coloca "e" ou "ao mesmo tempo" entre elas para criar um equilíbrio dialético. Embora pareçam oposições, recebem o mesmo valor. Esse é um exemplo de pensamento dialético (que apresentamos no Capítulo 2).

Resumindo Tudo

As habilidades de eficácia interpessoal são algumas das habilidades da DBT mais difíceis de colocar em prática. Há muitas variáveis em cada interação interpessoal: suas emoções e as da outra pessoa, seus objetivos e os dela, e os níveis de habilidade de ambos.

Cada uma das habilidades aborda uma prioridade diferente em uma determinada interação. As três prioridades são mapeadas para as três habilidades: objetivos (DEAR MAN), relacionamentos (GIVE) e respeito próprio (FAST). Em qualquer interação, você prioriza uma dessas três habilidades. Muitas vezes, essa priorização acontece sem você perceber. Às vezes o mais importante é conseguir o que deseja, enquanto em outras você pode negociar, porque é mais importante que apoie o relacionamento e chegue a um acordo mútuo. Em outras ocasiões, a prioridade mais alta é um se afirmar e fazer-se efetivamente ouvido, mesmo que não consiga o que deseja. Pensar em seu objetivo com a interação o ajudará a decidir qual habilidade usar.

LEMBRE-SE

A melhor maneira de se tornar mais eficaz interpessoalmente é praticando. Inicialmente, você pode precisar de scripts para o DEAR MAN e de sessões de prática na frente de um espelho. Às vezes terá grande sucesso, enquanto em outras tentativas terá menos. Continue praticando, pois essas habilidades o ajudarão a ter melhores relacionamentos e a se sentir melhor em suas interações. Você também se sentirá mais eficaz em atender às suas necessidades e em compartilhar seus sentimentos.

> **NESTE CAPÍTULO**
> » Achando o equilíbrio
> » Cooperando e se comprometendo

Capítulo **13**

Minando o Dualismo

Quando a DBT foi desenvolvida, a Dra. Marsha Linehan tinha em mente o tratamento de adultos. À medida que a versatilidade da terapia se tornou evidente, ela passou a ser aplicada a adolescentes e a seus familiares. A partir disso, os especialistas em adolescentes Drs. Alec Miller e Jill Rathus desenvolveram a habilidade "minando o dualismo". Ela foi desenvolvida tendo em mente os adolescentes e seus pais e ajuda a estabelecer uma ponte de comunicação entre eles.

Minar o dualismo significa substituir uma postura "um ou outro" por uma mais engajada e colaborativa do tipo "ambos". Ela vem da observação de que muitas pessoas tomam decisões usando uma fórmula "tudo ou nada" e "preto e branco". O foco dessa habilidade é a família e o adolescente compreenderem os conceitos de validação, behaviorismo e dialética. Este capítulo é uma visão geral das habilidades para minar o dualismo.

Encontrando o Equilíbrio

Para manter o equilíbrio psicológico, é preciso considerar vários aspectos de sua natureza e de seus objetivos. Por exemplo, é preciso equilibrar o que suas emoções lhe dizem com o que sua razão e lógica lhe dizem, o que você quer com o que precisa e o que outra pessoa lhe pede com o que você pede a si mesmo. Na DBT, três elementos, ou componentes, abrangem e definem como o equilíbrio é considerado e encontrado: validação, behaviorismo e dialética.

Validação

Validação é a prática de comunicar a outra pessoa que seus sentimentos, seus pensamentos e suas ações fazem sentido e são compreensíveis, dadas as experiências da pessoa e sua constituição biológica e genética. A validação é uma parte essencial da comunicação de aceitação em seus relacionamentos importantes. Ele reconhece que os comportamentos da outra pessoa têm motivo e que seus desafios emocionais e *deficits* de regulação emocional tornam difícil ou mesmo impossível um comportamento mais eficaz em certas circunstâncias.

LEMBRE-SE

Estes são os aspectos essenciais da validação:

> » Comunica à outra pessoa que suas respostas, que incluem sentimentos, pensamentos e ações, fazem sentido e são compreensíveis em dada situação.
>
> » Há um reconhecimento, por meio da observação sem julgamentos, da realidade da pessoa — por exemplo, uma declaração aparentemente óbvia como "Percebo que você está muito triste com o que acabou de acontecer".
>
> » Há uma aceitação: "Sei que você está chateado." (É isso — você não precisa dizer mais nada.)

Um conceito próximo é o de *autovalidação.* Muitas pessoas que tiveram experiências de ouvir que são fracas por ter certas emoções ou que não deveriam se sentir da maneira como se sentem foram levadas a acreditar nisso. No entanto, por se sentirem assim, podem acabar experimentando uma vergonha e um ódio duradouros de si mesmas.

LEMBRE-SE

As habilidades para minar o dualismo ensinam os pais a validar os filhos, os filhos a validar os pais e, então, pais e filhos a validarem a si mesmos.

Behaviorismo

As habilidades da DBT para minar o dualismo ensinam maneiras eficazes de mudar comportamentos, quer você esteja tentando aumentar os comportamentos positivos/desejados ou diminuir os negativos/indesejados.

LEMBRE-SE

A primeira tarefa é perguntar a um ente querido qual é especificamente o comportamento que ele deseja ver mudado. Quanto mais específico for, melhor. Por exemplo, dizer "Quero que meu filho seja bem-sucedido na vida" é um desejo válido, no entanto, não é preciso nem define quais etapas são necessárias para isso acontecer. Por outro lado, dizer "Quero que meu filho faça o dever de casa todas as noites" é um pedido mais bem definido.

A DBT usa os seguintes princípios da ciência comportamental para se concentrar na mudança. Os conceitos mais importantes são os de reforço (principalmente) e punição (como último recurso) para direcionar a mudança de comportamento.

Reforço

O *reforço* é dado como consequência (experiências, incluindo ações, sentimentos e pensamentos) para *aumentar* dado comportamento em uma situação particular. Existem dois tipos de reforço:

» O **reforço positivo** é a *adição* de uma consequência que uma pessoa deseja e que leva a um aumento do comportamento. Se elogiar alguém por fazer seu dever de casa aumenta a atividade do dever de casa, então o elogio é um reforço positivo. No entanto, se uma pessoa não liga para elogios, é improvável que a elogiar aumente o comportamento de fazer o dever de casa. É importante saber que o reforço está na experiência de quem o recebe, não de quem o oferece. Uma criança ou pessoa pode achar que o elogio é um reforço, e outra, não. Em alguns casos, a criança pode achar que o elogio é uma punição (veja a próxima seção).

» O **reforço negativo** é a *subtração* ou a *remoção* de uma consequência aversiva para obter o aumento do comportamento desejado de uma pessoa. Então, por exemplo, quando você entra em seu carro e ouve o barulho irritante indicando que deve prender o cinto de segurança e o faz, você recebeu um reforço negativo, porque o ruído irritante foi removido. O reforço negativo confere alívio. Outro exemplo é tomar uma aspirina para fazer a dor de cabeça passar. Se ela passar, é mais provável que você tome aspirina no futuro, e, portanto, tomar aspirina é um reforço negativo, porque remove a dor de cabeça.

Outro princípio comportamental é o da *extinção*, que é definida no behaviorismo como a redução da probabilidade de um comportamento porque o reforço não é mais dado. Portanto, se uma criança ganha doces toda vez que vai à loja e chora, ela aprende a chorar, porque o choro é reforçado. Se o pai coloca o comportamento de choro em extinção por não o recompensar, ele acabará sendo extinto. No entanto, como a criança tem sido recompensada por chorar, nos primeiros estágios da extinção, é provável que haja um aumento no comportamento de choro antes de ele ser extinto. Isso é um clássico no behaviorismo, conhecido como *explosão comportamental*.

CUIDADO

Se o pai ceder depois de ter decidido extinguir o comportamento e dar um doce à criança, terá uma tarefa muito mais difícil em mãos para extinguir o comportamento no futuro, porque a criança agora aprendeu que tudo o que precisa fazer é chorar mais e que o pai acabará desistindo. A maioria dos comportamentos é habitual, portanto, embora a criança tenha sido moldada, por meio de reforço, para se comportar de tal forma, na maioria dos casos, ela não está ciente de que isso aconteceu e não faz o comportamento com a intenção de manipular, mas simplesmente porque seu comportamento funcionou no passado.

Outro conceito importante do behaviorismo é o de *modelagem*. Ela se refere ao reforço de pequenos passos dados rumo ao comportamento desejado. Então, se um adolescente desrespeitava o toque de recolher em cerca de três horas e agora está se esforçando muito para chegar na hora, o pai pode dar um reconhecimento parcial ou uma recompensa se ele se atrasar apenas vinte minutos, pois isso está indo na direção de cumprir o toque de recolher e é muito melhor do que um atraso de três horas.

Punição

Punição, em comparação ao reforço, aplica consequências a um comportamento indesejado, o que leva à *redução* ou à *diminuição* do comportamento. Na DBT, consideramos dois tipos de punição:

» **Punição efetiva:** Por exemplo, na paternidade, a punição inclui ações usadas para diminuir comportamentos que não têm consequências naturais. Os exemplos incluem perder o carro por uma semana por voltar para casa após o toque de recolher, ou a perda da sobremesa ou de um programa de TV favorito por ter batido em um irmão mais novo. Existem, no entanto, punições que têm consequências naturais. Por exemplo, se uma pessoa se preocupa com suas notas, reprovar em um teste depois de não estudar seria uma consequência natural.

CUIDADO

» **Punição ineficaz:** São ações punitivas usadas para diminuir comportamentos que não são específicos, nem limitados no tempo, nem apropriados para o comportamento indesejado. No entanto, são consequências que provavelmente não terão um benefício em longo prazo ou que não levarão a uma mudança de comportamento, porque a punição é tão desproporcional que, em vez de ensinar qualquer coisa, leva ao ressentimento contra a pessoa que a aplica. Um exemplo de punição ineficaz é quando, depois que um adolescente viola o toque de recolher, seus pais o colocam de castigo por três meses e aproveitam todas as oportunidades para apontar o quão irresponsável ele é. A punição ineficaz não ensina às pessoas que o que elas fizeram foi errado ou o que precisam fazer de maneira diferente da próxima vez; em vez disso, ela deixa as pessoas com raiva e amargura.

Dialética

LEMBRE-SE

Como explicamos no Capítulo 2, a palavra *dialética* descreve a noção de que duas ideias opostas podem ser verdadeiras ao mesmo tempo. Na DBT, sempre há mais de uma forma de pensar sobre uma situação, e todas as pessoas têm algo único e diferente a oferecer. Uma vida que vale a pena ser vivida tem aspectos positivos e negativos (felicidade, tristeza, raiva), e todos eles são necessários e valiosos. Às vezes é difícil aceitar a nós mesmos e nossas ações e, ao mesmo tempo, reconhecer a necessidade de mudança. A dialética permite um equilíbrio entre aceitação e mudança, ambas necessárias para estabelecer uma vida plena.

Para pais de crianças sensíveis, a habilidade de minar o dualismo é importante para uma paternidade eficaz. Isso porque os pais enfrentam o que os desenvolvedores da habilidade denominaram de *dilemas dialéticos* da paternidade. A DBT se concentra em três polaridades:

» **Muito rígido ou muito permissivo:** Quando se trata de expectativas domésticas e regras de vida, os pais precisam reconhecer se seu estilo de criação é muito rígido ou muito permissivo. Se emoções fortes levarem os pais a pular de um polo para o outro do dilema, isso acarretará uma criação confusa e desafiadora. A DBT ensina aos pais que eles devem ter regras claras, aplicadas de forma consistente, enquanto, ao mesmo tempo, devem estar dispostos a negociar certas questões conforme as circunstâncias mudarem — por exemplo, se a criança começa a seguir regras consistentemente, torna-se mais desafiadora, forma um novo grupo de amigos ou mantém o compromisso de não usar substâncias e aprende a não abusar das consequências.

CAPÍTULO 13 **Minando o Dualismo** 171

> **Desprezo de comportamentos problemáticos ou típicos da fase:** Os pais também devem procurar o equilíbrio garantindo que comportamentos problemáticos não sejam descartados, dizendo coisas como "Ah, isso é normal da adolescência", mas, por outro lado, sem dar muita importância aos comportamentos típicos. É importante que os pais reconheçam quando o filho cruza a linha para um comportamento preocupante e, a seguir, garantam que ele receba ajuda, ao mesmo tempo em que percebe, quais comportamentos são típicos e adequados a seu desenvolvimento.

> **Promoção da dependência e impulsão da independência:** Por fim, os pais precisam se proteger contra a criação de dependência, o que significa, consciente ou inconscientemente, encorajarem os filhos a confiar neles para todas suas necessidades. O problema é que o adolescente não aprende a lidar com muitos dos desafios da vida. Por outro lado, os pais precisam ter cuidado para não forçar a independência, insistindo que o filho comece a cuidar das responsabilidades da vida antes que esteja pronto para isso.

Abraçando a Cooperação e o Compromisso

A cooperação é coerente com a síntese dialética na medida em que fortalece a natureza subjacente de um relacionamento por meio da interação equilibrada e da integração do ponto de vista de cada pessoa. Mas o compromisso, no contexto dos relacionamentos, é uma faca de dois gumes que representa uma oportunidade dialética. Por um lado, significa que cada pessoa obtém algo de que deseja da interação, o que é bom. Por outro, inerente à definição, implica que pelo menos uma pessoa — mas provavelmente ambas — desiste de algo, e, nessas situações, o compromisso pode deixar ambas amarguradas. No entanto, tanto o compromisso quanto a cooperação têm seu lugar nos relacionamentos.

Há mais de um ponto de vista para cada situação

Há mais de uma perspectiva a ser observada nas situações, como explicamos no Capítulo 3. De um ponto de vista puramente físico, por exemplo, um elefante parece diferente se for visto de trás, de frente ou de lado. Torna-se mais complicado quando as perspectivas emocionais e cognitivas são adicionadas. Se uma pessoa foi mordida por um cachorro e ela vê o mesmo cachorro, a experiência dela será diferente daquela de uma pessoa que não foi mordida por ele.

Continuando nessa linha de pensamento, duas coisas que parecem opostas podem ser verdadeiras. Da perspectiva da DBT, isso entra em jogo na automutilação. Por exemplo, do ponto de vista de um pai que vê seu filho se machucar, é compreensível que considere esse comportamento um problema. Do ponto de vista de quem se automutila, o comportamento é uma solução. Para a pessoa, o problema é a incapacidade de lidar com a intensidade emocional de um modo diferente, e, portanto, a automutilação é um problema e uma solução ao mesmo tempo. Essas perspectivas opostas são verdadeiras e coexistem.

Um corolário disso é o entendimento de que uma pessoa de quem alguém discorde ainda pode ter opiniões corretas. A DBT reconhece que o comportamento e os pensamentos das outras pessoas fazem sentido de seu próprio ponto de vista, dadas suas experiências, sua perspectiva e sua biologia. A DBT aborda diferentes pontos de vista para uma pessoa se deparar com uma posição contraditória se perguntar "O que estou deixando escapar?" ou "Qual é o cerne da verdade na posição da outra pessoa?". Encoraja as pessoas a abandonar as formas extremas de falar e substituir afirmações como "Você sempre chega tarde em casa" ou "Você nunca me ajuda" por "às vezes", com destaque para o impacto que o comportamento tem sobre a pessoa que fez a declaração. A ideia é aprofundar a conversa sendo curioso, em vez de dono da razão, sobre por que uma pessoa está se comportando da maneira que está se comportando, e assim, em vez da afirmação "O que há de errado com aquela pessoa?", considerar com curiosidade genuína "Eu me pergunto o que aconteceu com aquela pessoa para ela agir dessa maneira".

DICA

Para o paciente e o terapeuta de DBT, há uma forma de praticar o reconhecimento de múltiplos pontos de vista. Quando são acionados e percebem uma mudança repentina na emoção ou nível de ansiedade, ou quando percebem uma necessidade de fazer algo ineficaz, eles param e se perguntam se podem apresentar três ou quatro explicações alternativas para o que poderia ter acontecido.

A mudança é a única constante

Nada é constante. Tudo está em movimento o tempo todo. Algumas dessas mudanças são visíveis em tempo real, como as ondas do mar. Parte disso acontece em um ritmo um pouco mais lento, como um cubo de gelo derretendo em uma bebida; outra parte acontece ainda mais lentamente, como o crescimento do corpo humano; e parte ocorre ao longo de milhões de anos, como a formação de montanhas e desfiladeiros. E ainda, durante toda essa mudança, as moléculas e os átomos nas ondas, os cubos de gelo, os seres humanos e as montanhas vibram, e os elétrons zunem e giram. Nada fica parado, mesmo que pareça. Na psicologia, toda vez que as coisas parecem ter ficado "bem", algo acontece, impedindo que isso aconteça, e da mesma forma, quando as coisas não vão bem, o cenário muda, e a vida se torna mais fácil.

Do ponto de vista da DBT, muitos pacientes, suas famílias e terapeutas sentem que nada mudará, entretanto, reconhecendo que isso não é possível, eles podem prosseguir e continuar o trabalho terapêutico. Muitos pacientes e suas famílias lutam para lidar com o desconhecido, portanto, aceitar a mudança é difícil, em particular quando não há certeza de como as coisas acontecerão ou se isso exigirá uma forma diferente de agir ou talvez até mesmo um modo de vida diferente. O que é fundamental aqui é que a mudança acontecerá, quer a pessoa queira, quer não, então, quando ela faz escolhas mais eficazes ativamente, a possibilidade de um futuro mais saudável — decorrente da prática de habilidades duradouras — a deixará com maior controle sobre a própria vida, em vez de sentindo que suas decisões dependem exclusivamente de forças externas.

DICA

Para o paciente e o terapeuta da DBT, uma forma de praticar isso é relembrar todas as vezes no passado em que eles imaginaram que as coisas nunca mudariam. Eles podem, então, lembrar quantas vezes as coisas de fato mudaram e que, nesse contexto, eles não apenas superaram aqueles momentos de estagnação, mas talvez até tenham sido bem-sucedidos.

A mudança é transacional

Tudo o que acontece no Universo impacta outra coisa. Em um nível quântico, o spin de um elétron afeta seu gêmeo. Em uma escala muito maior, a Lua impacta as marés, e a luz do Sol, o crescimento das plantas. O que as pessoas dizem umas às outras impacta ambas. A DBT faz com que as pessoas prestem atenção ao efeito que causam nos outros e em seu ambiente.

Outro aspecto desse reconhecimento é se concentrar em deixar de culpar os outros pelas coisas que acontecem e, em vez disso, considerar como as ações das pessoas foram causadas por uma vida de aprendizado e pelas interações que ocorreram no passado. E assim, como tudo tem motivo, em vez de ficar presa à culpa, uma pessoa que pratica a DBT vê que as pessoas fazem coisas por motivos que fazem sentido, considerando suas interações passadas.

DICA

Para o paciente e o terapeuta, uma forma de praticar é examinar alguma interação que tenha acontecido durante o dia e, em seguida, considerar as maneiras como outras pessoas e o ambiente influenciaram o que ocorreu, bem como perguntar de que forma eles próprios podem ter influenciado outras pessoas. Outra maneira de pensar nisso é o terapeuta e o paciente refletirem sobre se eles teriam agido da mesma maneira se as interações que tiveram com o ambiente e com as outras pessoas não tivessem ocorrido.

4
Os Elementos da DBT

NESTA PARTE...

Conheça os benefícios da terapia individual.

Aproveite as recompensas de aprender as habilidades em grupo.

Descubra como pedir ajuda quando surgem problemas fora da sessão por meio do treinamento de habilidades.

Saiba que seu terapeuta também recebe ajuda, ao se conectar e consultar sobre questões clínicas difíceis com outros terapeutas de DBT, em um grupo de consultoria.

Confira mais alguns conceitos e habilidades importantes da DBT: dilemas e estratégias dialéticas, estruturação do ambiente, rastreamento de hábitos e obtenção (e manutenção!) da motivação.

> **NESTE CAPÍTULO**
>
> » Configurando seu tratamento individual
>
> » Falando sobre a terapia de grupo
>
> » Usando de modo eficaz o treinamento por telefone

Capítulo **14**

Explorando o Básico

Compreender os componentes da DBT é o primeiro passo para estabelecer um tratamento eficaz. Um tratamento de DBT abrangente tem quatro elementos: DBT individual, um grupo de habilidades da DBT, treinamento por telefone e um grupo de consultoria para o terapeuta individual. Para o adolescente em DBT, o grupo de habilidades é frequentado também pelos pais; são os ditos grupos de habilidades multifamiliares. Se não houver disponibilidade, os adolescentes participarão de um grupo de habilidades, e os pais receberão treinamento em habilidades em separado.

Neste capítulo, revisamos a terapia individual da DBT, os grupos de habilidades da DBT e o treinamento por telefone. No Capítulo 17, discutimos o grupo de consultoria da DBT.

LEMBRE-SE

Iniciar um tratamento de DBT é um grande compromisso. Você será solicitado a frequentar uma terapia individual uma ou duas vezes por semana, bem como um grupo de habilidades semanal. A maioria dos terapeutas da DBT e dos líderes de grupo tem políticas de atendimento rígidas, que serão revisadas quando você iniciar os tratamentos. Elas costumam ser apresentadas como um contrato. Muitas faltas não justificadas não são toleradas.

Mano a Mano: A Terapia Individual

Quando as pessoas são encaminhadas para a DBT, o primeiro passo é identificar um terapeuta individual. Dependendo de onde você mora, isso é um desafio. Parece que, embora existam terapeutas de DBT em todo o mundo, algumas cidades têm uma alta concentração deles, enquanto outras são desertos sem DBT por quilômetros. Parte do motivo é que os terapeutas treinados em DBT trabalham em equipe. Você aprenderá mais sobre o grupo de consultoria no Capítulo 17, no entanto, é importante saber que, embora você nunca encontre os membros do grupo de consultoria de seu terapeuta, eles também fazem parte de seu tratamento, pois apoiam o profissional que o está ajudando. A DBT consiste em uma equipe de terapeutas que trata de um grupo de pacientes. Com o aumento do uso da telessaúde, alguns provedores de DBT conseguem trabalhar sozinhos, porque se reúnem com seus grupos em plataformas de vídeo, mas isso é mais exceção do que regra.

As seções a seguir o ajudam a encontrar um terapeuta, a definir metas e a obter o máximo das sessões individuais.

LEMBRE-SE

A DBT é um tratamento especializado, que requer um treinamento extensivo. Apenas uma pequena porcentagem de terapeutas opta por obter o treinamento para praticar a DBT, porque é uma terapia rigorosa, que envolve trabalhar com pacientes que apresentam um alto risco de comportamento suicida. A DBT também exige que o terapeuta individual esteja disponível para o treinamento de habilidades na maior parte do tempo. Nossa esperança é a de que a DBT seja mais acessível à medida que ela se torna um tratamento mais popular e é modificada para tratar diferentes tipos de sintomas. Muitas pessoas dizem que estão fazendo DBT, mas é importante saber como diferenciar um terapeuta que diz que faz DBT de terapeutas que praticam a forma de DBT baseada em evidências que você está procurando. Como a DBT se tornou mais popular, há muitos terapeutas que dizem que fazem uma "DBT light". Em geral, isso significa que eles têm treinamento em DBT, mas oferecem apenas alguns dos componentes necessários para o tratamento completo.

Encontrando um terapeuta individual

Quando você começa sua busca por um terapeuta DBT, precisa saber se ele oferece a DBT com todos os seus elementos. Por volta de 2014, dois grupos diferentes começaram a oferecer uma certificação em DBT, portanto, perguntar se o terapeuta é certificado é uma forma de elucidar essa questão. Dito isso, a certificação exige um comprometimento de tempo e dinheiro, portanto, esse processo tem avançado a um ritmo lento. Muitos excelentes terapeutas de DBT decidiram não fazer o processo de certificação.

LEMBRE-SE

Você não precisa de um terapeuta certificado em DBT, mas tem que fazer algumas investigações para descobrir se ele está suficientemente treinado e se é fiel ao modelo da DBT. Estas quatro perguntas serão seu guia para encontrar um terapeuta que pratica todos os elementos da DBT:

» **Oferece DBT individual?** Ao fazer essa pergunta, pergunte também se ele foi treinado fundamental ou intensivamente pela Behavioral Tech. A Behavioral Tech é uma subsidiária do Linehan Training Institute (a Dra. Marsha Linehan é a fundadora da DBT; veja o Capítulo 1). Esse é o treinamento padrão-ouro da DBT. Embora ser "intensivamente treinado" pareça melhor, a única diferença é que os terapeutas dessa modalidade levam seus grupos de consultoria para aprender a formar uma equipe de DBT, e os terapeutas treinados fundamentalmente vão por conta própria, mas já haviam estabelecido grupos de consultoria aos quais se juntar.

A Behavioral Tech tem uma lista, em inglês, dos terapeutas da DBT que concluíram treinamento, no site: `https://behavioraltech.org/resources/find-a-therapist/`. Infelizmente, essa lista apresenta apenas um pequeno número de terapeutas da DBT, mas é um bom lugar para começar.

» **Oferece um grupo de treinamento de habilidades?** Esse grupo não precisa ser administrado pelo terapeuta individual ou mesmo estar nele, no entanto, ele precisa pelo menos ajudá-lo a encontrar um treinador de habilidades em grupo ou individual quando você iniciar a terapia individual ou logo depois. (Descubra mais sobre a terapia de grupo posteriormente neste capítulo.)

» **Oferece treinamento de habilidades de plantão após o expediente e contato entre as sessões?** Este é um componente crítico da DBT que oferece aos pacientes suporte no momento de usar suas habilidades. (Detalhamos treinamento de habilidades posteriormente neste capítulo.) Esse é um dos elementos mais difíceis do tratamento para os terapeutas, pois significa ficar de plantão para atender aos pacientes após o expediente, nos finais de semana e durante os feriados.

» **Você está em um grupo de consultoria?** O grupo de consultoria é o último componente crítico do tratamento, pois dá suporte ao terapeuta, garante que seja fiel ao tratamento e ajuda a monitorar e tratar o esgotamento para que permaneça útil e eficaz ao trabalhar com você. (No Capítulo 17, há mais informações sobre os grupos de consultoria.)

LEMBRE-SE

O terapeuta individual deve responder "sim" a essas quatro perguntas. Responder "sim" significa que ele pratica o tratamento baseado em evidências. Se a resposta a uma única pergunta for "não", não é um tratamento da DBT, porque não inclui todos os quatro elementos dela.

Definindo um objetivo alcançável

Mudar o comportamento não é uma tarefa fácil e pode ser bastante complicado. Muitos dos comportamentos que levam as pessoas à DBT são simplesmente definidos por outros como problemáticos, mas quase sempre há uma dialética ignorada. Por dialética, queremos dizer que esses comportamentos são problemas e soluções. Ou seja, eles têm consequências problemáticas e, ao mesmo tempo, são soluções para as dificuldades de regulação emocional. Por exemplo, ficar na cama pode fazer você perder o emprego e tirar notas ruins na escola, no entanto, no momento, pode ajudá-lo a controlar a ansiedade insuportável.

LEMBRE-SE

Uma das maneiras mais eficazes de mudar seu comportamento é vincular a mudança a alguma meta de longo prazo. Isso o ajudará no momento em que você tiver que decidir usar suas habilidades e fazer algo diferente ou sucumbir ao comportamento familiar, mas problemático. É comum pacientes nos dizerem que desejam mudar o comportamento deles por causa de um namorado, amigo ou pai. Isso é problemático, porque nossos sentimentos por essa pessoa ou relacionamento podem mudar, e, com isso, a motivação. Quando isso acontece, de repente, mudar o comportamento parece não importar mais. A mudança precisa acontecer por você mesmo, então desacelere quando estiver pensando em mudar o comportamento e trabalhe com seu terapeuta desde o início para vinculá-lo a algum objetivo que seja importante para você.

Tirando o máximo das sessões individuais

DICA

No que diz respeito às terapias, a DBT é um tratamento exigente. Como a maioria das coisas, a quantidade de trabalho, esforço e comprometimento que você coloca em sua terapia tem um grande impacto sobre o que você ganha dela. Aqui estão algumas maneiras de obter o máximo de suas sessões individuais:

» **Comprometa-se e apareça!** Para que o tratamento seja eficaz, você precisa aparecer de forma consistente. Parece óbvio, mas sua terapia individual será um trabalho árduo. Você se deparará com emoções dolorosas, problemas para resolver e novas habilidades para usar. Também estará com alguém empenhado em ajudá-lo e acompanhá-lo no processo. Muitas pessoas que buscam a DBT lutam contra comportamentos dependentes do humor. Você precisa ir às sessões de terapia, não importa qual seja o seu humor!

» **Preencha seu cartão-diário de forma consistente.** Durante as sessões iniciais, você e seu terapeuta criarão um cartão-diário. É o sistema da DBT que o ajuda a rastrear seus comportamentos, seus impulsos, suas emoções e o uso de habilidades. Você será solicitado a preenchê-lo, geralmente à noite, refletindo sobre o dia. Esta é uma das principais ferramentas da terapia individual.

» **Leve uma agenda.** A terapia individual da DBT é um processo muito ativo. Para obter o máximo das sessões, leve uma agenda. Alguns itens fluirão naturalmente de seu cartão-diário. Certifique-se de fazer anotações na seção respectiva para lembrar quais itens da agenda você deseja cobrir na terapia. Não espere o terapeuta perguntar; esta é a sua vez.

» **Solicite treinamento de habilidades.** Embora aconteça fora do horário da terapia, ele é fundamental para a generalização delas e, em muitos casos, para seu relacionamento com o terapeuta, à medida que aprende a pedir ajuda, com eficácia, para situações em que gostaria de ser mais hábil. Detalhamos o treinamento de habilidades posteriormente neste capítulo.

» **Faça sua tarefa de casa do grupo de habilidades.** Concluí-la o ajudará a aprender e a praticar as habilidades e os conceitos da DBT que aprender a cada semana. À medida que aprender mais habilidades, você e seu terapeuta individual trabalharão em maneiras específicas de integrá-las à sua vida, bem como observarão quais barreiras surgem. Se seu terapeuta individual tiver que gastar muito tempo ensinando e revisando novas habilidades, você perderá a oportunidade de obter ajuda com coisas específicas que estão acontecendo em sua vida. (Cobrimos a terapia em grupo na próxima seção.)

Todos Juntos: Terapia de Grupo

A terapia de grupo da DBT é muito específica. Os grupos de DBT são grupos de habilidades, cujo objetivo é ensinar as habilidades dos módulos da DBT. Aprendê-las assim permite que você e seu terapeuta individual trabalhem em maneiras de generalizá-las para seus objetivos e sua vida. Ao contrário de muitos grupos, os grupos de habilidades da DBT não se concentram em processar situações de sua vida ou mesmo em colocar tópicos na agenda; são focados no ensino das habilidades críticas da DBT. No final de cada grupo, você receberá tarefas de casa de seu manual de habilidades.

As seções a seguir discutem a adesão a um grupo, compartilhando estratégias de grupo e aproveitando ao máximo o tempo dessas sessões.

Juntando-se a um grupo

O terapeuta individual (abordado anteriormente neste capítulo) deve levá-lo a um grupo. Se o consultório dele for amplo, pode abrigar os grupos de DBT. Se não for o caso, como os terapeutas da DBT trabalham em equipes, seu terapeuta o encaminhará para um grupo em sua área.

A maioria dos grupos de DBT exige que os membros estejam em tratamento com um terapeuta individual de DBT. Por isso, essa pode ser uma das primeiras perguntas que lhe farão quando ligar para se juntar ao grupo. Os grupos são divididos por idade: grupos de adolescentes, de jovens adultos, de adultos e multifamiliares. Em áreas com poucos terapeutas de DBT, pode haver apenas grupos de adultos e de adolescentes. Alguns grupos possibilitam a entrada a qualquer momento, enquanto outros têm momentos específicos durante o ensino de habilidades, como no início de um módulo de habilidades.

DICA

Os grupos de habilidades da DBT requerem um comprometimento de tempo significativo; o comum é de seis meses a um ano. Algumas pessoas preferem ficar mais tempo para repetir os módulos e consolidar as habilidades.

Estratégias de compartilhamento

LEMBRE-SE

A maior parte do compartilhamento que você fará em grupo será relacionada à revisão de sua tarefa de casa, ao feedback aos membros do grupo sobre ela ou a perguntas que tenha sobre as habilidades. É aceito que, embora muitos membros estejam tratando comportamentos autolesivos e suicidas, os detalhes não são compartilhados entre os membros durante ou fora dos grupos. Muitos grupos pedem aos membros que se refiram a comportamentos autodestrutivos específicos como "comportamentos-alvo", mas isso varia de grupo para grupo.

Muitos grupos também têm regras sobre relacionamentos românticos, pedindo aos membros que evitem enquanto estiverem no grupo. Se um relacionamento romântico se desenvolve, quando possível, os membros são convidados a participar de grupos separados.

Ganhando mais com o grupo

Aqui estão algumas maneiras de obter o máximo de seu grupo:

» **Apareça.** Embora pareça que você pode ler seu manual de habilidades e aprendê-las por conta própria em casa, existem muitas nuances que não são capturadas no livro, bem como contribuições importantes de outros membros do grupo que ocorrem apenas no ambiente do grupo. O líder do grupo ensinará as habilidades e falará sobre como e em que contexto usá-las, bem como o que pode atrapalhar.

» **Faça sua tarefa de casa e esteja preparado para compartilhá-la.** A tarefa semanal de casa é obrigatória para o grupo, mas, mais importante, ela o ajudará a pensar e a praticar as habilidades em seu cotidiano. Seja ativo no grupo, dê feedback e responda a perguntas.

» **Participe totalmente.** Use suas habilidades de mindfulness de "participação plena". Esteja presente em grupo e não seja multitarefas. Aproveite ao máximo seu tempo em grupo.

Conexão: Treinamento por Telefone

O treinamento por telefone é uma das partes exclusivas da DBT. É a única terapia que conhecemos que usa o contato entre sessões como parte do tratamento.

Conforme você descobrirá nas seções a seguir, o treinamento de habilidades tem quatro finalidades: pedir ajuda, pedir validação, ajustar o relacionamento e compartilhar boas notícias. É fundamental entender que o treinamento de habilidades não é uma sessão de terapia por telefone. Ele deve durar de sete a doze minutos. Ao ligar para seu terapeuta, seja claro sobre o que pedir. Se você está ligando para pedir ajuda, o objetivo do treinamento por telefone é ajudá-lo a praticar uma habilidade em um momento em que você está preso e precisa de ajuda para aprender a fazer algo diferente em uma situação difícil. A ideia é que, tendo conseguido ajuda para determinada situação, da próxima vez, tenha uma boa ideia de quais habilidades usar. Se estiver tentando mudar a forma como maneja emoções fortes e comportamentos autodestrutivos, não é tão eficaz esperar até a próxima sessão de terapia para pedir ajuda ao terapeuta, pois você perde a oportunidade de fazer algo diferente no momento. Esse treinamento é a forma mais eficaz de aprender e praticar novas habilidades.

Antes de começar: Os parâmetros

Existem parâmetros muito específicos sobre o treinamento, que você discutirá em detalhes com seu terapeuta. Por exemplo, haverá variação nos períodos em que seu terapeuta estará de plantão; eles podem ser de 24 horas por dia, 7 dias por semana, ou ter horário definido, como das 8h às 21h diariamente. Quando o horário for mais restrito, seu terapeuta fornecerá instruções sobre locais alternativos para obter ajuda, caso precise.

Além de conversar com seu terapeuta sobre os horários em que pode ligar para receber treinamento, você também deve revisar o que é esperado. Uma pergunta importante a fazer é se você pode enviar mensagens para treinamento. Os terapeutas não são unânimes sobre isso, portanto, é importante esclarecer. Quando nos encontramos com nossos novos pacientes, os orientamos quanto aos horários em que estamos disponíveis e também às nossas expectativas. Por exemplo, exigimos que, antes de solicitar treinamento, nossos pacientes experimentem pelo menos uma habilidade por conta própria. Essas habilidades vêm dos planos de habilidades que você conclui em uma sessão.

Também orientamos os pacientes que, uma vez que liguem, comprometam-se, da melhor maneira possível, a não se envolver em comportamentos problemáticos até retornarmos a ligação. Esse é um dos acordos mais desafiadores, porque provavelmente responderemos à ligação ou à mensagem. Entretanto, haverá momentos em que o terapeuta levará um tempo para entrar em contato com você. Você deve ter um plano para agir enquanto espera que ele ligue de volta. O que costuma ajudar nesse ínterim são as habilidades de tolerância ao mal-estar (discutidas no Capítulo 11).

Quando ligar de volta, o terapeuta lhe pedirá uma breve explicação da situação e de que tipo de ajuda precisa. Ele perguntará quais habilidades você experimentou e, em seguida, sugerirá uma série de habilidades para praticar. Outro acordo que pedimos é que você esteja aberto às sugestões de habilidades e não diga "não" a tudo que o terapeuta sugerir. Deixe a mente aberta, mesmo que seja difícil. Se você acha que uma ou mais das habilidades podem não funcionar, considerando onde está ou ao que tem acesso, colabore com seu treinador de habilidades para fazer um plano que seja útil.

Não é incomum que seu terapeuta pergunte o que funcionou no passado. Às vezes, quando você fica emocionalmente desregulado, é difícil lembrar quais habilidades funcionam. Ouvir seu terapeuta às vezes o ajuda a regular suas emoções, a sentir-se mais calmo, a pensar com mais clareza e a lembrar quais habilidades foram eficazes no passado. Isso é muito comum e é chamado de *corregulação*. Depois de concordar com a série de habilidades, você e o terapeuta resolverão o problema de quaisquer barreiras que afetem o cumprimento delas, e, então, você encerrará a ligação. Acontece muito trabalho focado em uma curta sessão de treinamento.

LEMBRE-SE

Reserve um momento para esclarecer aquilo de que precisa antes de ligar para o terapeuta. Saber essas informações tornará sua chamada de treinamento muito mais eficaz. O restante deste capítulo discute as quatro funções do treinamento: para pedir ajuda, para pedir validação, para ajustar o relacionamento e para compartilhar boas notícias.

Pedindo ajuda

Pedir ajuda é a função mais comum de treinamento de habilidades. Como terapeutas, reconhecemos que você tem sentimentos confusos sobre a ligação, por alguns motivos. Algumas barreiras comuns à ligação são pensar que nada ajudará, que você não merece ajuda, que não sabe do que precisa, que não tem habilidade para pedir ajuda e não sabe como, ou que não quer incomodar seu terapeuta fora do horário de trabalho. Se você se vê com alguma dessas barreiras, não está sozinho. Pedimos que trabalhe com seu terapeuta para usar suas habilidades e enfrentá-las.

DICA

É útil começar com ligações de treinamento prático. Ligar para o terapeuta depois do expediente, quando você acredita que isso o atrapalhará em alguma outra atividade, e confiar que ele atenderá e, se estiver ocupado, retornará a ligação é um grande primeiro passo. Isso é usar a habilidade de regulação emocional da ação oposta (veja o Capítulo 10). Você pode se surpreender, mas se preocupar em incomodar ou ser "muito carente" de seu terapeuta é uma preocupação muito comum e que muitas pessoas superam.

Antes de ligar para o treinamento, pare um momento para pensar sobre qual tipo de ajuda precisa. Você sabe qual é o problema? Precisa de ajuda para controlar os impulsos de determinado comportamento? Precisa de ajuda para completar uma tarefa? Precisa de ajuda com um relacionamento? Precisa de ajuda para sair da cama? Quando você está travado, o treinamento o auxilia a se desvencilhar. Às vezes, você não tem tanta certeza e pode ligar porque está tendo dificuldade em definir o problema ou saber o que está errado; você também pode pedir ajuda com isso. Outras vezes, você sabe qual é o problema e a possível solução, mas precisa de ajuda para colocá-la em ação.

LEMBRE-SE

Se tem dificuldade em pedir ajuda, o treinamento de habilidades será um desafio no começo, mas dominar essa habilidade fará uma grande diferença em sua vida. Pedir ajuda é uma das habilidades mais importantes que lhe ensinaremos na DBT.

Pedindo validação

Validação é encontrar a verdade ou o valor em sua própria experiência emocional ou na de outra pessoa. A maioria das pessoas que procuram a DBT experimentou uma invalidação significativa e luta para se validar. Embora, em última análise, desejemos que você seja capaz de se validar, se estiver com dificuldades, pedir a validação de seu terapeuta é uma maneira extremamente útil de se manter habilidoso e de obter apoio enquanto aprende a se autovalidar ou a obter a validação de pessoas de confiança em sua vida.

LEMBRE-SE

Quando somos validados, quando alguém entende nossa experiência emocional e acredita que ela faz sentido, começamos a nos sentir mais regulados, e, assim, nosso pensamento fica mais claro. À medida que sua intensidade emocional diminui, você verá que é capaz de pensar no que fazer e em quais habilidades usar. Se está cercado por pessoas que o invalidam, pedir treinamento para validação lhe dará esse apoio tão necessário.

Ajustando o relacionamento

Pessoas com transtorno da personalidade borderline (TPB), e aquelas com outros problemas e que também procuram a DBT, lutam nos relacionamentos. Às vezes, é porque elas não têm as habilidades (é por isso que existe um módulo de eficácia interpessoal na DBT; veja o Capítulo 12), e em outras, porque sua reatividade emocional e seus comportamentos dependentes do humor prejudicaram relacionamentos importantes. O trabalho que você faz com seu terapeuta de DBT será difícil, e, como resultado, você desenvolverá uma forte conexão com ele.

CUIDADO

Diante disso, quando há rupturas no relacionamento, pode ser bastante doloroso. Você ficará com raiva e frustrado com seu terapeuta. Pode se sentir incompreendido ou mesmo magoado com ele e, como resultado, pode fazer ou dizer coisas das quais se arrependerá. Muitas pessoas remoem esse sofrimento, sentindo-se zangadas, magoadas, culpadas e envergonhadas. Manter esses sentimentos não é eficaz e causa muita dor. Pode ser um dos motivos que o levaram à DBT.

O objetivo é ser capaz de, com seu terapeuta, resolver um problema no relacionamento o mais rápido possível, fazer um reparo e não ter que esperar até a próxima sessão. Abordar diretamente uma ruptura em um relacionamento exige muita habilidade, e ser capaz de chamar seu terapeuta para receber treinamento para fazê-lo é uma boa prática para as muitas rupturas, grandes e pequenas, que experimentará com outras pessoas importantes em sua vida.

Compartilhando boas notícias

LEMBRE-SE

A última função do treinamento de habilidades — ou, nesse caso, mais precisamente, o contato entre as sessões — é compartilhar boas notícias. Às vezes, é bom poder compartilhar suas boas notícias ou realizações em tempo real com seu terapeuta. Na DBT, acreditamos que o relacionamento com o terapeuta é real, um relacionamento com múltiplas dimensões, que nem sempre significa falar sobre problemas, mas também sobre sucessos, realizações e boas notícias. Para os terapeutas, são ligações ou mensagens de texto maravilhosas!

> **NESTE CAPÍTULO**
>
> » Examinando a teoria biossocial por trás da DBT
>
> » Entrando nos objetivos e nas funções da DBT
>
> » Explorando os modos de tratamento da DBT
>
> » Investigando o processo dialético

Capítulo **15**

Abraçando a Dialética

Como você sabe, se leu os Capítulos 1 e 2, o D de DBT significa *dialética*. Na verdade, o conceito de dialética é o que define esse tratamento e o torna único. A teoria da dialética é muito mais antiga do que a própria DBT, datando de antes do século XIX. De acordo com o *Dicionário Aulete Digital*, *dialética* é definida como o "tipo de lógica que interpreta os processos (históricos, p. ex.) como oposição de forças (antítese) que tendem a se resolver numa solução (síntese)". O que você observa? A dialética fala sobre duas verdades opostas existirem ao mesmo tempo. Embora haja muitas dialéticas na DBT, a dialética fundamental é a aceitação e a mudança.

Neste capítulo, discutimos três áreas da dialética na DBT: os dilemas dialéticos do tratamento, os dilemas dialéticos da paternidade e algumas das intervenções dialéticas que seu terapeuta usará. Mas, primeiro, explicamos como a dialética passou a fazer parte da DBT e expomos seus fundamentos.

No Começo: Tropeçando na Dialética

Quando a Dra. Marsha Linehan estava desenvolvendo a DBT, ela topou com o conceito de dialética. Ela estava determinada a encontrar um tratamento para mulheres com transtorno da personalidade borderline (TPB) que lutavam contra o suicídio e os comportamentos autodestrutivos. Muitos anos depois de estabelecer a DBT como o tratamento padrão-ouro, aprenderíamos que, por ser mais jovem, ela também lutaria contra esses sintomas. Pesquisadora ferrenha e defensora dos tratamentos baseados em evidências, a Dra. Linehan começou a trabalhar para encontrar um tratamento eficaz para o que era então considerado um grupo de pessoas intratáveis.

Primeiro, ela testou a terapia cognitivo-comportamental (TCC), mas as mulheres que tentava ajudar se tornaram mais suicidas, pois sentiam que ela estava exigindo que elas mudassem e que não entendia sua dor. Portanto, a Dra. Linehan testou o oposto da TCC fortemente baseada na mudança e usou a terapia baseada no mindfulness, com foco na aceitação. O que ela encontrou? Mais uma vez, as mulheres em seu estudo pioraram, relatando mais tendência suicida e frustração, porque todo o tratamento basicamente as fazia aceitar sua miséria e sofrimento e não as ajudava a mudar.

Entre em cena a dialética. A Dra. Linehan percebeu que poderia criar um tratamento que usasse princípios de aceitação (mindfulness) e mudança (TCC) — dois conceitos opostos — como um mecanismo que, em última análise, apoiaria a mudança. Ela acreditava que era possível ajudar alguém a mudar às vezes forçando a mudança, às vezes focando a aceitação.

LEMBRE-SE

A dialética evita que os terapeutas de DBT fiquem presos, como acontece em outros tipos de terapia, ao pesquisar "a resposta". Por exemplo, um paciente pode querer parar de se machucar e ainda *não* querer, ou querer morrer e ao mesmo tempo *não* querer. Em vez de ficarmos presos em determinar o que é o que, entendemos que, na verdade, isso oscila com base no humor e no contexto. Isso não quer dizer que não ajudemos os pacientes a se libertar desses comportamentos, mas que entendemos que, ao trabalhar para desistir deles, as pessoas podem ter opiniões confusas, às vezes mais comprometidas, outras, menos. Temos que ver como esses comportamentos criam problemas em suas vidas, mas também oferecem uma solução imediata para regular as emoções. A DBT é o equilíbrio dialético de habilidades focadas na mudança, resolução de problemas (mudança comportamental) e regulação emocional, bem como de habilidades de aceitação e intervenções que se concentram na validação e no mindfulness. Isso provou ser uma forma muito eficaz de ajudar as pessoas, em particular as emocionalmente sensíveis, a mudar comportamentos problemáticos ou mal-adaptativos.

Pensando Dialeticamente

LEMBRE-SE

Na DBT, sempre há outra maneira de entender algo e outra verdade ou algo que estamos deixando passar. Ao pensar dialeticamente, você considera o oposto de uma verdade não como uma mentira, mas como outra verdade. Nesse tratamento, você é desafiado a não ficar preso no absoluto, mas, quando se encontra em um impasse ou polarizado, a buscar a síntese e a se perguntar como as duas posições podem coexistir. Dialética não é assumir uma posição; trata-se de ver outras posições e trabalhar em uma síntese quando necessário. Frequentemente, há várias maneiras de resolver um problema, mas às vezes você pode ficar preso vendo apenas uma e perder outra, muito mais eficaz, de ver as coisas ou de se comportar.

A habilidade do pensamento dialético é poderosa. Quando você consegue pensar dialeticamente, vê múltiplas posições contraditórias à sua frente e consegue chegar a uma posição que reconhece e reconcilia tudo. Pensar dialeticamente o torna mais eficaz nos relacionamentos e um solucionador de problemas mais holístico. É também um modo maravilhoso de combater os problemas do pensamento "preto e branco" e de se manter calmo em situações difíceis e emocionalmente carregadas.

A mente de algumas pessoas funciona mais dialeticamente do que a de outras. Em geral, emoções fortes restringem seu pensamento e tendem a puxá-lo mais para o absoluto e para a certeza. Se você luta contra o pensamento "preto e branco", já observou que ele atinge o auge quando você está desregulado. Em momentos de fortes emoções, é particularmente difícil considerar posições diferentes da sua, porque é difícil assimilar novas informações. O pensamento dialético é exatamente o oposto.

LEMBRE-SE

Como todas as habilidades de DBT, o pensamento dialético é uma habilidade que precisa ser praticada. Quanto mais você praticá-lo quando estiver regulado, mais fácil será pensar mais dialeticamente quando suas emoções forem intensas. Aqui estão algumas maneiras de praticar o pensamento dialético:

» Observe quando se sentir absolutamente certo sobre algo; você provavelmente está perdendo algumas informações importantes sobre outro ponto de vista. Preste atenção em como é essa certeza em sua mente e em seu corpo. Observe-a para praticar abrir sua mente.

» Desafie-se a encontrar pelo menos dois outros pontos de vista (dos quais discorda ou que não valoriza tanto quanto o seu) e pergunte-se como eles fazem sentido e podem ser úteis.

» Lembre-se de fazer suposições sobre o que a outra pessoa está pensando. Faça perguntas para entender melhor sua perspectiva.

» Desconfie de muitas afirmações com "você" e comece com afirmações "eu". Evite dizer às pessoas o que elas fizeram ou como se sentem e, em vez disso, diga como você se sente a respeito do que está acontecendo. Isso abre espaço para ambos ficarem mais curiosos sobre a perspectiva do outro.

» Evite pensar em absolutos. Evite o uso de palavras como *sempre* e *nunca*. Em vez disso, use palavras como *às vezes*, *frequentemente* ou *raramente*.

» Substitua a palavra *mas* por *e* ou por *ao mesmo tempo*. Isso lhe permite atribuir um peso igual às duas posições. Por exemplo: "Para mim, faz sentido que a automutilação o ajude, e também é verdade que o está impedindo de fazer muitas das coisas que deseja na vida."

LEMBRE-SE

O pensamento dialético o ajuda a abrir sua mente e a sintetizar diferentes perspectivas para tomar decisões sábias. Além disso, também é uma forma poderosa de permanecer calmo e eficaz em situações difíceis.

Vendo os Principais Dilemas Dialéticos Enfrentados no Tratamento

Há muitos dilemas dialéticos na DBT. Na verdade, todos enfrentam situações dialéticas desafiadoras na vida. No entanto, há três dilemas que destacamos para os pacientes em DBT, e cada um deles é definido por seus polos opostos. As seções a seguir cobrem os padrões de comportamento mais comuns nos quais as pessoas que procuram a DBT ficam presas. O dilema é não ser pego em um dos extremos nem oscilar entre eles.

Um dos objetivos da terapia individual da DBT (discutida no Capítulo 14) é reduzir as flutuações entre os dois extremos e trabalhar para encontrar mais equilíbrio, o que promove a consciência e a compreensão de você mesmo e de seus comportamentos problemáticos. Aprender e usar as habilidades de DBT é fundamental nesse processo. Nesta seção, examinamos mais de perto esses três dilemas e, posteriormente neste capítulo, revisamos os dilemas dialéticos comuns para pais de adolescentes em DBT. Esses dilemas são ferramentas maravilhosas para recuar e tomar consciência de seu padrão de comportamento e de pensamento, que é extremo demais para ser eficaz.

LEMBRE-SE

Os dilemas a seguir ajudarão você e seu terapeuta DBT a entender melhor seus comportamentos e suas experiências. Embora nem todos se apliquem a você, é possível que se veja em muitos deles. O TPB e os sintomas que o levam ao DBT podem ser confusos e parecer opostos. Com a ajuda de seu terapeuta individual, as habilidades de DBT são pensadas para ajudá-lo a aprender a encontrar maneiras de viver uma vida menos emocionalmente reativa e extrema.

Vulnerabilidade emocional versus autoinvalidação

A vulnerabilidade emocional é a extrema sensibilidade a situações emocionais, em que suas reações são fortes até mesmo a circunstâncias ou a eventos aparentemente pequenos. Pessoas emocionalmente vulneráveis têm dificuldade em esconder sua experiência emocional e reagem com muita intensidade, deixando quem está ao redor surpreso ou confuso com a magnitude dessa resposta.

Do outro lado do polo dialético está a autoinvalidação. Conforme discutimos ao longo deste livro (em particular, no Capítulo 23), ela envolve o desprezo de sua própria experiência emocional, dizendo a si mesmo que você não deveria se sentir como se sente, julgando-se por seus sentimentos ou rejeitando suas emoções. Perceba como a combinação dessas características é extremamente dolorosa. Não sendo capazes de confiar em sua experiência, as pessoas que lutam contra essa dialética procuram os outros para saber como deveriam se sentir, simplificam demais as soluções para seus problemas e sentem muita vergonha e ódio de si mesmas quando seus objetivos não são alcançados.

Passividade ativa versus competência aparente

A passividade ativa é uma abordagem dependente para a solução de problemas. Você interage com o ambiente de forma que leva as pessoas ao seu redor a resolverem problemas e a consertarem as coisas para você. Isso pode ser evidente, mas mais comumente é um padrão de comportamento antigo, no qual as pessoas sentem a necessidade de cuidar ou de resolver os problemas para você.

No polo oposto está a competência aparente, que é a capacidade de parecer que você pode lidar com todos os problemas com habilidade e competência. Muitas pessoas que procuram a DBT podem lidar com muitos dos problemas da vida com habilidade, no entanto, isso não é consistente. Há dificuldades para identificar desejos e necessidades, perfeccionismo, dificuldades para dizer não a demandas indesejadas ou incapacidade de pedir ajuda.

CAPÍTULO 15 **Abraçando a Dialética** 193

Para muitos, as competências dependem de seu humor e da situação, os quais oscilam; para outros, essas são áreas de *deficits* de habilidades significativos. Como essas competências podem ser inconsistentes, a situação fica confusa para todos. Essa dialética faz com que as pessoas às vezes se sintam impotentes para resolver problemas, sem confiança de que podem agir e, ao mesmo tempo, incapazes ou sem vontade de pedir ajuda quando precisam, acreditando que estão sendo condenadas ao fracasso.

Crise implacável versus luto inibido

A crise implacável consiste em comportamentos repetitivos, impulsivos e autodestrutivos, como automutilação, tentativas de suicídio, consumo de álcool e drogas, gastos excessivos, direção perigosa ou relacionamentos turbulentos como forma de lidar com a situação. Isso normalmente ocorre quando você não consegue retornar à sua base emocional antes que algo doloroso aconteça de novo, e você vive sua vida governado pela sua mente emocional.

O luto inibido é a evitação extrema de emoções dolorosas. No entanto, o estilo de vida emocional de crises implacáveis muitas vezes leva a emoções dolorosas que você tenta desesperadamente evitar.

Os Dilemas Dialéticos da Paternidade: Minando o Dualismo

Quando a DBT foi adaptada para adolescentes, os Drs. Alec Miller e Jill Rathus criaram a habilidade minando o dualismo (veja o Capítulo 13) para lidar com dilemas dialéticos comuns entre adolescentes e seus pais. Essa habilidade também é composta de três dilemas dialéticos, como as seções a seguir mostram.

LEMBRE-SE

O objetivo é ajudar pais e adolescentes a melhorar a comunicação e a nutrir seu relacionamento durante um momento muito desafiador e em situações difíceis entre eles. Essas dialéticas são usadas como ferramentas para entender melhor o comportamento e respeitar as opiniões e os pontos de vista divergentes, a fim de apoiar a busca por maneiras mais eficazes de seguir em frente quando ficarem travados. Pensar dessa forma evita que os pais fiquem polarizados uns com os outros, com ambos afastados de uma posição dialética, ou que oscilem de uma posição extrema para a outra.

Desprezar o comportamento problemático versus exagerar o comportamento típico

Esta é a primeira das três dialéticas para minar o dualismo e é mais complicada do que parece. Os pais precisam encontrar um equilíbrio entre não dar muita importância ou patologizar os comportamentos típicos do adolescente quando surgirem, e entender quando os comportamentos e sentimentos ultrapassam o limite e se transformam em algo que não é mais típico, mas que causa problemas significativos para o adolescente e a capacidade dele de manter-se funcional.

Ocorrem muitos problemas de desenvolvimento na adolescência, quando os adolescentes descobrem a independência, a exposição a drogas e álcool, o sexo, o desempenho escolar e o fracasso, o emprego e questões de crime e violência. Fortes sentimentos e reações acompanham essas questões, que se tornam mais complicadas devido ao aumento dos hormônios, à impulsividade geral e à aceitação de riscos relacionados ao desenvolvimento do cérebro adequado à idade. Ao tentar separar o comportamento patológico do típico de seu adolescente, é útil se afastar e considerar as maneiras como as lutas estão interferindo em seu funcionamento acadêmico, social e familiar.

Essa dialética se torna mais complicada quando o comportamento patológico do adolescente se associa ao típico. Por exemplo, um adolescente pode ficar chateado e irromper escada acima para o quarto, bater a porta, e os pais podem passar algumas horas sem o ver. Embora seja um comportamento desagradável, é típico de adolescentes. No entanto, se esse comportamento de invadir o andar de cima e não sair do quarto quando ele estiver chateado for associado à automutilação ou ao comportamento suicida, ficará mais difícil de desvendar. À medida que pais e adolescentes se tornam mais habilidosos, isso precisa ser resolvido, para que, como família, descubram como os pais podem começar a confiar nos filhos adolescentes para usarem suas habilidades nesses contextos, apesar do medo de que fiquem chateados e retornem aos velhos comportamentos.

Promover a dependência versus forçar a independência

A próxima dialética é se esforçar para encontrar o equilíbrio entre promover a dependência — fazer muito como pai e, portanto, não permitir que o filho aprenda as habilidades de que precisa — e, por outro lado, pressioná-lo a ser mais independente antes de ter as habilidades de que precisa para manejar as situações com eficácia. Quando os filhos são mais novos, são muito dependentes dos pais, que resolvem muitos de seus problemas. No entanto, à medida que eles crescem, os pais devem lhes ensinar habilidades para a resolução independente de problemas. A transição normalmente vai de fazer para os filhos, para fazer com eles, para eles fazerem por conta própria.

Quando você tem um filho com *deficits*, é fácil adquirir o hábito de fazer as coisas por ele e fomentar a dependência involuntariamente, e, embora bem-intencionado, isso o priva da oportunidade de aprender a fazer a tarefa por conta própria. Considere uma criança com transtorno de *deficit* de atenção e hiperatividade (TDAH) grave, que luta para organizar os deveres escolares e a mochila, limpar o quarto ou até mesmo se lembrar da medicação. Essa falta de organização causa muita ansiedade e conflito, tanto para a criança quanto para os pais. A criança não tem essas habilidades, então os pais cuidam das tarefas para ajudá-la a administrá-las, e, como resultado, todos se sentem menos ansiosos. Há um pouco de conflito, mas a sensação de alívio pela conclusão das tarefas é reforçadora e, portanto, o comportamento dos pais continua.

Quando o adolescente fica mais velho e se aproxima da idade universitária, não tem as habilidades e estratégias logísticas necessárias para ter sucesso. É fácil para os pais, exaustos da sobrecarga de fazerem tanto para o filho, pular para o outro lado e esperar que, agora que tem dezoito anos, ele seja capaz de fazer essas tarefas porque "as pessoas da sua idade deveriam saber fazer isso". Os pais então param de fazer as tarefas, e a confiança do adolescente na família para fazê-las por ele o deixa sem as habilidades para fazê-las por conta própria, o que tem consequências terríveis.

DICA

Também é fácil para os adolescentes com alguns *deficits* forçarem os pais a lhes dar independência, porque seus colegas têm liberdade. Não é fácil encontrar esse equilíbrio dialético. É útil que os pais, ao fazerem tarefas para os filhos adolescentes, perguntem a si mesmos se há oportunidades de passar a fazê-las com eles para promover algumas habilidades que os ajudarão mais tarde.

Ser muito rígido versus ser muito frouxo

A última das três dialéticas para minar o dualismo é buscar o equilíbrio entre ser muito rígido e muito frouxo. Outro nome para os polos dessa dialética é controle autoritário e leniência excessiva. É fácil o medo levar os pais a um dos extremos.

Quando os adolescentes estão se envolvendo em comportamentos perigosos ou que interferem na vida, é fácil o medo dos pais levá-los a ser muito rígidos, repressivos e a tentar controlar uma situação que está fora de seu controle. No extremo, eles impõem consequências passionais — como tirar todos os itens que são importantes até que o adolescente não tenha mais nada a perder, ou punições que duram períodos excessivos de tempo

— impossíveis de manter. Quando essa abordagem não funciona, é fácil pular para o outro lado, jogar as mãos para cima e ficar muito frouxo, o que também é ineficaz. Os pais também podem se sentir muito frouxos quando pisam em ovos e têm medo de que limites ou contingências desestabilizem os filhos e causem comportamentos destrutivos, perigosos ou que acabem com o relacionamento entre eles.

Essa é uma tarefa desafiadora dos pais, pois eles descobrirão que podem precisar ser mais ou menos rígidos ou flexíveis, dependendo da situação. A melhor maneira de encontrar o equilíbrio nessa dialética é encontrar sua mente sábia (o lugar da sabedoria interior) e não se deixar levar pelo medo, que facilmente os leva a um extremo ineficaz.

Compreendendo as Intervenções Dialéticas do Terapeuta

Seu terapeuta de DBT também buscará o equilíbrio dialético ou a síntese na maneira de interagir com você e de trabalhar para ajudá-lo. Os terapeutas de DBT usam muitas estratégias dialéticas. Se você é novo na DBT e já fez outros tipos de terapia, achará a experiência diferente. Algumas estratégias úteis para entender são as de comunicação. Nas seções a seguir, discutiremos três estilos dialéticos diferentes que o ajudarão a compreender algumas das maneiras únicas de seu terapeuta se comunicar com você durante as sessões, bem como de abordar os problemas para os quais você precisa de ajuda. Depois de entender a dialética com a ajuda do restante deste capítulo, você verá como o estilo de seu terapeuta também é dialeticamente equilibrado.

Irreverência versus reciprocidade

Irreverência versus reciprocidade é um tipo de comunicação dialeticamente equilibrada. A comunicação recíproca promove o relacionamento entre o paciente e o terapeuta, mantendo as preocupações do paciente como a mais alta prioridade. Esse tipo de comunicação evita o diferencial de poder mais comum do especialista e do paciente e, em vez disso, fornece um equilíbrio no qual o terapeuta se relaciona tanto como especialista quanto como pessoa autêntica, com pensamentos e sentimentos. Esse tipo de comunicação permite algum nível de autorrevelação cuidadosa por parte do terapeuta para apoiar o processo terapêutico e os objetivos do paciente. A DBT apoia uma relação muito mais igualitária entre terapeuta e paciente.

O contraponto é o uso da comunicação irreverente, em que o terapeuta é mais excêntrico ou brinca ao se comunicar. A função desse tipo de comunicação é ajudar a mudar pensamentos, sentimentos e comportamentos quando o paciente estiver paralisado. Muitas vezes inesperado, ajuda a mudar a maneira como alguém vê as coisas. A irreverência não visa provocar ou facilitar, mas é uma forma de ajudar a articular e, às vezes, a promover a visão de diferentes opções ou perspectivas. O uso efetivo da irreverência tem muito a ver com o tempo; quando os terapeutas usam a irreverência de uma forma que ela não funciona, eles reconhecem rapidamente sua falibilidade e pedem desculpas.

Intervenção ambiental versus consulta ao paciente

Essa dialética é usada para lidar com a parte do manejo de casos da DBT, bem como com as interações do paciente com as pessoas de sua vida. Não é incomum que os pacientes em DBT tenham vários provedores durante seus cuidados, como família, amigos, trabalho e escola. O terapeuta trabalha ao longo dessa dialética quando outros provedores solicitam ou pedem informações sobre o paciente, quando ele pede ao terapeuta para falar com outros provedores ou para resolver um problema para ele. Lembre-se de que um dos principais objetivos da DBT é ajudar os pacientes a aprender e a praticar habilidades para serem mais eficazes na vida.

O equilíbrio dialético que um terapeuta se esforça para encontrar a fim de apoiar o uso e a generalização de habilidades se baseia em intervir mudando o ambiente o mínimo possível, mas, é claro, deve haver um equilíbrio. O princípio geral da DBT é o de que, se o terapeuta deve intervir de modo que mude o ambiente de um paciente, então deve determinar se o ganho de curto prazo para ele vale a perda do aprendizado em longo prazo.

Por exemplo, o benefício de curto prazo de o terapeuta falar com outro provedor em nome do paciente é suficiente para valer a pena o paciente não aprender a se comunicar diretamente com ele, de forma que aprofunde seu relacionamento e fortaleça as habilidades de comunicação e autorrepresentação? Se o terapeuta decidir que a intervenção ambiental não vale a pena, ele assume a posição mais comum de consultor para o paciente. Como consultor, o terapeuta apoia o paciente usando habilidades para passar por essas situações desafiadoras. Como resultado, o paciente ganha um senso de domínio ao aplicar suas habilidades em situações da vida real. O terapeuta assume a posição de consultor quando acredita que o paciente tem as habilidades para manejar a situação e precisa praticar a generalização delas fora da terapia.

Resolução de problemas versus validação

LEMBRE-SE

Essa dialética é emblemática da DBT. Lembre-se de que a dialética fundamental da DBT é a aceitação e a mudança. O terapeuta está constantemente equilibrando as habilidades de resolução de problemas da TCC com as habilidades de aceitação de mindfulness e validação. Você verá isso acontecer em todas as sessões. Seu terapeuta usará habilidades de resolução de problemas de comportamento, cadeia, elos perdidos e análise de solução (veja o Capítulo 18), e abordagens para problemas, ensino de habilidades e planos antecipados, para citar algumas, quando você estiver trabalhando na resolução de problemas. Se prestar atenção, perceberá que seu terapeuta frequentemente o está validando antes de passar para a resolução de problemas e, então, pode oscilar enquanto você mergulha nessas tarefas. A DBT é um tratamento baseado na mudança, e usamos a validação e a aceitação para nos apoiar e avançarmos em direção à mudança.

> **NESTE CAPÍTULO**
>
> » Apresentando dois ambientes diferentes
> » Encontrando maneiras de resolver um problema
> » Construindo uma estrutura antes de começar
> » Adicionando estrutura a sessões individuais
> » Vendo a estrutura em diferentes circunstâncias

Capítulo **16**

Estruturando o Ambiente

Uma das funções da DBT, e de qualquer tratamento eficaz, é a de *estruturação do ambiente*. Isso significa estruturar o tratamento, bem como os elementos da vida do paciente, de maneira que mais efetivamente promova o progresso em direção a seus objetivos. Ao considerar essa função, o terapeuta presta muita atenção aos fatores ambientais que reforçam comportamentos eficazes e que não reforçam os problemáticos.

Neste capítulo, damos ideias para manejar os desafios que o ambiente apresenta. Então você vê que há uma estrutura para as sessões de DBT individuais e em grupo que enfoca a terapia no ensino e nas necessidades clínicas do momento, diferentemente das terapias de conversação, mais tradicionais. Também ressaltamos que existem apenas cinco maneiras de resolver um problema quando surge, e quais métodos são eficazes e quais não o são.

Adicionando Estrutura a Dois Ambientes Diferentes

LEMBRE-SE

Se o ambiente continua a reforçar comportamentos problemáticos e, de alguma forma, pune a melhora clínica, não faz sentido esperar melhora. Para que o tratamento seja concluído, deve ajudar a pessoa, incluindo um ambiente que reforce de maneira mais poderosa os ganhos clínicos. É fundamental que o terapeuta se concentre em criar um ambiente de tratamento que incentive o progresso e não leve a uma recaída.

Uma forma de fazer isso é por meio das sessões familiares, em particular no tratamento de crianças e adolescentes (veja o Capítulo 13), do uso de reuniões de consultoria de caso com outros terapeutas (nas quais o paciente está sempre presente) e do uso de serviços de manejo de casos para contribuir com a logística da vida do paciente. Outros serviços incluem fornecer psicoeducação à família e consultar escolas para ajudá-la a manter o aluno estudando. A adição desses serviços ajuda a estruturar o ambiente, para que os pacientes e a família deles tenham a maior probabilidade de obter um resultado favorável.

Estruturar o ambiente inclui maneiras de ajudar os pacientes a modificarem os próprios ambientes. Digamos que uma pessoa tenda a usar drogas quando está em um determinado círculo social ou em uma área específica da cidade ou que, quando tem um dia de trabalho particularmente difícil, é mais provável que se automutile. No primeiro exemplo, a pessoa estruturaria a vida de forma que limitasse seu contato com o círculo social, e, no segundo, talvez consiga obter ajuda do companheiro ou da família nos dias em que tiver problemas no trabalho. Então, se a pessoa tiver uma recaída ou se machucar, precisa entender por si mesma e ensinar aos outros a ter cuidado para não reforçar o lapso nem a automutilação, sendo excessivamente tranquilizadora e apoiadora.

Parece uma contradição, e a DBT está cheia dessas aparentes contradições. Como um familiar pode ser útil em um contexto e não apoiar em outro? A questão é que queremos que os familiares ajudem e apoiem quando uma pessoa tiver problemas e usem meios habilidosos para passar pelos momentos difíceis, e menos quando usar comportamentos prejudiciais para lidar com esses problemas. É a ideia de reforçar as soluções da DBT baseadas em habilidades.

LEMBRE-SE

O ideal é que o terapeuta ajude o paciente a estruturar seu ambiente. Entretanto, e em particular no início do tratamento, ele pode assumir um papel mais ativo, fazendo a estruturação. Isso ocorre porque as mudanças exigidas pela DBT podem ser muito difíceis para o paciente administrar por conta própria e, portanto, o terapeuta precisa ajudá-lo. Digamos que um paciente tenha acabado de conhecer a validação (veja o Capítulo 12) e deseja que seu parceiro ou seus familiares sejam mais validadores; ele tenta explicar a validação para seus entes queridos, mas a explicação é descartada ou rejeitada. O terapeuta pode intervir e fazer uma sessão conjunta com eles para enfatizar a importância da validação no processo de recuperação.

Resolvendo de Cinco Maneiras

LEMBRE-SE

Todos os tipos de intervenções ambientais podem ser aplicados a diferentes situações, mas elas não são a única solução para os problemas da vida. A DBT ensina que há cinco maneiras de abordar um problema quando ele surge. Digamos que o problema é a pessoa estar se sentindo sozinha. O que ela pode fazer? Há cinco soluções para resolver qualquer problema, seja qual for. No caso, a solidão:

» **Resolução.** A melhor maneira de abordar um problema é resolvê-lo. Se pode resolvê-lo, faça-o. Nem sempre é fácil ou possível. No exemplo de se sentir solitário, você pode resolver o problema mudando sua situação para conhecer novas pessoas e formar amizades, ingressando em um clube ou grupo de voluntários, ou pode iniciar uma conversa com alguns de seus colegas de trabalho e de classe ou vizinhos. Você também pode tentar se reconectar com velhos amigos procurando por eles nas redes sociais.

» **Mudança do relacionamento.** Resolver o problema nem sempre é possível. Outra alternativa saudável é tentar mudar sua relação com ele. Você pode reconhecer que estar sozinho não significa ser desagradável ou indigno de amor. Pode encontrar maneiras de se divertir no tempo em que passa sozinho e fazer as coisas que deseja. Você pode ver um filme, conferir um novo restaurante ou encontrar uma nova trilha de caminhada sem depender da disponibilidade dos outros. Outra maneira de mudar sua relação com o problema da solidão é ver como é maravilhoso estar sozinho. Ficar sozinho o ajudará a aprender a ser mais autossuficiente e confiante.

» **Aceitação radical.** Pratique a aceitação radical (veja mais no Capítulo 11) e aceite que nesse momento você está sozinho e que haverá outros em que isso acontecerá. Não precisa lutar contra essa realidade nem tentar resolvê-la. Você está simplesmente aceitando o momento como ele é.

» **Divertindo-se com a miséria.** Você pode escolher permanecer infeliz. Isso não requer nenhuma habilidade e normalmente envolve não fazer nada a não ser se sentar na cama e ruminar sobre o quanto você é solitário.

» **Piora.** Então, é claro, você pode tornar as coisas ainda piores. Pode excluir todos os contatos do telefone, ligar para seus amigos e gritar com eles, dizer que não estão fazendo o suficiente para se conectar com você, ou pode decidir evitar todos os contatos e passar mais tempo se isolando em seu quarto.

O terapeuta da DBT pode ajudá-lo com as três primeiras opções, mas você não precisa de ajuda para as duas últimas.

Construindo uma Estrutura

Muitas terapias não são exatamente claras sobre o que farão em cada sessão. É difícil tomar uma decisão informada sobre o tratamento sem saber o que acontecerá na terapia, portanto, as primeiras discussões com o terapeuta são sua oportunidade de entender o que esperar. Nas seções a seguir, nós o guiamos pela estrutura de uma DBT típica.

LEMBRE-SE

Se estiver procurando um programa de DBT, certifique-se de que ele tem todos os elementos da DBT (como descrevemos no Capítulo 14). Muitos grupos de terapia e clínicas de saúde mental dizem que oferecem DBT, mas apenas em grupos, e não terapia individual. Outras fazem terapia individual, mas só a oferecem duas vezes por mês ou não oferecem treinamento por telefone. Toda a estrutura deve ser clara.

Fazendo compromissos

Na DBT, o comprometimento em fazer a terapia é um conceito-chave do tratamento, e o comprometimento costuma ser um alvo do terapeuta, que é reforçado ao longo do tratamento. O compromisso com o tratamento precisa ser coberto tanto antes do início dele quanto após.

Quando uma pessoa começa o tratamento, o terapeuta usa estratégias de comprometimento específicas não apenas para extrair um comprometimento do paciente, mas também para aumentar a probabilidade de ele usar todos os elementos do tratamento. Embora essas estratégias às vezes sejam vistas como manipuladoras — e, se forem, são formas eficazes de manipulação —, elas se baseiam na realidade cultural de que a maioria de nós espera fazer algum tipo de negociação em nossas interações sociais. Normalmente, quando tentamos ir direto ao compromisso que esperamos, o resultado é que o paciente não concorda e pode até recusar de imediato.

LEMBRE-SE

As estratégias de comprometimento usadas na DBT são as seguintes:

» **Prós e contras:** O terapeuta da DBT mostra ao paciente potencial os prós e os contras de fazer o tratamento, bem como os de não o fazer.

» **Pé na porta, porta na cara:** O pé na porta é a abordagem de fazer um pedido inicial fácil (por exemplo, "Você pode se comprometer a não se automutilar por quatro semanas?"), seguido por um mais difícil ("Que tal cerca de seis meses? Você pode se compromete por seis meses?"). Isso se baseia na descoberta de que as pessoas que concordam com uma pergunta menor têm maior probabilidade de concordar com as subsequentes.

A abordagem porta na cara começa pedindo ao paciente um comprometimento muito maior do que o que o terapeuta imagina que ele possa ter, e então "se contenta" com algo menor. A ideia é a de que as pessoas que dizem não a um pedido se sentem obrigadas a dizer sim ao seguinte, se for razoável.

» **Vinculando o compromisso atual aos compromissos anteriores:** Se uma pessoa que expressou o desejo de mudar agora está vacilando ou expressando dúvida, o terapeuta pode revisar os momentos em que o paciente se comprometeu com algo e cumpriu do início ao fim e, em seguida, vincular o compromisso atual àquele.

» **Torcida:** O terapeuta fornece declarações encorajadoras e apoio para as mudanças positivas que uma pessoa deseja fazer em sua vida.

» **Liberdade de escolha na ausência de alternativas viáveis ou desejáveis:** A psicologia social demonstra que as pessoas têm maior probabilidade de assumir compromissos quando acreditam que são livres para fazer uma escolha ou quando acreditam que não há outras opções consistentes ou que as ajudem a atingir seus objetivos. Ao combinar essas duas condições, o terapeuta de DBT destacará a liberdade de uma pessoa e, ao mesmo tempo, a falta de alternativas viáveis.

Essa também é uma perspectiva dialética, pois, como essas posições aparentemente contraditórias são possíveis? É porque sempre há outras opções. Entretanto, pode não haver uma alternativa que permitiria à pessoa atingir os objetivos estabelecidos, e, ainda assim, ela é livre para escolher um objetivo diferente se não estiver disposta a fazer o que está sendo solicitado. No entanto, se a pessoa escolhe um objetivo diferente e adota comportamentos diferentes, isso terá suas próprias consequências, e o terapeuta também destacará esse fato.

» **Advogado do diabo:** Esta é uma técnica em que um terapeuta obtém um compromisso de um paciente, mas então o questiona e considera se de fato a abordagem anterior do paciente não tem mérito. Significa discutir o outro lado da dialética, ou seja, a perspectiva do paciente, ou criar um contra-argumento relativo à posição do paciente a fim de levá-lo a examinar mais completamente a decisão que está tomando.

O advogado do diabo também pode ser usado *antes* de obter o compromisso. Em outras palavras, pode ser usado como uma estratégia para obtê-lo — por exemplo, assumindo a posição de que talvez a terapia não faça sentido quando uma pessoa diz que quer fazê-la, mas está vacilando. Sugerir que ela pode não precisar normalmente leva a pessoa a se concentrar nas consequências de não obter ajuda.

Mantendo-se fiel ao plano

Quando o terapeuta atinge um compromisso, é importante definir metas alcançáveis para a terapia. O terapeuta/a equipe do paciente considera e antecipa as barreiras para participar totalmente da terapia e atingir os objetivos. A tarefa é saber o que o paciente espera realizar na terapia ou imaginar como seria sua vida se superasse os desafios que enfrenta. O terapeuta então mostra a ele como usar habilidades específicas o fará atingir os objetivos.

LEMBRE-SE

Depois de ter uma meta e um plano, a próxima etapa é iniciá-lo e cumpri-lo. Siga estas etapas:

1. **Imagine-se atingindo o objetivo.**

Metas de longo prazo parecem opressoras e distantes, em particular se exigirem o uso de novos comportamentos. Saiba isto: você está ciente de como sua vida é a partir da maneira como a vive atualmente. Quando vive de maneira diferente, sua vida muda. Sempre que sua motivação diminuir, mantenha em sua mente a imagem de um eu mais capaz.

2. **Crie um procedimento de responsabilização.**

O que o manterá no caminho certo? Existe um amigo, parente, ministro religioso ou professor que o ajudará a permanecer responsável? Você precisa consultar seu terapeuta com mais regularidade nas primeiras semanas de terapia? Normalmente, a maioria das pessoas se sente responsável por atingir seus objetivos se prestar contas a outras pessoas importantes em sua vida.

3. **Divida a meta em etapas menores.**

Não importa o que você queira alcançar, há etapas menores entre o agora e o depois. Em vez de insistir em concluir a meta em uma instância ou desistir, pense em etapas menores. Se deseja correr uma maratona, simplesmente sair e tentar correr 42km sem nunca ter corrido é uma tarefa difícil, e seria fácil desistir. Em vez de tentar a maratona inteira ou desistir, tente de 2km em 2km e, lentamente, aumente a distância, definindo metas menores e manejáveis. É muito mais provável que você alcance seu objetivo dessa maneira.

4. **Dê a si mesmo um dia de folga.**

   Parece contraintuitivo, mas não há problema em deixar de se dedicar por um dia à prática de novos comportamentos. A mudança é desgastante. O importante é reconhecer que você está tirando um dia de folga, mas permanece comprometido com seu objetivo final; é um dia de descanso, e não um dia em que retornará a comportamentos inadequados.

5. **Pare de pensar e "apenas faça"!**

   Às vezes, pensamos muito, e o pensamento atrapalha a conclusão de nossa tarefa. Em vez de ficar sentado e considerar seu objetivo como uma obrigação, considere as etapas para atingi-lo como estilo de vida e totalmente não opcional. Quanto mais você faz algo diariamente, mesmo que seja novo, mais rapidamente se tornará um hábito.

6. **Olhe para trás.**

   Se estiver escalando uma montanha muito íngreme, chegar ao topo parece impossível. É fácil ficar desmotivado pelo trabalho árduo do esforço. Sempre que estiver se sentindo para baixo ou derrotado, reserve um tempo para olhar para trás e ver o quão longe você já chegou. Rastreie sua jornada com um registro diário e, em seguida, volte para ler sobre versões mais antigas de você mesmo. Você ficará grato quando perceber as mudanças ocorridas.

7. **Lide com os momentos difíceis.**

   Pesquisas mostram que nosso cérebro pode ficar impaciente ou que podemos perder o autocontrole e nos tornar impulsivos. É importante antecipar e eliminar possíveis obstáculos. Em vez de simplesmente confiar em seu eu futuro para fazer a coisa certa, torne essas barreiras potenciais mais manejáveis, preparando-se para elas quando estiver se sentindo motivado, de modo que, quando estiver menos motivado, não precise começar a fazer planos.

8. **Saiba que você é capaz.**

   Você não estaria estabelecendo as metas que definiu com seu terapeuta se elas fossem inatingíveis. Embora o autocontrole canse, também sabemos que, simplesmente acreditando, você é capaz de realizar seus objetivos.

Estruturação de Sessões Individuais

Você trabalha para atingir seus objetivos específicos nas sessões individuais. Diferentemente do grupo de habilidades, em que todas as habilidades são ensinadas a todos os participantes (veja o Capítulo 14), na sessão individual, apenas aquelas pertinentes a seus comportamentos-alvo e aspirações de vida são revisadas, consideradas e aplicadas. As seções a seguir esmiúçam uma sessão típica.

Revisando seu cartão-diário

No início de cada sessão de terapia, seu terapeuta pedirá para revisar seu cartão-diário, que abordamos no Capítulo 18. Um cartão-diário é uma ferramenta que era exclusiva da DBT, embora hoje mais terapias o utilizem. É um formulário em forma de grade que o ajuda a monitorar seus sintomas-alvo, seu progresso em direção a seus objetivos e as habilidades que usou em diferentes situações. O cartão-diário é preenchido todos os dias e adaptado para atender aos alvos específicos que você e seu terapeuta acordaram que precisam de atenção.

LEMBRE-SE

O terapeuta revisará cuidadosamente seu cartão no início de cada sessão e discutirá qualquer situação de preocupação, como o risco de suicídio ou automutilação e padrões de uso indevido de substâncias. Esses são os chamados comportamentos de ameaça à vida ou que interferem na qualidade de vida, que devem ser tratados antes de você discutir outras questões na terapia.

Dando atenção à hierarquia de alvos

LEMBRE-SE

Como as pessoas que procuram a DBT em geral têm vários problemas que requerem tratamento, a DBT usa uma hierarquia de alvos de tratamento para ajudar o terapeuta a determinar a ordem em que os problemas serão tratados. Os alvos de tratamento, em ordem de prioridade, são os seguintes:

> » **Comportamentos de risco à vida:** Esses comportamentos podem levar à morte e incluem pensamentos e comportamentos suicidas, bem como todas as formas de automutilação não suicida. Eles também incluem ser violento com outras pessoas ou ser vítima de violência. Pessoas violentas costumam usar a violência como forma de conseguir o que desejam. Como outros comportamentos destrutivos, a violência funciona de imediato, mas acaba deixando o perpetrador isolado e sem confiança. Da mesma forma, ser vítima de violência leva a vítima a evitar totalmente a vida, a ponto de querer escapar dela.

- » **Comportamentos que interferem na terapia:** Uma pessoa não melhora se não participar totalmente da terapia e, portanto, os comportamentos que interferem no tratamento eficaz são os alvos seguintes. Esses comportamentos não são apenas aqueles que o paciente está realizando, mas também podem ser alguns que o terapeuta realiza. Eles incluem chegar atrasado às sessões, cancelar compromissos, não ser colaborativo no trabalho em direção aos objetivos do tratamento ou recusar-se a completar a tarefa de casa, os cartões-diário ou a análise em cadeia.
- » **Comportamentos que interferem na qualidade de vida:** O terapeuta e o paciente revisam os comportamentos que interferem em uma qualidade de vida razoável, como problemas de relacionamento, uso indevido de substâncias e outros problemas de saúde mental.
- » **Aquisição de habilidades:** Aqui, o tratamento foca a necessidade de o paciente aprender novos comportamentos hábeis, eficazes e adaptativos para substituir os mal-adaptativos, a fim de ajudá-lo a atingir seus objetivos.

Análise em cadeia do principal alvo

O ponto central de uma análise em cadeia (descrita no Capítulo 18) é que, ao analisar seu comportamento, você conhece a causa que o mantém. Saber disso é uma etapa importante para a mudança. Qualquer comportamento pode ser entendido como uma série de momentos e componentes interligados. Esses momentos estão ligados entre si em uma cadeia temporal, na medida em que seguem em sucessão, um após o outro. Um elo da corrente leva ao próximo. Os comportamentos que se repetem são como hábitos bem ensaiados, e, à primeira vista, parece que seus episódios não se decompõem, porque parecem acontecer apenas em um momento. O terapeuta conduz a cadeia, e, em última análise, o paciente é capaz de fazê-lo por conta própria, fazendo uma série de perguntas que efetivamente desbloqueiam os elos — que às vezes parecem fundidos.

LEMBRE-SE

O objetivo de uma análise em cadeia é definir precisamente qual é o problema, o que o motivou, qual é sua função, o que está interferindo no uso de outros comportamentos que não os usados e quais são as consequências. Embora a realização de uma análise precisa exija tempo e esforço, vale a pena, pois fornece informações essenciais e pistas para a compreensão dos eventos que levaram a comportamentos problemáticos específicos. As tentativas de resolver um problema falham quando ele não é totalmente compreendido e avaliado. Se o comportamento ocorre com frequência, ao realizar repetidas análises em cadeia, o terapeuta ajuda a esclarecer o problema e a entender melhor a maneira como os elos estão conectados.

Descobrir os elos é o primeiro passo para encontrar soluções para interromper ou alterar o comportamento problemático, e isso acontece quebrando a corrente em locais em que os elos podem ser rompidos. Se toda vez que uma pessoa toma três bebidas depois das 22h, ela tende a brigar com um ente querido, ela pode parar de beber às 21h, não beber nada ou reduzir as bebidas para uma ou duas.

DICA

Aqui está um exemplo de uma análise em cadeia concluída:

1. **Qual é o comportamento problemático que estou analisando?**

   Beber muito e brigar com meu parceiro.

2. **Qual foi o evento motivador?**

   Planejei fazer um jantar especial para meu parceiro, mas ele não voltou do trabalho a tempo. Ele chegou atrasado e disse que tinha ido a uma festa do trabalho e falado com uma colega de quem ele sabe que não gosto.

3. **Descreva quais aspectos internos e externos o deixaram vulnerável.**

   Eu estava ansiosa para jantar com meu parceiro. Também queria conversar com minha mãe, que é minha maior apoiadora, sobre o que eu planejava cozinhar para o jantar, mas, quando telefonei, ela me apressou e disse que estava indo ao cinema com uma amiga, e isso me irritou.

4. **Liste a cadeia de eventos (comportamentos específicos e eventos do ambiente que realmente ocorreram).**

   A. Eu me senti magoada e comecei a chorar ao telefone com meu parceiro e fiquei com raiva dele.

   B. Liguei para minha mãe e ela disse que ia ao cinema.

   C. Pensei: "Não aguento mais. Nunca sou prioridade. Ninguém me ama."

   D. Fiquei desesperada depois de falar com meu parceiro e com minha mãe.

   E. Pensei: "Minha vida não vale nada; ninguém jamais estará aqui para mim."

   F. Quando olhei minhas redes sociais, parecia que todos tinham alguém.

   G. Comecei a ficar ansiosa e pensei: "Não posso viver assim."

   H. Resolvi tomar uma dose de vodca para me sentir melhor, mas acabei bebendo a garrafa inteira.

   I. Fiquei acordada e, quando meu parceiro chegou, comecei a gritar com ele.

5. **Quais foram exatamente as consequências no ambiente...**

   - Em curto prazo: Dormi sozinha, o que não ocorria há mais de nove meses.

- Em longo prazo: Meu parceiro agora está se questionando se nosso relacionamento foi uma boa escolha.

... e em mim?

- Em curto prazo: Tenho vergonha de ter perdido o controle.
- Em longo prazo: Terei de enfrentar a perspectiva de ficar sozinha.

6. Qual dano meu comportamento problemático causou?

Isso me machucou, porque perdi o controle e quebrou a confiança no meu relacionamento.

7. Liste comportamentos novos e mais hábeis para substituir comportamentos ineficazes.

A. Usar a habilidade GIVE com meu parceiro (veja o Capítulo 12).

B. Verificar os fatos em torno da ideia de que meu parceiro me rejeitará.

C. Ligar para meu terapeuta, explicar o que está acontecendo e pedir ajuda.

D. Usar minhas habilidades de tolerância ao mal-estar (veja o Capítulo 11) e assistir a um filme edificante ou ligar para um amigo e dar um passeio.

E. Praticar a meditação da compaixão (veja o Capítulo 9).

F. Despejar a vodca na pia para que ela não seja um risco.

8. Elabore planos de prevenção.

- Maneiras de reduzir minha vulnerabilidade: Fazer um plano de enfrentamento para a próxima vez que meu parceiro for a uma festa do trabalho.
- Maneiras de evitar que o evento desencadeador aconteça: É quase impossível impedir que algo aconteça, então devo praticar como lidar com a situação e ter vários planos para lidar com a solidão.

9. Faça planos para reparar, corrigir e minimizar qualquer dano causado a outras pessoas.

O foco na correção excessiva visa restaurar a situação para uma condição melhor do que a original ou ir além do esperado no pedido de desculpas.

Pedir desculpas ao meu parceiro, assegurá-lo de que o comportamento não é consistente com meus valores e me comprometer com um resultado diferente da próxima vez. Além disso, comprometer-me a trabalhar o problema na terapia, para que eu esteja mais bem preparada e entenda e atenda aos meus gatilhos emocionais de forma mais eficaz.

Tecendo a análise de solução

Uma vez que o terapeuta e o paciente tenham concluído a análise em cadeia, o terapeuta conduz uma *análise de solução* (veja o Capítulo 18) para identificar e implementar as habilidades ou soluções possíveis mais eficazes que poderiam ter sido implementadas na cadeia. O objetivo da DBT não é apenas parar os comportamentos inadequados que deixam a pessoa sofrendo, mas também resolver os problemas que contribuem para o comportamento problemático e também aliviar o sofrimento da pessoa.

LEMBRE-SE

Os terapeutas dividem a análise de solução em três componentes básicos: a geração, a avaliação e a implementação de várias soluções.

1. O terapeuta e o paciente selecionam um elo específico da cadeia e, em seguida, geram várias soluções que poderiam ter sido implementadas. Idealmente, várias soluções são geradas e não descartadas de imediato.

2. As soluções são avaliadas quanto à possibilidade de implementação com base no quão realistas são e nas barreiras à sua implementação.

3. A solução é implementada.

Considere os seguintes fatores ao selecionar um elo para a análise de solução:

» Com que força o elo controla o comportamento-alvo?
» Com que frequência o elo aparece em várias análises em cadeia?
» É fácil alterar ou modificar o elo?
» O quanto o elo atrapalha os objetivos do paciente?
» Quão disposto o paciente está a tratar o elo?

Depois que esse questionamento for concluído, o terapeuta e o paciente avançam para o próximo elo significativo, repetindo as etapas anteriores.

LEMBRE-SE

Entrelaçar a análise em cadeia com a análise de solução tem várias vantagens:

» Diminui a probabilidade de que o terapeuta gaste o tempo apenas analisando as causas do comportamento problemático, o que o impede de abordar as soluções.

» Ajuda os pacientes a se tornarem mais autônomos no processo de identificação de elos problemáticos.

> O processo cria uma conexão mais automática entre comportamentos problemáticos e soluções possíveis. Para decidir quando entrelaçar soluções, os terapeutas consideram o quão bem o elo foi compreendido.

Descendo na hierarquia para discutir as habilidades relacionadas ao cotidiano

LEMBRE-SE

Uma vez que os alvos de maior risco à vida tenham sido tratados, a terapia desce na hierarquia para alvos de nível inferior. Isso não significa que essas metas sejam menos importantes; frequentemente, elas são mais importantes. Se uma pessoa se pergunta como melhorar seus relacionamentos, isso é claramente uma questão importante, mas, se ainda está se envolvendo em comportamentos perigosos ou de risco à vida, sua vida está em risco, e, portanto, lidar com eles deve vir antes de lidar com os problemas de relacionamento, mesmo que, para o paciente, estes sejam mais fundamentais.

Usando a Estrutura em Diferentes Contextos

Um aspecto importante para estruturar o ambiente é a consideração do uso da DBT em configurações específicas. Lembre-se de que ela foi desenvolvida para ser usada como tratamento ambulatorial para pessoas suicidas. No entanto, dado o poder do tratamento, não é surpreendente que tenha mudado para ambientes diferentes e com populações específicas, como você descobrirá nas seções a seguir.

Prisões

Na maioria das circunstâncias, os modelos das prisões são quase o oposto da DBT, pois as prisões seguem um modelo baseado principalmente na punição. Esse sistema está falido, e, nos últimos anos, os sistemas de justiça criminal de todo o mundo têm apelado à reforma das prisões. Isso faz sentido, porque há evidências inequívocas de que os sistemas baseados em punição não detêm nem previnem o crime. Além disso, são financeiramente insustentáveis e não conseguem reduzir a reincidência de infratores. Um dos problemas, entretanto, era o de que não havia alternativa, com base empírica, à punição. É aqui que entra a DBT.

Os ambientes forenses reconheceram a utilidade da DBT como um programa cognitivo-comportamental intensivo, bem estruturado e baseado em habilidades que tratam muitos dos problemas que os presidiários apresentam: desregulação emocional, uso indevido de substâncias, incapacidade de tolerar o mal-estar e *deficits* no relacionamento interpessoal. Além disso, como a DBT tem se mostrado eficaz em populações difíceis de tratar, é um pacote completo para ambientes prisionais. Além disso, os transtornos de personalidade e os transtornos por uso de substâncias são importantes para tratar em ambientes prisionais, porque essas duas condições estão significativamente associadas à reincidência.

As habilidades ensinadas na DBT abordam muitos dos fatores de risco mais significativos para atividades criminosas. Habilidades de eficácia interpessoal ajudam as pessoas a lidar com muitos dos estilos interpessoais mal-adaptativos que são fatores de vulnerabilidade no desenvolvimento de relacionamentos com pessoas já envolvidas no crime. Habilidades de regulação emocional ajudam as pessoas a controlar sua raiva e agressão.

Obviamente, alguns elementos da DBT padrão não podem ser adaptados para o ambiente da prisão — por exemplo, treinamento de habilidades por telefone —, e, portanto, a estrutura teve que mudar. Uma mudança foi simplificar a linguagem. Por exemplo, em vez de *desregulação emocional*, usamos "dificuldade em controlar as emoções", ou, em vez de *eficácia interpessoal*, "habilidades de relacionamentos". Então, por causa das restrições nos ambientes prisionais — um prisioneiro não pode dar uma longa caminhada na floresta, tomar um banho de espuma, ir para a cama quando quiser ou mergulhar no gelo para controlar as emoções rapidamente (veja o Capítulo 21) —, há, em vez disso, o uso de atividades que se aplicam a um ambiente de custódia.

Escolas

Um número significativo de jovens se envolve em comportamentos de risco. Isso inclui uso de maconha e álcool, encontros sexuais com múltiplos parceiros, e às vezes desconhecidos, e lutas físicas. Esses comportamentos de alto risco estão associados às principais causas de morte entre os jovens. Dois fatores associados ao envolvimento nesses comportamentos são a desregulação emocional e a impulsividade, alvos claros da DBT.

Existem também fatores estressantes específicos do ambiente escolar. A cada ano, há a necessidade de se readaptar à estrutura social do novo ano letivo. Então, simplesmente fazer a transição para um novo ano escolar com novas salas de aula, material acadêmico e professores é o próprio estressor.

As modificações para o ambiente escolar oferecem formas de estruturar o tratamento para necessidades específicas. Por exemplo, uma adaptação da DBT para a escola é conhecida como DBT Skills Training for Emotional Problem Solving for Adolescents (DBT STEPS-A) [treinamento de habilidades da DBT para resolução de problemas emocionais de adolescentes, em tradução livre], que é um currículo de aprendizado social emocional (SEL) adaptado pelo Dr. James Mazza e colegas para ensinos fundamental e médio, a fim de ensinar a todos os adolescentes habilidades eficazes de regulação emocional, tomada de decisão e resolução de problemas. Depois, há o Teen Talk, um programa de habilidades DBT adaptadas que servem como alternativa disciplinar na educação. É um currículo de habilidades de quatro semanas, projetado para aprimorar as habilidades de enfrentamento do aluno — em particular, consciência e aceitação radical. O programa se concentra no manejo de comportamentos perturbadores, como impulsividade, reatividade emocional e agressão. Enquanto um grupo de habilidades da DBT se concentra na revisão da tarefa de casa de habilidades, no Teen Talk, o grupo é pareado com monitoramento individualizado de trabalhos escolares acadêmicos, bem como exercícios de mindfulness, sentimentos e respostas, o uso da eficácia interpessoal e tolerância ao mal-estar e regulação emocional. As aulas do Teen Talk têm como objetivo reduzir o isolamento social, a agressão, a hiperatividade e a distração, bem como a depressão e a ansiedade.

PAPO DE ESPECIALISTA

Como muitos alunos não querem ser vistos como pessoas que necessitam de tratamento de saúde mental, para atraí-los, as habilidades foram renomeadas para soar mais interessantes, com nomes como *pegando a onda*, *no cinema* e *tente me incomodar*.

Outro problema específico das escolas é a recusa dos jovens em frequentá-la. A DBT faz sentido, porque uma porcentagem significativa de casos de recusa escolar apresenta problemas significativos de regulação emocional, e, nesse contexto, a DBT conceitua esses casos de recusa à escola como resultantes desses problemas; portanto, as habilidades da DBT de regulação emocional se justificam. Uma mudança da DBT padrão é a adição do treinamento baseado na web entre o adolescente, seus pais e o terapeuta primário. Isso acontece todas as manhãs nos dias de aula.

Essas e outras maneiras de estruturar o ambiente escolar melhoram o funcionamento do aluno e aumentam sua autoestima e seu relacionamento social.

Hospitais

Como a internação hospitalar é imprevisível no que diz respeito ao tempo de permanência do paciente, para estruturar a DBT para ele, ela deve funcionar dentro do prazo estipulado, que pode ser entre três e quatorze dias. Uma maneira de estruturá-la é oferecer terapia individual, treinamento de habilidades e manejo de medicamentos durante o dia clínico, que é geralmente das 9h às 17h, pelo menos cinco dias por semana. Pacientes com problemas de regulação emocional geralmente são selecionados, no entanto, como todos os pacientes podem aprender com os grupos que enfocam os fatores de vulnerabilidade emocional relacionados ao estresse, mesmo os pacientes que não seriam tipicamente atendidos pela DBT podem comparecer. Isso também significa que a maioria dos funcionários deve estar familiarizada com as habilidades da DBT, para fornecer treinamento em tempo real.

Todo o dia terapêutico e todos os grupos são dedicados a cobrir o máximo possível do currículo da DBT, visto que o tempo de internação provavelmente será curto. Para muitos pacientes, não será possível cobrir todo o currículo, e, portanto, em vez de examinar de forma abrangente cada prática ou habilidade dentro de cada módulo, apenas alguns são escolhidos e revisados. Outro elemento é que cada pessoa deve receber psicoeducação, bem como uma compreensão da teoria biossocial (veja o Capítulo 2), e, em particular, o impacto da invalidação e os benefícios da autovalidação.

Se o paciente achar que os grupos e o tratamento são úteis ou de interesse, o gerente de caso do hospital pode ajudar a encontrar um terapeuta de DBT ambulatorial ou, pelo menos, fornecer os nomes dos terapeutas locais para que o paciente possa fazer o acompanhamento após a alta.

Terapia para pessoas com *deficits* de desenvolvimento

Apesar da lógica de que todas as pessoas que podem se beneficiar com a DBT devam recebê-la, é mais difícil oferecê-la a pessoas com *deficits* intelectuais e de desenvolvimento. Por exemplo, um problema é que existem elementos cognitivos significativos para o tratamento. Além disso, o modelo-padrão está cheio de metáforas e siglas. Certos conceitos também são muito abstratos, como as ideias de síntese dialética e aceitação radical. Por fim, algumas pessoas com esses *deficits* também têm poucas habilidades de leitura ou nenhuma, ou têm memória fraca, o que tornará a DBT padrão difícil de ser ensinada e entendida.

Uma adaptação da DBT é conhecida como Skills System [sistema de habilidades, em tradução livre], desenvolvida pela Dra. Julie F. Brown. É um conjunto de habilidades de regulação emocional de fácil desenvolvimento projetado para ajudar pessoas de várias idades e níveis de habilidades a controlar as emoções.

PAPO DE ESPECIALISTA

Com relação à dialética, uma das técnicas de ensino padrão para trabalhar com pessoas com *deficits* intelectuais é manter as coisas simples, fazendo perguntas que tenham respostas únicas, como certo ou errado, ou que tenham uma escolha como esta ou aquela. Esse ensino parece violar o princípio da dualidade da natureza, pois retrata o mundo em preto e branco, sem estimular a busca por várias perspectivas. Por outro lado, é consistente com o princípio de fazer o que é eficaz e que melhor atende às necessidades do paciente.

Muitos terapeutas estão constantemente trabalhando para manter e aprender a terapia, e pode ser desafiador para eles ficar a par de todas as nuances; portanto, é claro que o tratamento pode ser particularmente difícil para pessoas com desafios cognitivos. Tratamentos complicados devem ser realizados apenas se houver um forte compromisso com o uso do modelo em longo prazo, e isso significa que as equipes que trabalham com os portadores de *deficits* estão empenhadas em fazê-lo. Para essa população, é muito provável que, se a DBT for usada, provavelmente será um tratamento de longo prazo e exigirá repetições múltiplas e persistentes, com sessões mais curtas e mais focadas, e inserida em uma cultura em que as premissas centrais da DBT sejam essenciais para o meio.

Outra violação aparente da prática da DBT é que algumas pessoas com *deficits* de desenvolvimento têm planos de serviço individuais, e estes muitas vezes incluem metas que requerem consistência de tratamento e apoio por parte dos provedores. Isso vai contra a abordagem da DBT de *consulta ao paciente*, em que as pessoas são ensinadas que devem aprender a negociar o sistema e a generalizar suas habilidades para o ambiente para que consigam se defender sozinhas.

Várias pessoas com *deficits* vivem com suas famílias, em cuidados supervisionados e, em alguns casos, de forma independente com o manejo de casos. O terapeuta trabalha com a equipe não DBT da pessoa e é um consultor da equipe mais ampla, apoiando-os com psicoeducação e liderança clínica, a fim de fortalecer a motivação do paciente e da equipe mais ampla com o objetivo de haver uma generalização gradual e crescente das habilidades na comunidade da pessoa. O terapeuta também oferece treinamento para a equipe mais ampla — em particular, a prática de validação. Esse treinamento também é oferecido aos familiares. A equipe e a família se tornam, então, os treinadores da pessoa, para ajudá-la quando for necessário.

O terapeuta também pode precisar intervir e colaborar com provedores de serviços não DBT estaduais para explicar o processo da DBT. O foco deve ser a criação de um ambiente centrado na pessoa e amigável, que siga as premissas e os princípios da DBT. Por fim, muitas vezes há consultas mais frequentes, com os vários elementos de serviço, do que normalmente seria feito na DBT padrão.

> **NESTE CAPÍTULO**
>
> » Integrando um grupo de consultoria
>
> » Seguindo uma agenda e conhecendo as funções da equipe

Capítulo 17
O Grupo de Consultoria

A DBT é muito eficaz, mas as exigências de trabalhar com um grupo de pessoas que às vezes lutam contra o suicídio e outros pensamentos e comportamentos autodestrutivos afetam aqueles que administram a terapia. Para enfrentar esse desafio e manter a fidelidade ao modelo de tratamento, um terapeuta que ministra DBT tem que concordar em estar em um *grupo de consultoria*. Ele também concorda em fornecer o tratamento — ferramentas, protocolos e princípios — de acordo com as evidências de eficácia. Isso significa que ele não se desvia e usa um pouco de DBT, um pouco de psicanálise, um pouco de terapia do esquema, e assim por diante. Ele concorda em fazer apenas a DBT.

Neste capítulo, você descobrirá o que um terapeuta faz para se certificar de que está cumprindo os princípios e os protocolos do tratamento da DBT. Descobrirá também como o grupo de tratamento ao qual os terapeutas pertencem é uma parte essencial do tratamento, pois eles se ajudam nos momentos difíceis e dão uns aos outros novas ideias e opções sobre o que fazer caso se sintam estagnados.

Unindo-se a um Grupo de Consultoria

O grupo de consultoria é composto de terapeutas que fornecem o tratamento da DBT aos pacientes. A fundadora da DBT, Dra. Marsha Linehan, o descreveu como "uma comunidade de terapeutas tratando de uma comunidade de clientes". O ideal é que um grupo tenha de três a oito pessoas, que podem vir de diferentes disciplinas e ter diferentes funções ou graus profissionais, mas que estejam usando a DBT no tratamento de determinados pacientes. Em outras palavras, pode haver assistentes sociais, psicólogos, psiquiatras, enfermeiros, estagiários e conselheiros de saúde mental. Em alguns contextos, em particular quando há muitos estagiários, como em centros acadêmicos ou em centros de aconselhamento maiores, os grupos podem ser maiores, mas descobrimos que, se houver mais de doze pessoas, fica difícil atender às necessidades de todos. A maioria das reuniões do grupo de consultoria dura de uma hora a uma hora e meia.

Antes de se juntar a um grupo, o terapeuta deve estar completamente ciente do compromisso que está assumindo. Assim como os pacientes se comprometem com a DBT, os terapeutas devem se comprometer com ele. Os novos terapeutas se comprometem a continuar a trabalhar ativamente para aumentar sua própria eficácia e adesão à aplicação da DBT, e a ser responsáveis pelo cuidado de todos os pacientes tratados pelos membros do grupo. De forma mais direta, os membros do grupo concordam que, se um paciente tratado por qualquer um deles morre por suicídio, todos dizem "sim" quando questionados se já perderam algum paciente por suicídio.

As seções a seguir discutem o propósito do grupo de consultoria e os acordos que seus membros fazem.

Terapia para terapeutas

A DBT pressupõe que o tratamento eficaz de pacientes com comportamentos autodestrutivos inclui enfoque tanto o comportamento do terapeuta e sua experiência com a terapia quanto o do paciente. Tratar pacientes que apresentam comportamento suicida crônico e autodestrutivo é extremamente estressante, portanto, permanecer dentro da estrutura terapêutica da DBT às vezes parece quase impossível. Por isso, uma parte central da terapia inclui o "tratamento" do terapeuta.

Existem três objetivos principais da consultoria ao terapeuta na DBT:

> » **O grupo ajuda a manter cada terapeuta na relação terapêutica com seu paciente.** O papel do grupo é ajudar o terapeuta em qualquer desgaste que possa estar sentindo, torcer por ele e apoiá-lo.

> **Consistente com a dialética, o grupo ajuda a fornecer um equilíbrio nas interações do terapeuta com o paciente.** Ao fornecer esse equilíbrio, os membros do grupo se aproximam da perspectiva do terapeuta para manter uma posição forte, ou se afastam, para que ele se aproxime da perspectiva do paciente e mantenha o equilíbrio.

> **No contexto de programas inseridos em um ambiente não DBT, o grupo fornece o contexto para o tratamento.** Por exemplo, em uma unidade psiquiátrica geral não DBT, se as habilidades de DBT são ensinadas e alguns profissionais a usam, tê-los no grupo ajuda os outros membros a manter a fidelidade ao tratamento e a permanecer motivados para o modelo, mesmo se estiverem em uma configuração não DBT.

As seções a seguir descrevem os métodos usados para fornecer terapia aos terapeutas de um grupo.

Abordando o burnout

CUIDADO

O esgotamento do terapeuta está associado a muitos impactos negativos. Quando ele se sente exausto, tende a incorrer em um absenteísmo. O esgotamento leva a uma maior rotatividade do grupo, a um aumento de atitudes negativas em relação aos pacientes e a piores resultados para eles. O esgotamento também afeta os próprios terapeutas, com mal-estar geral, caracterizado por níveis mais elevados de depressão, ansiedade, insônia e uso de substâncias.

Em alguns contextos e agências, um dos problemas que os terapeutas de DBT enfrentam é o grande número de casos e o tempo limitado para revisá-los. Em grupos de DBT muito grandes, haver muitos terapeutas representa que nem todos terão a chance de revisar seus casos, e é possível que os que trabalham com pacientes muito complicados gastem muito tempo revisando os seus. Isso também leva ao esgotamento de outros membros do grupo, e às vezes a melhor opção é dividi-lo em dois grupos menores.

Dentro do contexto da DBT, consideramos que o burnout tem três componentes:

> Sentir-se emocionalmente exausto.

> Perder a compaixão pelos pacientes.

> Sentir-se ineficaz ou incompetente.

O grupo reduz o desgaste dos membros, por ser um ouvido atento e uma fonte de validação, incentivo, humor e irreverência, bem como conferir um senso de comunidade e um propósito compartilhado. Grupos experientes são eficazes porque são dialéticos, usam a autenticidade radical um com o outro, são diretos na abordagem dos problemas e honestos nos erros que cometem, e estão dispostos a fazer reparos. Quando o grupo sai do curso, usa estratégias da estrutura da DBT para retomar o rumo. Sentir que o grupo apoia o terapeuta é a chave para reduzir o burnout.

Melhorando as habilidades do terapeuta

Como mencionamos ao longo deste livro, é estressante trabalhar com pacientes que são emocionalmente desregulados — que exibem raiva, medo, vergonha e culpa, ameaçam ou fazem tentativas de suicídio, e se envolvem em comportamentos de automutilação. Para se tornar mais habilidoso, bem como permanecer motivado para continuar a fazer a DBT nessas situações, o terapeuta precisa adquirir, integrar e generalizar as abordagens cognitivas, emocionais, comportamentais e verbais necessárias para a aplicação eficaz do tratamento. De muitas maneiras, isso não é diferente do que os terapeutas precisam fazer com seus pacientes — ou seja, ensinar, integrar e generalizar as habilidades necessárias para serem capazes de funcionar com eficácia na vida. Esse aprimoramento ocorre dentro do grupo, com supervisão individual, por meio de treinamento interno dedicado do grupo e enviando o grupo para sessões externas dedicadas de treinamento em DBT.

DICA

Aqui estão algumas outras estratégias que ajudam os terapeutas:

» **Gravações das sessões:** O terapeuta registra sua sessão individual com o paciente para que seja revisada pelo supervisor dele ou por outro colega da DBT. Nesse contexto, colegas e supervisores dão feedback quanto à precisão da aplicação da DBT pelo terapeuta e seu uso de estratégias de tratamento da DBT. A revisão dos vídeos das sessões durante as reuniões do grupo é uma das maneiras mais eficazes de melhorar a adesão à DBT na terapia individual.

» **Ensino didático:** Novas ideias na aplicação da DBT estão sendo desenvolvidas o tempo todo, e os membros que participaram de sessões de treinamento podem retornar para compartilhar com seu grupo quaisquer novas ideias que aprenderam ou explicar novas maneiras de aplicar as técnicas de DBT. Isso, por sua vez, aumenta a competência do terapeuta e reduz a ineficácia.

» **Uso dedicado de estratégias da DBT:** Esta é a aplicação das mesmas técnicas de DBT que são usadas com pacientes, incluindo o uso da análise em cadeia, da análise de elos perdidos e da análise de solução entre si (veja o Capítulo 18). Há muitos benefícios nessa abordagem: ela modela o uso de técnicas no grupo; fazer *role-play* das habilidades é instrutivo; e destaca a dificuldade que os pacientes às vezes experimentam no uso delas.

Acordos do grupo de consultoria

Para que um terapeuta se junte a um grupo de consultoria, ele deve se comprometer com certos acordos. Isso faz sentido na medida em que, por exemplo, um motorista britânico que vai para os EUA concorda em dirigir no lado direito da estrada, do contrário, as consequências são significativas. Da mesma forma, sem aderir ao tratamento que vem sendo desenvolvido para suicidas, a consequência pode ser grave. As seções a seguir descrevem acordos que permitem um funcionamento mais eficaz do grupo e da aplicação do tratamento.

Aceitação da filosofia dialética

LEMBRE-SE

Esse acordo diz respeito à postura que um terapeuta assume ao concordar em administrar a DBT. A filosofia dialética é aquela que reconhece a subjetividade das experiências e que, portanto, não há verdade absoluta. Isso é importante porque, como todos os seres humanos, os terapeutas são pegos em opiniões conflitantes. A ideia com esse acordo é a de que, quando isso acontecer, eles buscarão os elementos de verdade em cada opinião e uma síntese delas. Eles fazem isso com perguntas como "O que ignoramos?", "Qual é a verdade na posição da outra pessoa?" ou "O que estou deixando de fora ou não estou considerando?"

Consulta ao paciente

Com esse acordo, os terapeutas concordam que o objetivo principal do grupo é melhorar as próprias habilidades como terapeutas e ajudar os pacientes a desenvolver a agência. Então, em vez de servir como intermediários para pacientes e outros terapeutas, ou outras pessoas na vida do paciente, eles concordam em não tratar uns aos outros ou seus pacientes como frágeis, na crença de que pacientes e terapeutas podem falar em seu próprio nome e que, se não puderem, a atitude mais compassiva é ensiná-los a advogar por si mesmos.

Diversidade e mudança

Como a mudança não é apenas natural, mas também uma ocorrência constante na vida, os terapeutas concordam em aceitar a diversidade e as mudanças à medida que ocorrem. Isso significa que os terapeutas não precisam concordar com as posições uns dos outros sobre como responder aos comportamentos específicos dos pacientes nem adaptar os seus para serem consistentes com os de todos os outros. Um terapeuta pode decidir reforçar o comportamento desejado por um paciente, enquanto outro, ignorar ou punir o indesejado.

A exceção a essa regra é o que ocorre em ambientes residenciais e hospitalares, quando um paciente tem um plano de comportamento. Se um comportamento está sendo extinto, todos os terapeutas e membros do grupo de tratamento se atêm ao plano de comportamento.

Impondo limites

Esse acordo afirma que cada terapeuta deve observar seus próprios limites e apenas os dele. Ao fazer isso, eles concordam em não julgar ou criticar outros membros por terem limites diferentes dos seus. Um terapeuta pode dizer que não há problema em um paciente adolescente praguejar durante a sessão de terapia, mas outro pode achar que isso ultrapassa seus limites pessoais. Cada terapeuta é responsável por definir seus próprios limites. Isso, entretanto, não significa que um terapeuta possa violar o código de comportamento ético estabelecido pelo conselho profissional.

Estendendo limites

Os terapeutas concordam que, embora imponham os próprios limites, há situações em que precisam estendê-los para atender às necessidades legítimas e justificadas de seus pacientes. Se um terapeuta tem um limite de ficar no telefone por apenas dez minutos quando está fazendo treinamento de habilidades, e um paciente que evitava buscar treinamento o faz pela primeira vez em um momento de angústia, o terapeuta pode ir além do limite de dez minutos para reforçar o comportamento de pedido de ajuda do paciente nesse caso.

Empatia fenomenológica

LEMBRE-SE

Os terapeutas concordam que, todas as coisas sendo iguais, eles buscarão interpretações não julgadoras e empáticas de seu próprio comportamento, do comportamento de seus pacientes e daquele de seus colegas de grupo. Eles concordam em presumir que seus pacientes, eles próprios e os outros membros do grupo estão dando o melhor que podem e que desejam melhorar. Eles se esforçam para ver o mundo através dos olhos de seus pacientes e de seus colegas, considerando quem são e as circunstâncias, que fizeram com que fossem quem são e se comportassem como o fazem. Eles reconhecem que, como todo comportamento tem motivo, em vez de julgar uma pessoa pelo comportamento que está exibindo, devem considerar as causas e os contextos para a ocorrência de tal comportamento.

Falibilidade

Por fim, os terapeutas concordam em reconhecer que são seres humanos falíveis, que, como todos os outros seres humanos, estão sujeitos a cometer erros. Eles concordam que cometeram pelo menos parte de qualquer comportamento problemático de que sejam acusados. Ao aceitar esse acordo, eles abandonam a postura defensiva, que pode soar indiferente, enquanto esperam demonstrar virtuosismo ou competência. Ao assumir essa postura, há também um pedido explícito e uma confiança nos outros membros do grupo de que apontarão quando estiverem na defensiva e o ajudarão a ser mais hábil das próximas vezes.

Cumprindo a Agenda

Uma função fundamental do grupo de consultoria é responsabilizar o terapeuta pelo uso da estrutura terapêutica da DBT e abordar os problemas que surgem durante a aplicação do tratamento. Para isso, os membros do grupo ajudam uns aos outros a se concentrar na aplicação de estratégias de DBT para aumentar os comportamentos aderentes a ela e para reduzir as abordagens não DBT. Com isso em mente, a agenda do grupo se concentra naquilo de que cada membro precisa para administrar o tratamento de maneira eficaz.

As seções a seguir cobrem a estrutura de uma reunião de grupo e as funções que os membros desempenham.

Estruturando uma reunião

Existem várias maneiras de realizar uma reunião do grupo de consultoria da DBT, e cada grupo modificará a estrutura geral para refletir suas necessidades. A estrutura típica inclui um líder de grupo identificado, o terapeuta de DBT que for mais experiente. Em seguida, é combinado quem será um observador, e essa pessoa tem a função de observar quando o grupo está se desviando dos princípios da DBT. Há outras funções e tarefas, e revisaremos os detalhes na próxima seção.

A maioria dos grupos começa com a prática do mindfulness. Isso ajuda os membros do grupo a fazer a transição de tirar o foco de tudo o que estavam fazendo para colocá-lo na reunião. A prática do mindfulness aumenta a concentração dos membros do grupo, para focarem apenas a tarefa do momento. (O Capítulo 9 apresenta o mindfulness.)

Em seguida, a agenda em si é estabelecida. Isso é definido pelo grupo seguindo-se a hierarquia de alvos da DBT, com o foco específico no que o terapeuta precisa para administrar com eficácia a terapia, em vez dos problemas que o paciente está apresentando. Em nosso grupo, há a ideia de que os próprios terapeutas têm que pedir ajuda. Em geral, depois de considerar o burnout, pedimos que considerem se precisam de ajuda com o seguinte:

» Obter validação para a situação em que estão.

» Definir o problema que estão enfrentando se não conseguirem articular exatamente qual é:

- Ou, se sabem qual é o problema, considerar várias soluções.
- Ou, se sabem qual é a solução, ajudar com a aplicação dela.

Essas questões são consideradas dentro do formato do grupo. A seguir está um formato, mas você pode alterá-lo conforme as necessidades do grupo:

» Os terapeutas avaliam o próprio esgotamento e se precisam de ajuda com isso.

» Os terapeutas solicitam ajuda, se necessário, quando os clientes apresentam comportamentos suicidas ou outros comportamentos de risco à vida.

» Os terapeutas se concentram em comportamentos que interferem no tratamento, como quando os pacientes não aparecem, bem como nos próprios comportamentos que interferem no tratamento.

» Alguns grupos adicionarão relatórios de boas notícias e intervenções bem-sucedidas.

» Um item final da agenda podem ser tarefas administrativas ou outros assuntos práticos, como discutir as próximas sessões de treinamento.

LEMBRE-SE

Como muitos terapeutas do grupo podem precisar de ajuda, é importante que os problemas de um terapeuta não dominem toda a sessão. Em nosso grupo, fazemos com que terapeutas individuais estimem de quanto tempo precisarão e, então, nos responsabilizamos por mantê-lo. Passar o tempo com qualquer uma das discussões significa que os outros terapeutas não terão suas necessidades atendidas. É aqui que o observador pode notar que os membros não se atêm às especificidades daquilo de que precisam.

Entendendo as funções no grupo

O grupo se reúne regularmente — em geral, semanalmente — enquanto se apoia no trabalho de uma aplicação eficaz da DBT. Alguns grupos são muito pequenos, e, portanto, é difícil preencher todas as funções. O aspecto mais importante do grupo é conduzir reuniões regulares. Se houver membros suficientes, estas são algumas das funções e tarefas definidas:

» **Líder do grupo:** Esta pessoa tem a tarefa de monitorar e manejar o desempenho geral do grupo:

- É a pessoa mais experiente e com mais treinamento.
- Concentra-se em garantir a fidelidade à abordagem.
- Esta função não muda.

» **Líder da reunião:** É a pessoa que lidera o mindfulness, bem como o seguinte:

- Conduz a agenda para os membros do grupo.
- Revisa pelo menos um dos acordos do grupo de consultoria (conforme mencionado anteriormente).
- Determina a ordem dos itens da agenda.

» **Observador:** Esta pessoa observa o desenrolar da reunião e usa um sino para chamar a atenção quando ocorrem as seguintes situações:

- Os membros do grupo se polarizam, e a polarização permanece sem solução.
- Os membros do grupo se tratam como frágeis.
- Os terapeutas julgam ou não demonstram compaixão uns pelos outros ou pelos seus pacientes.
- Os terapeutas ficam na defensiva.
- Os membros do grupo perdem o foco de atenção ao fazerem duas coisas ao mesmo tempo, como verificar seus telefones.
- Os membros do grupo começam a oferecer soluções antes que um problema seja avaliado com precisão.
- Os membros do grupo começam a se desviar para tratamentos não DBT.

» **Tomador de notas:** Esta pessoa faz anotações que servirão como atas da reunião. Isso cria o risco de o anotador fazer duas coisas ao mesmo tempo.

» **Cronometrista:** Alguns grupos percebem que, às vezes, o líder se perde em detalhes de uma discussão específica e esquece que está marcando o tempo. Como resultado, alguns grupos têm um cronometrista dedicado a isso.

LEMBRE-SE

Quer o líder do grupo e o observador estejam ou não cumprindo suas tarefas, é responsabilidade de todo o grupo garantir que todos os membros participem plenamente à medida que tenham algo relevante a dizer sobre a solicitação feita ao grupo. Além disso, os membros do grupo podem notar polarização e julgamentos que o observador não percebeu, e é consistente com o funcionamento do grupo que eles levantem essas questões.

> **NESTE CAPÍTULO**
> » Usando um cartão-diário
> » Estudando e mudando seu comportamento

Capítulo 18
Rastreando Sua Experiência

Neste capítulo, você descobrirá o benefício de rastrear suas experiências em um cartão-diário, junto com suas emoções e seus comportamentos, na jornada rumo a seu objetivo. Descobrirá também como rastrear e verá como, ao fazer isso, também ajuda seu terapeuta a saber quais foram suas observações, suas lutas e seus sucessos do dia a dia.

Mantendo um Cartão-diário

Um dos problemas da terapia semanal tradicional é que, quando você vai para a sessão, precisa confiar em sua memória para lembrar o que aconteceu na semana anterior. A memória é maleável, o que significa que pode ser esticada ou dobrada em narrativas diferentes. Ela pode convencê-lo de que algo é ou não verdade, de que ouviu algo que não foi realmente dito ou de que o que ouviu é uma versão do que de fato foi dito.

LEMBRE-SE

Nossas memórias não visam nos prejudicar. O problema é que as emoções são forças poderosas, inextricavelmente entrelaçadas com as memórias. Nosso cérebro muda o que percebemos ou como avaliamos as situações porque o momento presente é visto através das lentes das memórias e das emoções associadas a elas. Ao ver um cachorro, uma pessoa que foi mordida por um terá uma experiência emocional diferente em comparação com uma que não foi. Chamamos esse fenômeno de *congruência do humor*. A memória da congruência do humor armazena não apenas os fatos dos eventos, mas também a memória do nosso humor referente a eles. Isso explica por que, quando você se sente feliz, se lembra de outras memórias felizes, mas quando se sente deprimido, se lembra de outros eventos deprimentes.

A DBT aborda o problema da congruência do humor usando cartões-diário. Um cartão-diário é um registro diário de vários aspectos do tratamento. Ele rastreia o humor, os impulsos e os sintomas-alvo que o paciente e o terapeuta concordaram que são os aspectos mais importantes do tratamento. É também uma forma de rastrear o uso de habilidades da DBT, ou a falta delas.

A Figura 18-1 mostra um exemplo do tipo de cartão que usamos. Ele pode ser modificado para se concentrar nas necessidades de tratamento de cada paciente.

Nas seções a seguir, explicamos o que você acompanha todos os dias em um cartão-diário, incluindo suas emoções, reações e habilidades.

Registrando suas emoções

Uma das perguntas mais comuns que uma pessoa faz à outra é: "Como você está?" É provável que você ouça essa pergunta muitas vezes ao dia. Poucos de nós respondem de maneira precisa, que descreva nossas emoções exatas. Na maioria das vezes, apenas dizemos "tudo bem".

É difícil se concentrar nas emoções por três motivos:

» Você não sabe o que está realmente sentindo.

» Mesmo que saiba como está se sentindo, concentrar-se em suas emoções pode ser doloroso.

» Você não quer se sentir de uma certa maneira, então tenta entorpecer ou evitar suas emoções.

Uma das qualidades de uma boa saúde mental é a capacidade de conhecer e lidar com todas as emoções, e, portanto, o rastreamento emocional é um dos componentes do cartão-diário da DBT. Ao se concentrar em experiências emocionais específicas, você não só terá a chance de se tornar melhor em saber exatamente o que está sentindo, mas também terá uma ideia melhor do que está causando as emoções e do que fazer a respeito de emoções fortes ou indesejadas. Rastrear as emoções diariamente também o deixa independente da memória para determinar como estava seu humor na última quarta-feira, por exemplo.

Cartão-diário da DBT

NOME: _____   DATA: _____

Data	Comportamentos-alvo													Emoções						
	Automutilação		Desejo de se isolar	Exercícios	Uso de substâncias		Refeições		Ligações excessivas para o namorado		Horas de sono	Auto-julga-mento	Ansiedade	Alegria	Raiva	Culpa	Vergonha	Tristeza	Medo
	Desejo	Ação	0-5	0-5	Desejo	Ação	Equilibradas?	Ação	Desejo	Ação	Horas		0-5	0-5	0-5	0-5	0-5	0-5	0-5

Escala de ideação suicida: **0** = Não pensou **1** = Alguns pensamentos **2** = Mais intenso **3** = Muito intenso **4** = Desenvolveu um plano **5** = Agiu para executar o plano

Escala de intensidade dos desejos e das emoções: **0** = Nada digno de nota **1** = Raro **2** = Pouco **3** = Moderado **4** = Forte **5** = Forte, mas manejável **6** = Forte **7** = Intenso **8** = Muito intenso **9** = Insuportável/Avassalador

Anotações sobre a semana:

		Itens da agenda:
Seg.		
Ter.		
Qua.		
Qui.		
Sex.		
Sáb.		
Dom.		

© John Wiley & Sons, Inc.

FIGURA 18-1:
Um cartão-diário típico.

Mas o que é o rastreamento emocional e como ele funciona? Em sua forma mais básica, rastrear suas emoções é a capacidade de medir seu estado emocional durante um período. O cartão-diário padrão faz isso por um período de uma semana, o que normalmente cobre o tempo entre as sessões individuais e exige que você descreva e avalie sua experiência de várias emoções a cada dia. Ao fazer isso, você fornece informações para você e seu terapeuta analisarem. Na Figura 18-1, você rastreia essas emoções na seção intitulada "Emoções".

Ao analisar cuidadosamente o fluxo de suas emoções, os contextos, as condições e os fatores de vulnerabilidade, você terá uma noção melhor das situações que o fazem feliz e daquelas que geram ou intensificam emoções indesejadas. Ao reconhecer o quão instável emocionalmente você pode ser em certas situações e os fatores que levam a essas emoções, você dá um passo importante para melhorar sua saúde mental.

O humor tende a ser um estado mais duradouro, enquanto as emoções tendem a ser desencadeadas por incidentes específicos no decorrer do dia. Por exemplo, você pode estar de bom humor, mas sua amiga posta uma foto nas redes sociais em uma festa para a qual você não foi convidado, o que pode desencadear uma emoção de raiva ou de tristeza. Ao rastrear emoções, você avalia sua experiência de emoções específicas ao longo do dia. Como foi minha felicidade? Como foi minha tristeza? Eu senti vergonha ou culpa? Ao fazer um instantâneo diário em tempo real de suas emoções, você é capaz de construir uma imagem maior de sua composição emocional e, assim, ganha uma noção mais precisa de si mesmo, identificando ainda mais as influências que pioram ou melhoram sua saúde mental geral.

Rastreando suas reações

Emoções poderosas tendem a estar associadas a fortes reações ou respostas comportamentais. Quando um evento ocorre, há uma experiência subjetiva, depois a resposta fisiológica do corpo e, por fim, a resposta comportamental. As seções a seguir examinam cada um desses elementos.

A experiência subjetiva

Da mesma forma que não podemos saber exatamente qual é a percepção de outra pessoa da cor azul, não podemos saber o que é a experiência subjetiva de outra pessoa de uma emoção. Sua própria experiência de raiva pode variar de uma leve irritação a uma raiva incontrolável.

Além disso, para a maioria das pessoas, uma experiência emocional pode ser mais complicada do que sentir simplesmente uma emoção. Não tendemos a sentir emoções isoladas umas das outras, como pura tristeza, culpa, alegria ou raiva. O mais típico é sentirmos uma mistura de emoções sobre diferentes eventos. Por exemplo, você pode se sentir feliz porque seu amigo se casará, mas também triste porque você não o verá tanto quanto antes. Outra pessoa pode sentir inveja porque o amigo conseguiu encontrar um parceiro. Assim, a experiência emocional é subjetiva, na medida em que diferentes pessoas têm emoções diferentes das suas e vivenciam mais de uma emoção, como no seu caso.

Sua resposta fisiológica

Como a maioria de nós, você provavelmente já sentiu seu corpo reagir involuntariamente em certas situações. Por exemplo, seu coração pode começar a palpitar quando você vê um ente querido, seus músculos podem ficar tensos quando fica com raiva ou você pode se sentir fraco ao olhar para baixo a partir de uma grande altura. Muitas das respostas fisiológicas que você experimenta quando está tendo uma resposta emocional — coração disparado, palmas das mãos suadas ou boca seca — são reguladas por uma parte da rede do sistema nervoso do corpo conhecida como *sistema nervoso simpático*. Esse sistema direciona a resposta involuntária rápida do corpo a certas situações e é controlado por hormônios que tornam sua mente mais alerta e aceleram sua respiração e seus batimentos cardíacos. Isso ocorre para que mais sangue oxigenado chegue a diferentes partes do corpo quando você precisar, como na clássica resposta de luta ou fuga. Esses hormônios também sinalizam ao corpo para liberar a glicose armazenada, um tipo de açúcar, para que você tenha energia extra, caso precise.

Para a maioria das pessoas, essa resposta acontece tão rapidamente que elas nem mesmo percebem que aconteceu. Faz sentido. Se uma pessoa encontrasse uma cobra perigosa, ela precisaria que seu corpo reagisse rapidamente, em vez de perder tempo refletindo sobre a natureza das cobras.

O sistema nervoso simpático é parte de um sistema maior, o *sistema nervoso autônomo*, que controla todas as respostas involuntárias do corpo, como fluxo sanguíneo e digestão. No entanto, quando alguém vê uma cobra potencialmente perigosa, não é apenas a reação de luta ou fuga que ocorre; uma resposta emocional também é acionada. Para o medo e a raiva, essa resposta ocorre na amígdala, que é uma parte do cérebro com inúmeras funções importantes, além de ser ativada pela raiva e pelo medo. Por exemplo, quando estamos com fome ou sede, a atividade na amígdala nos motiva a conseguir comida e água.

CUIDADO

Uma das preocupações significativas sobre a reação fisiológica do corpo é o que acontece quando alguém passa por um estresse crônico. Quando isso acontece, o corpo não aprende a diferenciar o que é normal e anormal e, assim, a maneira estressante de ser torna-se o novo normal. Com o estresse crônico, as reações potencialmente vitais são silenciadas, e as pessoas podem sentir dores de cabeça, insônia, irritabilidade e ganho de peso.

A resposta comportamental

Embora uma pessoa tenha uma resposta fisiológica a uma situação, isso não significa que uma resposta comportamental específica seja inevitável. No entanto, quando há uma resposta comportamental, essa é a expressão real da emoção. Algumas respostas comportamentais são relativamente simples, como sobrancelhas levantadas quando você está surpreso, um sorriso ou uma risada quando sente prazer ou alegria, ou uma careta de dor ou um suspiro quando está em desespero. As pesquisas mostram que muitas expressões faciais são universais. Por exemplo, uma sobrancelha franzida e uma ligeira inclinação da boca tendem a indicar tristeza. Emoções mais complexas têm respostas comportamentais diferentes, que são afetadas por nossa educação e cultura. A maneira como se expressa o amor é diferente de pessoa para pessoa e de cultura para cultura.

As respostas comportamentais têm vários propósitos. Um é que são uma forma importante de sinalizar para outra pessoa como nos sentimos. Mas pode haver um propósito mais importante, que está ligado ao nosso bem-estar geral: pesquisas mostram que elas também são vitais para o nosso bem-estar real. Acontece que, se suprimirmos nossa resposta emocional, isso terá um impacto adverso em nosso corpo, porque suprimir nossa resposta leva a mais estresse.

LEMBRE-SE

Expressar com precisão suas respostas comportamentais às situações, sejam essas respostas positivas ou negativas, é melhor para sua saúde geral do que suprimi-las. Portanto, é melhor sorrir, rir ou chorar do que suprimir essas respostas. No entanto, é importante fazer isso de maneira eficaz, e a DBT ajuda os pacientes a reconhecerem respostas comportamentais prejudiciais e a substituí-las por formas de expressão mais prossociais, de longo prazo, focadas em objetivos e eficazes como um caminho para melhorar a saúde mental. O outro benefício é este: quando você é capaz de demonstrar de forma precisa e eficaz suas próprias respostas comportamentais, torna-se mais preciso e eficaz na compreensão do comportamento e da conduta dos outros.

Identificando as habilidades que você usa

Imagine que tenha um projeto doméstico para fazer. Você sabe que precisa fazer alguns reparos na casa, mas não tem certeza de quais são. Que ferramentas levar? Sem saber exatamente qual é o projeto, é preciso levar uma caixa de ferramentas inteira. Se, por outro lado, você sabe que algumas tábuas do assoalho estão soltas e que precisa pregá-las de volta, só precisa de um martelo.

Da mesma forma, se você não tem as habilidades certas para manejar emoções, reações, angústias ou relacionamentos, a vida pode ser difícil. A DBT tem tudo a ver com ensinar habilidades para lidar com emoções difíceis ou indesejadas, para lidar com momentos difíceis nos relacionamentos, para tolerar momentos difíceis sem os piorar e para focar a realidade.

A Figura 18-2 apresenta uma lista detalhada das habilidades que você pode usar para abordar as áreas de preocupação que o levaram à terapia. Digamos que você tenha tido uma forte necessidade de usar substâncias em uma quarta-feira. Você anotou isso em seu cartão-diário (apresentado na Figura 18-1). Decidiu usar exercícios intensos e mergulho no gelo, parte das habilidades TIP. Em seguida, você marcaria essa habilidade (TIP) na seção "Tolerância ao mal-estar", da seção de habilidades do cartão-diário.

Preencha com o número correspondente ao nível em que você usou as habilidades

1. Pensei depois: "Eu deveria tê-la usado ou ligado para receber treinamento" **2.** Pensou em usá-la, mas não o fez **3.** Percebeu depois que a usou efetivamente **4.** Teve consciência sobre usá-la, mas não foi efetivo ou foi pouco **5.** Usou-a com consciência e foi efetivo

	S	T	Q	Q	S	S	D	
Mindfulness								**Mente sábia:** Perceber as verdades da situação. Estar centrado e calmo. Equilibrar a mente emocional e a mente racional.
								Observação: Observar a experiência. Focar a atenção. Vivenciar o que está acontecendo.
								Descrição: Colocar as experiências observadas em palavras, **sem as julgar.**
								Participação: Entrar na experiência. Agir intuitivamente com a mente sábia. Praticar mudar o comportamento prejudicial e se aceitar.
								Sem julgar: Avaliar, mas sem julgar.
								Com consciência: Fazer apenas uma coisa por vez. Concentrar-se na tarefa em questão.
								Com foco na efetividade: Focar o que está acontecendo. Aprender as regras e agir de acordo com elas. Agir habilmente. Não divagar.
Eficácia interpessoal								**Eficácia objetiva:** DEAR MAN: Descrever. Expressar. Ser assertivo. Reforçar. Manter-se em mindfulness. Aparentar confiança. Negociar.
								Eficácia do relacionamento: GIVE: Ser gentil. Ser interessado. Validar. Adotar um estilo tranquilo.
								Eficácia do respeito próprio: FAST: Seja justo [be fair]. Sem se desculpar [no apologies]. Sustente os valores. Seja transparente.
								Priorização: Classificação de objetivos, relacionamentos e respeito próprio.
								Mudança de mitos e crenças: Contestar pensamentos e crenças que não são baseados em fatos e que reduzem a eficácia interpessoal.
								Intensidade da resposta: Determinar o quão forte foi a resposta ou a recusa a algo.
Regulação emocional								**Identificação de emoções primárias:** Usar o modelo de emoções para identificar as primárias SUN WAVE.
								Verificação dos fatos: Identificar os fatos de uma situação (em vez de se basear em pensamentos, suposições, interpretações ou crenças).
								Resolução de problemas: Identificar o problema, verificar os fatos, definir o objetivo, levantar soluções, avaliá-las e aplicá-las.
								Ação oposta à emoção: Mudar a emoção por meio da ação oposta à que a emoção atual pede.
								Acúmulo de positivos em curto prazo: Fazer atividades agradáveis que pode fazer agora.
								Acúmulo de positivos em longo prazo: Fazer escolhas condizentes com seus valores, moral e objetivos de longo prazo.
								Construção de maestria: Fazer algo que você deseja dominar e o que o empolga a cada dia, então fortalecer essa prática todos os dias.
								Plano de enfrentamento: Antecipe como usar uma habilidade antes de a situação acontecer.
								SABER: Reduzir a vulnerabilidade a emoções fortes: Tratar doenças físicas. Alimentação equilibrada. Evitar substâncias que alteram o humor (a menos que tenham sido prescritas). Sono equilibrado. Exercícios.
								Abandono do sofrimento emocional: Enfrentar a experiência emocional sem evitá-la, apegar-se a ela ou ruminá-la.
								Manejo de emoções extremas: Habilidades de sobrevivência à crise. Mindfulness da emoção atual. Aplicação das habilidades de regulação emocional.
								Solução de problemas de regulação emocional: Etapas para seguir caso a habilidade usada no momento não funcione.
Tolerância ao mal-estar								TIP: Temperatura. Exercícios intensos. Respiração ritmada. Relaxamento muscular progressivo.
								Distração: Atividades da mente sábia ACCEPTS: Atividades. Contribuições. Comparações. Emoções (use opostas). Afastamentos. Pensamentos. Sensações.
								Acalmar-se com os 5 sentidos: Visão. Audição. Olfato. Paladar. Tato.
								IMPROVE **para melhorar o momento:** Imagística. Significado. Oração. Relaxamento. Uma coisa no momento. Férias. Encorajamento.
								Prós e contras: Considerar os prós e os contras de tolerar os momentos difíceis e os prós e os contras de não o fazer (engajar-se em comportamentos impulsivos).
								Observar a respiração: Concentrar-se no ar entrando e saindo.
								Meio sorriso: Sorrir gentilmente, criar uma postura de aceitação, disposição e abertura à experiência.
								Exercícios de consciência: Concentrar sua atenção para se permitir tolerar o mal-estar.
								Aceitação radical: Perceber e aceitar a realidade como é. Liberdade para surfar, não piorar a dor com a negação.
								Mudança da mente: Escolher reiteradas vezes aceitar, mesmo quando a mente emocional quiser rejeitar a realidade.
								Disposição: Fazer o que é preciso em cada situação.
Minando o dualismo								Validação pessoal.
								Validação vinda de outra pessoa.
								Perceber a necessidade de uma habilidade, mas não saber qual, ou saber, mas não saber como a alcançar.

FIGURA 18-2:
Uma lista detalhada das habilidades.

Analisando Seu Comportamento

Levar seu cartão-diário (como o da Figura 18-1) para uma sessão é uma parte fundamental de sua terapia individual. O terapeuta revê o cartão-diário no início da sessão e então, se houver comportamentos preocupantes, os avalia com você em uma análise momento a momento. A razão para isso é que, para resolver efetivamente os problemas que o levam à terapia, você primeiro precisa entender os fatores que levaram à ocorrência desses comportamentos, reconhecer as consequências deles e, em seguida, aprender e aplicar novas habilidades e comportamentos para que os antigos sejam substituídos e a sequência de eventos que levam a eles seja interrompida.

Nas seções a seguir, descrevemos três tipos de análise comportamental: análise em cadeia, análise de solução e análise dos elos perdidos.

Análise em cadeia

Para entender um comportamento específico, deve ser conduzida uma avaliação completa do problema. Trabalhando por meio da análise, o terapeuta e o paciente identificam os pontos-chave na cadeia em que o paciente poderia ter feito algo diferente ou usado uma habilidade que levaria a um resultado diferente e mais eficaz. Na DBT, essa avaliação é a *análise em cadeia*.

As seções a seguir explicam quando e como usar a análise em cadeia e oferecem um exemplo dela.

Compreendendo quando e como realizar uma análise em cadeia

A análise em cadeia ocorre nas sessões individuais de DBT. A análise em cadeia real é normalmente feita de forma visual, escrita em papel ou em um quadro branco. Observe que as sessões de DBT são organizadas com base nos comportamentos-alvo que uma pessoa deseja e precisa abordar.

LEMBRE-SE

Na DBT, há uma hierarquia de tratamento, e os comportamentos que um paciente leva para a terapia são baseados nela, que visa:

1. A redução de comportamentos de risco à vida, como comportamento suicida e automutilação.

2. A redução de comportamentos que interferem na terapia, como não cumprimento da terapia ou não comparecimento às sessões.

3. A redução de comportamentos que interferem na qualidade de vida, como o tratamento de outros transtornos psiquiátricos, uso indevido de substâncias e relacionamentos não saudáveis.

4. Um aumento no uso de habilidades comportamentais mais adaptativas e eficazes — regulação emocional, eficácia interpessoal, tolerância ao mal-estar e mindfulness (como descrevemos na Parte 3).

Para os pacientes nos estágios iniciais do tratamento com a DBT que apresentam os comportamentos citados, a análise em cadeia é uma parte comum da sessão de terapia individual. Bem no início da terapia, o paciente é orientado sobre a importância e o uso da análise em cadeia. Depois de revisar o cartão-diário, o terapeuta escolhe um comportamento específico no cartão, se algum estiver presente. Pode ser um comportamento de automutilação, o paciente chegar atrasado para a terapia ou ficar bêbado no fim de semana.

A análise em cadeia é um mergulho profundo no comportamento problemático. O objetivo é o de que, trabalhando em conjunto, haja uma tentativa de compreender todos os fatores que levaram ao comportamento, inclusive os conhecidos como *controle de variáveis*, ou seja, os fatores que influenciaram o comportamento. Algumas pessoas acham que fazer uma análise em cadeia é uma punição — isto é, elas preferem falar sobre outra coisa, mas o terapeuta está "punindo-as", fazendo com que façam a análise em cadeia.

LEMBRE-SE

Para que a análise em cadeia seja eficaz, as seguintes condições são essenciais:

» A análise em cadeia é um exercício colaborativo entre o terapeuta e o paciente.

» A análise em cadeia é uma imagem completa da sequência de eventos, incluindo tanto os estímulos internos (pensamentos e emoções) quanto os externos.

» Quaisquer conclusões tiradas da análise em cadeia são consideradas hipóteses que precisam ser testadas, e, se novas informações mostrarem que a hipótese está incorreta, a conclusão é descartada.

Esse ponto é importante porque, de acordo com a teoria da DBT, é mais importante testar uma hipótese e obter informações precisas do que o terapeuta insistir em que está certo sobre o que aconteceu.

A análise em cadeia não precisa ser usada apenas para comportamentos problemáticos. Quando os pacientes estão sofrendo e, em seguida, usam uma habilidade para ser mais eficazes ou para perceber mais alegria em sua vida, é útil que o terapeuta e o paciente analisem cuidadosamente também esses momentos, para ver se as condições e os comportamentos que levaram ao uso das habilidades e às emoções desejadas podem ser repetidos. Isso permite que os pacientes vejam que alguns elementos da experiência de eficácia estão sob seu controle, em vez de acreditarem que são vítimas das forças cruéis da vida.

DICA

Anteriormente, mencionamos que a análise em cadeia é apresentada visualmente, por escrito. Mais tarde, quando o paciente se torna mais especialista nela, pode fazê-la por conta própria e apresentá-la oralmente para o terapeuta, mas é importante primeiro fazer a análise em cadeia por escrito. Ter uma imagem visual, uma cadeia passo a passo de eventos ligando um momento ao outro, lembra o paciente, assim como o terapeuta, de que todos os eventos estão conectados e não acontecem aleatoriamente, mesmo que o paciente pense que sim.

Percorrendo as etapas de um exemplo de análise em cadeia

Harriett, uma mulher de 23 anos com histórico de uso de álcool como forma de reduzir emoções muito intensas, principalmente o medo, apresenta-se na terapia com seu cartão-diário mostrando que bebeu a ponto de desmaiar no sábado à noite. Ela estava chateada por ter bebido tanto, já que estava indo bem na terapia.

LEMBRE-SE

A análise em cadeia, conduzida com o terapeuta, é a série detalhada de eventos que levaram ao que aconteceu e contém os seguintes cinco elementos:

1. **Identificação do comportamento problemático:** Neste caso, foi o fato de Harriett ter bebido a ponto de desmaiar como forma de lidar com seu medo.

2. **Fatores de vulnerabilidade:** Estes elementos dizem respeito à pessoa, ao ambiente ou às circunstâncias da vida que a deixam aberta aos efeitos negativos dos estressores intrapessoais e ambientais, como os eventos de gatilho. Fatores de vulnerabilidade comuns incluem estresse devido a alguma situação de vida, como conflito no trabalho, falta de sono, alimentação inadequada ou alguma doença física. No caso de Harriett, ela acabara de perder o emprego e faria uma entrevista para um novo. Sua ansiedade com a entrevista que se aproximava a levou a dormir mal. Esses fatores de vulnerabilidade a tornaram menos resiliente e menos motivada para usar as habilidades da DBT.

3. **Eventos de gatilho:** São os eventos que aconteceram, externos (no ambiente) ou internos (na mente ou no corpo do paciente), que, se não tivessem ocorrido, o comportamento problemático provavelmente também não teria ocorrido. Esses eventos podem assumir a forma de uma memória ou flashback. No caso de Harriett, seu ex-namorado abusivo ligou do nada, e, ao ver o número dele aparecer na tela, ela entrou em pânico e ficou assustada. Se o ex não tivesse ligado para ela, como estava se saindo bem na terapia, é improvável que tivesse começado a beber.

4. **Elos da cadeia:** Elos são eventos sequenciais externos e internos que ocorrem entre o evento de gatilho e o comportamento problemático. Incluem os pensamentos, as emoções e os comportamentos da pessoa, bem como os fatores ambientais e os comportamentos e as ações de outras pessoas.

   Por exemplo, entre receber a ligação do ex abusivo e começar a beber muito, Harriett pensou: "Se eu não atender à ligação, ele ficará com raiva." Ela não atendeu à ligação e deixou ir para o correio de voz. Isso gerou sentimentos crescentes de medo, que levaram ao pensamento: "Nunca vou me sentir bem comigo mesma", e isso foi agravado pelo fator de vulnerabilidade de ter perdido o emprego. Isso a levou a se sentir desesperada, o que a levou a pensar que, se tomasse um gole, ela se sentiria melhor. Isso a levou a sentir vergonha e a sentir que havia decepcionado seu terapeuta e, em seguida, a temer que ele não quisesse mais trabalhar com ela, o que, por sua vez, a levou a beber mais.

5. **Consequências:** As consequências são quaisquer eventos, pensamentos e emoções específicos que ocorrem após o comportamento problemático. Nessa parte da análise em cadeia, o terapeuta procura os fatores que podem fazer o comportamento ocorrer de novo. Pode haver consequências positivas e negativas. Por outro lado, beber afastou o medo, o que foi positivo para Harriett. Por outro lado, ela sentia vergonha por ter ficado tão bêbada, passou mal no dia seguinte e sentiu que não tinha controle sobre sua vida, tudo isso com consequências negativas.

Ao fazer essas análises em cadeia ao longo do tempo, o paciente tem uma noção melhor das situações que podem levar a um comportamento preocupante e, então, aprende o que precisa fazer para intervir em um momento muito anterior na cadeia.

Análise de solução

O objetivo da DBT não é apenas interromper os comportamentos-alvo. Isso ocorre porque os pacientes costumam usá-los para interromper o sofrimento, e, se o terapeuta conseguir que o paciente interrompa o comportamento, ele sofre. O objetivo, portanto, inclui ajudar o paciente a resolver os problemas que contribuem para o comportamento e também aliviar seu sofrimento. Isso requer a geração de ideias de resolução de problemas por meio do uso de uma abordagem de terapia cognitivo-comportamental mais tradicional. Esse processo é conhecido como *análise de solução*.

LEMBRE-SE

Existem três componentes para a análise de solução:

1. A geração de soluções.
2. A avaliação dessas soluções.
3. A implementação delas.

Essa análise é realizada revisando a análise em cadeia do paciente e selecionando um elo específico nela. Por exemplo, no caso de Harriett (abordado na seção anterior), ela recebeu a ligação do ex, que foi vinculada ao pensamento: "Se eu não atender à ligação, ele ficará com raiva." Isso estava relacionado ao fato de ela não atender à chamada e deixá-la ir para o correio de voz.

Depois de selecionar um elo específico da análise em cadeia, o terapeuta e o paciente geram soluções para ele. O ideal é que gerem o maior número possível de soluções antes de avaliá-las, ou também podem decidir avaliá-las à medida que surgem. Por exemplo, Harriett poderia ter feito qualquer uma das opções (usando as habilidades da Parte 3):

» Atender o telefone e dizer para o ex não ligar novamente.
» Usar uma habilidade de eficácia interpessoal para deixar claro que ela não queria ouvi-lo.
» Usar a habilidade de ação oposta ao medo, abordando a comunicação temida.
» Usar uma habilidade de tolerância ao mal-estar.
» Bloquear o ex.
» Ligar para seu terapeuta e pedir conselhos.
» Ligar para um amigo e pedir que a encontrasse.
» Tomar um medicamento para ajudá-la a se acalmar.
» Autovalidar-se que a situação era assustadora.
» Utilizar a reavaliação cognitiva para reconhecer que ela realmente não sabia por que ele estava ligando ou se ele ficaria com raiva.

Ao considerar cada uma dessas opções, a solução (ou soluções) acordada da lista é avaliada para considerar o quão realista é. Então, se parecer razoável, eles solucionam o que atrapalharia sua implementação se um evento semelhante ocorresse no futuro.

Por fim, a solução é implementada. Algumas soluções, como bloquear a pessoa, se for o combinado, podem ser feitas de imediato. Outras soluções, como ligar para o terapeuta e pedir ajuda, precisariam esperar até que uma situação surgisse. No entanto, a paciente, no caso, Harriett, poderia praticar ligar para o terapeuta e pedir ajuda para problemas menores como forma de ensaiar pedir ajuda em situações semelhantes no futuro.

Análise de elos perdidos

LEMBRE-SE

A análise de elos perdidos é uma avaliação de uma instância ou momento em que o paciente falhou em se envolver em um comportamento ou habilidade que estava tentando praticar, ou que teria sido benéfico em uma situação. Diferentemente da análise em cadeia, que divide e avalia com cuidado os comportamentos problemáticos, a análise de elos perdidos é usada para identificar comportamentos e habilidades eficazes que estão faltando ou que não apareceram quando deveriam.

No exemplo de Harriett, das seções anteriores, digamos que o ex-namorado ligue de novo e o comportamento dela de ficar bêbada aconteça novamente. A análise dos elos perdidos é uma forma de avaliar por que o comportamento explorado e acordado na análise de solução não apareceu. Existem muitos motivos para isso ter acontecido:

» É possível que emoções muito fortes tenham levado ao esquecimento do plano.

» No momento, a paciente não estava disposta a fazer o que era necessário.

» A paciente tentou fazer o que era necessário, mas outros fatores a atrapalharam.

» O pensamento nem mesmo ocorreu à paciente.

A análise de elos perdidos é um modo útil de definir um problema com mais precisão. Por exemplo, muitas pessoas sabem que exercícios são bons para a saúde geral, mas não os praticam. Se elas concordarem em se exercitar e não seguirem o plano adiante, é útil fazer uma análise dos elos perdidos. Ao fazer tal análise, pode-se também descobrir que o que foi originalmente considerado como problema não era o que a atrapalhava. Talvez a pessoa tenha dito que o problema era não estar matriculada em uma academia. Ela se inscreve em uma, mas ainda assim não vai. Na avaliação, verifica-se que o horário de funcionamento da academia é incompatível com o horário de trabalho da pessoa.

CAPÍTULO 18 **Rastreando Sua Experiência** 241

NESTE CAPÍTULO

» Motivando-se para a terapia
» Criando a motivação
» Mantendo a motivação

Capítulo **19**

Criando e Mantendo a Motivação

Embora a palavra *motivação* seja fácil de definir, para a maioria de nós, na prática, é uma noção temerária. Em essência, a motivação é o desejo de querer fazer algo. Quando se trata de terapia, pode ser o desejo de querer mudar nosso comportamento, pensamentos, sentimentos, percepção do eu ou a dinâmica de nossos relacionamentos. Neste capítulo, falamos sobre maneiras de obter, construir e manter sua motivação para a terapia.

Tendo Motivação para a Terapia

É muito fácil ficar motivado para algo que você deseja fazer. Imagine um pai dizendo ao filho de quinze anos viciado em videogame para jogar por dez horas. Isso ele seria capaz de fazer. A motivação para limpar o quarto, fazer o dever de casa e levar o lixo para fora é uma questão completamente diferente.

Outro aspecto da motivação é que existem coisas que você sabe que são boas para você, como alimentação saudável e exercícios, e, quando se trata delas, a motivação vem e vai, aparentemente imprevisível. Às vezes nem aparece. O autor Zig Ziglar certa vez disse: "As pessoas costumam dizer que a motivação não dura. Bem, nem o resultado de tomar banho — é por isso que o recomendamos diariamente." Assim como outras habilidades da DBT, a motivação é algo que devemos praticar.

CUIDADO

A falta de motivação resulta em não se envolver na terapia, não trabalhar em direção a objetivos de curto e de longo prazo, e, então, sentir desesperança e desespero. O problema com a motivação é que, muitas vezes, ela depende do humor: nos sentimos muito inspirados quando estamos felizes e otimistas, mas muito desmotivados quando nosso humor está baixo.

No entanto, para recuperar o controle de sua vida, você não pode esperar que seu humor melhore e a motivação apareça. Para pessoas com humor cronicamente baixo, pode levar muito tempo. Isso significa que se perde muito tempo esperando que a motivação apareça. Quanto mais esperamos, mais o tempo passa e mais sentimos que o que estamos fazendo tem pouca importância, o que, por sua vez, leva à desmoralização e à depressão, impactando a motivação. É um ciclo vicioso de negatividade.

Nas seções a seguir, falaremos sobre a diferença entre a motivação para querer mudar e ter a capacidade de fazer as mudanças quando inicia a DBT, e explicamos a importância da aceitação como parte do processo motivacional.

Distinguindo motivação e habilidade

Para muitas pessoas que estão iniciando a terapia, sua primeira reação é de ceticismo. Muitas pessoas que procuram a DBT já fizeram outras terapias que não foram muito úteis, e, portanto, quando a DBT promete ser útil, elas levantam uma sobrancelha em dúvida.

Quando o paciente tem essa reação inicial — ou seja, de dúvida — e então se comporta de maneira ineficaz e mal-adaptativa, o terapeuta deve considerar se ele está demonstrando falta de habilidade ou de motivação. Esses dois construtos são muito diferentes, e, em muitas formas de terapia, os pacientes são culpados por não estarem motivados, quando, na verdade, não têm as habilidades ou a capacidade de se comportar de maneira diferente.

LEMBRE-SE

A maioria das pessoas aprende habilidades sociais e de regulação observando os outros e fazendo as coisas que eles fazem. Com o tempo, isso leva a um funcionamento eficaz. No entanto, nem todos têm oportunidades suficientes para observar, ou o que observam é confuso, e os comportamentos usados não fazem sentido para eles. Não ter uma habilidade é muito diferente de não ter motivação. A maioria das pessoas aprende como regular as emoções desde a infância. O constante intercâmbio de emoções entre um cuidador primário e seu bebê é o início do treinamento de regulação emocional. Alguns pais são bons nisso e têm as circunstâncias para estarem bem presentes. Outros tentam arduamente acalmar o filho, mas, por causa das próprias dificuldades pessoais, circunstâncias de vida ou incapacidade de controlar as próprias emoções — e em particular se tiverem uma criança emocionalmente sensível —, a combinação da neurobiologia da criança e os *deficits* dos pais dificulta que ela aprenda com eles.

Quando um paciente aparece para a terapia e está lutando em sua vida e não fazendo as mudanças necessárias para se sentir melhor, o terapeuta deve avaliar se o paciente:

» Tem a capacidade de mudar seus comportamentos, mas não está motivado para fazê-lo.

» Tem a capacidade de mudar, mas algo — por exemplo, emoções fortes, outras pessoas ou circunstâncias da vida — atrapalha a aplicação de comportamentos mais eficazes.

» Não tem capacidade ou conhecimento do que poderia fazer de forma diferente para tornar a vida mais fácil.

Sem avaliar a capacidade versus a motivação, um terapeuta pode decidir incorretamente que um paciente está sendo preguiçoso ou desmotivado, quando, na verdade, ele não tem a capacidade de realizar mudanças.

Movendo-se para a aceitação

Da perspectiva da DBT, motivação e aceitação estão conectadas. Você não pode mudar algo sem aceitar que está aí. Se está acima do peso, não está em forma, ou fuma muito, precisa aceitar que essas questões são um problema na medida em que são. Uma vez que uma pessoa aceita que algum aspecto de sua vida é problemático, se ela quiser mudá-lo, a motivação se torna ser a pessoa que ela imagina que será sem o comportamento problemático.

O problema, porém, é que, se quiser fazer algo diferente — digamos, fazer dieta, fazer mais exercícios ou parar de fumar —, é fácil ficar entusiasmado no início, mas depois de ter hábitos estabelecidos, sejam eles úteis, sejam inúteis, é difícil de mudar. Depois da explosão inicial de energia e do comportamento voltado para a saúde, é fácil voltar aos padrões de comportamento antigos e familiares. É uma função normal do cérebro. Se você sai com sua família de férias para o México com a intenção de falar espanhol quando estiver lá, quando estiver de volta ao quarto do hotel, é muito mais fácil voltar a falar português do que persistir em falar espanhol.

É fácil aceitar que as coisas precisam mudar, entretanto, embora possa estar no controle de sua intenção e motivação, considere que seu ambiente pode tornar a mudança mais difícil. Quando você está tentando fazer mudanças, o que acontece quando começa a se comportar de maneira diferente? Digamos que queira fazer uma dieta. Você conhece os benefícios de longo prazo de reduzir as calorias gerais e seguir uma dieta mais saudável. Mas então, quando decide começar, sua série de TV favorita se torna gratuita para streaming e seus filhos pedem sua pizza predileta com todos os recheios. É fácil decidir começar a dieta amanhã. Aceitar inclui aceitar que às vezes as coisas serão difíceis.

Para se manter motivado, é fundamental prestar atenção aos pensamentos e às condições que aparecem no momento em que você está tentando fazer mudanças. Se seguir uma dieta equivale, em sua mente, a perder seu programa de TV favorito e ter que assistir a seus filhos comerem pizza, então é muito mais provável que você perca a motivação para segui-la. Por outro lado, se comer de forma mais saudável significa obter o apoio da família e eles fazerem mudanças para apoiá-lo — e então se recompensar com uma farra de TV no domingo após uma semana de sucesso —, você terá muito mais probabilidade de continuar.

É mais provável que você repita um comportamento quando algo positivo ou recompensador ocorrer com ele. Às vezes, essas recompensas são externas a nós — por exemplo, um bônus no trabalho ou uma boa nota na escola —, mas também existem recompensas naturais, que o ajudam a se manter motivado. Por exemplo, sentir orgulho por ter seguido a dieta e começar a ver os resultados.

LEMBRE-SE

Para fazer uma mudança, aceite que os problemas que está enfrentando são o que realmente são. Então, ao começar a fazê-la, aceite que existem fatores sobre os quais você não terá controle e os antecipe para saber como os enfrentar à medida que surgirem. Por fim, saiba que combinar sua mudança de comportamento com uma recompensa é útil para mantê-lo motivado.

Motivação Cada Vez Maior

Quando a motivação é baixa, é possível transformar o sentimento de paralisação e falta de vontade em energia e motivação. Para muitos de nós, a falta de motivação começa quando protelamos a mudança que queremos ou que nos comprometemos a fazer. As seções a seguir apresentam dicas retiradas da terapia cognitivo-comportamental (TCC) e da DBT.

Ideias da TCC

Se você lembra, a DBT é uma forma de TCC, e muitas habilidades são comuns a ambas as formas de terapia. As seções a seguir cobrem alguns métodos da TCC para aumentar sua motivação para a terapia.

Reestruturação cognitiva

Ficar preso em um ciclo de desmotivação pode deixá-lo sem esperança. A reestruturação cognitiva é uma forma de reconhecer padrões de pensamento repetitivos e inúteis e, depois, aprender e aplicar maneiras novas e mais úteis de pensar sobre pensamentos e situações difíceis. A reestruturação cognitiva reverte velhos ciclos de pensamento para aumentar sua crença em suas habilidades e em seu senso de identidade.

Imagine que você está lutando contra a ansiedade e percebe um padrão de catastrofização em situações sociais quando está com pessoas que não conhece bem. Talvez seu padrão seja mais ou menos assim: "Sou uma pessoa estranha. Todos estão cientes disso e ninguém vai querer falar comigo. Por isso, ficarei sempre sozinho." Um elemento-chave da reestruturação cognitiva é reunir as evidências e verificar os fatos. Para isso, faça com seu terapeuta a análise em cadeia (veja o Capítulo 18) ou mantenha um diário destacando as situações que desencadeiam esse tipo de resposta. Então conteste cada uma das afirmações com base nos dados que tem.

Se você afirma que é uma pessoa estranha, o que quer dizer com isso e quais são os aspectos de sua maneira de agir para praticar de forma diferente? Se disser que ninguém nunca vai querer falar com você, liste todos os fatos que respaldam isso, mas, se alguém falar com você, também liste isso como um fato. Compare a lista de fatos que apoiam suas afirmações e, em seguida, a lista dos que mostram que ela está distorcida ou simplesmente errada.

Análise comportamental em cadeia

Revisamos essa habilidade em detalhes no Capítulo 18. A análise em cadeia é uma ferramenta usada por você e seu terapeuta para avaliar os fatores internos e externos que contribuem para os comportamentos que deseja mudar. Ao remover ou reduzir a influência das causas do comportamento ineficaz ou mal-adaptativo e se sentir melhor consigo mesmo, você fica significativamente mais motivado e propenso a fazer as mudanças que antes eram muito difíceis.

Procedimentos de manejo de contingências

O manejo de contingências parte do princípio de que tendemos a fazer coisas que são imediatamente reforçadoras e evitar as que são punitivas, independentemente das consequências de longo prazo. É o que acontece com adições (popularmente conhecidas como vícios). As pessoas usam drogas perigosas por causa da recompensa imediata que sentem e não levam em consideração as consequências de longo prazo.

O manejo de contingências é usado para a motivação, ajudando os pacientes a mudarem o equilíbrio das consequências de seu comportamento, de modo que o comportamento desejado se torne mais imediatamente reforçador e, por isso, mais fácil de realizar. Se uma pessoa com um comportamento aditivo tem a alternativa desejada de não usar drogas, o foco é em como fazer com que não use mais reforço; talvez haja um relacionamento importante que o paciente deseja manter, e essa pessoa concordaria em passar mais tempo com ele se parar de usá-las.

Exposição sistemática

A evitação impede muitas pessoas de fazerem o que precisam, por não deixar que façam algo diferente em situações familiares. Elas podem temer o julgamento de um colega de trabalho e, portanto, pedir para trocar de turno para evitá-lo. A terapia de exposição trabalha com a teoria de que esse tipo de evitação nos mantém presos a velhos padrões. Assim, ao se expor às situações que, de outra forma, evitaria, você aprende que não é tão incapaz quanto imaginava e, por exposição repetida, sua ansiedade diminui. Usar esse tipo de exposição o ajuda a dominar as coisas que evitava e, assim, aumenta sua motivação para fazer exatamente as coisas que antes achava aversivas.

Prática de mindfulness

O mindfulness é a habilidade central da DBT, e nós a detalhamos no Capítulo 9. Ao perceber a atividade mental como meros eventos ocorrendo em seu cérebro, você se torna cada vez mais capaz de se envolver em um comportamento hábil, mesmo que se sinta desmotivado. Você percebe que "Não estou motivado" é simplesmente um pensamento, e que você não precisa agir de acordo com ele.

A abordagem da DBT

LEMBRE-SE

A DBT aborda a motivação visando o comprometimento com o tratamento. O compromisso é um conceito relacionado à motivação, mas distinto dela. Uma das coisas que sabemos sobre qualquer tratamento é que as pessoas que estão comprometidas em fazê-lo se saem melhor do que as que não estão. Isso é verdade para todos os tratamentos, físicos ou psicológicos. Assim, é importante trabalhar estratégias de comprometimento, pois são ferramentas utilizadas para melhorar a motivação dos pacientes. O compromisso não visa apenas abordar os pontos nos quais a pessoa deseja trabalhar, mas é em si uma tarefa terapêutica chave, que precisa ser realizada com regularidade. Isso ocorre porque o comprometimento e a motivação nunca são estáticos; eles aumentam e diminuem, dependendo de muitas variáveis. Pesquisas mostram que assumir um compromisso ou acordo para fazer algo é um forte indicador de que você realmente executará o comportamento com o qual se comprometeu.

A DBT pega emprestado as sacadas de várias áreas, incluindo a psicologia social e as técnicas de vendas. A seguir estão as estratégias usadas pelos terapeutas para obter um compromisso dos pacientes, a fim de melhorar a motivação:

» **O uso de prós e contras:** O terapeuta extrai do paciente os aspectos positivos e os negativos de fazer a terapia e os positivos e os negativos de não a fazer, mantendo o *status quo*.

» **A técnica do pé na porta e da porta na cara:** Ela se baseia na abordagem do vendedor de porta em porta. A primeira parte é o *pé na porta*: o terapeuta faz um pedido ao paciente, como "Você pode evitar a automutilação pelas próximas quatro semanas?" O pedido inicial é fácil, e, se o paciente concordar, o terapeuta pede mais. Isso se baseia nas pesquisas que dizem que as pessoas que concordam com uma coisa têm maior probabilidade de concordar com as subsequentes.

A segunda parte da abordagem é a *porta na cara*. O terapeuta pede muito mais do que realmente deseja ou pode esperar de forma realista. Digamos que uma pessoa se automutile diariamente. O terapeuta pergunta: "Você pode se comprometer a não se automutilar por um ano?" Em muitos casos, o paciente recusa o pedido por ser muito extremo, e o terapeuta pergunta o que ele está disposto a fazer. Suponha que o paciente então diga: "Um mês." O terapeuta então se contenta com a quantidade menor. A ideia por trás disso é que as pessoas que dizem "não" a um pedido se sentem obrigadas a dizer "sim" ao próximo, se parecer mais razoável.

» **Refletindo sobre o sucesso de compromissos anteriores:** A ideia é a de que, se o paciente está vacilando quanto ao compromisso, o terapeuta evoque um momento em que o paciente fez um compromisso e o cumpriu. A intenção é destacar que a pessoa tem conseguido cumprir sua palavra e o que disse que faria.

» **Liberdade de escolha na ausência de alternativas razoáveis:** O terapeuta faz com que o paciente reflita sobre o que fará se decidir não fazer a terapia. Às vezes, os pacientes são obrigados pela justiça a fazer terapia, as famílias dizem que não viverão mais com eles se não fizerem, ou um adolescente opta por fazer terapia ambulatorial porque corre o risco de ser enviado para um centro de tratamento residencial por um longo prazo. O paciente tem alternativas, mas são muito piores do que a oferecida.

» **Advogado do diabo:** Com esta abordagem, o terapeuta argumenta contra o acordo do paciente ou cria um contra-argumento relativo à posição do paciente, a fim de levá-lo a explorar ainda mais sua posição. O terapeuta pode dizer algo como: "Sabe, acho ótimo você concordar com a terapia. Mas será difícil cumprir todos os novos comportamentos que a DBT exigirá de você. Talvez seja muito difícil e não valha o esforço." O terapeuta só usa essa técnica quando tem certeza de que o paciente está inclinado a fazer o tratamento.

Mantendo a Motivação

LEMBRE-SE

Como paciente, estar motivado para fazer a DBT lhe permite persistir em todos os desafios e sucessos do tratamento. Isso lhe dará realização conforme completar cada sessão e cada grupo de habilidades, e será uma sensação maravilhosa quando as outras pessoas também reconhecerem os esforços e as mudanças que você fez. Manter a motivação faz o seguinte:

» **Aumenta a autoconfiança:** Os pacientes que permanecem motivados sabem que podem definir expectativas cada vez mais altas para si próprios e focar seus objetivos de longo prazo.

» **Confere um senso de propósito:** Quando você está motivado, tem um propósito de melhorar sua vida e se tornar mais hábil. Esse propósito o incentiva a persistir e a concluir as atividades como tarefa de casa, análise em cadeia e treinamento de habilidades.

» **Ajuda-o a superar os desafios à medida que surgem:** Permanecendo motivado, você é capaz de superar os desafios à medida que eles ocorrem no local de trabalho, em seus relacionamentos e em seus objetivos pessoais, porque, apesar deles, você está focado em seu objetivo e propósito de longo prazo.

» **Encoraja-o a avançar e se tornar mais hábil:** Embora sua meta inicial na DBT possa ser reduzir o comportamento autodestrutivo, à medida que se tornar mais hábil, seus objetivos terapêuticos mudarão. Pacientes motivados são capazes de reavaliar continuamente sua situação e trabalhar com o terapeuta para avaliar o que precisa fazer para atingir seu próximo objetivo.

Nas seções a seguir, daremos dicas para manter sua motivação e agir quando ela falhar.

Olhos no prêmio

LEMBRE-SE

Focar o objetivo é a chave para manter a motivação. Aqui estão algumas ideias para mantê-la durante o tratamento:

1. **Escolha seus objetivos usando a mente sábia (revisada no Capítulo 9).**

    Decidir seu objetivo é um primeiro passo crítico para alcançar um alto nível de motivação e mantê-la. Ao escolher suas metas, é importante considerar o que deseja realizar e deixar claro por que deseja. Considere os prós e os contras de se empenhar em prol de cada meta. Fazer isso no início da terapia o ajudará a escolher metas com as quais permanecerá comprometido.

2. **Estabeleça metas intermediárias.**

    Definir metas intermediárias menores o ajuda a se manter motivado, em particular quando a de longo prazo parece muito distante. Imagine que você está pensando em escalar o Monte Everest. Parece uma tarefa impossível chegar ao topo, então você estabeleceu como meta chegar ao próximo acampamento na subida.

3. **Lembre-se de cada sucesso.**

    Se estiver lutando para manter a motivação na terapia, você ou seu terapeuta podem se lembrar de todas as conquistas que teve até agora. Parabenizar-se por alcançar pequenos objetivos ao longo do caminho o ajuda a se manter motivado para continuar a trabalhar rumo a seu objetivo final de longo prazo.

4. **Cerque-se de pessoas que o apoiam e fique longe das que o derrubam.**

    As conexões são essenciais para o bem-estar humano. Relacionamentos autênticos e de apoio o ajudam durante os momentos difíceis e a se manter motivado. Ao mesmo tempo, pode haver pessoas de quem você goste, mas quando pensa em seu relacionamento com elas, percebe que ele atrapalha a realização de seu objetivo.

Digamos que você esteja tentando parar de usar álcool de forma abusiva. Um amigo que sabe que você está fazendo terapia vê sua dificuldade e o convida para uma festa: "Ei, vamos nos divertir muito, vou comprar sua vodca favorita!" Seu amigo quer que você se divirta e que esqueça os problemas, mas lhe oferecer vodca como solução é inconsistente com seu objetivo de parar o uso indevido de álcool. Você precisa deixar claro para ele que, embora ele queira ajudar, está oferecendo uma solução de curto prazo que é inconsistente com seu objetivo de longo prazo.

Quando a motivação falha

Quando a motivação começa a falhar, é fácil focar o negativo e não se ater a seus objetivos. Você não se sente tão confiante em si mesmo porque acaba evitando o cenário maior e fica apenas tentando passar o dia. Isso afeta sua confiança e seu humor. Quando sua confiança é afetada, sua motivação começa a falhar. Uma das metáforas que usamos na DBT é que, para sair do inferno, você precisa usar uma escada, mas, quando chega à escada, percebe que ela está quente, e a tarefa parece impossível. Prosseguir na terapia, apesar de o trabalho ser árduo, é a única saída.

DICA

Se isso começar a acontecer, uma das habilidades a considerar é a de construir maestria. Leia mais sobre ela no Capítulo 10. Construir maestria é uma excelente forma de aumentar sua autoconfiança. É a habilidade de fazer coisas que o faz se sentir realizado, e isso acontece porque você está melhorando em fazer algo novo ou porque se sente confiante ao aprender algo novo.

LEMBRE-SE

Aqui estão algumas outras ideias para quando começar a se sentir menos motivado. Como acontece com todas as habilidades da DBT, muitas são mais fáceis de ser escritas ou ditas do que praticadas, em particular quando você está de baixo-astral ou sem esperança. Ainda assim, continuar a praticar quando estiver de baixo-astral acabará ensinando-lhe que você pode lidar com as situações que deseja e com as que não deseja:

1. Mantenha em mente seu objetivo de longo prazo.

Quando a motivação falha, as pessoas tendem a desistir, porque perdem o foco de seu objetivo. Imagine que você esteja comprometido em fazer sua primeira corrida de 5km. Você está correndo e, quando chega à marca de 4km, sente que não pode dar nem mais um passo. Você pode parar e pedir um Uber para levá-lo de volta para casa ou se lembrar de que se comprometeu a terminar a corrida. É difícil se você estiver se sentindo cansado, mas basta desacelerar e andar. Lembrar-se do objetivo é uma forma de lidar com a desmotivação.

252   PARTE 4 **Os Elementos da DBT**

2. **Use suas experiências como oportunidades de aprendizado.**

   A terapia, como qualquer outro empreendimento, terá sua cota de sucessos e de contratempos. Se atingiu um período de progresso lento ou o que considera um fracasso, mude seu relacionamento com os desafios que está enfrentando. Veja-os como uma oportunidade de aprender algo novo ou de ver que a adversidade não precisa atrapalhá-lo. Ao superar esses momentos, você verá que é mais capaz do que imaginava. Encarar os reveses como uma oportunidade de aprendizado o ajuda a se manter motivado para seguir em frente.

3. **Pratique ser paciente.**

   Seja gentil com você mesmo e valide a si mesmo. Adotar um novo comportamento leva tempo, e aprender novas habilidades e implementá-las exige tentativa e erro. Ao desacelerar, ser paciente e gentil consigo mesmo, você pode definir metas e expectativas realistas. Existe uma antiga piada zen que é assim:

   > "Mestre, quanto tempo até eu alcançar a iluminação?", pergunta um aluno.
   >
   > O mestre diz: "Cinco anos."
   >
   > "Cinco anos?!", rebate o aluno. "Isso é muito tempo! E se eu tentar muito, muito mesmo?"
   >
   > "Dez anos", diz o mestre.

   A questão é que não podemos apressar o que estamos tentando alcançar. Tentar ir mais rápido do que podemos fará com que cometamos mais erros e nos desmotivemos ainda mais. Se a pessoa que corre os 5km desacelera e caminha até o fim, ela chegará, mas, se tentar forçar a corrida com pernas não treinadas, poderá se machucar. Ao definir metas realistas e alcançáveis, você fica motivado, porque cada sucesso se torna evidente.

5
A DBT em Condições Específicas

NESTA PARTE...

Implemente a DBT para superar o sofrimento associado ao transtorno da personalidade borderline (TPB).

Incorpore a DBT à terapia de exposição para tratar o transtorno de estresse pós-traumático (TEPT).

Considere a DBT como uma abordagem alternativa para quando as terapias-padrão não forem eficazes em condições como transtornos por uso de substâncias e transtornos alimentares.

Enfrente comportamentos perigosos e torne-se mais saudável com a ajuda da DBT.

> **NESTE CAPÍTULO**
>
> » **Lidando com transtorno da personalidade borderline**
>
> » **Manejando depressão e mania com DBT**
>
> » **Compreendendo e aliviando a ansiedade**

Capítulo **20**

Transtornos de Humor e de Personalidade

Neste capítulo, você descobrirá como as habilidades da DBT tratam os sintomas característicos do transtorno da personalidade borderline (TPB), bem como a utilidade delas para transtornos de humor, como depressão e mania. Você também encontrará maneiras de aplicá-las para lidar com a ansiedade.

Tratando o Transtorno da Personalidade Borderline

A DBT foi desenvolvida pela Dra. Marsha Linehan para tratar pessoas altamente suicidas e autodestrutivas. Na época de seu desenvolvimento, a Dra. Linehan não se concentrou em um diagnóstico específico, no entanto, com o tempo, ficou claro que muitas das pessoas que lutavam contra esses sintomas tinham uma doença conhecida como *transtorno da personalidade borderline*, ou *TPB*.

PAPO DE ESPECIALISTA

O TPB é uma condição de saúde mental comum. Dependendo da pesquisa, um número entre 6 e 15 milhões de pessoas sofrem de TPB nos Estados Unidos. Embora o diagnóstico seja bem conhecido dos profissionais de saúde mental, não o é do público em geral. No entanto, em clínicas ambulatoriais, cerca de 20% dos pacientes têm TPB, e em unidades de internação, quase 40%.

Então, o que exatamente é o TPB? Há várias maneiras de olhar para o TPB. Nas seções a seguir, apresentamos as perspectivas da DBT mais amplamente implementadas usando o *Manual Diagnóstico e Estatístico de Transtornos Mentais* (DSM) e compartilhamos as cinco áreas de desregulação identificadas pela Dra. Linehan, com dicas sobre como usar a DBT para lidar com elas.

Os nove critérios do DSM para o TPB

Na área da saúde mental, nos Estados Unidos, no Brasil e em muitos outros países ao redor do mundo, existe um manual considerado por muitos como o guia oficial para o diagnóstico dos transtornos mentais. Conhecido como *Manual Diagnóstico e Estatístico de Transtornos Mentais* (DSM), ele contém descrições, sintomas e outros critérios para diagnosticar todos os tipos de transtornos mentais conhecidos. O DSM-V define o TPB como "um padrão difuso de instabilidade das relações interpessoais, da autoimagem e de afetos e de impulsividade acentuada que surge no começo da vida adulta e está presente em vários contextos".

As seções a seguir contêm os nove critérios que o DSM usa para o TPB.

Fazer de tudo para evitar o abandono real ou imaginado

Você pode ter um forte medo de que alguém próximo e querido o deixará e, por causa desse medo, ficar desesperado e então se envolver em comportamentos excessivos para evitar que o abandono aconteça. O medo do abandono é desencadeado pelo que parece ser uma rejeição menor, como um amigo cancelar os planos de ir jantar ou um terapeuta não retornar uma ligação imediatamente. Isso leva as pessoas com TPB a se sentirem negligenciadas ou sem importância. Às vezes, isso leva algumas pessoas a expressar o medo como raiva. Para os outros, essa raiva parece desproporcional ao cancelamento dos planos para o jantar ou ao terapeuta não ter retornado a ligação, mas, para a pessoa, o medo é experimentado como um sofrimento quase intolerável.

Quando você se sente abandonado, fatalmente ou não, tende a recorrer a "comportamentos de busca de garantias", comportamentos usados para obter uma segurança de que não será deixado. Exemplos são ligações excessivas ou mensagens de texto para um amigo ou para o terapeuta, e às vezes isso irrita os outros. Ironicamente, esses comportamentos levam à destruição de relacionamentos e ao próprio abandono que você teme.

Padrão de relacionamentos instável e intenso

Por causa do medo do abandono, algumas pessoas com TPB tendem a se tornar rápida e intensamente apegadas às outras, como a experiência de conhecer alguém e se apaixonar de repente ou uma forma semelhante de apego. A princípio, isso leva à idealização da pessoa. No entanto, como o nível de apego é insustentável, a pessoa com TPB acaba se sentindo decepcionada ou desapontada, e o sentimento de idealização leva ao de desvalorização. Quando isso acontece, a pessoa com TPB pode falar e se comportar de maneira ofensiva em relação à outra. Isso, por sua vez, faz com que a pessoa com TPB se sinta envergonhada e arrependida pelo que disse ou fez e, em seguida, reverte o curso e comece a idealizar a outra pessoa de novo.

Para o alvo da dicotomia idealização e desvalorização, a experiência é confusa e imprevisível, e, muitas vezes, exorbitante. Como deve imaginar, esses tipos de relacionamento são tempestuosos e instáveis.

Perturbação da identidade

Tentar decidir quem você é, quais são seus valores e o que fará da vida não é fácil, em particular se sofrer fortes oscilações de humor. Pessoas que lutam contra perturbações da identidade têm mudanças relativamente frequentes, repentinas e inesperadas em seus objetivos de vida, interesses, visões políticas e religiosas, preferências românticas e valores. Às vezes, buscam nos outros referências para aquilo em que devem acreditar e para como agir. Essas mudanças repentinas levam a uma confusão do senso de identidade, a um histórico errático de empregos e ao caos nos relacionamentos íntimos, além de torná-las imprevisíveis não apenas para os outros, mas também para elas próprias.

Impulsividade potencialmente destrutiva

CUIDADO

A impulsividade é uma razão comum para muitas pessoas com TPB buscarem tratamento com DBT. A impulsividade potencialmente destrutiva consiste em agir rapidamente sem avaliar, ou mesmo considerar, as consequências do comportamento. Existem muitos exemplos no TPB, mas normalmente os que levam a problemas duradouros na vida incluem transtornos alimentares, sexo desprotegido com parceiros recém-conhecidos, gastos excessivos e direção imprudente. Embora esses comportamentos não sejam perigosos da mesma forma que os suicidas, são preocupantes e têm um impacto de longo prazo na saúde física e mental da pessoa.

Comportamento suicida e automutilação recorrentes

CUIDADO

Como a impulsividade, o comportamento autolesivo e suicida é um motivo comum para desejar o tratamento com a DBT. Comportamentos como a automutilação funcionam para acalmar emoções insuportavelmente intensas, e, como funcionam rapidamente, são eficazes em curto prazo, o que os faz se tornarem frequentes. Outra razão que os pacientes alegam para se automutilarem é parar a sensação de dormência. Pessoas que se machucam dizem que ajuda no momento, mas, mesmo assim, a solução da automutilação costuma ser vista como um problema por outras pessoas. Essa é outra dialética. O que alguém vê como um problema, a pessoa que se machuca vê como uma solução para o que sente. A maioria das pessoas com TPB acaba percebendo que a automutilação não é uma solução de longo prazo.

Instabilidade afetiva

Muitos especialistas em saúde mental consideram a instabilidade afetiva como o cerne do TPB. Na verdade, em alguns países, o TPB é conhecido como transtorno da personalidade emocionalmente instável (EUPD). A instabilidade de humor, junto com a dificuldade de controlar as emoções, é um problema distintivo de pessoas com TPB.

A marca registrada das mudanças de humor é que muitas vezes elas são desencadeadas por frustração e conflito interpessoal, e duram de alguns minutos a algumas horas ou talvez um dia, embora não semanas ou meses. É a intensidade das emoções e o quão incontroláveis são que as torna diferentes das mudanças de humor em transtornos de humor, como depressão e transtorno bipolar. Outro aspecto é que, quando emoções fortes e derradeiras aparecem, a pessoa com TPB pode sentir como se ela sempre tivesse se sentido assim.

Sentimentos crônicos de vazio

Pessoas com TPB sentem que estão vazias por dentro. Essa experiência costuma ser a sensação de exílio. Quando as pessoas se sentem vazias e desconectadas, tendem a sentir também que a vida não tem sentido. Se você se sente assim, considere que essa sensação de vazio é aliviada pela proximidade com os outros; isso faz sentido, mas também leva ao problema de que sua necessidade de proximidade talvez seja maior do que as pessoas podem oferecer ou lidar.

Expressão inadequada e intensa de raiva

Muitos dos primeiros pesquisadores de TPB achavam que era improvável que uma pessoa tivesse TPB se não exibisse uma raiva intensa e incontrolável, muitas vezes desencadeada por situações aparentemente triviais.

Hoje, esse critério não é essencial, embora muitas pessoas com TPB achem que ficam extremamente irritadas. A raiva às vezes é uma emoção secundária à tristeza, decorrente de a pessoa estar triste por sentir que os outros foram insensíveis com ela e, em vez de sentir tristeza, ela se enfurece contra eles. Para os outros, a raiva parece excessiva, como se a pessoa com TPB desse uma grande importância a algo ínfimo. Quando falam às pessoas com TPB que estão fazendo tempestade em copo d'água, elas se sentem incompreendidas e até com mais raiva.

Ideação paranoide ou sintomas dissociativos transitórios

Se uma pessoa com TPB passou por trauma, e muitas passaram, ela tende a apresentar sintomas dissociativos e pensamentos paranoicos. Pessoas sob muito estresse também podem apresentá-los:

> » *Sintomas dissociativos* são as experiências que uma pessoa tem quando não se sente real ou quando o mundo não lhe parece real. Normalmente, esses sintomas acontecem durante períodos de alto estresse.
>
> » A *paranoia* pode se manifestar com a crença temporária de que outras pessoas querem magoá-la ou tornar sua vida miserável.

As cinco áreas da desregulação descritas pela Dra. Linehan

Além do DSM, outra abordagem é a adotada pela Dra. Marsha Linehan, que reorganizou os sintomas do TPB em cinco áreas de dificuldades, ou desregulação. Sua abordagem é uma forma mais prática de considerá-lo. Ao reconfigurá-lo dessa forma, a abordagem da DBT se adapta ao plano de tratamento.

LEMBRE-SE

A palavra *desregulação* significa basicamente "dificuldade de manejo". A DBT considera as seguintes cinco áreas de desregulação em TPB:

1. A **desregulação emocional** é caracterizada pela dificuldade em controlar as emoções com eficácia. É a experiência de ser jogado de um lado para outro ou impulsionado por emoções fortes que mudam rapidamente. O comportamento decorrente é dependente do humor e incoerente com os objetivos de longo prazo.

2. A **desregulação interpessoal** é a experiência do caos em relacionamentos íntimos. A dificuldade em manejar e manter relacionamentos se alia ao medo de ser abandonado por pessoas importantes em sua vida.

3. A **desregulação do senso de self (ou da identidade)** é a experiência de não se ver como uma pessoa completa e integrada e lutar para definir um senso de identidade. É caracterizada por uma instabilidade nos valores centrais, identidade, autoimagem, objetivos e ideologias. Leva a uma sensação de solidão, tédio e vazio.

4. A **desregulação comportamental** é a incapacidade de controlar com eficácia os comportamentos impulsionados por estados fortes de ânimo. É caracterizada pelo uso de comportamentos como automutilação, tentativa de suicídio, exposição a situações sexuais perigosas, uso indevido de drogas e álcool, transtornos alimentares, direção perigosa e outros potencialmente fatais, visando regular as emoções.

5. A **desregulação cognitiva** é a experiência de problemas de pensamento. Inclui distorções cognitivas, como pensamento "preto e branco" e "tudo ou nada", ou a experiência cognitiva de que eles ou o mundo ao seu redor não são reais. A pessoa também pode passar por episódios de paranoia, como acreditar que outras pessoas querem destruir sua vida.

Então, como a DBT aborda os sintomas e as dificuldades do TPB? Descubra nas seções a seguir.

Regulando suas emoções

Dado que a desregulação emocional é um dos problemas do TPB, e que suas características são um resultado direto da desregulação emocional (como raiva extrema) ou funcionam para reduzir a intensidade emocional, a DBT se baseia na ideia de que as pessoas com TPB não têm as habilidades para manejar essas emoções. Afinal, se as tivessem, elas o fariam. Por que não?

LEMBRE-SE

Dado que as pessoas com TPB lutam contra as emoções e sua regulação, os objetivos das habilidades de regulação emocional (revisadas no Capítulo 10) são:

» Ajudar as pessoas com TPB a compreender melhor suas emoções. A DBT faz isso ensinando qual é a função delas e quais são os blocos de construção básicos de uma vida emocional saudável.

» Reduzir a vulnerabilidade emocional da pessoa com TPB a emoções intensas, concentrando-se nos fatores que intensificam e aumentam as emoções, bem como naqueles que reduzem sua intensidade.

» Diminuir o sofrimento emocional, ensinando maneiras de reduzir o nível, a duração e o impacto das emoções intensas.

Melhorando seus relacionamentos

A desregulação interpessoal é outro problema do TPB. O TPB afeta os relacionamentos, principalmente, de duas maneiras:

» Uma pessoa com TPB tende a ter relacionamentos caracterizados por apego repentino, repleto de intensidade, com extremos de superidealização e desvalorização do outro. E, como esses relacionamentos podem ser muito bons no início, a pessoa com TPB teme que a outra a deixe. Às vezes, esse medo é justificado, em outras, não. O comportamento não tratado, às vezes destrutivo, de alguém com TPB deixa os amigos e parceiros confusos e desnorteados, e então eles querem se afastar. Quando o medo do abandono é experimentado, a pessoa com TPB fica apavorada e exibe comportamentos frenéticos, persistentes e, em última análise, ineficazes para evitar que o abandono real ou imaginado aconteça.

» Outro aspecto é que, dados a desregulação emocional, de todas as emoções, os autojulgamentos e a sensação instável de si mesmo, alguém com TPB tem muitas barreiras para lidar com conflitos, defender a si mesmo, tolerar pequenas falhas empáticas etc. Ao lidar com esses sintomas, a pessoa para de ser atormentada pelas inseguranças que eles causam.

LEMBRE-SE

Dado que as pessoas com TPB têm problemas com relacionamentos, as habilidades de eficácia interpessoal (revisadas no Capítulo 12) visam atingir os três objetivos a seguir:

» O foco da **eficácia objetiva** é a pessoa obter o que deseja quando for seu direito legítimo, quando quiser que outra pessoa faça algo por ela ou saber recusar um pedido indesejado ou irracional. As habilidades de eficácia interpessoal também são usadas para resolver conflitos interpessoais e para fazer com que a opinião de alguém seja levada mais a sério.

» O foco da **eficácia do relacionamento** é criar e manter relacionamentos saudáveis. Assim, as habilidades de efetividade interpessoal ensinam à pessoa com TPB formas de cultivá-los, bem como a fazer a outra pessoa gostar dela e respeitá-la. Essas habilidades também se concentram em equilibrar os objetivos imediatos da pessoa com TPB com os de um relacionamento de longo prazo e lembrá-la do motivo de ele ser importante para ela agora e por que o será no futuro.

» O foco da **eficácia do respeito próprio** é a pessoa com TPB se sentir bem consigo mesma. Para isso, é ensinada a conhecer e a respeitar seus próprios valores e crenças, a agir de forma moral e a se sentir capaz e eficaz.

Reavaliando sua autoimagem

Um senso instável de si mesmo é outro sintoma central do TPB. Ele se relaciona à falta de clareza sobre os próprios valores e a anos de invalidação. Como imagina, ouvir ano após ano que a maneira como você pensa, se sente e se comporta é errada o deixa inseguro sobre si mesmo e seus valores. As habilidades de DBT abordadas na Parte 3 fazem a pessoa com TPB se perguntar o seguinte:

> » Quais são meus valores?
> » Meu comportamento reflete esses valores?
> » Quais são meus objetivos?
> » O que estou fazendo está me aproximando de meus objetivos?
> » Vou me sentir melhor ou pior depois de fazer isso?
> » O que meus instintos me dizem para fazer?

Ajustando seu comportamento

Segundo a teoria da DBT, um dos problemas que a incapacidade de regular as emoções causa para uma pessoa com TPB é que, em vez de estratégias de regulação emocional adaptativa, surgem comportamentos mal-adaptativos e perigosos. Se as emoções indesejadas se tornam suficientemente intensas, as pessoas com TPB tendem a adotar comportamentos inadequados, em vez de adaptativos mais saudáveis. Isso acontece porque as pessoas com TPB acham que comportamentos mal-adaptativos, como a automutilação, têm um efeito mais imediato ou são mais simples de empregar do que os mais adaptativos.

Embora os comportamentos mal-adaptativos sejam eficazes em curto prazo na redução de estados de humor indesejados, são problemáticos, tanto pelas consequências negativas (como perda de confiança, de relacionamentos, do autorrespeito ou hospitalização) quanto por não serem eficazes em longo prazo. Todas as habilidades de DBT da Parte 3 visam a regulação comportamental.

Controlando seu pensamento

Pessoas com TPB tendem a ter *desregulação cognitiva*, que é um pensamento falho e impreciso. Pessoas com TPB, e em particular as que passaram por traumas como abuso, respondem ao estresse com hipervigilância ou dissociação:

» A hipervigilância é um estado de alerta extremo, que impacta a qualidade de vida da pessoa. Ocorre porque elas estão sempre à procura de perigos ocultos, reais ou imaginários. Também há um sentimento de paranoia, que faz a pessoa se sentir maltratada ou desconfiada, ou a faz achar que os outros são maus com ela ou de alguma forma querem atacá-la.

» A dissociação é a sensação de que a pessoa não parece real ou de que o mundo ao redor não é real. As pessoas chegam a experimentar uma desconexão entre suas emoções e seu eu físico.

LEMBRE-SE

A DBT usa o mindfulness (veja o Capítulo 9), a verificação de fatos e as habilidades de aterramento para lidar com a desregulação cognitiva. Habilidades de aterramento são técnicas que ajudam o paciente a se afastar de flashbacks, de memórias indesejadas e de emoções negativas, desafiadoras e desconexas. O objetivo delas é libertar a pessoa dos acontecimentos do passado e então, inicialmente distraindo-a de tudo o que está vivenciando, mudar o foco para o momento presente.

Manejando Seus Humores

A DBT se expandiu para além do tratamento do transtorno da personalidade borderline e agora também é usada no tratamento de transtornos do humor, isoladamente ou como adjuvante a medicamentos. Nas seções a seguir, explicamos como a DBT é usada para depressão e mania.

Lidando com a depressão

A depressão é uma doença mental comum, que leva a sentimentos de tristeza, perda de interesse pelas atividades de que a pessoa gostava, baixa energia, desesperança, dificuldade de concentração e, às vezes, pensamentos autodestrutivos, incluindo o suicídio. Leva a vários problemas emocionais e físicos e afeta a capacidade de uma pessoa de ser funcional no trabalho, na família e na vida pessoal.

O tratamento considerado mais útil para a depressão é uma combinação de medicação antidepressiva e terapia cognitivo-comportamental (TCC). Outros tipos de terapia que mostraram ter algum benefício para a depressão incluem terapia de grupo, psicoterapia interpessoal e psicoterapia psicodinâmica.

LEMBRE-SE

Do ponto de vista da DBT, uma das observações é que, se uma pessoa está deprimida, ela tende a desistir do que a deixa feliz, e não do que a deixa deprimida. Digamos que uma pessoa goste de fazer jardinagem, passear e ler, e que não goste de ficar sem tomar banho, de ficar na cama o dia todo e de não se exercitar. Se essa pessoa fica deprimida, ela para de fazer o que lhe dava alegria e passa a fazer mais coisas que não a deixam feliz. A perspectiva da DBT é a de que, para ser mais feliz, você precisa levar uma vida antidepressiva. A autovalidação e a ativação comportamental são as principais práticas:

» Autovalidação é dizer: "Estou deprimido e é difícil fazer coisas que exigem energia, enquanto, ao mesmo tempo, ficar na cama, não fazer exercícios, comer ou tomar banho me deixará mais deprimido."

» A ativação comportamental é uma das habilidades mais importantes usadas no tratamento da depressão. Funciona porque comportamentos e sentimentos influenciam uns aos outros fortemente. Como a depressão impede as pessoas de fazerem coisas que lhes dão prazer e sentido, ela piora. Aqui estão as práticas para fazer a ativação comportamental:

- Compreenda a espiral descendente da depressão.
- Monitore suas atividades diárias.
- Identifique seus objetivos e valores.
- Concentre-se em superar os momentos difíceis, criando motivação e energia por meio do prazer e da maestria.
- Programe suas atividades diárias e se envolva propositalmente em atividades agradáveis e significativas.
- Resolva problemas que possam atrapalhar sua atividade e seu envolvimento.
- Fuja da evitação (mais sobre isso na próxima seção).
- Seja paciente, mas persistente. Observe a frustração se as coisas não mudarem imediatamente e seja gentil consigo mesmo.

DICA

O ponto central do uso da ativação comportamental é determinar as atividades que melhoram seu humor e, então, concentrar sua atenção em fazê-las. Faça uma lista delas e a mantenha com você, em particular se tiver tendência a se sentir deprimido e se precisar de um lembrete. Algumas atividades funcionam mais rapidamente do que outras. É importante saber como cada atividade o afeta. Os tipos de atividades que muitas pessoas listam como intensificadores do humor são exercícios, meditação, hobbies, passar um tempo com os amigos, caminhar na natureza, comer regularmente, dominar algo que desejam há um tempo (tricô, um instrumento musical, um novo idioma), manter uma prática espiritual, voluntariar-se, e muitas outras. Observe o que funciona para você. Anote isso. Quando estiver se sentindo deprimido, faça essas atividades repetidamente e, se uma coisa não funcionar, tente outra. Não fique sem fazer nada. Se *fazer nada* ajudasse, você não teria desenvolvido depressão.

CUIDADO

Outra forma de tratar a depressão é evitar o que a piora. Certas drogas ilícitas e álcool a pioram. Algumas músicas mantêm as pessoas desanimadas; não comer leva à depressão; não tomar banho faz as pessoas se sentirem mal consigo mesmas. Ficar sozinho e desconectado também piora o problema.

LEMBRE-SE

Quando estiver deprimido, faça *menos* do que o deixa mais deprimido e *mais* do que o alivia. Essa ideia parece óbvia, mas, quando se está deprimido, é difícil lembrar, por isso é importante antecipar a situação para saber lidar com ela quando surgir.

Lidando com a mania

A depressão é um transtorno de saúde mental em que o humor e a energia da pessoa ficam baixos, e a mania é o oposto. É um período de extrema energia ou humor elevado e é uma das principais características do transtorno bipolar. Portanto, embora o humor e os níveis de energia de todos mudem ao longo do dia, as pessoas com mania não apenas têm humor e energia elevados por dias, semanas e até meses a fio, mas também experimentam mudanças comportamentais e de pensamento.

O principal tratamento para a mania associada ao transtorno bipolar é a medicação — em particular, uma classe de medicamentos conhecida como estabilizadores de humor. A terapia costuma ser adicionada ao plano de tratamento, no entanto, até recentemente, a DBT não havia sido considerada.

Porém há evidências cada vez maiores de que, como a DBT é útil para a regulação emocional, pode ser usada com pessoas que correm o risco de ter episódios maníacos. Estudos atuais relataram que as habilidades de mindfulness (veja o Capítulo 9), tolerância ao mal-estar (veja o Capítulo 11) e regulação emocional (veja o Capítulo 10) levam a reduções da mania e da depressão, bem como a uma melhora da *função executiva*, a capacidade de pensar e planejar.

Um fator que, pelo menos teoricamente, contribui para o uso das habilidades de DBT no manejo da mania é que as pessoas que estão deprimidas e começam a se sentir maníacas desfrutam temporariamente do humor e do nível de energia mais elevados e, então, param de tomar seus medicamentos, para manter o pico. Em geral, isso é feito sem a supervisão ou o consentimento do psiquiatra responsável pelo tratamento. Faz sentido em curto prazo: se você tem se sentido para baixo, não gostaria de inverter? No entanto, em longo prazo, permitir que a mania siga seu curso afetará os relacionamentos e o trabalho.

LEMBRE-SE

A DBT é útil por focar os fatores de vulnerabilidade que contribuem para a mania, como padrões de sono e transtornos alimentares e, então, ajudar o paciente a tomar decisões relacionadas ao tratamento. Por exemplo, comparar os prós e os contras de interromper a medicação com os prós e os contras de continuar e também revisar a importância de se comunicar diretamente com o psiquiatra. Ao fazer a análise em cadeia do comportamento do paciente (veja o Capítulo 18), o terapeuta também examinaria as consequências, em curto e em longo prazo, de interromper a medicação sem supervisão médica.

Aliviando a Ansiedade

Os transtornos de ansiedade são estados de experiência marcados por medo excessivo, que geralmente ocorre com o comportamento de evitação. Esses estados costumam se dar em resposta a situações específicas, mas também podem ocorrer na ausência de um perigo real. Em outras palavras, as ameaças podem ser reais ou imaginadas. Nas seções a seguir, descrevemos os componentes, os sinais e a química da ansiedade, e fornecemos dicas para lidar com ela. Também explicamos como a ansiedade pode ser boa para você (sim, acredite).

Os componentes da ansiedade

Para moderar os efeitos da ansiedade excessiva, é importante saber como se manifesta. Ela tem três componentes: cognitivo, fisiológico e comportamental.

Componente cognitivo

O componente cognitivo da ansiedade aparece como distorções cognitivas em vários aspectos da função cerebral, incluindo atenção, interpretação de eventos e armazenamento de memórias. Por exemplo, quando a ansiedade é excessiva, ela impacta a atenção, porque o foco se torna muito estreito. Isso faz sentido até certo ponto. Se você está sendo ameaçado por um urso na floresta, mantenha os olhos nele e não se concentre no telefone nem pense no que comerá no jantar. Por outro lado, se está preocupado em encontrar um urso na floresta e não há evidências de que haja um, você gasta tanto tempo focando a possibilidade de avistar um urso que não aproveita a caminhada. Isso também se manifesta como pensamentos acelerados.

Pensamentos ou cognições estão relacionados à superestimação da ameaça real e à minimização ou à subestimação da sua capacidade de enfrentá-la. Os pensamentos incluem o seguinte:

> "Estou em perigo."
>
> "Algo muito terrível está para acontecer."
>
> "Não conseguirei lidar com o que vai acontecer."

Componente fisiológico

O componente fisiológico da ansiedade diz respeito a sua manifestação no sistema nervoso. Ela afeta as funções corporais, resultando em insônia, pesadelos, perda de apetite e dificuldade em digerir os alimentos, bem como em sensações físicas, como batimento cardíaco acelerado, falta de ar, náusea e tremor nas pernas.

As sensações físicas, quer o perigo seja real, quer não, incluem:

» **Batimento cardíaco acelerado:** O benefício desta sensação é que ela tira o sangue das partes do corpo que não precisam dele imediatamente e o envia para os músculos que precisam, caso você tenha que lutar ou fugir. Se tiver sensações de formigamento nos dedos e em outras partes do corpo, é porque o sangue está sendo redirecionado da pele e da periferia do corpo para os grandes músculos.

» **Taxa de respiração mais rápida:** Você respira mais rápido para colocar mais oxigênio em seu sistema, e então o sangue em movimento mais rápido leva esse oxigênio para os músculos que precisam dele. Depois de um tempo, porém, você pode sentir falta de ar, dor no peito e a sensação de estar sufocando.

» **Músculos tensos e trêmulos:** Em excesso, isso também causa dores musculares.

» **Suor:** Impede o superaquecimento do corpo.

» **Dilatação das pupilas:** Melhora sua visão em caso de ataque ou necessidade de fuga.

Componente comportamental

O componente comportamental da ansiedade consiste nas ações que uma pessoa realiza para prevenir a exposição à ameaça, percebida ou real. Os comportamentos típicos associados à ansiedade incluem evitação, como evitar pontes, certas pessoas, estar ao ar livre ou falar em público. Incluem também o uso de substâncias como álcool e medicamentos prescritos para diminuir a sensação de ansiedade em situações de grande concentração de pessoas, o que ocorre em condições como a ansiedade social.

Alguns comportamentos são os seguintes:

» Evitar certas pessoas, lugares e situações.

» Recusar-se a sair de casa.

» Só ir a lugares com alguém em quem você confia.

- » Ter um plano para sair de algum lugar mais cedo, no minuto em que a ansiedade aparecer.
- » Usar drogas (prescritas ou não) e álcool para se entorpecer antes de enfrentar uma situação potencialmente causadora de ansiedade.
- » Usar comportamentos de segurança, como agitar um brinquedo; mexer excessivamente no cabelo; usar compulsões, como bater na madeira para que "coisas ruins" não aconteçam; e não olhar alguém nos olhos.

Manifestações comuns da ansiedade e sua química

Os modos mais comuns de a ansiedade se manifestar são:

- » **Ataques de pânico:** São caracterizados por episódios que duram poucos minutos e apresentam sintomas como batimento cardíaco acelerado, sudorese, tremores e sacudidelas do corpo, falta de ar, dor no peito, tontura e medo de estar ficando louco ou de morrer.
- » **Fobias específicas:** São ataques de ansiedade causados pelo medo de situações específicas ou de coisas como altura, aranhas, cobras ou espaços fechados. Uma forma disso é a *fobia social,* que é um medo marcante e persistente de situações sociais.
- » **Transtorno de ansiedade generalizada:** Esta é a ampla apresentação e experiência da ansiedade. Para ser diagnosticado com esse transtorno, a experiência de ansiedade excessiva deve ter persistido por mais de seis meses. Pessoas que sofrem de transtornos de ansiedade reconhecem que a ansiedade afeta vários aspectos de sua vida e que têm dificuldade em controlá-la. Os sintomas típicos incluem inquietação, sono insatisfatório, fadiga, dificuldade de concentração, irritabilidade, problemas gastrointestinais e tensão muscular. Tudo isso causa prejuízos significativos nas obrigações do dia a dia de uma pessoa.

Então, o que exatamente acontece com seu corpo quando você sente ansiedade? Quando se depara com uma ameaça — digamos, ter que se encontrar com seu chefe por algum motivo desconhecido —, alguns neurônios nas profundezas de seu cérebro enviam um alarme por todo o seu corpo. Por meio de uma combinação de vários sinais, as glândulas suprarrenais, localizadas sobre seus rins, liberam uma onda de hormônios, dos quais a adrenalina e o cortisol são os mais relevantes.

A adrenalina faz com que a frequência cardíaca e a pressão arterial aumentem, e o corpo libere estoques de energia. O cortisol, que é o principal hormônio do estresse, aumenta os níveis de açúcar no sangue e a capacidade do cérebro de usar a glicose; também é um potente anti-inflamatório, que evita que os tecidos sejam danificados. O cortisol impede ainda que o corpo execute atividades não essenciais, que seriam prejudiciais em uma situação de luta ou fuga. Por exemplo, retarda o sistema digestivo, o que não seria necessário em uma situação de luta ou fuga.

CUIDADO

Embora o cortisol seja uma substância química essencial, quando o corpo continua a produzi-lo além do ponto em que é útil, tem efeitos negativos. Por exemplo, ele leva ao aumento persistente dos níveis de açúcar no sangue, ao aumento do ganho de peso, à supressão do sistema imunológico, à hipertensão e a problemas cardiovasculares e de memória.

Controlando a ansiedade excessiva

Então, uma vez que você entende como a ansiedade funciona, o que fazer quando experimentá-la? Identifique e lide com os gatilhos de ansiedade, bem como aplique habilidades específicas da DBT.

Etapas para identificar e lidar com os gatilhos

Seria maravilhoso se você pudesse saber a qualquer momento exatamente o que causou sua ansiedade, mas nem sempre é esse o caso. Em geral, percebemos de repente que estamos ansiosos e não temos ideia de onde isso veio. Sem identificar os gatilhos, é difícil fazer qualquer coisa a respeito. Aqui estão as etapas a serem seguidas para fazer isso:

1. **Identifique os gatilhos para sua ansiedade.**

   Pergunte a si mesmo: "Quais são as situações, as horas do dia, com quem a meu lado, em que fico mais ou menos ansioso?" Veja se é possível estabelecer um padrão. É como fazer sua própria análise em cadeia (veja o Capítulo 18). Se vir um padrão, pergunte-se se há coisas que você pode fazer de maneira diferente em situações em que enfrentar circunstâncias semelhantes.

2. **Aja de forma diferente daquela que o mantém ou o deixa mais ansioso.**

   Pessoas com ansiedade geralmente realizam o que é conhecido como *comportamentos de segurança*. Esses comportamentos fazem a pessoa se sentir mais confortável na situação, proporcionando alívio temporário da ansiedade criada pela situação. Exemplos de tais comportamentos incluem o seguinte:

   - Não fazer contato visual, para evitar ser notado por outras pessoas.
   - Beber álcool ou usar drogas ilícitas para se sentir menos ansioso antes de enfrentar uma situação.

- Bater na madeira se acredita que algo ruim acontecerá se não o fizer.
- Usar uma gola ou um lenço para que as pessoas não vejam seu pescoço se ele tende a ficar vermelho quando você está ansioso.

O problema é que os comportamentos de segurança levam à persistência da ansiedade e não permitem que ela melhore. E, assim, se evitar situações e usar comportamentos de segurança leva à manutenção da ansiedade, faz sentido que aprender a enfrentá-la diretamente seja desconfortável no início.

Você identificou o que o deixa ansioso, e agora o compromisso é formular um plano para fazer gradualmente as mesmas coisas que em geral o deixam ansioso! Por exemplo, se você evita falar ao telefone ou usar um aplicativo de vídeo para se conectar com seus amigos, comece escolhendo alguém com quem se sinta mais confortável e ligue para ele. Não escolha a pessoa com quem você fica mais ansioso para falar pessoalmente. No início, será desconfortável, entretanto, quanto mais se colocar na situação de falar ao telefone e não usar comportamentos de segurança, mais cedo perceberá que dominou a ansiedade.

Se tem medo de ir a determinado lugar, talvez ele lhe traga lembranças indesejáveis porque algo de ruim aconteceu lá, e você o evita, pode começar dirigindo perto do local, depois até o local, e, por fim, sair do carro no local e caminhar. Claro, presumimos que o lugar não seja perigoso. Se você estava nadando perto de algumas rochas em um oceano tempestuoso e se machucou nelas, a tarefa não é voltar a elas durante um dia de oceano agitado e tentar novamente, mas, se estiver evitando a praia por completo, volte e ela e encontre um lugar mais seguro para nadar.

LEMBRE-SE

É importante reconhecer todos os comportamentos de segurança em que você pode estar envolvido. Liste todos eles e se certifique de não ter omitido nenhum. Então, em situações que provocam ansiedade, comece deixando de lado os menos críticos.

Habilidades da DBT para quando você se sentir ansioso

Embora a DBT não tenha sido desenvolvida para tratar transtornos de ansiedade, muitas de suas habilidades são úteis quando você se sentir ansioso. Além disso, pessoas com condições como o TPB também são propensas a ter ansiedade e, portanto, estão familiarizadas com as habilidades. Em vez de buscarem outras habilidades, elas usam as que já conhecem. Confira as seguintes etapas:

1. Use a habilidade STOP, que abordamos no Capítulo 11.

2. Para lidar com pensamentos ansiosos, verifique os fatos da situação:

- A que exatamente estou reagindo?
- Quais são meus medos?
- Qual é o pior cenário que pode acontecer? Use a habilidade negociar, abordada no Capítulo 12.
- Minha resposta atual é proporcional à ameaça?
- Se a situação acontecer, eu tenho as habilidades para lidar com ela?
- Estou sofrendo antes de precisar sofrer?
- Eu realmente tenho a habilidade de prever o futuro?
- Que conselho eu daria a um ente querido se ele estivesse na minha situação?
- Posso pedir ajuda a um amigo ou colega?
- Se reajo de certa maneira, há consequências negativas?

3. Para lidar com as sensações físicas de ansiedade, experimente estas dicas:
   - Pratique a respiração compassada, com uma inspiração lenta e uma expiração mais lenta ainda.
   - Pratique uma respiração de visualização: inspire e se imagine calmo e, em seguida, expire e se imagine forte.
   - Faça alguns exercícios aeróbicos para queimar o excesso de energia: dê uma caminhada, uma corrida ou um mergulho, trabalhe no jardim ou faça as tarefas domésticas necessárias.

Sentir ansiedade como um sinal útil

Ansiedade é a sensação de preocupação, nervosismo ou inquietação e, em geral, aparece quando algo ameaçador está para acontecer ou quando há um resultado incerto para algo que é importante para você. A ansiedade também tem um lado positivo. É a maneira de o corpo reagir ao estar em perigo ou sinalizar que você está sob ameaça ou que está preocupado com alguma coisa. Uma certa dose de ansiedade o ajuda a ficar mais alerta, atento e concentrado. Por exemplo, um pouco antes de um teste, você precisa de um pouco de ansiedade. Ficar calmo demais e pensar nas férias na praia seria prejudicial. Algum nível de ansiedade tem um efeito positivo e o mantém concentrado na tarefa.

Como se aplica a qualquer sinal, é importante prestar atenção nele e no que ele está lhe dizendo, portanto, se a ansiedade do teste transbordasse para sua vida, além dele, isso levaria aos efeitos adversos da ansiedade. Quando seu corpo reage ansiosamente a ameaças reais ou imaginadas, seu cérebro produz adrenalina e cortisol. Ocorre perda de memória se o processo de produção de cortisol acontecer quando o medo e a ansiedade forem excessivos ou se persistirem além da duração da ameaça real.

LEMBRE-SE

Algum nível de ansiedade é benéfico. Ela o ajuda a se concentrar, a prestar atenção e a se lembrar melhor das coisas. Quando as coisas de que precisamos nos lembrar são armazenadas com uma etiqueta emocional, são mais fáceis de serem lembradas. No entanto, há um limite para os efeitos benéficos da ansiedade, uma vez que o excesso por longos períodos leva a efeitos adversos à saúde.

> **NESTE CAPÍTULO**
>
> » Vendo onde o tratamento do trauma se encaixa na DBT
>
> » Identificando os tipos de exposição e fatores de prontidão para DBT PE
>
> » Olhando outro modelo: DBT-TEPT
>
> » Verificando habilidades para combater a dissociação

Capítulo 21
Aplacando o Trauma

Apesar da eficácia da DBT, por muitos anos houve uma grande lacuna em nossa capacidade de tratar o trauma daqueles que nos procuravam com experiências traumáticas ou transtorno de estresse pós-traumático (TEPT). Na verdade, a área como um todo lutava para tratar o trauma quando ele ocorria simultaneamente com comportamentos autodestrutivos.

O dilema era flagrante: havia um subgrupo de pacientes que experimentava traumas e que também lutava contra comportamentos autodestrutivos e suicidas. A DBT poderia tratar os comportamentos autodestrutivos e suicidas, mas não teria como abordar o trauma até que os pacientes se livrassem deles por um ano, e os médicos especializados em trauma não tratavam as pessoas que lutavam contra comportamentos autodestrutivos e suicidas, porque temiam que o tratamento exacerbasse esses sintomas potencialmente fatais. Eles tentavam, mas a exigência de se livrar de alvos de alta prioridade, como comportamentos suicidas e de automutilação, por um ano se mostrava quase impossível, porque muitas vezes eram esses mesmos comportamentos que ajudavam os pacientes a lidar com os sintomas de trauma, implacáveis e não tratados. Embora os pacientes aprendessem as habilidades, o tratamento de que precisavam demorava muito. Esse era um grande problema. Acontece que cerca de 66% das pessoas com TEPT têm dois ou mais transtornos psiquiátricos, e até 30% delas tentam o suicídio.

Em 2005, a Dra. Melanie Harned, que trabalhou em estreita colaboração com a Dra. Marsha Linehan (fundadora da DBT), começou a desenvolver o tratamento de exposição prolongada (PE) de DBT para resolver essa lacuna. Seu objetivo era tratar o que ela chamava de pacientes com "múltiplos problemas de alto risco" (adultos e adolescentes) que já estavam recebendo a DBT e que também foram diagnosticados com TEPT ou trauma. Ela pegou dois tratamentos padrão-ouro, baseados em evidências — PE para tratar trauma e DBT para tratar comportamentos autodestrutivos e suicidas —, e os integrou para criar a DBT PE. Seu objetivo era diminuir o tempo que os pacientes com DBT tinham que esperar antes de receber o tratamento para traumas. Em média, o tratamento com DBT PE começa após vinte semanas com a DBT, e o do trauma leva em média treze sessões. Vários estudos demonstraram sua eficácia, e foi um desenvolvimento inovador no campo da psicologia. Não muito tempo depois, em 2013, o Dr. Martin Bohus, da Alemanha, também desenvolveu um tratamento baseado em evidências usando DBT para tratar traumas, a DBT-TEPT.

Neste capítulo, examinamos em detalhes o tratamento com a DBT para traumas. Discutimos como funciona e como saber que está pronto para ele, bem como as habilidades que se precisa desenvolver para ter sucesso.

Vendo os Fundamentos da DBT PE

LEMBRE-SE

Como a DBT, a DBT PE também usa estágios como base para administrar o tratamento. A DBT PE tem três estágios:

» O **Estágio 1** é o tratamento da DBT padrão. Há sessões semanais individuais e do grupo de habilidades, seu terapeuta participa de uma equipe de consultoria, e você tem acesso ao treinamento de habilidades fora do horário comercial (tudo abordado na Parte 4). O objetivo desse estágio é ajudá-lo a obter controle sobre seus comportamentos de risco à vida e aprender as quatro habilidades da DBT: mindfulness, tolerância ao mal-estar, regulação emocional e eficácia interpessoal (veja a Parte 3). Você aprende as habilidades de que precisa para trabalhar com eficácia o trauma sem voltar a comportamentos autodestrutivos para lidar com ele.

» O **Estágio 2** começa o tratamento do trauma. Após atingir a estabilidade comportamental e não se envolver em comportamentos de risco à vida por oito semanas, você está qualificado para começar. Antes do desenvolvimento do DBT PE, esse período de espera era de um ano. Durante o Estágio 2, a estrutura de seu tratamento muda de uma sessão semanal de 60 minutos para sessões semanais de 90 a 120 minutos. Durante esse estágio, você continuará a receber a DBT padrão também.

» O **Estágio 3** começa depois de concluir a parte de PE. Você retorna à DBT padrão para trabalhar em quaisquer problemas remanescentes que afetem sua vida. Durante esse tempo, trabalha-se para aumentar as habilidades para usar no trabalho, na escola ou para melhorar os relacionamentos.

Nas seções a seguir, discutimos um dos principais problemas no TEPT — prevenção — e como o DBT PE funciona para tratar a evitação. Também fornecemos dicas para determinar se você está pronto para experimentar o DBT PE.

Evitando a evitação

Muitas pessoas que lutam contra a ansiedade se envolvem em comportamentos de evitação. A evitação é qualquer comportamento, incluindo pensamentos ou ações para escapar de emoções ou pensamentos difíceis ou dolorosos. Evitar é fundamental no TEPT. Na verdade, os comportamentos evitativos são um dos sintomas do TEPT que o perpetuam e impedem a recuperação.

LEMBRE-SE

Existem dois tipos comuns de evitação do TEPT:

» Evita pensar no trauma ou sentir emoções referentes a ele. As pessoas usam muitas estratégias para evitar pensar no que aconteceu. Algumas conseguem simplesmente ignorar, entorpecer-se ou se distrair quando as memórias vêm à mente, mas, mais comumente, as pessoas *dissociam-se* (desconectam-se do momento presente para evitar o enfrentamento de memórias dolorosas ou sentimentos relacionados ao trauma), bem como comportamentos autodestrutivos ou outros também problemáticos para desviar sua atenção.

» Evitar lembretes do trauma. Parar de ver ou falar com certas pessoas, de ir a certos lugares, fazer certas atividades, usar certas roupas etc.

CUIDADO

O desafio da evitação é que ela funciona em curto prazo. Ou seja, você evita uma situação ou pessoa, ou afasta um pensamento ou sentimento, o que reduz sua angústia. No entanto, essa é apenas uma solução de curto prazo, uma vez que, infelizmente, isso piora os sintomas do trauma em longo prazo.

Vendo como a DBT PE funciona

A PE trabalha na evitação. A DBT PE ensina maneiras de parar de evitar para efetivamente processar o trauma com o terapeuta sem retornar a comportamentos autodestrutivos. Esse processo se chama *exposição*.

LEMBRE-SE

Na DBT PE, há dois tipos de exposição: imaginal e in vivo:

» A *exposição imaginal* envolve compartilhar, em detalhes, os eventos do trauma com o terapeuta. Você descreve em voz alta para ele, com tantos detalhes quanto possível, o que lhe aconteceu. Inicialmente, você pode não se lembrar de todos os detalhes, mas é comum que se lembre de mais detalhes à medida que se envolve mais na exposição imaginal.

Durante a segunda parte da sessão de exposição, você e seu terapeuta falam sobre seus pensamentos e sentimentos durante e após a exposição. Seu terapeuta o ajuda a pensar no que lhe aconteceu de uma forma que comece a reduzir seus sintomas de trauma e o ajude a encontrar novas perspectivas sobre o ocorrido. Durante as exposições imaginais, o terapeuta o ajudará a se concentrar em diferentes partes do trauma e o apoiará enquanto você navega habilmente pelos pensamentos e sentimentos que surgirem.

Essas sessões imaginais são gravadas, e o terapeuta lhe atribui como tarefa de casa ouvi-las, a fim de continuar a exposição imaginal fora das sessões.

» A *exposição in vivo* o ajuda a enfrentar os aspectos da "vida real" que passou a evitar por lembrarem o trauma, ou atividades seguras que passou a julgar perigosas como resultado do trauma. Por exemplo, se o trauma teve relação com um elevador, como resultado, você pode ter passado a evitar elevadores. Como resultado do trauma, você acha que elevadores são perigosos e devem ser evitados, entretanto, em geral, elevadores são espaços seguros e de grande conveniência, em particular se você mora ou trabalha em um prédio. Nesse caso, reaprender a usar elevadores sem sentir uma angústia extrema é uma tarefa de exposição *in vivo*.

Você e o terapeuta farão um *brainstorming* de uma lista de tudo isso: lugares, atividades de que gostava, pessoas com quem gostava de passar o tempo e até alimentos. Juntos, vocês criarão uma hierarquia e avaliarão seu nível de estresse para cada tarefa. Você e seu terapeuta decidirão por onde começar. Você praticará exposições *in vivo* fora das sessões de terapia.

LEMBRE-SE

Embora seja difícil de fazer, ambos os tipos de exposição foram considerados muito eficazes na redução da evitação e, portanto, dos sintomas de trauma. Antes e depois de cada exposição, você preenche um formulário especial de registro de exposição. Ele o ajuda a classificar a intensidade de certos pensamentos, sentimentos e impulsos, e também a monitorar a eficácia de cada exposição, bem como de todo o processo de exposição durante o tratamento. Não é incomum que pessoas com traumas evitem tantas coisas, que fique difícil sentir que estão vivendo. Essas exposições as ajudarão a reabrir sua vida, de modo que viver pareça mais significativo e agradável.

Quando tiver concluído as sessões de exposição, você e seu terapeuta criarão um plano de prevenção de recaída. Ao final desse tratamento, você será especialista em exposição. Você e seu terapeuta pensarão em maneiras de continuar a praticar exposições por conta própria e começar a viver o que chamamos de *estilo de vida de exposição*. Ele o mantém ciente de como sua ansiedade pode levá-lo a retornar ao antigo estilo de evitação e o encoraja a praticar a tomada de decisões usando sua mente sábia, em vez de deixar o medo interferir.

Sabendo quando estiver pronto

LEMBRE-SE

Fazer o tratamento da DBT PE é um grande compromisso. Nós diríamos que, quando você estiver pronto para fazê-lo, seu trabalho árduo valerá a pena. Dito isso, há critérios para ajudá-lo a saber quando está pronto para iniciar a DBT PE. O Dr. Harned identificou seis critérios:

1. Você não está em risco iminente de suicídio.

2. Você não fez nenhuma tentativa de suicídio nem se envolveu em automutilação não suicida nos últimos dois meses (oito semanas).

3. Você é suficientemente habilidoso e comprometido em controlar o desejo de cometer suicídio e de se ferir quando tem um gatilho para fazê-lo.

4. Você não se envolve em *comportamentos que interferem na terapia* (comportamentos que atrapalham uma terapia eficaz, como cancelar sessões; não completar o cartão-diário, descrito no Capítulo 18; não fazer a tarefa de casa; dissociar, abordado mais adiante neste capítulo; evitar falar sobre tópicos importantes; falar "Não sei" como forma de evitação; ou outros comportamentos que tornam a terapia menos eficaz).

5. Seu TEPT é sua meta de tratamento de maior prioridade.

6. Você está disposto a experimentar emoções intensas sem se envolver em comportamentos evitativos.

LEMBRE-SE

Fazer esse tratamento é um trabalho árduo. Antes de embarcar nessa jornada, você e seu terapeuta avaliarão esses critérios. Embora o tratamento do TEPT possa começar assim que você for capaz de evitar comportamentos suicidas e automutilações por oito semanas, provavelmente levará mais algumas semanas até você se sentir confiante em cumprir todos os outros critérios.

CAPÍTULO 21 **Aplacando o Trauma** 279

DBT-TEPT: Um Modelo Alternativo

O Dr. Martin Bohus tinha um interesse particular no tratamento do TEPT resultante do abuso sexual na infância (ASI). Na Alemanha, ele desenvolveu a DBT-TEPT para pessoas com diagnóstico de TEPT complexo (c-TEPT) com e sem diagnóstico de transtorno da personalidade borderline (TPB). Embora existam diferenças entre esses dois modelos de tratamento (DBT PE e DBT-TEPT), também existem muitas semelhanças, incluindo que ambos tratam os sintomas do ASI. A DBT-TEPT é concluída ao longo de 12 semanas em um ambiente residencial (como funciona atualmente na Europa) ou em 45 sessões de terapia em modelo ambulatorial. O tratamento é dividido em fases, o pré-tratamento, seguido por sete fases consecutivas, identificadas por tema:

1. Um histórico completo de sua vida e de seu trauma.

2. Psicoeducação para seu trauma e explicação de como o TEPT funciona na sua vida.

3. Identificação de seus comportamentos de evitação e ensino de habilidades mais eficazes para lidar com a dissociação e com suas emoções fortes.

4. Identificação do primeiro trauma que você deseja trabalhar.

5. Exposições ao trauma guiadas.

6. Aprendizado e prática de aceitação do passado.

7. Planejamento para usar as habilidades para uma nova vida, sem sintomas de TEPT.

Observando as fases, você vê a sobreposição com a DBT PE. Enquanto a DBT PE se concentra em exposições repetidas ou prolongadas à história do trauma e, em seguida, processa usando a DBT, bem como as exposições *in vivo* ao que você tem evitado na sua vida, a DBT-TEPT o ajuda a organizar o histórico do trauma, expondo-se a ele, mas focando ainda mais as emoções muito dolorosas, incluindo uma sensação de impotência, sensações corporais e pensamentos que experimentou durante o momento exato em que o trauma aconteceu. Esse tratamento usa a exposição, mas se concentra menos em exposições prolongadas ou repetidas, como você aprendeu na DBT PE. A DBT-TEPT depende menos do seu "sistema de pensamento" do que a DBT PE. Dito isso, ambas são tratamentos baseados em evidências muito eficazes que o ajudam a trabalhar tanto seus pensamentos quanto seus sentimentos a respeito do trauma.

LEMBRE-SE

Muitas pessoas nos perguntam: "Como saber qual é o tratamento certo para mim?" É um ótimo ponto para conversar com seu terapeuta. Em muitos casos, a decisão é feita com base nas áreas de treinamento do terapeuta. Atualmente, a DBT PE é mais comum nos Estados Unidos, mas existem terapeutas de DBT treinados em ambos os modelos.

Investigando o Dilema da Dissociação

CUIDADO

A dissociação é um sintoma comum de trauma e impede o engajamento efetivo na DBT PE. A dissociação é uma desconexão entre a subjetividade e o mundo ao redor. Muitas pessoas se sentem desconectadas da realidade e, portanto, experimentam mudanças perceptivas, que fazem tudo parecer onírico ou distorcido. Elas podem se sentir desorientadas, ou desconectadas de seu corpo e de suas emoções, podem perder a noção do tempo ou não responder às pessoas ao redor. A dissociação pode ser assustadora e durar um tempo, mas, sem intervenção, acaba sozinha. Dito isso, ela interfere em sua vida e atrapalha o progresso com a PE.

A boa notícia sobre a dissociação é que é possível aprender habilidades para manejá-la, detectá-la cedo e evitar que se instale. Você e seu terapeuta obterão muitas informações sobre ela fazendo uma análise em cadeia (veja o Capítulo 18) para identificar alguns dos primeiros sinais de alerta que indiquem que você deve usar suas habilidades para se estabelecer. Ser capaz de detectar a dissociação é crítico para aprender e praticar antes de iniciar a DBT PE.

DICA

O conjunto mais comum de habilidades para manejar a dissociação é chamado de *habilidades de aterramento*. Aqui estão algumas habilidades para usar quando sentir que está caminhando para a dissociação:

» **Use os cinco sentidos.** Nomeie cinco coisas que vê, quatro que sente fisicamente, três que ouve, duas de que sente o cheiro e uma de que sente o gosto.

» **Mergulhe no gelo.** Encha uma tigela com gelo e água e mergulhe o rosto nela para ativar seu reflexo de mergulho. Descubra mais sobre essa habilidade de tolerância ao mal-estar, chamada de TIP, no Capítulo 11.

» **Use uma prancha de equilíbrio.** É fisicamente impossível se dissociar em uma prancha de equilíbrio. Embora não seja uma habilidade antidissociação portátil, é útil tê-la em casa ou no consultório do terapeuta.

» **Segure um objeto.** Mantenha um objeto próximo ou em sua bolsa que possa segurar na mão e focar. Algumas pessoas acham útil manter uma bolsa de gelo descartável com elas, para estourarem e sentirem a sensação de frio nas mãos. Outras usam bolas antiestresse ou massinha.

» **Sinta o piso.** Deite-se no chão. Sinta a parte de trás do corpo pressionando-o. Às vezes é útil mover os braços e as pernas pelo chão ou carpete como se estivesse fazendo um anjo de neve. Isso fornece muitas informações sensoriais nas quais se concentrar.

» **Concentre-se em sua língua flutuante.** Concentre sua atenção em sua língua. Deixe-a flutuar na boca sem que ela toque as laterais ou os dentes.

LEMBRE-SE

Administrar a dissociação é algo desafiador, mas, com habilidades e prática, você aprenderá a detectá-la cedo e saberá concentrar sua atenção em se aterrar. É muito comum trabalhar com um terapeuta para aprender mais sobre a dissociação e a manejá-la para reduzi-la, e para que você consiga se envolver efetivamente no tratamento do trauma.

> **NESTE CAPÍTULO**
> » Vendo como a dopamina funciona
> » Lidando com a dependência de substâncias
> » Tratando transtornos alimentares
> » Trabalhando na dismorfia corporal
> » Olhando os comportamentos aditivos

Capítulo **22**

Lidando com Adições Comportamentais

Muitas pessoas que se envolvem em comportamentos aditivos e que então desenvolvem um transtorno aditivo descobrem que superá--lo é um desafio. Neste capítulo, explicamos como a química do cérebro é fundamental para o comportamento aditivo e o papel que a química desempenha na manutenção dele. Também revisamos algumas ideias da DBT sobre como superá-los e a possíveis transtornos.

Uma Nota sobre a Dopamina

A dopamina é uma substância química conhecida como neurotransmissor. É responsável por transmitir sinais entre as células nervosas, os *neurônios*. Quando os neurônios que contêm dopamina são ativados, eles a liberam. Quando isso acontece, há mais dopamina no cérebro do que o normal, o que faz com que a pessoa experimente sensações de prazer. Normalmente, isso acontece quando uma pessoa está fazendo algo que lhe é agradável. De muitas maneiras, a dopamina é essencial para a sobrevivência, pois ela reforça os comportamentos de sobrevivência, como comer, e os sexuais, para procriar. No entanto, por ser uma substância química que o faz se sentir bem, também é um fator-chave na adição.

Quando estamos prestes a comer nossa refeição favorita ou quando esperamos que a paquera apareça para um encontro, a dopamina sinaliza ao nosso cérebro que uma recompensa está a caminho. Então, quando de fato comemos ou namoramos, a dopamina envia outra mensagem química ao cérebro: o que você está fazendo é recompensador. Essa mensagem causa um reforço físico, um processo conhecido como *condicionamento*. Faz sentido que o alimento e a procriação estejam ligados a uma sensação de bem-estar. Esse estímulo (alimento e sexo) e padrão de recompensa são críticos para a viabilidade e a sobrevivência de nossa espécie (e de todas as espécies).

No entanto, drogas ilícitas, álcool, jogos de azar, pornografia e compras também levam à liberação de dopamina, e, se uma pessoa apresentar um comportamento aditivo em qualquer uma dessas coisas, seus níveis de dopamina no cérebro podem ser de cinco a dez vezes o normal, inundando o centro de humor do cérebro. O cérebro da pessoa então associa a onda de dopamina à atividade e, assim, cria o desejo de repeti-la. Se a pessoa se habituar ao nível de dopamina, precisará de níveis mais elevados da droga ou do comportamento para obter a sensação de prazer.

CUIDADO

A maioria das drogas viciantes ativa a liberação de dopamina. Quando isso acontece, ocorre um aumento súbito de dopamina no cérebro. Como o cérebro não consegue lidar com um nível tão alto de dopamina de maneira sustentada, começa a diminuir o nível dos receptores de dopamina, e, assim, a pessoa não sente mais a mesma sensação de prazer que antes. É por isso que ela precisa de quantidades cada vez maiores de uma droga para se sentir bem. O usuário tenta alcançar a sensação de prazer a qualquer custo, o que o leva a aumentar a quantidade e a frequência de uso da droga, cimentando a dependência. O aumento da tolerância à droga e o elevado nível de dependência podem ser fatais. No entanto, com o tempo, o uso persistente acaba impactando as vias cerebrais e os neurônios, o que leva a danos cerebrais permanentes.

Trabalhando a Dependência

Embora a DBT seja um tratamento bem estabelecido para pessoas com dificuldade em regular as emoções e que apresentam comportamentos autodestrutivos e suicidas, ela vai além do tratamento de transtornos de humor e de personalidade. Muitas pessoas que lutam contra comportamentos autodestrutivos também têm transtornos por uso de substâncias (TUS) que complicam sua condição. A DBT evoluiu para ajudar as pessoas que também lidam com isso. A DBT padrão, ou mesmo a DBT para abuso de substâncias, não é o padrão de atendimento para pessoas que têm o diagnóstico principal comportamentos aditivos. No entanto, pode ser particularmente útil para pessoas com transtorno da personalidade borderline (TPB), bem como TUS, visto que as pessoas com ambas as condições são suscetíveis à desregulação emocional e à observação de que o uso de substâncias às vezes está a serviço de regulação emocional, o que vai além do comportamento aditivo.

LEMBRE-SE

Na DBT padrão, o alvo de maior prioridade é o comportamento suicida e autolesivo. Para pessoas que são dependentes de substâncias, a droga específica é o alvo da DBT de maior prioridade dentro da categoria de comportamentos que interferem na qualidade de vida. Em particular, os objetivos da terapia visam:

» Diminuir o uso dessas substâncias, incluindo drogas ilícitas, álcool e drogas legalmente prescritas que não estiverem sendo tomadas como o prescrito.

» Aliviar o desconforto físico associado à retirada e, depois, à abstinência.

» Diminuir as fissuras, os desejos e as tentações de usar drogas indevidamente.

» Evitar situações que lembrem à pessoa o uso da droga.

» Excluir os números de telefone de traficantes de drogas e conhecidos associados ao uso de drogas.

» Considerar obter um novo número de telefone.

» Jogar fora toda a parafernália das drogas.

» Reduzir os comportamentos que interferem no abandono das drogas, como desistir do objetivo na abstinência.

» Aumentar os reforços saudáveis, como uma comunidade de amigos que o apoiem, praticar atividades sociais e vocacionais de caridade e até mesmo buscar ambientes que apoiem a abstinência e punam comportamentos relacionados ao uso de drogas.

As seções a seguir discutem o uso de substâncias versus os transtornos induzidos por elas, as habilidades importantes da DBT para pessoas com TUS, como a DBT para pessoas com TUS difere da padrão e outras terapias e considerações sobre o uso da DBT com quem tem TUS, mas não tem desregulação emocional.

Identificando o uso de substâncias e os transtornos induzidos por elas

As pessoas fazem mau uso ou se tornam dependentes de drogas porque elas ativam o sistema de recompensa do cérebro. Algumas drogas fazem isso de uma forma muito poderosa, e é isso o que causa o vício. Imagine um momento muito feliz de sua vida. Agora imagine ter essa sensação sempre que quisesse e também experimentá-la com mais intensidade. Esse sentimento gratificante criado pelo uso de drogas pode ser tão profundo, tão abrangente e tão poderoso que a pessoa negligencia todas as outras atividades normais para obter a droga.

O *Manual Diagnóstico e Estatístico de Transtornos Mentais*, quinta edição, conhecido como DSM-V, ou DSM-5, é o guia que os especialistas de saúde mental usam para nomear e descrever os sintomas e expandir os recursos de diagnóstico de todas as doenças mentais reconhecidas — incluindo as adições. O DSM-V reconhece transtornos relacionados ao uso indevido de substâncias resultantes do uso de dez classes distintas de drogas: álcool; cafeína; cannabis; alucinógenos (como LSD e cogumelos); inalantes; opioides (como heroína e fentanil); sedativos, hipnóticos ou ansiolíticos (incluem medicamentos prescritos legalmente); estimulantes (como cocaína e estimulantes legalmente prescritos); tabaco; e substâncias desconhecidas.

LEMBRE-SE

Embora cada uma dessas drogas funcione de maneira diferente, a ativação do sistema de recompensa é semelhante, na medida em que produz um estado de desejo, consistindo em sensações de prazer, euforia ou dormência. Também é importante observar que nem todo mundo se tornará automaticamente viciado em todas as drogas, e drogas diferentes afetam as pessoas de maneiras diferentes. Além disso, nem todos são genética ou ambientalmente vulneráveis aos efeitos e à disponibilidade das drogas. Além disso, algumas pessoas são mais impulsivas e têm níveis mais baixos de autocontrole, características que as predispõem a desenvolver uma adição se forem expostas às drogas.

Existem dois tipos de transtornos relacionados a substâncias: transtornos por uso de substâncias e transtornos induzidos por substâncias.

Transtornos por uso de substâncias

Transtornos por uso de substâncias são definidos como padrões de sintomas resultantes do uso de uma substância que uma pessoa continua a tomar, apesar de ter problemas e consequências negativas como resultado.

Uma variedade de critérios é necessária para diagnosticar um transtorno por uso de substância:

» Se prescrito, tomar o medicamento em quantidades maiores ou por mais tempo do que deveria.

» Querer reduzir ou parar de usar a substância, mas não conseguir.

» Gastar muito tempo obtendo, usando ou tentando se recuperar do uso da substância.

» Ter desejo e necessidade persistentes de usar a substância.

» Ser incapaz de fazer as tarefas do trabalho, de casa ou de estudar por causa do uso de substâncias.

» Continuar a usar a substância mesmo quando ela prejudica relacionamentos importantes.

» Negligenciar atividades e obrigações sociais, familiares, de trabalho ou recreativas significativas devido ao uso de substâncias.

» Continuar a usar substâncias, mesmo que coloquem a pessoa em perigo.

» Continuar a usar a substância, mesmo que cause ou agrave os sintomas físicos ou psicológicos.

» Ter necessidade de usar quantidades cada vez maiores da substância para obter os efeitos desejados — desenvolvimento de resistência.

» Desenvolver sintomas de abstinência, que são aliviados com a ingestão de mais da substância.

Transtornos induzidos por substâncias

Os transtornos induzidos por substâncias são problemas mentais que se desenvolveram por causa do uso de substâncias. As condições incluem transtorno psicótico induzido por substâncias, transtorno bipolar, transtorno depressivo, transtorno de ansiedade, transtorno obsessivo-compulsivo, transtorno do sono, disfunção sexual, transtorno cognitivo e intoxicação.

A categoria de intoxicação tem suas subcategorias. Os tipos de intoxicação incluem por maconha, álcool, cocaína, metanfetamina, heroína e intoxicação por alucinógeno, bem como delírio de intoxicação por substância.

Delírio é uma mudança repentina no funcionamento do cérebro que causa confusão mental.

Habilidades da DBT para tratar transtornos por uso de substâncias

Depois que o paciente tiver aprendido as habilidades básicas da DBT (veja a Parte 3), há um conjunto de habilidades para as pessoas com TUS, conforme mostram as seções a seguir.

Mente limpa

LEMBRE-SE

A DBT usa a ideia da mente sábia como a síntese da mente emocional (na qual nossos pensamentos e comportamentos são conduzidos por emoções) e da mente racional (na qual nossos pensamentos e comportamentos são conduzidos pela lógica). Na adaptação da DBT para TUS, os pacientes começam o tratamento em um estado mental e comportamental denominado de *mente adicta*. Nesse estado mental, os pensamentos, as emoções e as ações da pessoa estão sob o controle de substâncias. Uma vez que a pessoa alcance um período cada vez mais longo de abstinência, ela desenvolve uma perspectiva denominada de *mente limpa*. Nesse estado, ela não está mais usando substâncias, no entanto, ainda corre o risco de ter uma recaída. A síntese desses dois estados de espírito é a *mente limpa*. Nesse estado, a pessoa experimenta os benefícios da abstinência enquanto permanece plenamente consciente das vulnerabilidades que podem levar à recaída e das circunstâncias que restaurarão a mente viciada.

Abstinência dialética

LEMBRE-SE

A dialética fundamental da DBT é equilibrar a aceitação com a mudança. Na DBT para o uso de substâncias, o terapeuta trabalha a ideia de *aceitar* o fato de que, se uma recaída ocorrer, não significa que o paciente ou a terapia não alcançaram o resultado desejado. Ao mesmo tempo, o terapeuta pressiona pela *mudança*, insistindo na cessação imediata e permanente do uso indevido de drogas. Essa é a perspectiva da *abstinência dialética*. Essa abordagem equilibra uma insistência implacável na abstinência total com uma resposta sem julgamentos e solucionadora de problemas à recaída. É fundamental que a terapia inclua técnicas que reduzam os perigos de overdose e outras complicações do uso de drogas, como infecções em usuários abusivos de drogas intravenosas, bem como outros efeitos significativos à saúde.

A tarefa do terapeuta é comunicar ao paciente a expectativa de que ele se abstenha desde a primeira sessão de DBT. Ele deve insistir para que o paciente se comprometa a parar de usar drogas de imediato. Como a expectativa de se comprometer com uma vida inteira de abstinência muitas vezes será recebida com uma expressão de descrença, o terapeuta então sugere que o paciente se comprometa com um período de abstinência que ele sinta que é possível — um dia, um mês ou apenas uma hora. Ao final desse período, o paciente renova o compromisso, de novo por um determinado intervalo de tempo. Por fim, o paciente atinge a abstinência estável e de longo prazo reunindo episódios sucessivos de abstinência comprometida. Isso é semelhante à ideia por trás do slogan dos 12 Passos, "Só por Hoje", que busca atingir e, em seguida, invoca o mesmo objetivo — uma vida inteira de abstinência alcançada juntando um momento de abstinência com o próximo.

Outra estratégia usada para tratar a abstinência é o *plano de enfrentamento*, que faz parte do conjunto de habilidades de regulação emocional (veja o Capítulo 10). Aqui, a pessoa aprende a planejar e quais habilidades usar, quando antecipar que estará em uma situação em que poderá ter gatilho nas próximas horas ou dias. O paciente, então, prepara de forma proativa uma resposta, caso termine na situação prevista, que pode colocar em risco sua abstinência.

Queimando pontes e focando a aceitação

LEMBRE-SE

Uma parte importante da luta à frente é levar a pessoa a *queimar pontes* com o passado de usuário de droga fazendo coisas que removam o acesso e as memórias — por exemplo, conseguir um novo número de telefone, avisar amigos usuários de drogas que parou com as drogas, deletar números de telefone de traficantes e jogar fora a parafernália relacionada às drogas. Queimar pontes e construir novas é um conjunto específico de estratégias que ajuda as pessoas a removerem os gatilhos que as direcionam para o uso de substâncias. Os gatilhos podem ser pessoas, lugares ou itens específicos.

Além disso, caso a pessoa tenha um gatilho inesperado, existe um conjunto de estratégias para ajudá-la a manejar quaisquer desejos que surjam, como *surfar pela fissura*, que emprega a imagem de uma onda como a necessidade de usar substâncias, e a pessoa "surfa" pela necessidade até que a onda se acabe.

LEMBRE-SE

A DBT trata a recaída no uso de substâncias como um problema que precisa ser resolvido, de modo que, em vez de vê-la como evidência de que o paciente é inadequado ou de que o tratamento falhou, ela a vê como uma oportunidade de prosseguir. Quando o paciente falha, o terapeuta age rapidamente para ajudá-lo a falhar da melhor maneira possível, usando uma análise em cadeia dos eventos que levaram ao uso da droga (veja o Capítulo 18). Ao fazer isso, o terapeuta considera as habilidades que o paciente poderia ter usado para evitar o uso e o que pode fazer caso enfrente uma situação semelhante no futuro.

O terapeuta também ajuda o paciente a se recuperar rapidamente do lapso, com o objetivo de reduzir rapidamente o risco de emoções negativas intensas, porque muitas vezes são essas emoções muito negativas que levam as pessoas à recaída. O terapeuta quer minimizar a chance de o paciente perder a esperança e fazer afirmações como: "Qual é o ponto? Já estraguei tudo e devo usar."

A ideia de reduzir o impacto de não ter conseguido manter a sobriedade inclui reparar o dano que a recaída causou a si mesmo e a outras pessoas importantes. Isso é semelhante à abordagem adotada por programas de 12 Passos, como Alcoólicos Anônimos, que se concentra em fazer as pazes como parte do programa. O objetivo dessa abordagem é que o paciente aumente sua consciência das consequências pessoais e relacionais negativas da recaída e que reconheça essas consequências sem evitar suas emoções, incluindo a experiência de culpa justificada. O próximo passo é que o terapeuta e o paciente validem o lapso, ao mesmo tempo em que se certificam de que o paciente não fique tão inundado por essas emoções indesejadas a ponto de usar a experiência dessas emoções como motivo para continuar usando a substância.

Reforço da comunidade

O reforço da comunidade é o processo de procurar ativamente por pessoas, lugares, atividades e situações que apoiarão e reforçarão o comportamento não aditivo. Isso inclui identificar e passar um tempo com amigos e familiares que apoiam a recuperação da pessoa, ir a lugares não associados ao uso indevido de drogas e praticar hobbies, como aprender música ou pintar, ou praticar um esporte coletivo, como futebol, ou uma aula de exercícios, como ioga.

Rebelião alternativa

A rebelião alternativa ajuda os pacientes a encontrarem maneiras de se rebelar que não sejam destrutivas ou potencialmente destrutivas para eles ou outras pessoas em sua vida. Uma alternativa à rebelião destrutiva é o uso de formas mais hábeis e não destrutivas de se rebelar contra a sociedade, mas que não envolvam o uso indevido de substâncias. Essa habilidade é particularmente útil para pessoas cuja identidade como usuário está de alguma forma ligada à rebelião contra a sociedade.

DICA

Exemplos de rebelião alternativa incluem fazer uma tatuagem polêmica, pintar unhas com cores diferentes, usar roupas muito alternativas, ouvir música alternativa em alto volume e muitas outras atividades. Em geral, os próprios pacientes têm ótimas ideias.

Negação adaptativa

A negação adaptativa é uma habilidade cognitiva usada quando um paciente experimenta uma necessidade ou impulso inútil ou indesejado de fazer algo ineficaz. A ideia é negar que o desejo real seja fazer mau uso da substância e, então, reformulá-lo como um desejo de estar perto das pessoas, para evitar sentimentos ou para se distrair. Então, quando o problema é negado, o próximo passo é evitar ou atrasar o uso.

Outra maneira de usar essa habilidade é substituir a necessidade negada por um comportamento mais saudável — por exemplo, dizer: "Não quero rum com Coca. Na verdade, só quero uma Coca."

Diferenças da DBT padrão

A DBT para TUS difere em algumas maneiras da DBT padrão. Uma parte importante da DBT padrão é o *manejo de contingência* para modificar o comportamento de um paciente. Como o relacionamento com o terapeuta é importante na DBT padrão, o terapeuta o usa para obter uma mudança comportamental. Por exemplo, se uma pessoa com TPB continua a se envolver em automutilação, o terapeuta pode interromper a terapia como um período de férias. Isso funciona bem para reduzir lesões autoprovocadas.

No entanto, pessoas que dependem e fazem uso indevido de drogas tendem a demorar a se engajar no tratamento. Algumas se apegam prontamente a seus terapeutas, mas outras se envolvem de forma errática. Nesses casos, há comportamentos como não retornar ligações ou mensagens de texto ou não comparecer à terapia. Então o tratamento é interrompido prematuramente. Se o paciente não for muito apegado ao terapeuta, este tem muito pouca influência para persuadi-lo a voltar à terapia.

Por conta disso, o manejo de contingência teve que ser alterado e adaptado para o TUS, pois, quando um terapeuta implementa uma terapia de férias, ele pode, na verdade, reforçar o uso da substância. Isso ocorre porque o paciente pode se sentir culpado por ter falhado e recorrer à substância para lidar com a culpa ou por sentir que não será responsabilizado ou que não tem nada a perder. Por isso, novas estratégias, as *estratégias de apego*, foram desenvolvidas especificamente para uso com pessoas que fazem mau uso de substâncias. Um exemplo disso pode ser, quando um paciente perder algumas sessões, o terapeuta enviar mensagens encorajadoras dizendo que sente falta dele.

LEMBRE-SE

Como o relacionamento com o terapeuta é importante, outras estratégias de apego são usadas para aumentar essa conexão. O objetivo é reengajar o paciente e prevenir as consequências negativas que comumente ocorrem quando ele perde o contato com o terapeuta ou quando sai totalmente da terapia. Como resultado, até que o apego esteja sólido, e a pessoa, fora de perigo significativo de recaída, o terapeuta é mais ativo do que na DBT padrão ou em outras terapias para encontrar pacientes perdidos e envolvê--los de novo no tratamento.

Desde a primeira sessão, o terapeuta informa o paciente que a terapia é difícil e que existe o risco de que ele comece a se envolver menos com o tratamento. Eles discutem a possibilidade de isso acontecer e, em seguida, firmam um plano caso aconteça. Isso inclui o paciente dar ao terapeuta uma lista dos lugares em que deve procurá-lo e das pessoas que deve contatar, caso o paciente abandone repentinamente a terapia. O terapeuta também obtém as informações de contato de familiares e amigos que o apoiam, com os quais pode contar e entrar em contato para ajudar o paciente e o terapeuta a retomar a terapia.

Outras estratégias incluem o terapeuta ter contato regular com o paciente entre as sessões, em particular durante os primeiros meses de tratamento, por meio de ligações, e-mails ou mensagens de texto. Também existe a ideia de levar a terapia ao paciente, onde ele estiver disposto a fazê-la — em um café, em uma caminhada no parque, em casa. O terapeuta também pode introduzir a ideia de modificar as sessões, como encurtá-las ou alongá-las, para manter o paciente engajado na terapia.

Diferenças da DBT para transtornos por uso de substâncias

A DBT não se concentra na punição como uma consequência comportamental. Um psiquiatra de DBT consideraria a prescrição de drogas substitutivas, e um terapeuta de DBT não tornaria a terapia individual dependente da abstinência. Observe que uma das suposições sobre os pacientes é a de que eles estão fazendo o melhor que podem e devem continuar trabalhando para atingir a meta de redução significativa ou abstinência da substância, e, portanto, não é coerente com a filosofia da DBT punir o paciente pela própria razão por que procurou a terapia.

LEMBRE-SE

Como resultado, embora muitos programas de 12 Passos exijam a abstinência completa de todas as substâncias psicoativas, prescritas ou não, na DBT, o terapeuta determina o grau de abstinência necessário para cada paciente em sua terapia individual e desenvolve um plano de tratamento com base em três princípios regentes:

1. **Mire a substância primária do uso indevido.**

A substância primária é aquela que causa problemas mais significativos para o paciente, com base no histórico de uso indevido e nas consequências dele.

2. **Direcione-se a outros medicamentos que causam o uso do medicamento principal.**

   Por exemplo, algumas pessoas podem aumentar o uso de heroína (substância primária) se usarem maconha, então a maconha seria o próximo alvo.

3. **Certifique-se de que o objetivo do tratamento de abstinência é realista e alcançável.**

   Com relação a esse terceiro princípio, os pacientes com TUS que também têm problemas de regulação emocional, como o TPB, muitas vezes têm muitos desafios difíceis, porque também podem ter comportamentos autolesivos e suicidas, falta de suporte relacional e problemas financeiros, além dos associados ao uso de drogas. Há um limite realista que se pode esperar que um paciente gravemente comprometido atinja e mude de uma só vez.

Do ponto de vista da DBT, o problema do uso indevido de substâncias pode não ser abordado imediatamente, mesmo se o consumo for excessivo, a menos que:

» A pessoa afirme que deseja interromper o uso indevido de drogas.

» A substância é a droga primária que causa os problemas da pessoa.

» A substância está associada ao uso da droga primária, ou se a droga estiver associada a um alvo de ordem superior — por exemplo, se a pessoa só fizer tentativas de suicídio ao usá-la.

DBT para TUS sem desregulação emocional

LEMBRE-SE

Não há dados suficientes para responder à pergunta sobre se a DBT deve ser usada apenas para TUS sem problemas de regulação emocional. No entanto, um clínico que lide com essa questão deve considerar o seguinte:

» Se a pessoa *não* tem uma condição como TPB, o que dizem as melhores pesquisas sobre como tratar o problema do uso de substâncias? Essa deve ser a primeira linha de tratamento.

» Sendo tudo igual, um tratamento menos complexo e menos abrangente deve ser usado, se possível. Certamente, a DBT tem muitos recursos úteis para a maioria das pessoas, no entanto, eles não são necessariamente essenciais para o tratamento do problema do uso de substâncias.

CAPÍTULO 22 **Lidando com Adições Comportamentais** 293

> É importante considerar até que ponto a dificuldade em controlar as emoções desempenha um papel no uso indevido de substâncias pela pessoa. Como a DBT foi desenvolvida especificamente para pessoas que têm dificuldade permanente em regular suas emoções, a DBT é uma boa opção para quem usa substâncias para essa finalidade.

Superando Transtornos Alimentares

Tal como acontece com outras condições de saúde mental, a DBT foi adaptada para o tratamento de transtornos alimentares e combina terapia individual e componentes do treinamento de habilidades. Embora nem sempre tenha se mostrado útil para todos os transtornos alimentares, aquele com que é mais útil é o transtorno da compulsão alimentar periódica (TCAP). As seções a seguir abordam o transtorno da compulsão alimentar periódica, outros transtornos alimentares e o modelo da DBT para o tratamento de transtornos alimentares.

Transtorno de compulsão alimentar periódica

O TCAP é um transtorno alimentar grave, às vezes com risco à vida, mas tratável. É o transtorno alimentar mais comum nos Estados Unidos e é caracterizado pelo seguinte:

> **Episódios recorrentes de ingestão de grandes quantidades de alimentos:** Estas compulsões costumam ser marcadas pela pessoa comendo rapidamente, a ponto de se sentir fisicamente desconfortável.

> **Uma sensação de perda de controle durante a compulsão:** Em geral, acompanhada por emoções de vergonha e culpa após a compulsão.

> **Normalmente, há medidas compensatórias prejudiciais, como vômito, para conter a compulsão alimentar:** A purgação é mais comum em outros transtornos alimentares, como a bulimia (abordada posteriormente neste capítulo).

As habilidades da DBT usadas para TCAP incluem aquelas das seções a seguir.

Mindfulness

Como descrevemos no Capítulo 9, o mindfulness é a habilidade de focar o momento presente, sem julgamento, e reconhecer que ele é impermanente e está sempre mudando. Essa consciência inclui tudo o que acontece dentro do corpo e da mente de uma pessoa, bem como tudo o que acontece fora.

Do ponto de vista da DBT, a compulsão alimentar é considerada um comportamento decorrente de falta de presença no momento. O mindfulness aumenta e melhora a consciência de pensamentos, emoções e sensações corporais que ocorrem antes, durante e depois da alimentação normal, bem como durante a compulsão alimentar.

DICA

Uma prática que pode ajudá-lo é comer uma uva-passa (ou a substitua por qualquer pedaço pequeno de comida, como uma fatia de maçã, um pedaço de chocolate e assim por diante):

1. **Comece colocando uma uva-passa delicadamente na boca.**

    Não mastigue ainda. Segure a uva-passa na boca por pelo menos dez segundos, explorando-a com a língua, sentindo a superfície e a sensação de tê-la ali. (A razão pela qual uma uva-passa funciona bem para essa prática é que ela não derrete, como o chocolate, e tem sulcos, diferentemente de uma uva, por exemplo; no entanto, como dito antes, qualquer pedaço pequeno de fruta funciona.) Durante dez segundos, observe a pausa e que você não está comendo.

2. **Quando estiver pronto, mastigue lentamente a uva-passa.**

    Observe onde ocorre a mastigação na boca. Então, com intenção, dê uma ou duas mordidas e observe o que acontece após cada mordida. Observe as ondas de sabor à medida que sobem e descem. Continue a mastigar lentamente sem a engolir. Observe como a sensação de gosto e textura em sua boca muda com o tempo.

LEMBRE-SE

Essa prática pode ser usada durante as refeições, ao comer qualquer tipo de alimento. Mastigar a comida de maneira metódica, cuidadosa e lenta leva a um maior prazer com a comida e a uma redução da negligência característica da compulsão alimentar.

Regulação emocional

As habilidades de regulação emocional são utilizadas para controlar emoções excessivas por meio da prática de identificar e nomeá-las, reduzindo e administrando emoções negativas, aceitando e aumentando a capacidade de tolerar e administrar emoções negativas extremas e aumentando as experiências que levam a emoções positivas. Como a compulsão alimentar é usada como uma forma de controlar emoções fortes e indesejadas, a regulação emocional incentiva o uso de outras estratégias para isso.

DICA

Uma prática que você pode fazer é amar suas emoções. Isso se baseia no princípio de que, ao aceitar e até amar todas elas, você reduz o sofrimento causado por evitar a experiência de emoções indesejadas. Ao trazer sua consciência para a emoção, usando o mindfulness da emoção atual (revisada no Capítulo 10), você pratica a aceitação e o amor por toda a experiência. Quando sua mente passa a dizer "Odeio essa emoção", você lembra que odiar e evitar leva a mais sofrimento. O ideal é que essa prática aconteça antes do episódio de compulsão, no entanto, também pode ser usada para as emoções que surgirem depois.

Tolerância ao mal-estar

A habilidade de tolerância ao mal-estar é a prática de lidar com uma situação que não pode ser mudada naquele momento. A tolerância ao mal-estar envolve práticas em que você aprende a tolerar emoções negativas ou situações de crise *sem* responder de forma inadequada, como a compulsão alimentar.

DICA

Uma das habilidades de tolerância ao mal-estar (há muitas no Capítulo 11) é conhecida como *meio sorriso*. Os músculos do rosto se comunicam com a parte emocional do cérebro, e o cérebro envia sinais aos músculos faciais que o fazem sorrir. Uma mudança em sua expressão facial leva a uma mudança emocional. Um sorriso gera uma emoção, e uma careta gera outra, diferente. A prática do meio sorriso muda sua fisiologia e leva a uma sensação de serenidade cada vez maior. Isso é muito mais fácil de fazer quando você está relaxado, mas, mesmo quando não está, o meio sorriso reduzirá seu nível de mal-estar e aumentará o de aceitação. Fazer isso reduzirá significativamente a compulsão alimentar.

Outros transtornos alimentares

Como princípio geral, não há necessidade de usar uma terapia se outra for mais eficaz, e, como ocorre para outros transtornos complexos, não há uma abordagem única e certeira para os transtornos alimentares. Existem várias razões para tratar os transtornos alimentares com a DBT:

» Os tratamentos atuais para os transtornos alimentares, como o transtorno da compulsão alimentar periódica (TCAP) e a bulimia nervosa (BN), são eficazes em apenas 50% dos casos. Para anorexia crônica, a taxa de sucesso é ainda mais baixa.

» O TPB e o comportamento suicida são comuns entre pessoas com transtornos alimentares. O suicídio é a principal causa de morte em pessoas que sofrem de anorexia nervosa.

> Muitas pessoas com transtornos alimentares têm dificuldade em controlar suas emoções, e as habilidades da DBT são muito úteis para isso.

Os transtornos alimentares, em particular a anorexia nervosa, diferem de outras doenças mentais no grau significativo de ambivalência em relação aos sintomas e ao tratamento. No geral, a DBT produziu resultados positivos no tratamento da anorexia nervosa, da bulimia nervosa, do transtorno da compulsão alimentar periódica e de outros transtornos alimentares.

A anorexia nervosa tem as seguintes características:

> **Amenorreia,** a perda de pelo menos três períodos menstruais consecutivos.

> **Baixo peso,** um peso corporal que é 85% do esperado devido a dietas, vômitos, excesso de exercícios e uso indevido de laxantes, diuréticos ou pílulas dietéticas.

A bulimia nervosa tem as seguintes características:

> **A preocupação em ser magro,** apesar de a pessoa ter um peso saudável.

> **Comer grandes quantidades de comida, seguido por compensação inadequada** — dieta, vômito, excesso de exercícios, uso indevido de laxantes ou de pílulas dietéticas.

O transtorno da compulsão alimentar periódica (TCAP) é abordado na seção anterior. Devemos observar que a pesquisa mostra que o TCAP ocorre em mais de 30% das pessoas com obesidade.

O modelo de tratamento da DBT para transtornos alimentares

O modelo da DBT é baseado na teoria da regulação emocional dos transtornos alimentares. A ideia básica dessa teoria é a de que as pessoas usam comportamentos alimentares como forma de regular as emoções dolorosas e os usam porque não têm (ou têm poucas) outras maneiras adaptativas de lidar com eles. A ideia é a de que comportamentos como vômito, compulsão alimentar e restrição são usados para escapar, evitar ou bloquear as fortes emoções que são desencadeadas por pensar ou ver comida, ou por ruminar sobre a imagem corporal, ou situações interpessoais que dependem de um corpo idealizado. A compulsão alimentar às vezes também funciona como uma forma de focar a compulsão, em vez de quaisquer pensamentos negativos que estejam na mente da pessoa. Como a compulsão alimentar é eficaz (embora não seja adaptativa) como forma de escapar de sentimentos negativos, ela acaba se tornando um comportamento reforçado, o que significa que se torna o que a pessoa segue, em particular se não tiver outras habilidades.

As consequências de longo prazo dos transtornos alimentares, como a compulsão alimentar, incluem sentimentos de culpa e de vergonha. Se a pessoa não tiver maneiras mais bem adaptadas de lidar com a culpa e com a vergonha, recorrerá ao mesmo transtorno alimentar que levou a essas emoções para lidar com elas.

Semelhante à função do comportamento compulsivo, a DBT argumenta que a extrema perda de peso que ocorre com a anorexia serve para escapar de emoções fortes na ausência de habilidades de regulação emocional mais saudáveis.

Como as emoções e os comportamentos alimentares estão interligados, a DBT visa diretamente os comportamentos alimentares pouco saudáveis, e então, quando emoções fortes são geradas pelos esforços para regular a alimentação, o foco recai em aumentar as habilidades de regulação emocional e tolerância ao mal-estar. A regulação emocional, do ponto de vista do tratamento do transtorno alimentar (TA), inclui o enfoque nos fatores de vulnerabilidade que a afetam negativamente, bem como o enfoque no aprendizado e na aplicação das habilidades de regulação emocional. Você descobre mais sobre o modelo da DBT para o tratamento de transtornos alimentares nas seções a seguir.

Alvos de tratamento

LEMBRE-SE

Assim como ocorre com a DBT padrão para condições como TPB, na DBT para transtornos alimentares, há quatro estágios de tratamento que se concentram em quatro níveis de gravidade. Em cada estágio, há uma hierarquia de alvos de tratamento:

» O Estágio 1 se concentra na redução do comportamento suicida e autodestrutivo, bem como no aumento do controle comportamental e emocional em pessoas que têm transtorno alimentar e TPB. Específico para o transtorno alimentar, isso inclui o comportamento que coloca uma pessoa em alto risco iminente de morte ou automutilação, como fome devido ao uso indevido de medicação purgativa — isto é, medicação que causa vômito —, em pessoas com anorexia e que têm um peso corporal extremamente baixo. Isso ocorre porque esses comportamentos colocam as pessoas em risco de ataque cardíaco ou falência de órgãos. Este estágio, então, se concentra em comportamentos que interferem na terapia, como quando uma pessoa cai abaixo de uma faixa de peso acordada ou quando há uma recusa em falar sobre o comportamento não adaptativo na terapia. Em seguida, eles podem passar para uma discussão sobre os comportamentos alimentares não fatais.

» O Estágio 2 é o mesmo que o da DBT padrão, visando a evitação emocional. Envolve a redução de quaisquer sintomas relacionados ao trauma, incluindo aqueles de TEPT e outras experiências emocionais traumáticas que não chegam a esse nível. Neste estágio, as experiências emocionais invalidantes da infância também podem ser discutidas.

» O Estágio 3 tem como alvo o comportamento de transtorno alimentar que interfere na qualidade de vida, como diminuir a ingestão automática de comida, perceber desejos, impulsos e preocupação com a comida e pesagem, se isso leva à manutenção de transtornos alimentares.

» O Estágio 4 enfoca os aspectos não TA da vida de uma pessoa, que incluem o desenvolvimento de relacionamentos, o estabelecimento de carreiras e a geração de outras fontes de diversão, como hobbies e outras atividades.

Estratégias dialéticas

A filosofia da DBT que baseia o tratamento visa passar de padrões de comportamento alimentar extremos e rígidos para uma forma mais equilibrada de pensar e comer. Semelhante à DBT para dependência de substâncias (abordada anteriormente neste capítulo), é o conceito de *abstinência dialética*, que equilibra a abstinência do comportamento de TA com a aceitação e o enfrentamento da possibilidade de que a pessoa volte ao comportamento de TA.

LEMBRE-SE

Outra área de foco é trabalhar com a pessoa para reconhecer realizações mais moderadas do que se agarrar a uma meta extrema e perfeccionista. A ilusão de que comer demais é uma forma de controle é desafiada, enquanto, ao mesmo tempo, a pessoa reconhece que as mudanças que está fazendo no tratamento significam que ela tem mais controle sobre os elementos de sua vida, que pode realmente mudar. Essa perspectiva dialética é importante para direcionar os sentimentos ambivalentes da pessoa sobre o tratamento, junto com qualquer frustração que sua família, ou o terapeuta, nesse caso, sinta.

Mude estratégias

O cartão-diário da DBT (veja o Capítulo 18) é modificado para focar os comportamentos de TA e permite que a pessoa rastreie e avalie seus desejos de se envolver em compulsão alimentar, restrição alimentar, preocupação alimentar e uso mal-adaptativo da balança para verificar seu peso. Se houve um comportamento alimentar, uma análise em cadeia do comportamento (veja o Capítulo 18) é concluída, com uma descrição clara do problema, seus antecedentes — isto é, os pensamentos e as emoções que ocorreram antes que ocorresse — e o contexto em que ocorreu, seguida de uma revisão das consequências. A análise em cadeia também examina quais habilidades a pessoa usou e o que planeja usar caso a situação volte a surgir.

Um dos maiores obstáculos para o sucesso do tratamento da TA é a ambivalência. Por exemplo, se uma pessoa para de restringir, provavelmente ganhará peso ou, se parar de purgar, terá de vivenciar suas emoções. As estratégias de comprometimento da DBT são bastante utilizadas para lidar com essa ambivalência. Por exemplo, *destacar a liberdade de escolha* para continuar em tratamento contra a falta de alternativas realistas e o impacto que essa falta de tratamento tem na saúde da pessoa. Também é interessante completar listas de *prós e contras* de continuar os hábitos alimentares. Usando a estratégia do *advogado do diabo*, o terapeuta expõe razões para não se abster da compulsão alimentar se o objetivo da pessoa é ter uma vida que valha a pena ser vivida. Uma das adições à DBT para transtornos alimentares é o foco no reconhecimento de como a cultura, as redes sociais e o ambiente nutricional são invalidantes.

A *exposição* e a *prevenção da resposta* incluem o uso da *ação oposta*, fazendo com que o desejo de adotar comportamentos alimentares inadequados seja superado pela ação oposta a ele. Essa estratégia também pode ser usada para comportamentos como o desejo de se pesar com frequência ou fazer repetidas verificações corporais. Outro foco na mudança ocorre por meio do uso do manejo de contingências, quando o terapeuta usa o relacionamento, por exemplo, tornando as sessões de terapia ambulatorial contingentes ao paciente manter limites de peso. Por fim, estratégias de modificação cognitiva são usadas para reavaliar as crenças e preocupações sobre o peso e a forma de uma pessoa e para abordar o conceito de perfeccionismo.

Estratégias de aceitação

Na DBT para transtornos alimentares, as estratégias de mudança são combinadas com estratégias de validação baseadas na aceitação. A validação inclui a resposta genuína aos pensamentos e sentimentos de uma pessoa como compreensíveis, considerando sua história e seu transtorno alimentar.

CUIDADO

É importante que o terapeuta não se envolva na validação do inválido, por exemplo, validando uma pessoa como acima do peso, se ela afirmar que "se sente gorda" e ainda assim estiver na faixa de peso normal. O terapeuta pode validar que experimentar pensamentos sobre ser gordo é simplesmente um pensamento e apontar que a gordura não é um sentimento ou uma emoção. "Sentir-se gorda" pode ser um padrão de pensamento habitual que ocorra após a pessoa ter feito uma refeição, o que pode levar a pessoa a pensar que está gorda, pensamento que se estabeleceu como hábito ao longo de anos pensando assim. O terapeuta também pode apontar que não há evidências de que o pensamento de que uma pessoa é gorda seja realmente verdadeiro, dado o peso da pessoa. Ele também pode vincular a sensação de estar cheio ao pensamento de estar gordo. Leia mais sobre validação no Capítulo 12.

Ganhando Terreno no Transtorno Dismórfico Corporal

O transtorno dismórfico corporal (TDC) é uma condição de saúde mental em que a pessoa se fixa em uma falha percebida, ou em várias, de sua aparência. Ela costuma ter preocupações intrusivas e obsessões sobre a parte do corpo que precisa "consertar".

O TDC é uma forma extrema de preocupação que muitas pessoas têm. Muitos gostariam de ter um abdome mais rígido, nariz menor, dentes mais brancos, mais covinhas etc. Para pessoas com TDC, a preocupação com a forma como veem essas falhas é tão significativa que impacta o funcionamento do dia a dia, na medida em que, muitas vezes, focam a parte do corpo que querem consertar. Em muitos casos, essas falhas sequer são evidentes para outras pessoas.

Infelizmente, o TDC não é facilitado por uma cultura que foca a atratividade e na qual produtos que prometem apagar rugas, remover gordura corporal e remodelar partes do corpo estão por toda parte, na televisão e nas redes sociais. Para piorar, as redes sociais estão cheias de selfies dos ditos *influencers*, que são filtrados por software de edição de fotos e que acabam fazendo as pessoas que lutam contra o TDC se sentirem ainda pior em relação si mesmas.

As seções a seguir descrevem as estratégias da DBT usadas para tratar o transtorno dismórfico corporal, bem como dicas para lidar com problemas específicos dele.

Abordando falhas percebidas

Como as pessoas com TDC apresentam falhas *percebidas*, muitas vezes é difícil de eliminar completamente a percepção. O próprio TDC também é difícil de eliminar, porque costuma ocorrer simultaneamente com outros transtornos, como transtornos alimentares (abordados anteriormente neste capítulo), transtorno obsessivo-compulsivo (TOC), ansiedade e depressão. A abordagem do tratamento se concentra principalmente nos elementos da terapia cognitivo-comportamental (TCC) da DBT, como você descobrirá nas seções a seguir.

Estratégias cognitivas

As estratégias cognitivas incluem identificar pensamentos mal-adaptativos e, em seguida, avaliá-los e pedir ao paciente para gerar pensamentos alternativos. Existem erros de pensamento comuns no TDC, como *pensamento "tudo ou nada"*, um tipo de pensamento que prevalece em condições como o TPB. Por exemplo, o paciente pode pensar: "A curva do meu nariz me deixa horroroso." Outro tipo de erro de pensamento é a *leitura mental* — por exemplo: "Sei que meu namorado quer que eu faça uma cirurgia plástica no nariz."

Uma vez que esses erros de pensamento são identificados, o paciente é solicitado a monitorar na sessão seus pensamentos baseados na aparência e, em seguida, como parte de sua tarefa de casa, fora da sessão, identificar esses erros cognitivos ou de pensamento. Por exemplo, fora da sessão, ele pode dizer "Sei que meu colega de trabalho está olhando para o meu nariz e pensando em como ele é feio", e identificar isso como leitura de mente. O terapeuta então aponta como esses pensamentos vêm automaticamente à mente do paciente.

Depois, uma vez que o paciente se tornou mais especialista em identificar esse tipo de distorção cognitiva, o terapeuta começa a avaliar os pensamentos com ele. Existem duas abordagens para isso:

» Avaliar a validade dos pensamentos mal-adaptativos, o que é feito usando-se a habilidade da DBT de verificar os fatos: "Que evidência tenho de que os outros estão julgando meu nariz?"

» Examinar a utilidade de ter o pensamento: "É útil, para mim, eu pensar que mudar meu nariz me faria feliz?"

Então, após o paciente se tornar hábil em identificar e reestruturar seus pensamentos e crenças automáticos relacionados à aparência, outros pensamentos sobre si mesmo são explorados. Tanto no TDC quanto no TPB, são comuns pensamentos como "Não sou digno de amor", "Ninguém nunca vai querer ficar comigo" ou "Sou um ser humano inadequado". Sem abordar também essas crenças básicas, é improvável que o TDC de um paciente melhore.

Outra maneira de atingir as crenças centrais é usar o plano de enfrentamento (apresentado no Capítulo 10). O terapeuta pergunta repetidamente ao paciente as piores consequências possíveis resultantes de sua crença; no exemplo anterior, se o paciente pensa que seu nariz está torto e que as pessoas estão sempre o notando e julgando, o terapeuta pode perguntar repetidamente ao paciente: "O que significaria se as pessoas notassem que seu nariz é torto?" O objetivo é chegar à crença central do paciente. Talvez ele responda: "Bem, então sei que ninguém nunca me amará." Essas crenças centrais negativas podem ser abordadas por meio das habilidades descritas no Capítulo 7, habilidades como reavaliação cognitiva, bem como trabalhar a autocompaixão a fim de enfocar as qualidades que aumentam a autovalorização e o amor-próprio.

Retreinamento perceptual

Pessoas com TDC costumam ter um relacionamento complicado com espelhos e superfícies reflexivas. Por causa disso, uma pessoa com TDC pode passar horas na frente de um espelho se limpando ou cutucando a pele, ou pode gastar muita energia evitando qualquer superfície reflexiva, caso veja seu reflexo.

Quando passam um tempo na frente de espelhos, geralmente a única parte do corpo em que se concentram é naquela que as preocupa. Às vezes elas usam um espelho de aumento e, em seguida, chegam muito perto do espelho, aumentando ainda mais uma área específica. Isso tem a infeliz consequência de ampliar as imperfeições percebidas e leva à manutenção de crenças e comportamentos mal-adaptativos do TDC. Quando isso acontece, é normalmente seguido por uma autocrítica emocional: "Eu tenho o nariz mais horrível do planeta."

O *retreinamento perceptivo* se concentra em mudar a percepção, aprendendo a se envolver em comportamentos mais saudáveis com o espelho — por exemplo, não ficar muito perto, não se concentrar apenas na área de interesse, mas ao mesmo tempo não evitar espelhos. O terapeuta também orienta o paciente em um exercício de descrição de seu corpo da cabeça aos pés, permanecendo a uma distância mais típica do espelho. Então, em vez de uma conversa interna crítica, durante o retreinamento perceptivo, a pessoa aprende a descrever sua falha percebida em termos mais objetivos. Se houver uma protuberância em seu nariz, pode dizer: "Há uma pequena protuberância no meu nariz." Parte do retreinamento é usar planos de enfrentamento para fazer com que a pessoa se abstenha de rituais anteriores, como se aproximar de partes do corpo indesejadas.

DICA

O retreinamento perceptivo inclui aspectos do mindfulness (veja o Capítulo 9), em que as pessoas com TDC são encorajadas a se concentrar em outras coisas do ambiente. Por exemplo, em um jantar, em vez de se concentrar na parte específica do corpo, elas podem se concentrar no sabor da refeição ou no conteúdo da conversa com seu parceiro de jantar.

Exposição e prevenção de rituais/respostas

Pessoas com TDC costumam realizar rituais que acabam perpetuando sua luta — por exemplo, checagem excessiva do espelho — e também realizam comportamentos de evitação, como não ir ao shopping, onde acreditam que a multidão julgará sua aparência. A exposição é a melhor maneira de lidar com certos comportamentos rituais.

A terapia de prevenção de exposição e prevenção de resposta (TEPR) é usada para prevenir a resposta típica ou ritual que uma pessoa normalmente tem, e é feita fazendo com que o paciente se concentre por um longo período na parte do corpo que o faz ficar ansioso. Com o tempo, isso levará a uma redução do nível de ansiedade. Depois de um curso de TEPR, o paciente acabará sentindo pouca ansiedade, e, em última análise, ainda assim, manejável. Antes de iniciar o TEPR, o terapeuta e o paciente identificam os rituais do paciente — por exemplo, verificar excessivamente o nariz no espelho — e então revisam como estes levam à persistência dos sintomas.

O terapeuta e o paciente então desenvolvem uma hierarquia de situações que provocam ansiedade e que o paciente evita. É importante que o paciente identifique todos os rituais e situações que evita para não expor sua falha percebida. Por exemplo, algumas pessoas evitam comprar roupas e trocar de roupa em cabines cheias de espelhos, ou evitam encontros sexuais, em particular se as luzes estiverem acesas. A hierarquia deve incluir situações escolhidas que aumentam a exposição do paciente a muitas pessoas, como ir ao shopping com amigos, em oposição a situações não escolhidas, como ir para o trabalho. A primeira exposição deve ser de leve a moderadamente desafiadora, para que a chance de sucesso seja alta. Em última análise, a exposição a essas situações deve acontecer quando o paciente sentir que seu nariz está no ponto mais torto.

A validação de quão provocadora de ansiedade é a exposição é coerente com a DBT. A validação é equilibrada com estratégias de mudança, encorajando a exposição e torcendo pelo paciente conforme ele avança, ao mesmo tempo em que o ajuda a bloquear sua execução dos rituais. Para reduzi-los, o paciente é encorajado a monitorar a frequência e o contexto em que eles surgem. O terapeuta, então, ensina ao paciente estratégias para eliminar os rituais, primeiro praticando a resistência a eles (como segurar cinco minutos antes de olhar no espelho) ou a redução (como não usar um moletom com capuz que esconda a falha percebida, no caso, o nariz torto percebido, ao ir ao shopping).

O paciente é então encorajado a usar rituais ou estratégias de prevenção de resposta durante os exercícios de exposição. Pode ser útil configurar os exercícios de exposição como um "experimento". Por exemplo: "Se eu não usar um moletom, alguém no shopping vai rir do meu nariz torto." O objetivo do TEPR é ajudar o paciente a praticar as habilidades de tolerância ao mal-estar (veja o Capítulo 11) durante essas exposições e, ao fazê-lo, adquirir novas informações para avaliar suas crenças negativas.

Lidando com problemas particulares

Nem todas as formas de TDC são iguais, e estratégias de tratamento específicas são usadas para tratar certos sintomas que afetam alguns pacientes, mas não todos. Isso inclui cutucar a pele e puxar os cabelos, bem como o desejo de fazer cirurgias para aumentar a musculatura, mudar a forma e reduzir o peso, e para cirurgias estéticas, incluindo botox e modificação facial.

Arrancar a pele e puxar o cabelo

LEMBRE-SE

Para tirar a pele ou puxar o cabelo, a abordagem da TCC de *reversão de hábito* é útil, se os sintomas estiverem relacionados ao TDC. O treinamento de reversão de hábitos (TRH) é uma intervenção comportamental altamente eficaz para pessoas que têm hábitos ou comportamentos repetitivos indesejados. O TRH é uma forma de análise em cadeia do comportamento (veja o Capítulo 18) e tem cinco componentes:

1. **Treinamento de conscientização:** O paciente concentra sua atenção no comportamento que deseja mudar para obter mais consciência. O objetivo é que ele perceba o primeiro aviso de que o comportamento está prestes a ocorrer, onde a situação ocorre e, então, o que acontece quando ele está realizando o comportamento real.

2. **Treinamento de resposta competitiva:** O terapeuta ajuda o paciente a apresentar um comportamento diferente para substituir o indesejado e, então, a praticar a execução do novo comportamento.

3. **Motivação e conformidade:** O paciente faz uma lista de todas as consequências negativas causadas pelo comportamento. Pessoas importantes na vida do paciente, como pais, colegas de trabalho e amigos, podem ser solicitadas a ajudar — por exemplo, oferecendo elogios e encorajamento para cada sucesso. Acontece que tal elogio é reforçador e será útil para fazer com que o paciente permaneça no caminho de não realizar o comportamento indesejado.

4. **Treinamento de relaxamento:** Esta parte do tratamento é baseada na observação de que o comportamento habitual, como cutucar a pele e puxar o cabelo, aumenta quando uma pessoa está sob estresse e, portanto, é útil usar habilidades de relaxamento, como respiração compassada, mindfulness e relaxamento muscular progressivo.

5. **Treinamento de generalização:** É a prática de usar as novas habilidades em muitas situações diferentes, de modo que o novo comportamento se torne automático.

Buscando cirurgias

Algumas pessoas com TDC têm preocupações significativas sobre sua forma ou seu peso. Uma forma de TDC é conhecida como *dismorfia muscular*, ou DM, na qual a pessoa se preocupa com que seu corpo seja muito pequeno ou não suficientemente musculoso, apesar de ter uma constituição normal ou, em alguns casos, um físico objetivamente musculoso. Pessoas com essas categorias de TDC costumam procurar corrigir seus *deficits* percebidos com cirurgias.

Os terapeutas podem usar as estratégias cognitivas mencionadas anteriormente neste capítulo para abordar quaisquer crenças mal-adaptativas sobre os benefícios percebidos da cirurgia, ao mesmo tempo que assumem uma postura dialética por meio da qual ajudam o paciente a explorar sem julgamentos os prós e os contras de buscar as cirurgias estéticas versus os prós e contras de não fazer isso.

Controlando Comportamentos Aditivos

As substâncias não são a única coisa de que as pessoas podem se tornar dependentes. Por definição, qualquer coisa em que uma pessoa se torne viciada pode ser incrivelmente difícil de superar. Para as pessoas que não são viciadas, isso parece confuso, pois elas tendem a achar que a motivação e a força de vontade bastam, mas, ainda que sejam qualidades importantes, não são suficientes para que uma pessoa alcance a recuperação. Além das substâncias, as pessoas podem se tornar viciadas em atividades como videogame, jogos de azar, pornografia e muito mais. As seções a seguir listam atividades que podem se tornar comportamentos aditivos e explicam como a DBT pode ajudar.

Atividades que podem se tornar adições

As habilidades que revisamos na seção anterior são as mesmas que são usadas para esses vícios no estilo de vida, mas nem todas funcionam tão bem para todos os vícios. É difícil queimar pontes de vícios em sites de namoro, redes sociais e pornografia, porque notebooks, tablets e smartphones se tornaram necessários na vida contemporânea, o que dificulta evitá-los.

Para uma pessoa ser considerada comprometida por esses vícios, como acontece com os vícios em substâncias, a atividade deve fazer com que essa pessoa:

- » Tenha a capacidade de controlar a frequência, a intensidade e a duração da atividade comprometida.
- » Dê prioridade à atividade sobre outros interesses.
- » Demonstre uma continuação ou um aumento da atividade, apesar das consequências negativas.
- » Demonstre um aumento no conflito interpessoal ou no retraimento social.
- » Sofra um impacto adverso nas obrigações profissionais ou acadêmicas.
- » Tenha dificuldade ao tentar interromper a atividade por conta própria.

As seções a seguir observam os tipos de atividades ou comportamentos tratados pela DBT se outras formas de terapia não funcionarem.

Videogames

A abordagem da DBT para qualquer situação é considerá-la de vários pontos de vista. Os videogames são frequentemente difamados pelos pais, que os veem como uma distração desnecessária daquilo que uma criança "deveria" fazer — dever de casa, passar tempo com os amigos e assim por diante. As pesquisas mostram que os videogames têm alguns benefícios importantes para os jogadores, incluindo atenção espacial aprimorada, capacidade aprimorada de rastrear objetos em movimento em um campo de distratores, impulsividade reduzida e um aumento na flexibilidade mental. No entanto, embutida no código dos videogames, está a função da novidade. A novidade desencadeia a liberação de dopamina — a substância química do bem-estar da qual falamos no início deste capítulo —, e, de fato, durante o jogo, o nível de dopamina pode dobrar, o que é aproximadamente o mesmo nível de aumento desencadeado pelo sexo.

Como o nível de dopamina aumenta, os videogames podem se tornar viciantes, e, quando uma pessoa apresenta um comportamento aditivo, o videogame pode ser a razão para ela se levantar de manhã e para não ir para a cama à noite. Tal como acontece com outras adições, o jogo pode interferir na conclusão dos requisitos acadêmicos e nos relacionamentos, aumentando o isolamento social, bem como nas interações pessoais com amigos e familiares.

Existem mais do que apenas consequências psicológicas para o jogo; sintomas físicos também ocorrem com frequência. Por exemplo, as pessoas podem ter olhos secos, fortes dores de cabeça, insônia, dores nas costas e problemas de autocuidado — como pular refeições ou não tomar banho. E então, se deixam de jogar, sofrem mudanças de humor, irritabilidade ou tédio significativo, porque algo que ocupava uma grande parte do dia não o faz mais.

Pornografia

LEMBRE-SE

Mesmo que a dopamina esteja envolvida em adições em pornografia, assim como em todos os outros vícios, esse vício é classificado como um *vício de processo*. No vício em drogas, o resultado final é ficar chapado ou bêbado; entretanto, nos vícios de processo, existe a compulsão de participar de todo o processo, como assistir a um filme ou videoclipe pornográfico inteiro. Esses tipos de vícios podem causar tantos danos à vida de uma pessoa quanto o uso indevido de drogas e álcool, em particular em termos de impacto na saúde mental.

O vício em pornografia pode assumir várias formas, incluindo o uso de sites de pornografia online, sexting, recebimento e envio de fotos explícitas e visualização pela webcam. Por causa da natureza sexual do vício em pornografia, muitas vezes é confundido com vício em sexo. Por exemplo, algumas pessoas são viciadas em masturbação, o que pode acontecer independentemente do uso de pornografia. O vício em pornografia não inclui necessariamente a incorporação de quaisquer atos sexuais reais, e a exibição de pornografia em geral é feita independentemente de qualquer outra pessoa. Portanto, alguém viciado em pornografia não é necessariamente viciado em masturbação, embora seja comum que a masturbação acompanhe assistir à pornografia.

Os problemas ocorrem quando o prazer e a liberação de dopamina associados à exibição de pornografia se tornam programados. Quando isso acontece, a intimidade e as relações sexuais não correspondem à fantasia das cenas retratadas ou imaginadas, porque o cérebro se programou para ser ativado pelos extremos e pela fantasia da representação pornográfica irreal. Os relacionamentos íntimos são prejudicados, e a pessoa pode começar a se sentir isolada e envergonhada e, por sua vez, se aprofundar e exigir experiências pornográficas ainda mais explícitas e intensas. Pessoas que começam a pagar por visualizações e assinaturas de webcam, nesse contexto, tendem a gastar muito dinheiro, o que prejudica suas finanças.

Comportamento sexual compulsivo

O transtorno de comportamento sexual compulsivo é caracterizado por impulsos sexuais persistentes e repetitivos ou impulsos para fazer algo sexual, que a pessoa sente como irresistível ou incontrolável. Esses impulsos, então, levam a comportamentos sexuais repetitivos, que vão se tornando onipresentes e centrais para a vida da pessoa, a ponto de elas negligenciarem seus cuidados pessoais e de saúde, bem como relacionamentos e, em última análise, perderem o controle desses comportamentos. Elas continuam a se envolver repetidamente neles, apesar das consequências negativas, como perda de relacionamentos e problemas relacionados ao trabalho. Em geral, a pessoa não consegue controlar seus impulsos e experimenta um aumento da tensão ou excitação física imediatamente antes da atividade sexual, seguido por alívio logo depois.

Jogos de azar

O jogo é comum em quase todas as culturas, e a maioria das pessoas não desenvolve problemas relacionados a ele. No entanto, o jogo patológico é um problema, em particular para adolescentes. O jogo patológico é caracterizado por um padrão progressivo e mal-adaptativo de comportamento que afeta significativamente os relacionamentos, o emprego e as oportunidades educacionais ou de carreira. Leva até a consequências jurídicas devido à prática de atos ilegais.

Poucas pessoas com adições patológicas a jogos procuram tratamento, e, curiosamente, cerca de 50% das pessoas com problema de jogo patológico parecem se recuperar por conta própria. Como acontece com outras formas de dependência descritas nesta seção, a DBT depende das habilidades da TCC para resolver o problema.

Quando usar a DBT para adições comportamentais em geral

Se a pessoa *não* tiver condições como o TPB complicando esses vícios, então, se houver uma forma menos complicada de terapia baseada em evidências, ela deve ser usada no lugar da DBT.

LEMBRE-SE

No entanto, é importante considerar até que ponto a dificuldade em regular as emoções desempenha um papel na adição e no comportamento da pessoa. Para o terapeuta, uma pista é quando o paciente troca um conjunto de sintomas por outro. Por exemplo, uma pessoa pode usar a automutilação, mas, quando tenta parar, adota comportamentos alimentares problemáticos e talvez use substâncias. Como a DBT foi desenvolvida especificamente para pessoas que têm dificuldade duradoura em regular suas emoções, ela é uma boa opção para quem usa seu vício como forma de regular suas emoções, e, em tais casos, o mesmo formato e os mesmos protocolos daqueles usados para transtornos por uso de substâncias devem ser implementados (como descrevemos anteriormente neste capítulo).

> **NESTE CAPÍTULO**
> » Focando a autoinvalidação
> » Praticando o amor-próprio, em vez do ódio de si mesmo
> » Distinguindo solitude, solidão e vazio

Capítulo **23**

Comportamentos Contraproducentes

A ideia central da DBT é a de que a desregulação emocional está no cerne dos transtornos, como ocorre com o transtorno da personalidade borderline (TPB). No entanto, mesmo quando uma pessoa aprendeu a controlar suas emoções, deve lidar com alguns problemas significativos. Duas dessas questões são a autoinvalidação e o ódio por si mesma.

Neste capítulo, você descobre maneiras de ser mais gentil consigo mesmo e reconhece que suas experiências foram válidas mesmo quando outras pessoas disseram que não. Também encontra o poder do amor-próprio e da autocompaixão na cura, e então vê que estar sozinho e se sentir vazio não é inevitável, mas são experiências que você pode mudar usando as habilidades da DBT.

Lidando com a Autoinvalidação

A autoinvalidação é a rejeição ou a invalidação de suas próprias emoções e experiências. É também julgar ou rejeitar a si mesmo por tê-las. Digamos que você tenha terminado um relacionamento, ficou triste e começou a chorar. Então, começa a dizer a si mesmo que é estúpido por se sentir assim, que há algo errado com você e que as pessoas "normais" não reagiriam dessa maneira.

A teoria da DBT afirma que as pessoas aprendem a se invalidar por terem crescido em ambientes invalidantes. Em um ambiente assim, você ouve — mesmo que não tenham a intenção de machucá-lo — que a maneira como expressa suas emoções está errada, que está dando muita importância a tudo ou que deve simplesmente superar, parar de se sentir como se sente.

Seja qual for a forma que a invalidação assuma, uma criança que cresce em tal ambiente aprende que suas emoções são "incorretas" e até mesmo algo de que deveria se envergonhar. À medida que ela cresce, passa a desconfiar de suas próprias experiências e sentimentos.

Nas seções a seguir, você encontrará maneiras de sair de um ciclo de autoinvalidação, reconhecendo quando e como se autoinvalida, por que o faz, as consequências da autoinvalidação e o que fazer a respeito.

Saindo do ciclo com a autovalidação

Como sair do ciclo de autoinvalidação quando se tem uma emoção? As habilidades da DBT de mindfulness (veja o Capítulo 9) e de regulação emocional (veja o Capítulo 10) são centrais para lidar com ela. Comece melhorando sua capacidade de perceber, compreender, aceitar, regular e até mesmo amar suas emoções. Usando o módulo de regulação emocional, você e seu terapeuta encontrarão oportunidades para compreender, vivenciar e regular suas emoções.

Quando você tem TPB e uma forte vulnerabilidade emocional, manejar seu sistema emocional é como tentar dirigir um carro de corrida com um motor potente. É preciso muita habilidade e treinamento para operar um veículo tão poderoso. Isso não acontece da noite para o dia, e às vezes as emoções ficam fora de controle. Pessoas sem TPB operam o equivalente emocional de um sedan de médio porte. É muito mais fácil para elas controlar as emoções de baixo nível e, quase certamente, nunca experimentarão o mesmo tipo de intensidade emocional que você. As pessoas que não têm emoções fortes precisam de muito menos habilidades para passar do sofrimento emocional a um estado de controle dos sentimentos. Uma vez que esteja hábil na prática da regulação emocional, conseguirá dar um passo para trás e observar com atenção, usando as habilidades de observar e descrever do mindfulness, para chegar a um ponto de regulação.

LEMBRE-SE

O processo de autoinvalidação percorre um caminho familiar. Como você foi invalidado e depois se autoinvalidou, é um padrão com o qual está familiarizado. A autovalidação é uma forma de ação oposta à autoinvalidação, e é preciso aprendê-la. Mas, como qualquer novidade, leva tempo. Observe que o cérebro aprende por repetição, portanto, quanto mais você repetir a autoinvalidação, melhor se torna, e o mesmo se aplica à autovalidação.

Pessoas que foram invalidadas e autoinvalidadas muitas vezes experimentarão a validação pela primeira vez, tanto como conceito quanto na prática, durante a terapia. O terapeuta ensina o paciente a se autovalidar, perguntando a ele como faz sentido se sentir da maneira como se sente. Como toda emoção é causada pelas circunstâncias que a precederam, ela é válida. As pessoas que cresceram com a invalidação acham que suas emoções são estúpidas ou uma fraqueza, ou elas dão muita importância a tudo, e isso faz sentido, porque o ambiente invalidante reforça essas mesmas ideias para elas. Quando você se perguntar "Minha emoção faz sentido?", verá que sim.

LEMBRE-SE

A autovalidação não afasta as emoções, no entanto, as pessoas que têm emoções fortes sofrem. A autoinvalidação adiciona sofrimento a uma situação em que uma pessoa já está sofrendo, então a autovalidação é um ato de bondade e honestidade consigo mesmo, pois você não tem que lidar com o problema duplo do sofrimento emocional e da autoinvalidação.

Afastando-se da vergonha

Relacionada à autoinvalidação está a experiência da raiva autodirigida e a emoção da vergonha, e essas, muitas vezes, precedem a autoinvalidação. Para muitas pessoas, a emoção que mais frequentemente interfere na solução de problemas é a vergonha. Isso ocorre porque com a vergonha vem a sensação de que você é simplesmente mau, e com esse sentimento vem o desejo de se esconder enquanto experimenta a dolorosa e persistente ruminação de: "Você é defeituoso, você não serve para nada, você é uma vergonha."

Portanto, quando uma pessoa está sofrendo e procurando escapar da dor emocional, como desenvolve essas habilidades e, ao mesmo tempo, se envolve em comportamentos que aumentam sua angústia, como autopunição, julgamentos negativos e crítica? Há um paradoxo no qual as pessoas que estão sofrendo evitam situações que causam vergonha, ao mesmo tempo em que praticam comportamentos que acabam lhes causando vergonha. A autoinvalidação diz que elas merecem essa vergonha, e por isso elas procuram verificar se essa crença é verdadeira e se merecem sofrer.

Outro elemento da autoinvalidação é que as pessoas que a fazem — em particular as que se odeiam — preferem comentários negativos e críticas a elogios. Isso ocorre porque esse feedback "confirma" a visão negativa que têm de si mesmas.

Pessoas que usam a automutilação como autopunição para a vergonha que sentem de si mesmas dizem que ela é eficaz para reduzi-la, no entanto também afirmam que é uma forma eficaz de autopunição. Então, como a pessoa acredita que é má, ela se autopune e sente que isso é eficaz, e, como está tentando escapar da vergonha que a faz se sentir mal, a automutilação é novamente eficaz. Além disso, no contexto da terapia, as pessoas que se machucam sentem vergonha porque sentem que desapontaram seu terapeuta.

Por isso, o terapeuta tem uma tarefa complicada. Por um lado, precisa ajudar o paciente a reduzir a vergonha, parando e revertendo os comportamentos que a induzem, enquanto, por outro lado, deve ajudá-lo a não enfrentar a experiência da vergonha usando comportamentos inadequados, para que desenvolvam soluções mais saudáveis de longo prazo.

O modo mais eficaz de tratar a vergonha é com a habilidade da ação oposta (veja o Capítulo 10), que se baseia em extinguir o comportamento por meio da exposição e do uso do processamento emocional. Para fazer a exposição, o primeiro passo é identificar as áreas específicas da vergonha. Para muitas pessoas, são comportamentos e pensamentos tipicamente sexuais, relacionados à imagem corporal e sentimentos de atração ou amor. Então, é necessário identificar o evento desencadeante ou motivador, seja um pensamento, seja uma situação.

LEMBRE-SE

O próximo passo (e é o mesmo para qualquer emoção) para decidir até que ponto a vergonha é justificada ou injustificada é este:

» A vergonha é justificada se houver um perigo real de ser rejeitado por outras pessoas por violar alguma norma social ou porque o comportamento viola seus valores ou sua moral. Se a vergonha for justificada, a violação das normas sociais e de seus valores é o problema que precisa ser corrigido.

» A vergonha é injustificada se houver pouco ou nenhum risco de rejeição e você tiver que ter evidências para isso, ou se seu comportamento não viola seus valores ou moral. Quase todos os pacientes começam afirmando que sua vergonha é justificada, mas a realidade é que, quando examinada com cuidado, a maioria dos casos é injustificada.

O modo mais poderoso de tratar a vergonha é com ações opostas. No entanto, para muitas pessoas, isso é a opção mais aversiva possível. Isso porque é uma forma de exposição, e, para muitas pessoas, a exposição ao que mais temem é inimaginável. (Continue lendo para saber mais sobre a exposição.)

Experimentando a exposição

LEMBRE-SE

Uma das lições mais essenciais e importantes deste livro é que a exposição está entre as técnicas mais poderosas da DBT e, possivelmente, de toda a terapia. Quanto mais você se expor, tolerar e lidar habilmente com a situação emocionalmente desconfortável ou dolorosa, mais cedo ela deixará de controlar sua vida. Isso é crucial. Os terapeutas dos grupos de consultoria frequentemente mencionam a dificuldade que têm em fazer com que seus pacientes sejam expostos. Eles descrevem como alguns deles às vezes esperam semanas, meses ou mais antes de fazê-lo, e então, dentro de poucas semanas de exposição plena, começam a se sentir melhor e com mais controle de sua vida.

Construindo motivação para a exposição

Uma vez que o paciente esteja convencido de que precisa fazer a terapia de exposição, o próximo passo é aumentar sua motivação para fazê-lo. Ao usar as estratégias motivacionais que revisamos no Capítulo 19, o terapeuta e o paciente examinam as maneiras como a vergonha interfere na experiência atual e nos objetivos de vida do paciente, e o fundamento lógico por trás das técnicas de ação e comportamento opostos. O paciente então lista os prós e os contras de fazer a exposição. Ela não é uma terapia que pode ser forçada. Não há como um terapeuta fazer com que um paciente faça a terapia de exposição se não for seu objetivo fazê-lo, entretanto, nesse caso, o paciente continuará a sofrer e a ver ruir seu objetivo de ter uma vida que valha a pena ser vivida, na qual tenha mais controle de suas emoções.

A tarefa do terapeuta é considerar seriamente as dúvidas e o ceticismo do paciente. Ele pode até considerar o uso da técnica do advogado do diabo para avaliar a determinação do paciente em fazer o trabalho de exposição. O tratamento para a vergonha injustificada é a exposição repetida aos eventos e às situações que a provocam, ao mesmo tempo bloqueando comportamentos de esquiva mal-adaptativos ou autodestrutivos e fortalecendo os de ação oposta.

Praticando a terapia de exposição

A habilidade de se expor à vergonha injustificada é praticada com frequência e por longos períodos de tempo. Ela consiste nos seguintes componentes:

1. A pessoa divulga informações detalhadas e fatuais sobre a situação e, principalmente, sobre o comportamento anteriormente oculto ou não divulgado.

2. Ela então se envolve nos comportamentos anteriormente evitados.

3. Ela revela características físicas que antes não eram reveladas, incluindo falar sobre as partes de seu corpo ou os comportamentos sexuais que induzem à vergonha.

4. A pessoa então se aproxima fisicamente das situações sociais muito específicas e das interações interpessoais que antes eram evitadas.

CUIDADO

É muito importante que a emoção da vergonha seja provocada na terapia e na vida real. Na sessão, falar sobre os eventos, imaginá-los e fazer o *role-play* deles trará a resposta da vergonha. O terapeuta deve deixar claro que eles — o paciente e o terapeuta juntos — concordaram em fazer o trabalho para tratar a vergonha. Por isso, o terapeuta e o paciente devem se certificar de que nenhum deles seja vago, mude ou evite tópicos, resmungue ou use uma voz baixa, use uma linguagem de julgamento ou de autocensura, evite o contato visual ou use dissociação ou fuga. A terapia de exposição será eficaz apenas se os eventos e comportamentos que desencadeiam a vergonha forem completamente identificados e incorporados às tarefas de exposição.

LEMBRE-SE

Agir em oposição à vergonha injustificada é a prática de abordar situações e pessoas evitadas e, ao fazê-lo, reconhecer que não violou as normas sociais, que não foi imoral e que, se for rejeitado, você não é um ser vergonhoso.

DICA

Uma parte importante da prática da ação oposta à vergonha e à autoinvalidação é que ela precisa ser feita com autoconfiança, bom contato visual e o reconhecimento de que, embora seja difícil, é a melhor abordagem. Para fortalecer e generalizar a prática, as sessões podem ser gravadas em áudio ou vídeo, para que sejam ouvidas e vistas repetidamente. É fundamental que o paciente seja exposto à situação que induz a vergonha. Digamos que um paciente sinta vergonha quando recebe um feedback de outras pessoas, ou quando se olha no espelho ou discute partes de seu corpo, que são preocupações no transtorno dismórfico corporal (TDC). O segredo é continuar falando e falando — sem evitar ou fugir — sobre o que quer que o envergonhe.

Muitas pessoas que sentem vergonha chegam à conclusão de que são más e não merecem amor. Outro aspecto do tratamento é reconceituar a vergonha como uma emoção forte que é provocada por comportamentos problemáticos que levam à vergonha justificada, ou provocada por pensamento incorreto, se for injustificada. A tarefa do terapeuta é ajudar o paciente a mudar o comportamento problemático ou a forma distorcida de pensar. Por exemplo, digamos que você tenda a se desculpar por tudo o que acontece em um relacionamento, independentemente de ter feito algo de errado. Um dos objetivos do tratamento seria fazer você parar de se desculpar por culpa e vergonha injustificadas. No entanto, para tal, você primeiro precisa definir se a emoção é justificada ou não.

LEMBRE-SE

Esse tipo de exposição é a intervenção mais difícil, porém mais poderosa. Você tem que ser o mais explícito possível. Pode precisar descrever uma transgressão, falha corporal ou ato sexual em detalhes, sem se julgar e, ao mesmo tempo, validar-se pelas emoções que experimenta e reconhecer que as razões pelas quais você entrou nessa situação fazem sentido, ou pelo menos faziam na época em que as sentiu. Alguns pacientes acreditam que não importa se uma emoção é justificada ou não, mas tenha em mente que uma emoção pode ser válida, seja ela justificada ou não. Essa distinção entre vergonha justificada e injustificada é central para o tratamento, porque, caso contrário, a vergonha de uma pessoa piora se ela se expor a situações que suscitam vergonha justificada, pois isso acaba fazendo com que se sinta humilhada, julgada e talvez até mesmo condenada ao ostracismo no grupo.

Uma paciente descreveu desta forma:

> Por muito tempo, eu não conseguia olhar para nada que me envergonhasse. Era tudo igual para mim, fosse minha culpa ou não. Tudo o que minha evitação fez foi me fazer sofrer o tempo todo e usar comportamentos que acabaram me fazendo sentir ainda mais envergonhada. Então, finalmente comecei a ver se a vergonha que sentia era justificada ou não. Para mim, era uma questão de desacelerar; do contrário, seria pega em pensamentos invalidantes e não verificaria os fatos. Você tem que criar o espaço para a validação. Se não abrir espaço para ela, fico mais chateada e, então, chego a conclusões negativas sobre mim mesma, pensamentos como: "Eles não gostam de mim, eu não deveria ficar chateada com isso, e assim por diante." Você precisa dar o primeiro passo, fazer algo diferente e lembrar-se de que sua velha rotina não funciona. Peguei um marcador e escrevi as letras *AV*, para autovalidação, nas costas da minha mão. Funcionou. Acho que vou tatuá-las aqui!

Buscando segurança

Uma pessoa diz ao parceiro: "Preciso ter certeza de que você me ama e não vai me deixar." O parceiro tranquiliza a pessoa, e ela se sente bem, mas então algo acontece — talvez o parceiro não responda a uma mensagem de texto ou a um telefonema —, e a pessoa começa a se sentir mal de novo e precisa de confirmação de novo. "Você está bravo comigo?", pergunta. O parceiro responde: "Não." No entanto, só para garantir, ela pergunta mais uma vez: "Mesmo?"

CAPÍTULO 23 **Comportamentos Contraproducentes** 317

CUIDADO

Para um observador externo, essa troca de mensagens parece inofensiva. A pessoa está perguntando ao parceiro se ele está bravo com ela. No entanto, a resposta não é suficiente. O problema é que a pessoa está se envolvendo em um ciclo interminável de busca de garantias. O problema de receber garantias é que nada funciona como solução permanente e, quando ajuda, o faz apenas por um curto período. Se a confiança fosse uma solução, você só precisaria ser tranquilizado uma vez, e isso resolveria o problema.

Nas seções a seguir, apresentamos vários tipos de comportamentos de busca de garantias, vemos por que eles são problemáticos e discutimos sobre o que fazer em vez de buscá-las.

Tipos de busca de garantias

LEMBRE-SE

Busca de garantias é o ato de tentar continuamente reunir informações que já foram fornecidas para reduzir a ansiedade. Há diferentes tipos:

» **Autotranquilização:** Isso acontece em condições como o transtorno obsessivo-compulsivo (TOC):

- Verificar as coisas repetidamente, como garantir que uma porta está trancada ou que um alarme está ligado.
- Verificar constantemente sintomas físicos, como medir o tempo todo a própria temperatura.
- Rever mentalmente um evento repetidas vezes, como uma conversa com um amigo, para se certificar de que não há qualquer indicação de que ele está chateado ou de que suas respostas não foram inadequadas.

» **Busca de garantia de outras pessoas:** Comum em condições como TPB:

- Perguntar aos outros se eles estão bravos com você.
- Pedir uma promessa de que tudo ficará bem.
- Pedir uma promessa de que a outra pessoa não vai embora.

O problema com a busca de garantias

CUIDADO

Você pode se perguntar: "O que há de tão ruim em pedir garantias se isso me faz sentir melhor?" Afinal, a busca por garantias diminui sua ansiedade em curto prazo. Isso é *reforço negativo*. Você tira (subtraindo, daí o termo *negativo*) algo que não quer — no caso, a ansiedade — pedindo uma confirmação, e quando funciona, pede repetidamente. No entanto, em longo prazo, cria um ciclo que piora a ansiedade e aumenta sua necessidade de segurança. Pior ainda, faz com que você perca a confiança em suas habilidades e aumenta suas dúvidas, o que leva a mais ódio de si mesmo e à autoinvalidação.

Reduzindo a busca por garantias

Como a busca por garantias é muito gratificante em curto prazo e, ainda assim, inútil em longo prazo, é importante conhecer as maneiras de reduzi-la. Aqui estão as etapas para diminuir a busca por garantias:

1. **Identifique-a quando acontecer.**

   Há uma diferença entre *buscar informações* (juntar informações *uma vez* para fins de compreensão) e *buscar segurança* (tentar continuamente reunir informações que já foram fornecidas na tentativa de diminuir a ansiedade).

2. **Identifique o comportamento com precisão.**

   Por exemplo: "Estou ansioso e procuro reafirmação."

3. **Faça uma abordagem gradual.**

   Diminua lentamente o número de perguntas que faz a cada dia ou a quantidade de vezes que faz a mesma pergunta.

4. **Atrase ou adie a busca de garantias por um período específico.**

   Por exemplo: "Atrasarei o pedido de confirmação por quatro horas hoje e amanhã aumentarei o tempo para seis horas."

5. **Elimine o pedido de reafirmação completamente.**

   Esta etapa é a mais difícil. Se pretende fazer isso, conte à sua família e entes queridos, para que estejam cientes das emoções difíceis que você experimenta. Você pode pedir a seu terapeuta para ajudar a educar seus familiares e para garantir que, se fizer uma pergunta de busca de garantias, eles *não* a respondam de forma tranquilizadora, mas com algo como o seguinte:

   - "O que você acha?"
   - "Conversamos sobre isso algumas horas atrás. Alguma coisa mudou?"
   - "Aconteceu algo que o levou a fazer essa pergunta?"
   - "Você já sabe a resposta para essa pergunta. Eu não vou respondê-la."

6. **Acompanhe seu progresso com um cartão-diário.**

   Como você está fazendo terapia de DBT e mantém um cartão-diário (veja o Capítulo 18), a confiança deve ser um sintoma-alvo nele, e você deve controlá-lo diariamente.

CAPÍTULO 23 **Comportamentos Contraproducentes** 319

Mais especificamente, anote os tipos de perguntas e o comportamento específico de busca de garantias que está fazendo. Mantenha também um registro do que ajudou e do que não ajudou, e então, quando perceber a necessidade de buscar garantias, consulte novamente o cartão-diário para ver como lidou com isso em outras ocasiões.

7. **Continue sua abordagem gradual.**

    Se está pedindo garantias, digamos, dez vezes por dia, diminua o número de vezes que o faz. Reduza para nove vezes no dia seguinte, depois para oito no outro, e assim por diante.

LEMBRE-SE

Diminuir a busca por garantias é muito difícil se você for uma pessoa ansiosa. No entanto, sem diminuir o comportamento, será quase impossível assumir efetivamente o controle de sua ansiedade.

Lidando com o Autodesprezo

Como a autora Sharon Salzberg escreveu: "A mente traz pensamentos que não planejamos. Não é como se disséssemos: 'Às 9h10, vou me encher de ódio por mim mesmo.'" Muitas pessoas com condições como o TPB lutam contra a experiência de ódio intenso por elas mesmas, vergonha e sentimentos de ser um fracasso ou inadequado. Como Sharon Salzberg aponta, esses pensamentos, mesmo que indesejados, residem na mente das pessoas. Os terapeutas costumam ouvir as seguintes afirmações:

» "Eu sou inútil."
» "Não sei fazer nada certo."
» "Eu me odeio."
» "Eu sou horrível; ninguém nunca vai querer ficar comigo."
» "Todos ficariam melhor se eu não estivesse por perto."
» "Eu sou uma pessoa terrível — um perdedor."

Todos esses exemplos são pensamentos negativos — não são fatos. E, no entanto, essas manifestações de aversão a si mesmo representam os pensamentos mais implacáveis e destrutivos do TPB. Há uma curiosa ironia no fato de que as pessoas com TPB que se odeiam também costumam ter a experiência de não ter um senso de identidade. Se você não sabe quem você é, quem é a pessoa que está odiando? Uma paciente de 27 anos captou a experiência quando afirmou: "Só penso em como odeio tudo, meu corpo, meu transtorno, minhas emoções, minhas decisões, minha vida, como destruo relacionamentos. Mesmo quando me sinto melhor e menos odiosa, ainda não estou feliz com quem sou. É difícil explicar. Às vezes, sinto que não mereço nada; em outras, não sinto que sou uma pessoa, pois alguém tão inútil não pode ser real."

PAPO DE ESPECIALISTA

A busca pela negatividade em situações tem uma base evolutiva. Como procurávamos sobreviver a circunstâncias muito difíceis, tínhamos que estar à procura de predadores que pudessem nos atacar ou do mau tempo que pudesse nos congelar ou superaquecer. Adotar uma atitude ingênua e feliz e não considerar os perigos significaria que, como espécie, não teríamos sobrevivido por muito tempo. Como resultado, isso está embutido em nossa genética. No entanto, hoje, poucos de nós estão expostos a tigres ou são incapazes de encontrar abrigo, mas persiste essa necessidade de estar à procura de ameaças.

LEMBRE-SE

Para pessoas com condições como o TPB, a busca pela negatividade é voltada para dentro, e a ameaça passa a ser elas próprias. A fixação fica então na própria inadequação e falhas, o que as leva a sentir raiva e nojo de si mesmas. O que é difícil entender para as pessoas que se odeiam é que sua autopercepção geralmente não é fiel à maneira como os outros as percebem. Isso é particularmente verdadeiro para pessoas que sofreram abusos e cujo trauma não foi resolvido. A narrativa pode ser a de ter merecido o abuso que sofreram. Para as pessoas que têm certeza de que não são dignas, pode ser difícil acreditar que os outros as amem, porque a narrativa recorrente na mente delas é muito negativa. Como pode ser verdade que elas são dignas e amáveis? Se você luta contra esses problemas, como mudá-los? As seções a seguir o ajudarão.

Amor-próprio como ação oposta

LEMBRE-SE

Como explicamos no Capítulo 10, a habilidade da ação oposta consiste em agir de forma oposta ao que suas emoções lhe dizem para fazer. O uso eficaz dela levar a um poderoso senso de domínio, que ajuda a torná-la autorreforçadora, o que significa que o ajudará, na próxima vez que estiver preso, a ser motivado a realizar a difícil tarefa de agir de forma oposta. Praticar o amor-próprio é o oposto de se envolver em pensamentos de ódio a si mesmo.

Você chega a um ponto de amor-próprio por meio de ações de autocuidado e autocompaixão. É tudo uma questão de implementar mudanças, e é aí que entra o trabalho árduo e coerente. Muitos dizem que querem se curar, mas temem deixar sua "zona de conforto", mesmo que ela seja construída sobre o ódio de si mesmo e a vergonha.

Há uma citação atribuída ao Buda que é mais ou menos assim:

> Neste mundo,
>
> O ódio nunca dissipou o ódio.

Só o amor dissipa o ódio.

Esta é a lei,

Antiga e inesgotável.

Isso é totalmente compatível com o enfoque do behaviorismo da DBT. Você não substituirá o ódio por si mesmo continuando a odiar a si mesmo. Apenas o amor-próprio ou, no mínimo, o gosto por si mesmo substituirá esse ódio.

Elementos necessários para praticar o amor-próprio

LEMBRE-SE

Para pessoas que nunca se amaram de verdade, a ideia parece impossível, senão ridícula. No entanto, existem etapas para começar a praticar o amor-próprio:

» **Tenha paciência.** Você provavelmente passou muitos anos sentindo ódio de si mesmo. Criar novos caminhos cerebrais e novas maneiras de pensar leva tempo e prática. É como qualquer outra prática, e é assim que o cérebro funciona. Ser paciente consigo mesmo é o primeiro ato de autocompaixão.

» **Peça ajuda às pessoas que o amam.** Faça uma lista das pessoas em sua vida que expressaram amor por você. Pense fora da caixa; não liste apenas seus amigos e familiares, mas também professores, religiosos, colegas de trabalho, terapeutas e qualquer outra pessoa que cuide de você. Pedir ajuda a pessoas que se preocupam com você é um ato de compaixão por si mesmo.

» **Não evite o ódio de si mesmo.** Em algum ponto da vida, você deixou de ser uma criança que não tinha o conceito de ódio de si mesmo para, então, se odiar. Você não nasceu se odiando. Como chegou ao ódio de si mesmo? Explorar como ele se desenvolveu será doloroso, mas é prestando atenção nele que você o superará. Enfrentá-lo significa reconhecer que ele está ali, percebê-lo sem insistir ou ruminar sobre ele. No final das contas, você será capaz de enfrentá-lo sem que ele controle sua vida de forma destrutiva.

» **Perdoe, perdoe e perdoe.** Se fez coisas das quais se envergonha, você é como quase todas as outras pessoas na Terra. Lembre-se de que fez as coisas que fez porque não sabia como amar a si mesmo. Você deve perdoar a si mesmo por todos os atos que levaram à vergonha justificada, porque muito provavelmente você não tinha consciência, e, se tinha, peça perdão às pessoas a quem magoou. Claro, se você for desregulado, é difícil ser hábil e pedir perdão. Nesse momento, sua tarefa é se regular e depois se perguntar se pedir perdão é necessário no momento. Se concluiu que cruzou seus valores e acabou magoando alguém, peça perdão também. Faça isso porque está em seu sistema de valores. À medida que se torna mais hábil, fica menos propenso a fazer coisas que cruzam seus valores. Perdoar a si mesmo é uma prática de autocompaixão.

» **Esteja com as pessoas que ama e faça coisas que ama.** Você adora ler? Então leia. Adora tocar um instrumento musical? Toque-o. Adora dançar? Coloque seus sapatos de dança e dance. Você adora estar com um certo grupo de amigos? Prepare um jantar semanal ou uma chamada no Zoom. Quanto mais praticar as coisas que ama, mais amará. Isso é o oposto de se punir por ser alguém que você odeia. Não se privar é um ato de autocompaixão.

DICA

Aqui está uma prática Zen que é outra maneira de lidar com o problema do ódio por si mesmo. Pense em alguém que você respeita e que considera uma pessoa sábia e compassiva. Agora imagine-a vivendo com você em sua mente e corpo durante momentos de autoaversão e veja a pessoa lidando com isso e guiando a situação. Mais uma vez, essa é uma tarefa difícil, mas, com a prática, você encontrará maior autocompaixão.

Equilibrando Solitude e Conectividade

A maioria das pessoas identifica os relacionamentos íntimos como a razão essencial para a alegria e o significado da vida. Os relacionamentos estruturam seus dias, seja em casa, seja no trabalho. É muito bom estar com as pessoas de quem gosta e ainda melhor quando você está de bom humor. É bom estar com pessoas próximas, mesmo quando você não está se sentindo tão bem. Os relacionamentos também são importantes porque são uma fonte de apoio mútuo.

O outro lado da conexão é o isolamento social e a solidão. Ver a si mesmo como desconectado e separado é doloroso e potencialmente destrutivo para sua saúde mental. Muitas pessoas que desejam conexão também desejam momentos de solidão — e até desfrutam deles. No entanto, elas querem que esses momentos sejam de sua escolha, e não porque são forçadas a eles por não haver ninguém em sua vida.

A solidão não é algo que afeta apenas algumas pessoas. Sentimentos de solidão podem afetar qualquer um de nós a qualquer momento, e, para algumas pessoas, isso se torna particularmente difícil durante os momentos de comemoração, como feriados nacionais, aniversários e datas especiais. Demasiado isolamento representa riscos para a saúde física e mental.

Nas seções a seguir, revisamos diferentes experiências de solidão e as etapas para lidar com cada uma delas, se esse for seu objetivo. Também pode ser sua meta ficar confortável sentado sozinho por um período de tempo.

LEMBRE-SE

Muitas pessoas com TPB procuram a DBT com medicamentos antidepressivos. É verdade que algumas também sofrem de depressão, mas, na maioria das vezes, não é depressão clínica. Em vez disso, é um estado de descontentamento e infelicidade. Um termo mais preciso seria *disforia*, que é um estado de inquietação ou insatisfação com a vida.

A disforia acontece quando a pessoa experimenta momentos de estabilidade e a esperança que vem com essa estabilidade, e depois a decepção, quando a estabilidade não dura. Nesse contexto, elas se sentem vazias e sozinhas.

Exílio

Embora a solidão (sobre a qual você lerá na próxima seção) diga respeito a querer se conectar com outras pessoas quando não há alguém prontamente disponível, *exílio* é o vazio que você sente quando as pessoas que ama o deixam ou o abandonam.

LEMBRE-SE

Quando você está se sentindo sozinho, é fácil esquecer que estamos fundamentalmente interconectados e que somos dependentes uns dos outros. Mesmo que não pareça, as pessoas contam com você. Pense por um momento em como as pessoas de sua vida contam com você. Às vezes, você não se sente essencial, mas pense no barista local, que depende de você aparecer para tomar um café; seu empregador, que depende de você comparecer ao trabalho; sua escola, que depende de você para ser aluno; seu local de culto, que precisa de sua voz no coro; e seu vizinho, que pede para você dar uma olhada nos gatos dele enquanto ele está fora no fim de semana. Quando você percebe o quão conectado está, também percebe que não está sozinho, e, portanto, é importante não se demorar na solidão, pois, embora compreensivelmente dolorosa, ela é uma experiência temporária.

Solidão

A *solidão* é o desconforto emocional inquietante que surge de estar, ou perceber-se, sozinho. Existem diferentes perspectivas sobre a forma como o sentimento surge e se manifesta. Uma é que ele ocorre porque a necessidade inerente que temos de intimidade e parceria não é atendida. Outra é que, quando a necessidade desejada de um relacionamento não reflete a realidade dos relacionamentos de uma pessoa, isso leva ao sentimento de solidão não resolvido. Qualquer que seja a manifestação, a solidão tem consequências emocionais e físicas de longo prazo.

LEMBRE-SE

A solidão afeta milhões de pessoas. Felizmente, você pode fazer muitas coisas para superá-la. O segredo é perceber como se sente e encontrar a melhor estratégia para você. Aqui estão algumas ideias da DBT para lidar com a solidão:

» **Reconheça que você está se sentindo sozinho.** Isso significa reconhecer que é *solidão* que você está sentindo, em vez de se sentir abandonado ou deprimido. Também significa articular o impacto que ela está tendo em sua vida. Avise a seu terapeuta que você deseja combater o sentimento de solidão. Outra ideia é conversar com seus amigos e familiares. É difícil falar para as pessoas que você está lutando contra a solidão.

» **Conheça seus comportamentos de solidão.** Algumas pessoas ficam presas a um sentimento sem fazer nada a respeito. Ou sentem que não podem fazer nada a respeito. Você decide ficar em sua casa? Recusa oportunidades de se juntar a amigos e a familiares em eventos? Você se esquece de retornar mensagens de texto ou e-mails? Passa um tempo ruminando sobre como se sente solitário? É importante saber esses comportamentos para tratá-los diretamente.

» **Perceba se ficar online piora sua solidão.** Ficar online é uma faca de dois gumes quando se trata de solidão. Certamente, as comunidades online oferecem uma forma conveniente de se conectar com outras pessoas. Atividades como jogos multijogadores e namoro online são maneiras de interagir e se envolver com outras pessoas, e isso é suficiente para algumas pessoas. No entanto, alguns aplicativos de redes sociais tornam a solidão ainda pior, porque destacam apenas a vida maravilhosa que as outras pessoas parecem estar vivendo. A realidade da vida alheia dificilmente é como está sendo retratada, no entanto, parece real, e é como se você tivesse sido deixado de fora. O resultado final é que, se ficar online aumenta a sensação de solidão, é provavelmente um sinal para se desconectar.

» **Voluntarie-se.** Muitas comunidades oferecem oportunidades de trabalho voluntário. Contribuir com seu tempo e talentos e trabalhar ao lado de outras pessoas por uma causa que considera importante o ajuda a se conectar com outras pessoas que pensam como você e a lutar contra a solidão. O voluntariado tem outros benefícios para a saúde: ajuda a reduzir o estresse e os sentimentos de depressão e aumenta a felicidade e a realização.

Se estiver interessado em trabalhar com idosos, voluntarie-se como visitante de uma casa de repouso. Se preferir trabalhar com crianças, voluntarie-se para um hospital infantil ou se torne contador de histórias em uma biblioteca. Se estiver interessado em causas como mudança climática ou meio ambiente, procure instituições locais de algumas de suas causas favoritas. Se você gosta mais de lidar com animais do que com pessoas, voluntarie-se para o abrigo de animais de sua vizinhança.

» **Junte-se a um grupo de apoio.** Há momentos em que as pessoas se sentem isoladas dos familiares por eles lutarem com problemas de saúde mental ou de uso de substâncias. Juntando-se a um grupo de apoio, você se conectará a pessoas que entendem muito bem aquilo pelo que você está passando.

» **Junte-se a um grupo de hobby.** Você está interessado em ler, pintar, jogar xadrez ou cartas, cantar e assim por diante? Muitas comunidades têm um centro local com clubes e grupos de interesses especiais que o conectarão a outras pessoas com interesses semelhantes.

» **Pratique o autocuidado.** Além de trabalhar para se conectar com outras pessoas, você se sentirá muito mais autoconfiante se cuidar de si mesmo. Faça exercícios, alimente-se de maneira saudável, durma o suficiente (essas são as habilidades SABER, exibidas no Capítulo 10) e pratique o mindfulness (veja o Capítulo 9). Todas essas práticas reduzem a irritabilidade e fazem de você o tipo de pessoa que as outras acharão uma boa companhia.

Vazio

Uma universitária de 23 anos queria fazer terapia para ajudá-la a lidar com a insatisfação em sua vida. Mais especificamente, ela dizia que se sentia vazia na maior parte do tempo e que isso era insuportável: "Eu me sinto vazia por dentro. Nada muda isso, embora eu me sinta menos vazia quando estou com as pessoas. Às vezes, maconha, sexo e dinheiro para gastar ajudam, mas apenas por um curto período. O que eu faço?"

De todas as dificuldades que as pessoas com TPB têm, talvez a mais difícil de explicar aos outros seja os "sentimentos crônicos de vazio". O vazio é uma experiência subjetiva e não tem uma manifestação externa, como a raiva e a tristeza. As seções a seguir descrevem o vazio e como aliviá-lo.

Tentando descrever o vazio

O sentimento de vazio é difícil de explicar, por isso pedimos às pessoas que o vivenciam que o descrevessem. Isso trouxe muitas respostas. Alguns dizem que parece um vazio insuportável. Outros, que é desesperança e falta de propósito. Outros, que é um sentimento de que eles não têm importância e de que o mundo seria igual, senão melhor, sem eles. Algumas pessoas dizem que o vazio faz parte de quem elas são, enquanto outras, que é uma sensação de falta de sentido existencial.

Um gerente de banco de 28 anos disse: "É como um buraco gigante dentro de mim. Parece que nada que faço, e ninguém com quem estou, preenche. É difícil explicar. É como se houvesse algo lá e tivesse ido embora. Sabe quando as pessoas que perderam um braço ainda o sentem? Um membro fantasma, como chamam. Parece que algo que fazia parte de mim foi arrancado. Eu pensava que o vazio vinha por causa das pessoas que não me entendiam, mas mesmo quando encontro outras pessoas que também o sentem, ainda me sinto vazio."

A experiência do vazio é complicada porque é muito difícil de definir. Por exemplo, é também a sensação de estar completamente sozinho, apesar de estar em um grupo de pessoas. "O vazio é como a minha pele. Vai comigo a qualquer lugar", explicou um jovem de dezenove anos. "Aqui está o que é. É não saber quem sou, o que sinto ou do que preciso. É o anseio por algo que não posso explicar. O vazio é uma forma horrível de viver, e há pouco alívio para ele."

Vendo razões para enfrentar o vazio

LEMBRE-SE

Se acha difícil explicar o vazio, como pode ver, você não está sozinho. Nem os pesquisadores conseguem explicar completamente o que ele é. Seu terapeuta precisa que você explique o que o vazio significa para você, para recomendar habilidades a serem usadas para lidar com ele. É importante fazer isso pelos seguintes motivos:

- » O vazio está intimamente relacionado aos sentimentos de desesperança, solidão e isolamento.
- » A desesperança, por sua vez, é um forte fator de risco para o suicídio, e, portanto, o vazio coloca as pessoas com TPB em risco de suicídio.
- » O vazio está mais fortemente relacionado ao pensamento suicida do que qualquer outro critério de TPB (exceto o próprio critério de suicídio/automutilação).
- » O vazio e o tédio não são a mesma coisa. Às vezes, os terapeutas usam os termos intercambiavelmente, mas só fazer as pessoas ficarem menos entediadas não as torna menos vazias.

Cuidado com as distrações

CUIDADO

Para muitas pessoas que se sentem vazias, a distração desse sentimento ajuda temporariamente. Algumas formas de distração são mais saudáveis do que outras. Distrações saudáveis como hobbies, esportes, trabalho e projetos domésticos reduzem o vazio, mas, quando essas atividades terminam, ele volta. Uma abordagem menos saudável que muitas pessoas acham que ajuda a reduzir o vazio é envolver-se em um relacionamento o mais rápido possível. No entanto, com frequência, relacionamentos repentinos, impulsivos e intensos, que podem ajudar a reduzir a sensação de vazio, também têm consequências negativas de curto e de longo prazo.

Enfrentando o vazio com mindfulness

Depois de estabelecer exatamente como o vazio o afeta, pergunte-se qual é seu objetivo: é provável que o vazio seja intolerável e, portanto, que você deseje acabar com esse sentimento. Faça esta prática (e veja o Capítulo 9 para mais informações sobre mindfulness):

1. Defina sua intenção.

Encontre um lugar tranquilo — algum lugar em sua casa, em um parque ou na biblioteca local. Comece focalizando sua respiração. Lentamente, leve sua consciência para a sensação de vazio. Observe seus pensamentos e quaisquer julgamentos que surjam. Ao fazer isso, divida os pensamentos em uma das três categorias: "bons", "ruins" ou "neutros". Observe que sua mente tem todos esses pensamentos e que apenas nela eles estão ocorrendo. Eles não existem fora de você. Sentir-se com uma experiência que você rotula como "ruim" não o matará nem o destruirá.

2. Preste atenção.

Use a habilidade de observação da DBT para lidar com o vazio. Observe se você combinou os pensamentos "ruins" com o medo de que o prejudiquem. Observe o desejo de evitá-los. Agora, aqui está a mágica! A simples observação de tudo isso lhe permitirá perceber que todos os sentimentos e pensamentos ruins se movem e passam, assim como os bons e os neutros.

DICA

A atenção ao vazio é mais fácil quando não há muito para distraí-lo da sensação de vazio. Observe quando houver distrações, porque elas o farão evitar o sentimento. Você não superará o vazio evitando-o.

Essa prática lhe permitirá perceber que o pensamento de que você está vazio pode não ser agradável, mas também é apenas um pensamento, e o pensamento em si não o torna vazio. Você perceberá que você e o vazio não são a mesma coisa. Como pode estar vazio se está cheio de pensamentos? Com a prática, você perceberá que os pensamentos e sentimentos passarão.

LEMBRE-SE

Se quiser acabar com a sensação de vazio, precisa de mais do que simplesmente desejo ou esperança. Você precisa estar disposto a se ver como um todo e suficiente. Muitas pessoas emocionalmente sensíveis se sentem responsáveis pelos problemas de suas vidas e, às vezes, se recusam a reconhecer que há algo redentor nelas — por exemplo, que são gentis, inteligentes, leais ou amáveis. Você não conseguirá isso de fora. Sua grandeza está dentro de você. Aceite tudo o que você é. Aceite que se sente vazio neste momento, que o sentimento é parte de você e que está aberto a ele. Não empurre o vazio para longe! Se quiser que ele mude, esteja disposto a lhe dar toda sua atenção. Liberdade é viver sem medo e ser capaz de enfrentar e, em última análise, aceitar as partes mais dolorosas de si mesmo. O vazio não é você, mas uma parte de você. Esteja disposto a enfrentá-lo com amor e compaixão.

3. **Use uma prática de disposição.**

DICA

Sente-se por oito minutos e concentre-se na palavra *vazio*. Em sua mente, faça o seguinte:

- **Pelos primeiros dois minutos,** ao inspirar, diga: "Estou vazio." Conforme expirar: "Eu não gosto."

- **Nos próximos dois minutos,** ao inspirar, diga: "Estou vazio." Conforme expirar: "Eu não posso mudar isso."

- **Nos próximos dois minutos,** ao inspirar, diga: "Estou vazio." Conforme expirar: "Eu posso aceitar isso."

- **Nos dois minutos finais,** ao inspirar, diga: "Estou vazio." Conforme expirar: "Eu aceitarei."

6
A Parte dos Dez

NESTA PARTE...

Confira dez práticas diárias de mindfulness.

Descubra dez maneiras de viver uma vida antidepressiva.

Reconheça dez mitos sobre a DBT e saiba como esse tratamento útil tem sido mal interpretado por muitos.

NESTE CAPÍTULO

» Realizando quatro práticas de observação

» Usando três práticas na descrição

» Testando três práticas para participar

Capítulo 24
Dez Práticas de Mindfulness

O mindfulness é a habilidade central da DBT. É fundamental praticá-lo e fortalecer o músculo do mindfulness em seu cérebro. Pense neste capítulo como o guia para dez diferentes exercícios para seu cérebro. Como observamos no Capítulo 9, a DBT divide o mindfulness em três habilidades WHAT — observar, descrever e participar —, que é o que você faz para praticá-lo. Neste capítulo, ensinamos várias práticas de cada uma das três categorias.

LEMBRE-SE

Quando você *observa* atentamente, apenas percebe; quando *descreve* atentamente, observa algo e o rotula usando só fatos; e quando *participa* atentamente, entra na experiência, deixando de lado a autoconsciência e o pensamento que o tira do momento presente. Você notará que, em cada prática, praticará as habilidades HOW: com consciência, sem julgar e com foco na efetividade.

Observe uma Coceira

Encontre uma posição confortável, sentado em uma cadeira ou no chão. Repouse as mãos suavemente sobre o colo, com as palmas para cima ou para baixo. Coloque um cronômetro em contagem regressiva de dez minutos. Feche os olhos e observe uma coceira no corpo. Apenas observe. A sensação, a intensidade e quaisquer mudanças que você perceber.

Sua prática é observar a coceira e não fazer nada a respeito, apenas a observar. Você descobrirá que há muito em que prestar atenção. Observe o que acontece em sua mente. Se sua mente se desviar da coceira, observe que sua mente vagou. Rotule-a de "mente errante" e volte a procurar uma coceira para observar.

Observe o Desejo de Engolir

Encontre uma posição confortável, sentado em uma cadeira ou no chão. Repouse as mãos suavemente sobre o colo, com as palmas para cima ou para baixo. Coloque um cronômetro em contagem regressiva de dez minutos. Feche os olhos e comece a observar a vontade de engolir. Não engula, apenas observe as sensações em sua boca e seus pensamentos. Afaste-se da experiência e simplesmente observe tudo o que vem com ela.

Observe Suas Mãos

Encontre uma posição confortável, sentado em uma cadeira ou no chão. Coloque um cronômetro em contagem regressiva de um minuto. Junte as mãos em posição de oração. Agora, por um minuto, esfregue as mãos para cima e para baixo rapidamente para sentir a fricção entre as palmas. Quando o cronômetro tocar, observe a temperatura e as sensações em suas mãos. Faça isso até sentir que a sensação em suas mãos voltou ao normal.

LEMBRE-SE

Se notar que sua mente está sendo distraída por pensamentos, capte-os e volte sua atenção à prática.

Observe Sua Respiração com a Respiração de Escada

Encontre uma posição confortável, sentado em uma cadeira ou no chão. Repouse as mãos suavemente sobre o colo, com as palmas para cima ou para baixo. Você pode fazer essa prática por dois minutos ou estendê-la para uma prática de mindfulness de mais tempo.

DICA

Experimente fazer essa prática com os olhos abertos. Na DBT, nos esforçamos para ensinar habilidades que você pode generalizar para diferentes áreas da sua vida. Como vivemos grande parte de nossa vida com os olhos abertos, praticar o mindfulness dessa forma o ajuda a praticar enquanto navega pelas distrações, mais fáceis de encontrar de olhos abertos. Para minimizar a distração, descanse o olhar suavemente à sua frente, talvez no chão ou no colo.

Ao praticar a respiração em escada, você observará sua respiração enquanto conta. Ao inspirar e expirar, contará um; nas próximas inspiração e expiração, dois; e assim por diante, até dez. Não se preocupe em combinar o comprimento de sua respiração com a contagem. Deixe sua respiração ser natural, sem controlar o comprimento. Assim que chegar a dez, você retornará ao um.

LEMBRE-SE

Quando sua mente divagar, o que provavelmente acontecerá muitas vezes durante a prática, sua tarefa será perceber que ela vagou e retornar ao número um. Não é incomum notar que você contou além de dez; essa é outra maneira de nossa atenção vagar e perder o mindfulness. Se isso acontecer, observe e volte ao um. Algumas pessoas acham útil rotular sua mente de "mente errante" quando se pegam pensando em outra coisa durante a prática. É bastante comum durante essa prática não chegar perto de dez sem que a mente divague. O objetivo não é necessariamente chegar a dez, mas perceber quando sua mente divagou e trazer sua atenção de volta para a prática. É isso o que fortalece o músculo do mindfulness.

Descreva uma Postagem das Redes Sociais

Nas redes sociais, encontre uma postagem de que você goste. Defina seu cronômetro para dois minutos e descreva ou rotule o que vê. Atenha-se aos fatos. Evite usar julgamentos, resumos ou editoriais. Agora encontre uma postagem de que não goste. Mais uma vez, ajuste o cronômetro para dois minutos e descreva com atenção o que você vê. Atenha-se aos fatos.

Descreva uma Emoção Difícil ou Dolorosa

Encontre uma posição confortável, sentado em uma cadeira ou no chão. Repouse as mãos suavemente sobre o colo, com as palmas para cima ou para baixo. Reserve alguns momentos para se conectar com uma emoção difícil que você está experimentando. Comece a identificar julgamentos sobre essa emoção ou experiência emocional, sobre você mesmo ou outra pessoa que esteja ligada a essa experiência. É útil anotar essas descrições.

Em seguida, substitua seus julgamentos por uma descrição sem julgamentos da emoção e da experiência. Anote-a ao lado das observações de julgamento que acabou de listar. Preste atenção a como a emoção é sentida em seu corpo quando você a descreve com atenção, e não com julgamento. Pratique essa maneira de descrever conscientemente suas emoções dolorosas ou difíceis da próxima vez em que vivenciá-las.

Descreva os Sons a Seu Redor

Encontre uma posição confortável, sentado em uma cadeira ou no chão. Repouse as mãos suavemente sobre o colo, com as palmas para cima ou para baixo. Essa prática também pode ser feita ao ar livre, ao caminhar. Coloque um cronômetro em contagem regressiva de dois minutos se desejar uma prática curta, ou a estenda por um período mais longo.

Concentre sua atenção nos sons a seu redor. Ao ouvir um som, identifique-o e procure o próximo. Observe quando sua mente rotula o som e começa a pensar nele. Por exemplo, talvez você pense "Ouço alguém desembrulhando um doce", e então pense em que tipo de doce seria e se lembre de quando o comeu pela última vez, e assim por diante. Esse é um exemplo de mente vagando pelo pensamento. Quando isso acontecer, concentre-se e volte sua atenção à prática.

Fique sobre uma Perna Só

Muitas pessoas se julgam muito duramente quando se trata de equilíbrio. Coloque um cronômetro em contagem regressiva de dois minutos e fique sobre uma perna. Entre no exercício sem julgamento e sem preocupações. Observe esses pensamentos e volte sua mente para a prática como se nada mais importasse no mundo agora, a não ser ficar sobre uma perna só.

Escreva com Sua Mão Não Dominante

A menos que seja ambidestra, a maioria das pessoas tem dificuldade de escrever com a mão não dominante, o que torna essa tarefa uma oportunidade maravilhosa para praticar o mindfulness. Pegue um pedaço de papel e uma caneta. Usando a mão não dominante, pratique escrever o alfabeto duas vezes, primeiro em maiúsculas e depois em minúsculas. Entregue-se a essa experiência, observe os autojulgamentos que surgirem e os deixe passar.

Dirija um Carro com Total Atenção

Com frequência, fazemos várias tarefas ao dirigir. Para essa prática, você ficará plenamente presente ao dirigir. Você terá foco único. Defina a intenção de dirigir com atenção ao destino. Escolha uma viagem que faz com frequência, como ir para o trabalho, para a escola, para a academia, pegar seus filhos ou qualquer outra tarefa frequente, como uma ida ao supermercado. Desligue a música e o celular. Tudo o que fará é dirigir. Observe como foi a experiência ao terminar.

> **NESTE CAPÍTULO**
> » Cuidando do seu corpo com exercícios, alimentação saudável e sono regulado
> » Arranjando tempo para meditação, relaxamento e atividades ao ar livre
> » Conectando-se com outras pessoas, animais de estimação e com sua fé

Capítulo **25**

Dez Meios para uma Vida Antidepressiva

Muitas pessoas que se sentem deprimidas tomam medicamentos antidepressivos. No entanto, nem todos os que os tomam se sentem beneficiados. E, certamente, eles apresentam riscos. É verdade que leva apenas um segundo por dia tomar uma pílula, mas as pessoas que tomam esses medicamentos reconhecem que eles têm efeitos colaterais, geram custos que nem sempre são cobertos pelo plano de saúde e nem sempre são totalmente eficazes. Como você descobrirá neste capítulo, há maneiras de combater a depressão e a ansiedade que não envolvem medicamentos ou, se forem usados medicamentos, que aumentam sua eficácia.

Praticando Exercícios

De todas as formas não medicamentosas de combater a depressão, o exercício é talvez a mais eficaz. As pessoas que se exercitam se sentem melhor, e isso independe do aumento do nível de condicionamento físico. É importante ressaltar que as pesquisas mostram que o foco deve ser a frequência do exercício, em vez de duração e intensidade. Os benefícios dos antidepressivos aparecem quando uma pessoa se exercita mais de 150 minutos — ou seja, 2,5 horas — por semana. Em outras palavras, 30 minutos de exercícios regulares 5 dias por semana são um intensificador de humor sem efeitos colaterais.

Se você não pratica exercícios há muito tempo ou se for um novato, primeiro consulte seu médico para se certificar de que você não tem nenhum problema latente de saúde que o impeça de se exercitar.

Meditando

Cada vez mais pesquisas sobre o impacto da meditação mindfulness mostram que ela é útil para reduzir a depressão e a ansiedade. Há evidências mais fortes de que uma forma de mindfulness conhecida como terapia cognitiva baseada no mindfulness (MBCT) ajuda as pessoas em risco de recaída para a depressão. A MBCT é um curso de oito semanas com frequência semanal, com cada sessão durando duas horas, e uma aula de dia inteiro na quinta semana. Ela provou ser tão bem-sucedida que, no Reino Unido, a MBCT está se tornando o tratamento para depressão recorrente no Serviço Nacional de Saúde (NHS).

Embora os exercícios e a meditação por si só ajudem a reduzir a depressão, uma nova pesquisa mostra que, quando combinados, eles levam a uma redução acentuada dos sintomas depressivos.

Leia mais sobre a MBCT, em inglês, em `https://mbct.com`.

Comendo Menos Refinados

Particularmente no Ocidente, alimentos muito refinados e processados significam que a dieta é um fator importante para a saúde debilitada. Nossas dietas tendem a ser ricas em energia, com altos níveis de gorduras saturadas e açúcar refinado. Como resultado, nosso corpo não precisa fazer muito trabalho para quebrá-los. Como era de se esperar, isso leva a níveis extremamente altos de obesidade. No entanto, não é apenas o corpo, mas também a mente, que sofre o impacto adverso. Muitos estudos mostram que pessoas obesas têm maior incidência de problemas de saúde mental, como depressão e ansiedade.

Por outro lado, as pessoas que consomem alimentos menos refinados, menos processados e menos calóricos reduzem o risco de depressão. Dadas as complexidades de medir a relação entre depressão e ansiedade e ingestão de alimentos, é difícil estudar causa e efeito, mas evidências crescentes mostram que mudanças no estilo de vida que incluem uma dieta menos refinada contribuem para um cérebro menos irritável, menos ansioso e menos deprimido.

LEMBRE-SE

Antes de fazer qualquer mudança drástica ou significativa em sua dieta, entre em contato com seu médico ou nutricionista para se certificar de que as mudanças que está considerando são saudáveis e equilibradas.

Cuidado com o Álcool e Outras Drogas

Muitos estudos mostram que as pessoas diagnosticadas com transtornos por uso de substâncias têm transtorno de humor, como depressão. O álcool, especificamente, e em particular em grandes quantidades, leva a alterações químicas no cérebro, que, por sua vez, levam à ansiedade e à depressão. Pessoas que bebem quantidades excessivas de álcool têm até três vezes mais probabilidade de desenvolver ansiedade e depressão do que as que não o bebem. Pessoas deprimidas que bebem também correm um risco muito maior de suicídio do que pessoas deprimidas que não bebem. Em curto prazo, as pessoas que bebem excessivamente e depois param podem apresentar alguns sintomas depressivos, no entanto, em longo prazo, a interrupção ou redução acentuada da ingestão de álcool melhora vários aspectos da saúde física e mental.

No entanto, enquanto muitos medicamentos pioram a depressão, alguns parecem ajudar. A cafeína é um deles: uma droga psicoativa amplamente utilizada melhora a atenção, o estado de alerta e o humor.

LEMBRE-SE

Do ponto de vista da DBT, o foco é um pouco menor na substância específica e maior no impacto que ela tem no indivíduo. Embora seja verdade que algumas pessoas podem sentir efeitos muito preocupantes quando usam drogas ilícitas e álcool, outras, não. O terapeuta de DBT deve trabalhar em estreita colaboração com o paciente e avaliar se as substâncias estão afetando seu humor. Se você está preocupado com a possibilidade de ter um transtorno por uso de substâncias ou se outras pessoas estão preocupadas com você, seu médico pode lhe recomendar opções específicas de tratamento e de aconselhamento.

Dormindo o Suficiente

Para muitas pessoas, uma boa noite de sono é a base de sua saúde mental e física. A depressão está associada a grandes distúrbios na qualidade do sono, e muitas pessoas com depressão notam uma insônia significativa. É um ciclo vicioso, pois as pessoas com insônia são mais propensas à depressão.

DICA

Dormir bem reduz o impacto da depressão, e uma pessoa pode tomar atitudes específicas para dormir melhor:

» **Evite certos produtos químicos.** Isso inclui cafeína, álcool, nicotina e medicamentos estimulantes, que interferem no sono.

» **Transforme seu quarto em um ambiente apenas para dormir.** Isso é conseguido usando-se cortinas de escurecimento, máquinas de ruído branco, máscara para olhos, remoção de todos os monitores e telas, mantendo-se os animais de estimação fora do cômodo e uma temperatura agradável no ambiente.

» **Estabeleça uma rotina relaxante antes de dormir.** Atividades como tomar um banho quente, ler um artigo em uma revista, assistir a certos programas de televisão e praticar exercícios respiratórios relaxantes são calmantes. Por outro lado, as pessoas devem evitar qualquer interação ou atividade que leve ao estresse. Devem ser deixadas para o dia seguinte. Parte da rotina deve incluir ir para a cama no mesmo horário todas as noites, com uma janela de no máximo trinta minutos.

» **Vá para a cama quando estiver cansado.** Muitas pessoas acham que deveriam conseguir dormir quando vão para a cama e descobrem que não conseguem e, em vez disso, ficam acordadas, revirando-se e retorcendo-se na cama. Se uma pessoa não dorme em vinte minutos, ela deve sair do quarto e fazer algumas atividades relaxantes antes de voltar para a cama.

» **Evite cochilos.** Se um cochilo for necessário, deve ser no início da tarde, e não pouco antes da hora de dormir.

» **Elimine refeições pesadas antes de dormir.** As pessoas que fazem refeições pesadas antes de ir para a cama costumam ter insônia. O jantar deve terminar várias horas antes de você se deitar, e, se for necessário fazer um lanche, deve ser leve.

» **Hidrate-se bem.** Isso é particularmente importante no verão, quando as pessoas perdem mais líquido do que imaginam. Elas devem beber uma quantidade suficiente de bebidas não alcoólicas e sem cafeína à noite, para não acordarem com sede, mas não tanto a ponto de precisarem fazer idas frequentes ao banheiro.

> **Exercite-se.** Abordados anteriormente neste capítulo, os exercícios ajudam a promover o sono. No entanto, se forem feitos muito perto da hora de dormir, são estimulantes demais e têm o efeito oposto. Por isso, qualquer exercício deve ser concluído no máximo três horas antes da hora de dormir.

Cultivando a Interação Social e a Conexão

Outro agente antidepressivo importante é a presença e a qualidade da interação social. A solidão — e isso é particularmente verdadeiro para pessoas mais velhas — está altamente correlacionada com a depressão e o suicídio. Por outro lado, relacionamentos de apoio e conexão com amigos e familiares mantêm e até melhoram a saúde mental e o bem-estar psicológico.

LEMBRE-SE

A necessidade de conexão social está profundamente enraizada em nossa natureza. Ela evoluiu com todos os fatores neurais, hormonais e genéticos que estão diretamente associados ao vínculo e ao companheirismo e, de uma perspectiva evolutiva, está diretamente conectada à sobrevivência da espécie humana.

Por causa disso, sentimentos avassaladores de isolamento e perda de relacionamentos levam a um declínio na cognição e a uma piora das condições de humor, como a depressão. A perda de relacionamentos leva à piora do sono e ao aumento do cortisol, ambos associados à depressão, à deterioração do funcionamento do sistema imunológico e ao ganho de peso. Por outro lado, reconectar-se com outras pessoas e manter relacionamentos revertem esses efeitos negativos do isolamento e reduzem a depressão.

Adicionando Lazer e Relaxamento à Sua Rotina

Outro elemento do tratamento da depressão é integrar à rotina atividades prazerosas de lazer. Formas de cuidar de si mesmo, como um hobby, um esporte, jardinagem, cozinhar ou outra atividade que não seja feita como uma tarefa, ajudam a combater a depressão. Quer se trate de uma atividade recreativa estabelecida ou que uma pessoa esteja pensando em assumir ao desenvolver o domínio em uma nova habilidade, tais momentos fornecem uma oportunidade para a pessoa sentir prazer e desviar sua mente das ruminações e preocupações que afligem aqueles com depressão.

DICA

Embora isso não tenha sido usado isoladamente como uma forma de aumentar o bem-estar mental, é uma parte essencial das habilidades ABC SABER, do módulo de regulação emocional e que os terapeutas da DBT incentivam seus pacientes a praticar. Veja o Capítulo 10 para detalhes.

Entrando em Contato com o Verde e o Meio Ambiente

Muitos fatores ambientais têm sido implicados nas condições de saúde mental. Isso inclui o acesso a espaços verdes e fatores como ruído, poluição do ar e da água e clima.

O único fator ambiental com a maior base de evidências é a exposição a espaços verdes, incluindo parques, florestas e terras agrícolas. Essa exposição reduz o risco de desenvolver muitos transtornos psiquiátricos durante a adolescência e a idade adulta. Em um grande estudo dinamarquês publicado em 2019, que rastreou espaços verdes residenciais usando imagens de satélite, os pesquisadores analisaram quase 1 milhão de dinamarqueses e sua saúde mental. Eles descobriram que os cidadãos que cresceram com a menor quantidade de áreas verdes próximas tinham um risco até 55% maior de desenvolver transtornos psiquiátricos, como depressão e ansiedade.

Embora seja possível que simplesmente estar ao ar livre melhore a saúde mental, essa melhora também pode ser resultado da exposição ao ar puro e à luz solar. Há evidências de que a exposição ao Sol leva a níveis mais elevados de vitamina D, o que também leva a uma redução dos sintomas depressivos.

Cuidando de Animais de Estimação e Outros Animais

Embora isso provavelmente se aplique a outros animais de estimação, a maioria dos estudos sobre o papel dos animais de estimação na melhoria da saúde mental foi realizada com cães. Ter um cachorro cria um senso de propósito e responsabilidade por outra vida. Os cães fornecem afeto físico e um sentimento de amor incondicional. Estudos mostram que ter um cachorro reduz o estresse, a ansiedade e a depressão. Brincar com cães aumenta as substâncias químicas do bem-estar, como a oxitocina e a dopamina, no cérebro, e essas substâncias criam uma sensação geral de positividade. Ter um cachorro reduz a sensação de solidão, não apenas pela sua presença, mas também porque isso leva à socialização com outros donos. Ser dono de um cão incentiva a prática de exercícios, devido à necessidade de cumprir a programação regular de exercícios do cão. Por fim, ter um cachorro também melhora a saúde física, porque as pessoas com cães têm pressão arterial mais baixa e são menos propensas a desenvolverem doenças cardiovasculares.

Além dos cães, o tempo gasto com animais de fazenda por pessoas com problemas de saúde mental demonstrou reduzir as taxas de depressão e ansiedade.

Arranjando Tempo para a Fé e para as Orações

A religião e a espiritualidade estão associadas a uma saúde melhor, incluindo uma expectativa de vida mais longa e uma qualidade de vida melhorada em geral. Uma descoberta interessante é que isso não significa simplesmente seguir as regras da religiosidade institucional, mas são a devoção pessoal e a fé interior que estão conectadas à melhoria da saúde mental.

Estudos de imagens cerebrais mostram que a oração leva ao aumento da atividade nos centros de recompensa do cérebro, em particular nas áreas que estão associadas com a *anedonia*, que é uma incapacidade de sentir prazer e é um sintoma central da depressão. Ao ativar os centros de recompensa do cérebro e, assim, reduzir a anedonia, a prece leva à redução da depressão.

NESTE CAPÍTULO

» **Desmascarando os mitos sobre a DBT**

» **Declarando fatos sobre a DBT**

Capítulo **26**
Dez Mitos sobre a DBT

Os equívocos atormentam a área da saúde mental há décadas. Em nossa Era da Informação, a desinformação é abundante, e persistem mitos duradouros sobre a terapia em geral e sobre a DBT em particular. Se está considerando a DBT, mas tem reservas, vale a pena revisar as falsas verdades que o detêm, para contestá-las com fatos.

Mito: A DBT Trata Apenas Transtorno da Personalidade Borderline

Fato: uma quantidade significativa de pesquisas mostra que a DBT é útil para muitas outras condições além do transtorno da personalidade borderline (TPB). Tem se mostrado eficaz para transtornos alimentares e depressão, e como cotratamento em condições como transtorno bipolar, transtorno de estresse pós-traumático e abuso de substâncias.

DICA

A base de evidências, cada vez maior, é encontrada, em inglês, em: https://behavioraltech.org/research/evidence/.

Mito: Terapeutas de DBT Ensinam Habilidades de um Manual; Não É Terapia de Fato

Fato: embora seja verdade que todas as habilidades ensinadas na DBT são descritas nos manuais da área, a terapia é um compromisso de cura que envolve um relacionamento real entre duas pessoas, em que cada uma usa habilidades e lentes comportamentais para contribuir com a mudança e, assim, aprendam a regular suas emoções e a mudar os comportamentos que consideram problemáticos.

A Dra. Marsha Linehan, que desenvolveu a DBT, reconheceu que o relacionamento era essencial e que um forte relacionamento terapêutico crescia a cada interação autêntica entre o terapeuta e o paciente. De acordo com ela, o relacionamento é aquele em que cada uma das partes pode ser honesta e vulnerável, e inclui "o relacionamento terapêutico e a autorrevelação do terapeuta". Essa abordagem está em total contraste com as psicoterapias dinâmicas tradicionais, nas quais os analistas argumentaram que o maior risco na autorrevelação é a mistura do processo analítico com o relacionamento real. Isso impediria o paciente de projetar suas próprias fantasias e, assim, distorceria a relação com o terapeuta, o que, por sua vez, comprometeria a eficácia da terapia.

Mito: A DBT Demanda Anos até que Você Sinta Alguma Melhora

Fato: no tratamento da DBT padrão, os pacientes se comprometem com seis meses de terapia, às vezes repetida por mais seis meses. Isso ocorre porque leva seis meses para aprender todas as habilidades ensinadas no grupo de treinamento, sendo elas o mindfulness, a eficácia interpessoal, a tolerância ao mal-estar e a regulação emocional (veja a Parte 3). A terapia individual acontece uma ou duas vezes por semana, e um grupo de treinamento de habilidades ocorre uma vez por semana. Compare isso com o tratamento terapêutico conhecido como psicanálise, que geralmente requer de três a cinco encontros por semana, e, embora a duração do tratamento varie, em geral, a psicanálise dura em média de cinco a seis anos e, em muitos casos, muito mais.

Mito: A DBT É uma Terapia de Prevenção do Suicídio

LEMBRE-SE

Fato: a DBT não é um programa de prevenção do suicídio. É uma terapia que reconhece que, para muitas pessoas que o consideraram, o suicídio muitas vezes parece ser a única saída para um sofrimento intenso. A DBT enfatiza que existem muitas alternativas e que, do outro lado de uma vida de miséria, há uma vida que vale a pena ser vivida. O raciocínio por trás da DBT é o de que as pessoas que são suicidas não conhecem outras maneiras diferentes de não sofrer, e, portanto, a DBT ensina as habilidades descritas na Parte 3 como uma forma de sair do sofrimento. Certamente, os comportamentos de suicídio e automutilação são abordados, mas a DBT não termina aí. Ela também ensina habilidades que ajudam uma pessoa que está sofrendo a assumir o controle da própria vida e a construir uma vida que seja significativa para ela.

Mito: Se Nenhuma Outra Terapia Ajudou, a DBT Também Não Ajudará

Fato: muitas pessoas que falharam em outras terapias obtêm sucesso na DBT. Isso normalmente ocorre porque as outras terapias não foram projetadas para tratar os *deficits* de habilidades que levam a problemas de regulação emocional, comportamento suicida e automutilação. A DBT reconhece que simplesmente ter uma visão dos problemas não os altera. Muitas pessoas têm a percepção de que fumar não é saudável, mas continuam fumando. A DBT combina a consciência dos *deficits* de habilidades com o ensino, a implementação e a aplicação delas. Também inclui treinamento por telefone para ajudar a generalizar as habilidades recém-adquiridas para todos os contextos relevantes da vida da pessoa.

Mito: Ao Iniciar a DBT, Você Precisa Continuá-la para Sempre

Fato: a DBT é um tratamento baseado na recuperação, o que significa que, uma vez que uma pessoa adquiriu as habilidades necessárias para usar em uma vida que agora pode administrar, as leva com ela e as usa conforme o necessário. A maioria dos clientes que concluem a DBT passa a viver uma vida significativa, com muito menos sofrimento.

Mito: Você Tem que Seguir o Budismo para Fazer a DBT

Fato: embora a Dra. Linehan tenha desenvolvido suas práticas de mindfulness a partir de suas experiências com a meditação cristã e zen, a habilidade de mindfulness da DBT (veja o Capítulo 9) é comum tanto na prática secular quanto na religiosa. A DBT enfoca o mindfulness como uma habilidade de consciência e atenção. Crentes, agnósticos e ateus podem praticar o mindfulness e a DBT sem a necessidade de mudar suas filosofias religiosas ou perspectivas de vida.

Mito: A DBT É um Culto

Fato: se um culto for definido como "um grupo pequeno de pessoas com crenças ou práticas religiosas consideradas por outros como estranhas ou sinistras" ou "uma admiração extraviada ou excessiva por uma pessoa em particular", então, a DBT não atende a nenhuma dessas definições. A DBT não tem fundamentos religiosos, sociedades secretas e níveis de prática ritualística. Em vez disso, usa o método científico para medir a diminuição do sofrimento, a ideação suicida e o comportamento autodestrutivo.

PAPO DE ESPECIALISTA

Alguns argumentam que a reverência da Dra. Linehan faz com que a DBT pareça uma seita, mas essa admiração vem de pacientes que se beneficiaram com o tratamento que ela desenvolveu e de terapeutas que descobriram que a DBT é um sistema de terapia que fazia sentido e lhes permitia ajudar seus pacientes mais problemáticos. Certamente, muitas pessoas são gratas aos cientistas que fizeram descobertas importantes. Os pacientes reverenciavam Alexander Fleming, que descobriu a penicilina, e Frederick Banting, que descobriu a insulina, e certamente muitas pessoas são gratas por aqueles que desenvolveram os desfibriladores que salvaram sua vida.

Mito: Há Poucas Evidências de que a DBT Funciona

Fato: após muitas décadas considerando condições como o TPB, quase intratáveis, os resultados estão se tornando muito mais favoráveis, e agora existem vários tratamentos baseados em evidências (EBTs) para o TPB, incluindo o seguinte: manejo psiquiátrico geral (GPM), DBT, terapia baseada em mentalização (MBT), psicoterapia focada em transferência (TFP) e terapia comportamental do esquema (SFT).

Das terapias baseadas em evidências, a DBT é a mais conhecida, a mais pesquisada e a mais amplamente disponível.

DICA

Além disso, os pesquisadores da DBT estão dispostos e abertos a publicar todos os seus resultados, favoráveis ou não, que são encontrados, em inglês, em:

» `https://behavioraltech.org/research/evidence/`
» `https://depts.washington.edu/uwbrtc/about-us/dialectical-behavior-therapy/`
» `https://blogs.cuit.columbia.edu/dbt/research-studies-ondialectical-behavior-therapy/`

Mito: A DBT Não Se Interessa pelas "Raízes" das Doenças Mentais

Fato: a DBT acredita que todos os comportamentos têm causas e que todas as causas têm raízes. O foco da DBT no momento presente e nos comportamentos recentes é baseado na ideia de que as pessoas têm muito mais probabilidade de se lembrar de eventos recentes do que dos passados. Além disso, a conexão entre algo que aconteceu essa manhã e algo que está acontecendo agora é muito mais clara e tem menos variáveis do que com algo que aconteceu anos atrás ou entre a infância e o momento presente. Para ser claro, a DBT, de fato, trata de causas mais distantes quando elas aparecerem na análise em cadeia de uma pessoa. Muitas vezes acontece que, quando um paciente não está mais lutando contra comportamentos perigosos e autodestrutivos, os terapeutas de DBT, como todos os outros terapeutas, só olharão para o passado mais distante se esse for um objetivo do paciente.

CAPÍTULO 26 **Dez Mitos sobre a DBT** 351

Índice

A
abertura, 42–47
absenteísmo, 221
abstinência dialética, 288
abuso de substâncias, 13
ação oposta, 72
ACCEPTS, 136
aceitação, 245
    da realidade, 145
    radical, 146
acordos, 34–35
adaptação, 92
adição, 283–309
alimentação
    alimentos refinados, 340
    e humor, 125
ambiente
    escolar, 214
    forense, 213
    hospitalar, 215
    invalidante, 312–313
análise
    de solução, 239–241
    em cadeia, 212
        imagem visual, 238
animais de estimação, 344
ansiedade, 268–274
    componente cognitivo, 268
    componente comportamental, 269
    componente fisiológico, 269
    gatilhos, 271
    manifestações, 270
antítese, 45
aprendizado social emocional (SEL), 215
áreas de vulnerabilidade emocional, 64
atenção, 109

ativação
    comportamental, 266–267
aumento do cortisol, 343
autoinvalidação, 62
autojulgamentos, 86–87
    negativos, 87
automutilação, 11
autorrelaxamento, 130
autovalidação, 160

B
behaviorismo, 167–169
biossocial, teoria, 16–19
bondade amorosa
    metta, 112–113
bulimia nervosa (BN), 296
burnout
    terapeuta, 221–222
busca de garantias, 318

C
cafeína, 341
cartão-diário, 208–209
código de comportamento ético, 224
compartilhamento, 182
competência aparente, 193
comportamental, teoria, 11
comportamento
    antecedentes, 11
    autodestrutivo, 49–50
    autolesivo, 260
    consequências, 11
    de evitação, 268
    dependente do humor, 68–69
    de segurança, 271

disfuncional dependente do estado de humor, 16
mal-adaptativo, 72
padrão e automático, 73-74
suicida, 12
comportamentos-alvo, 124
comprometimento, 205-206
compulsão alimentar, 13
comunicação de aceitação, 168
condicionamento, 284
congruência do humor, 230
contradição, 27
controle
autoritário, 196
de variáveis, 237
conversa interna, 77-78
negativa, 78
tipos principais, 78
cooperação, 172-174
corregulação, 185
crise implacável, 194
cuidado compassivo, 21

D

DEAR MAN, habilidades, 155-159
declarações de apoio, 129
deficit
de atenção e hiperatividade (TDAH), 196
de desenvolvimento, 216
de habilidades, 12
delírio, 288
depressão, 265-266
desfusão cognitiva, 49-50
desregulação, 261-262
cognitiva, 264-265
emocional, 16
relacionamentos, 263
tipos, 16-18
desvalorização, 90

dialética, 189-199
síntese, 8
teoria, 11
dilemas dialéticos da paternidade, 171
disforia, 324
dismorfia muscular, 306
disparo neuronal, 75
disposição, 150-151
dissociação, 17
dopamina, 284
dor comum, 149
dualismo, 167-174

E

eficácia
interpessoal, 12
obstáculos, 154-155
objetiva, 155
elos da cadeia, 239
emoções
adequação aos fatos, 72
enfrentamento, 65
forte e intensa, 29
funções, 55
gatilhos, 69
primárias, 44-45
secundárias, 45
suprimir, 80
validação, 62
episódios de estresse emocional, 24
equilíbrio emocional, 40-42
escaneamento corporal, 117
escolhas, 50-52
espontaneidade, 38
estabilizadores de humor, 267
estado de espírito, 38
estilo de vida de exposição, 279
estratégias de apego, 291
estresse
crônico, 233

mental, 40
estressores intrapessoais e ambientais, 238
estruturação do ambiente, 201-217
eventos de gatilho, 238
evitação emocional, 56
exagero, 61-62
exercícios
   e humor, 126
explosão comportamental, 170
exposição
   imaginal, 278-279
   in vivo, 278
extinção, 170

F
FAST, habilidade, 164
   e GIVE, 165
fatores de vulnerabilidade, 267
fatos, 108
feridas da invalidação do passado, 160
filosofia dialética, 24-25
fobia social, 270
função executiva, 267
funcionamento executivo do cérebro, 93
fusão cognitiva, 49-50

G
ganhos clínicos, 202
gatilho
   ambiental, 70
   emocional, 69
      reduzir o impacto, 71
   identificação, 69
gestão de crises, 145-152
GIVE, habilidade, 163
   e FAST, 165
gratidão, 41
grupo
   de consultoria, 21-25

de habilidades, 177

H
habilidade
   TIP, 151
habilidades, 12
   ABC SABER, 122-126
   da DBT, 23
   de aterramento, 265
   de eficácia interpessoal, 263
   de relaxamento, 305
   de sobrevivência à crise, 135
   treinamento, 22-23

I
idealização, 90
   da pessoa, 259
   e desvalorização, dicotomia, 259
IMPROVE, habilidade, 142
impulsividade, 37-52
   como superar, 39-42
impulsos de ação associados, 59
insônia, 342
instabilidade afetiva, 260
invalidação, 18
   crônica, 159

J
jogo patológico, 309
julgamentos, 86-87

L
leitura mental, 302
leniência excessiva, 196
lentes comportamentais, 348

M
mal-estar
   habilidades de tolerância ao, 56

    tolerância, 12
manejo
    de contingência, 291
    de situações de crise, 135
    psiquiátrico geral (GPM), 350
Marsha Linehan, 8
medo
    sensação de controle, 72
mente
    adicta, 288
    emocional, 30
    estados, 103–104
    funcionamento, 102
    limpa, 288
    sábia, 42
metas realistas e alcançáveis, 253
mielinização, 75
mindfulness, 2
    benefícios, 116–119
    compulsão alimentar, 295
    conversa interna, 93–94
    da emoção atual, 59
    definição, 103
    de participação plena, 183
    do pensamento atual, 79–80
    emoção forte, 68
    espaço, 110
    habilidade HOW, 107–109
    habilidade WHAT, 104–107
    quatro tipos principais de prática, 111–116
    rotina, 110–111
modelagem, 170
motivação, 243–253
    falta de, 244
    foco, 251
motivos, 140
mudança
    e aceitação, 26

N
NO NOT, 60–61

P
padrão de pensamento, 49
pandemia de Covid-19, 1
parábola, 47
paranoia, 261
pé na porta, técnica, 249
pensamento
    dialético, 31
    padrões, 48–49
    "preto e branco", 79
        emoções, 191
    suicida, 83
percepção, 33
perspectivas, 43–47
perturbações da identidade, 259
pessoa emocionalmente sensível, 30
    benefícios, 84
pilares filosóficos e científicos, 8
plano
    de comportamento, 33
    de enfrentamento, 289
pontos de vista, 29–36
pornografia, 308
porta na cara, técnica, 249
princípios da ciência comportamental, 169–172
problemas desafiadores, 24
processo dialético, 24–28
prós e contras, 144
psicanálise, 348
psicologia social, 249
psicoterapia focada em transferência (TFP), 350
punição, 170

Q
queimar pontes, 289

R

raiva autodirigida, 313
rastreamento emocional, 230-233
reação, 31
reavaliação cognitiva, 81
rebelião alternativa, 152
reestruturação cognitiva, 247
reforço, 18-19
    positivo e negativo, 169
regulação emocional, 122-131
    deficit de, 168
relacionamento
    comunicação, 93
    dificuldades, 90
    dinâmicas problemáticas, 90
    perspectivas, 94
relaxamento, 117
resiliência emocional, 123
respirar, exercício, 39
resposta de luta ou fuga, 233
ressignificação, 71
retreinamento perceptivo, 303
reversão de hábito, 305

S

sensação de incompletude, 12
sensibilidade, 67
sentimento
    crônico de vazio, 326-329
    de vazio, 260
sessões individuais, 180
Sharon Salzberg, 320
sintomas dissociativos, 261
sistema
    de recompensa do cérebro, 286
    nervoso
        autônomo, 233
        simpático, 233
situações desafiadoras, 64
Skills System, 216
solidão, 324
sono, 125
STOP, habilidade, 142
substâncias que alteram o humor, 125
suicídio, 11
SUN, 41
superestimação da ameaça real, 268
suposições, 85
supressão, 71

T

técnica do advogado do diabo, 315
telessaúde, 178
teoria
    centrais, 10-11
    da mente, 93
    da regulação emocional dos transtornos alimentares, 297
terapeuta, 179-181
    habilidades, 222-223
terapia
    baseada em mentalização (MBT), 350
    baseada em mindfulness, 77
    cognitiva baseada no mindfulness (MBCT), 340
    cognitivo-comportamental (TCC), 77
        teste, 190
    compassiva, 25
    comportamental do esquema (SFT), 350
    de exposição, 248
    de grupo, 181-183
    de prevenção de exposição e prevenção de resposta (ERP), 304
    quatro modos, 9
tese, 45
tolerância ao mal-estar, 133-152
    meio sorriso, 296
transtorno
    da compulsão alimentar periódica (TCAP), 294-297

    da personalidade borderline (TPB), 134
        características, 16
        diagnóstico, 258
        tratamento, 257-265
    de comportamento sexual compulsivo, 308
    de estresse pós-traumático (TEPT), 13
    de personalidade borderline (TPB)
        características preocupantes, 37
    dismórfico corporal (TDC), 301-302
    obsessivo-compulsivo (TOC), 301
    por uso de substâncias (SUD), 285
tratamento, 8-9
    abrangente
        requisitos, 20
    de exposição prolongada (PE), 276
    estágios, 11-12
    funções-chave, 9
    mecanismos, 13
treinamento
    de habilidades, 181
    de reversão de hábitos (TRH), 305

U
usar o disco arranhado, 158

V
validação, 159-163
    discordância, 162
variabilidade comportamental, 67
vergonha, 19
vias neurais, 74
vício de processo, 308
videogame, 307
vulnerabilidade emocional, 126

W
WAVE, 41

Z
Zig Ziglar, 244

Projetos corporativos e edições personalizadas
dentro da sua estratégia de negócio. Já pensou nisso?

Coordenação de Eventos
Viviane Paiva
viviane@altabooks.com.br

Assistente Comercial
Fillipe Amorim
vendas.corporativas@altabooks.com.br

A Alta Books tem criado experiências incríveis no meio corporativo. Com a crescente implementação da educação corporativa nas empresas, o livro entra como uma importante fonte de conhecimento. Com atendimento personalizado, conseguimos identificar as principais necessidades, e criar uma seleção de livros que podem ser utilizados de diversas maneiras, como por exemplo, para fortalecer relacionamento com suas equipes/ seus clientes. Você já utilizou o livro para alguma ação estratégica na sua empresa?

Entre em contato com nosso time para entender melhor as possibilidades de personalização e incentivo ao desenvolvimento pessoal e profissional.

PUBLIQUE SEU LIVRO

Publique seu livro com a Alta Books. Para mais informações envie um e-mail para: autoria@altabooks.com.br

 /altabooks   /alta-books   /altabooks   /altabooks

CONHEÇA OUTROS LIVROS DA **PARA LEIGOS**

Todas as imagens são meramente ilustrativas.

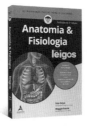 

Este livro foi impresso nas oficinas gráficas da Editora Vozes Ltda.,
Rua Frei Luís, 100 – Petrópolis, RJ.